K-IFRS에 의한

호텔회계 실무 및 원리

김문수

비즈프레스

발간하면서--

IFRS(International Financial Reporting Standard)란 영국에 근거지를 두고 있는 국제회계기준 이사회(IASB=International Accounting Standards Board)가 국제적으로 통일될 수 있는 회계언어를 통일하기 위해 제안한 회계처리 기준이다. 회계기준은 그동안 미국이 내세웠던 일반회계기준(US GAAP)과 영국. 유럽연합을 중심으로 한 IFRS로 크게 양분돼 있었다. 그러나 미국이 원칙적으로 IFRS로 통합하는 방안에 동의하면서 전 세계회계기준은 사실상 IFRS로 통합되는 방향으로 가고 있다.

2011년 한국기업에 '글로벌 회계 공용어' 시대가 열린다. 한국의 모든 상장사가 지구촌의 회계표준어인 국제회계기준(IFRS)을 의무적으로 도입하기 때문이다.

한국식 회계기준(K-GAAP)이 아닌 글로벌 회계표준어로 장부를 작성하게 되는 것이다.

브라질은 이미 2010년에 IFRS를 도입하였고, 캐나다, 한국, 인도는 2011년, 일본은 2012년 이후 도입을 추진하고 있으며, 미국은 2014년 이후 도입을 추진하고 있다.

현재 약 9,800개 정도의 상장사 및 금융기관들이 2011년부터 국제회계기준에 의거 재무제표를 작성하여야 하나 비상장사들도 앞으로 바뀌게 될 회계기준에 대해 빠른 준비가 필요한 실정이다.

본서는 앞으로 K-IFRS(한국채택국제회계기준)로 작성되어야 할 호텔사업 중 호텔신라와 강원랜드만이 상장기업으로서 2011년부터 해당되지만 많은 호텔기업들이 새로운 규정에 의해 재무제표를 작성해야하는 바 새롭게 바뀐 규정을 적용하여 작성되어야 할 호텔기업의 회계실무에 도움을 줄뿐만 아니라 호텔기업에서 회계업무를 배우고자 하는 대학생들에게 꼭 필요한 교재를 위해 만들어졌다.

교재의 구성은 1장에서는 호텔기업 ERP시스템의 영업회계실무와 2장은 국제회계기준에 의한 재무회계실무로 구성하였고 3장에서는 IFRS(국제회계기준)와 K-GAAP(한국기업회계기준)의 세부항목별 주요차이를 다뤘다.

한국채택국제회계기준이 마련되었지만 규정중심인 회계가 원칙중심으로 회계가 바뀜으로서 다소 국제회계기준과 차이가 많아 혼란이 예상된다.

대학에서 호텔회계를 공부하는 학생과 현장에서 실무를 다루는 회계담당자들에게 새롭게 바뀐 국제회계기준 업무를 습득할 수 있으면 하는 생각이다.

호텔기업에 필요한 국제회계기준을 반영한 회계실무 교재가 나오기 까지 많은 도움을 주신 비즈프레스 추일재사장님과 , 사랑하는 가족, 하나님께 감사를 드립니다.

2011년 9월 1일

천안 입장에서 저자가

차 례

제 1 장 ERP시스템의 호텔영업회계

제 2 장 K-IFRS 재무제표

제 3 장 K-IFRS 와 현행 기업회계기준과의 비교

CHAPTER 01

ERP시스템의 호텔영업회계

◆ 제1절 호텔회계의 이해

◆ 제2절 호텔 ERP시스템의 구성

◆ 제3절 객실회계와 식음료회계 처리의 이해

Chapter 01 ERP시스템의 호텔영업회계

제 1 절 호텔회계의 이해

호텔기업은 고객을 회계의 대상으로 한다. 제조기업은 제품을 대상으로 하지만 호텔은 고객에게 제품, 상품, 환경, 서비스, 전달 시스템을 경험하게 하고, 이 경험의 품질에 따라 가격이 정해지며, 고객은 이 경험의 가치의 대가로 대금을 지불함으로서 거래를 하는 것이다. 이러한 거래의 기록을 통해 보다 나은 가치 창조를 위한 의사 결정의 정보 원천으로써 호텔 회계를 사용하는 것이다.

호텔은 개개의 거래에 있어 종류가 다양하고 복잡한 요금체계와 매출은 물론 발생장소나 시간이 제각기 다르므로 그 결재가 현금 또는 신용카드와 매출채권에 있다고 할 때, 발생에서 결재에 이르기까지의 기간이 이처럼 신속을 요하는 업종은 호텔 이외에는 거의 없을 것이다. 또한 개업한 이후 연중무휴와 동시에 24시간 영업이 계속된다.

각 영업부문에서 발생하는 거래를 각각 상세히 기록하고, 숙박객 계정의 집계와 각 부문에서 발생한 숙박객에 대한 매출의 집계와도 반드시 일치해야 한다. 그리고 고객이 어느 때에 체크아웃을 하더라도 그 고객계정이 그 시점까지 발생했던 모든 거래를 집계하여 마감해 놓지 않으면 안된다.

또한 호텔기업은 투숙객뿐만 아니라 각 영업장에서 발생하는 거래, 생산과 동시에 소비가 이뤄지는 식음료에 대한 거래, 연회행사를 위한 예약이나 거래의 취소나 해약 등의 다양하고 빈번한 거래가 이루어지므로 이를 신속하고 적정한 회계처리를 하지 않으면 안되는 특수한 회계이다. 때로는 거래가 발생했다고는 하지만 고객의 고의나 호텔측의 실수에 의해 발생하는 스키파(Skipper)의 회계처리, 예기치 못한 할인, 거래처의 접대나 공무상 발생하는 영업장의 이용에 관한 거래일지라도 신속한 회계처리를 해야만 한다.

이렇게 회계처리 된 자료와 근거를 활용하여 원가 관리도 해야 하며, 재무활동도 해야만 한다. 다소 복잡하고 어려운 호텔회계지만 모든 회계처리는 시스템에 의해 처리되어야만 하고 우리 나라의 경우 특수한 호텔 내부의 각 영업에서 발생하는 회계를 영업회계라고 하며, 영업회계와 시스템적으로 연계되어 영업활동 및 재무활동과 투자활동에 필요한 회계는 기업회계기준에 의거 처리하고 있다. 하지만 2011년 이후 부터는 새롭게 시행되는 K-IFRS에 의거하여 회계를 작성해야만 한다.

Ⅰ. 호텔회계의 개념과 분류

1) 호텔회계의 개념

회계란 "재무적 성격을 갖는 거래나 사건을 화폐 단위에 의해서 뜻 있는 방법으로 기록. 분류. 요약하고 해석하는 기술"이라 개념을 살펴볼 수 있다. 또한 미국회계학회에서 1966년 발표한 "기초적 회계이론에 관한 보고서"(ASOBAT)에 의하면 회계의 목적을 첫째, 한정된 자원의 사용을 위한 의사결정 둘째, 기업의 인적. 물적자원의 효과적인 지휘와 통제 셋째, 자원관리의 수행과 보고 넷째, 사회적 기능과 통제의 촉진으로 열거하고 있다. 이 목적은 회계 정보의 제공을 전제로 하여 정보 이론을 강조하고 있는데, 구체적으로 설명하면

① 개인. 기업. 사회가 한정된 자원을 최적으로 분배하기 위하여 의사결정을 할 때 회계 정보가 유용하게 제공되어야 하는 것으로서, 여기서는 특히 의사결정을 강조하였다.

② 기업이 보유하고 있는 인적 자원과 물적 자원의 효과적인 관리와 통제를 위해서 회계 정보가 제공되어야 하는 것으로서, 관리 기능을 강조하였다.

③ 경영자는 주주들로부터 기업의 재산을 관리하고 이익을 창출하며, 그 결과를 보고해야 하는 책임이 있다. 이것을 수탁책임이라고 하는데, 경영자는 주주총회에 재무제표 등을 비롯한 회계보고서를 제출하여 주주로부터 수탁책임의 이행여부를 평가받기 위한 것이다.

④ 회계의 사회적 기능에 관한 것으로 글로벌기업으로서 사회 발전과 인간의 복지 향상, 공해와 관련한 사회보고 책임, 사회책임 등에 회계의 역할을 강조하였다.

또한 회계란 "정보이용자가 정보에 입각한 판단이나 의사결정을 할 수 있도록 경제적 정보를 식별. 측정하고 이를 전달하는 과정이다"라고 하였다. 이는 전통적 회계기능 이외에 이해관계자(주주, 채권자, 거래처, 금융기관, 정부, 지역사회, 종업원가족 등)에게 의사결정에 필요한 정보를 제공하는 기능까지 포함하고 있다.

오늘날의 회계개념은 기업과 관련을 맺고 있는 모든 이해관계자에게 합리적이고 경제적인 의사결정에 유용한 재무적 정보를 제공하기 위한 조직적 전달과정이라 할 수 있다. 따라서 호텔회계란 호텔회계를 정보이용자가 의사결정을 내릴 때 유용한 정보를 제공하기 위하여 경제적 사건을 식별. 분류. 요약. 측정. 전달하는 하나의 과정으로서 회계주체를 호텔로 한 것이다.

2) 호텔회계의 분류

호텔회계는 일반적으로 재무회계. 관리회계. 세무회계. 원가회계. 영업회계로 분류할 수 있다. 호텔회계는 전산 시스템(ERP or HIS)과 통합되어 체계적으로 이루어 진다. 그리고 호텔회계는 일반회계와 달리 호텔의 객실 및 각 영업장별로 매출을 집계하고 일일 마감하여 작성 보고함으로서 영업회계가 완결되고 이를 바탕으로 시스템에 의거 재무회계, 세무회계, 원가회계 등으로 연결된다. 따라서 호텔에서는 이러한 영업회계와 재무회계가 동시에 이루어진다.

(1) 호텔재무회계

호텔재무회계(hotel financial accounting)는 호텔과 이해관계를 맺고 있는 주주. 투자자. 채권자. 금융기관. 정부. 종업원가족. 노동조합 등과 같은 이해관계자가 기업실체와 관련하여 합리적인 의사결정을 할 수 있도록 호텔의 안정성, 수익성, 활동성 등의 재무상태나 경영실적을 기업회계기준(2011년 이후 K-IFRS)에 의거하여 작성하고 이를 공시하는 회계라고 할 수 있다. 우리나라의 기업회계기준(일부개정된 K-IFRS)에 의하면 재무제표를 작성해야 하는데 재무제표란 호텔기업의 재산 상태를 알아보기 위해 작성하는 재무상태표(구 대차대조표)와 일정기간 동안의 경영성적 및 경영성과를 알아보기 위한 포괄손익계산서(구 손익계산서)와 영업활동, 투자활동, 재무활동으로 현금의 흐름을 알아보기 위한 현금흐름표, 주주의 가치변동을 알아보기 위한 자본변동표, 주석을 말한다. 재무회계는 이러한 재무제표 작성을 일정하고 통일된 회계원칙에 따라 객관적이며 정형화된 양식으로 작성하여 재무적 정보를 제공하는데 그 목적이 있다.

(2) 호텔관리회계

호텔관리회계(hotel management accounting)는 호텔내부의 이용자 즉 경영자들에게 경영관리에 유용한 회계정보를 제공하여 합리적인 의사결정을 할 수 있도록 일정한 형식에 구애받지 않고 작성하는 회계를 말한다. 따라서 호텔내부의 회계이용자는 경영활동을 계획하고 통제하는 것을 용이하게 하기 위하여 회계정보를 제공하는 것을 목적으로 한다.

표 1-1 재무회계와 관리회계 비교

구 분	재무 회계	관리 회계
정보이용자	외부 이해관계자(주주, 채권자, 은행, 정부, 노동조합, 거래처 등)	내부 이해관계자(경영자)
주된 목적	일반 목적 재무제표 작성	조직의 효율성 증대
주된 관심사항	경제적 현상의 측정. 전달	조직 성과
회계 기준	GAAP 또는 K-IFRS	임의적 기준
보고 기간	회계연도(주로 6개월, 1년 단위)	임의적. 변동적
자료의 수집	객관적 자료	주관적이지만 접합한 자료
보고형식과 내용	고정적. 정형적	임의적. 변동적

(3) 호텔세무회계

호텔세무회계(hotel tax accounting)는 호텔의 외부관계자에게 세금에 관련된 회계정보를 제공하는 것을 의미한다. 법인세법, 소득세법, 부가가치세, 조세감면조세법 등과 같이 세법에 의거 국가나 지방자치단체에 납부하는 세금에 대한 세액의 결정이나 세무신고서의 작성, 세무관리 등을 다루는 회계를 말한다. 세무회계는 법의 지배원칙에 의하여 의무적이고 강제적이며 정확성을 기해야 한다. 특히 호텔의 세무회계에서 중요한 회계처리는 일반기업과 달리 영세율과 면세제도에 대한 처리이다. 우리나라는 수차례의 폐지, 부활의 과정을 통해 관광사업을 활성화하기 위하여 외국인에 대한 영세율제도를 도입하였다. 영세율제도는 외국인에 대하여 객실요금에 10%의 부가가치세를 영세율 적용하는 것을 말한다. 하지만 객실요금에 부가되는 봉사료에 대한 10%는 과세되는 것이 특징이라 할 수 있다. 또한 면세제도는 우리나라에 거주하는 대사관 및 영사관의 직원, 가족과 주한외국장병들에게 외교통상부장관이 발행한 면세카드 소지자에 대해서는 공급가액에 대해 부가세 10%를 전액 면세하는 제도를 말한다.

표 1-2 영세율제도에 의한 객실요금

구 분	내국인 적용요금	외국인 적용요금
객실 공급가액	100,000	100,000
봉 사 료	10% 10,000	10% 10,000
부가가치세	10% 11,000	10% 1,000(봉사료)
합 계	121,000	111,000

*2010년 1월1일부터 영세율제도 폐지

표 1-3 면세제도에 의한 객실 요금

구 분	내국인 적용요금	면세카드소지자 적용요금
객실 공급가액	100,000	100,000
봉 사 료	10% 10,000	10% 10,000
부가가치세	10% 11,000	0%면세 0
합 계	121,000	110,000

* 면세카드 소지자의 면세처리 시 면세카드를 복사하여 FOLIO. BILL 첨부.
* 면세카드 소지자의 면세처리는 전체 영업장의 매출에 적용.

(4)호텔원가회계

호텔원가회계(hotel cost accounting)는 호텔의 객실 판매에 소비된 소모품과 식음료부문에 매출을 발생시키기 위해 소요되는 식음료 원재료와 인건비에 대한 적절한 원가유지와 관리. 통제를 위한 매출원가를 작성하는 회계이다. 또한 호텔에서 제공되는 서비스와 소비된 모든 재화와 용역을 관리하는데 필요한 회계이다.

(5)호텔영업회계

호텔영업회계(hotel operation accounting)는 호텔내부에서 발생하는 회계로 호텔이용자가 객실이나, 식음료 영업장, 부대시설을 이용하고 그 대가를 지불하면, 호텔에서는 폴리오(Folio)나 빌(bill)을 발행하고 현금이나 신용카드, 시티레저(City Ledger) 등으로 발생시켜 일일 마감 처리하여 집계. 분석하는 회계를 말한다.

Ⅱ. 호텔 ERP시스템

1) 호텔 ERP시스템의 개념

ERP는 1960년대 경영정보시스템(management information system : MIS)이나 1980년대 전략정보 시스템(strategic information system : SIS)과 마찬가지로 기업경영을 위한 새로운 개념 또는 시스템이라 할 수 있다. ERP는 Enterprise Resource Planning의 줄인 것으로 우리말로는 전사적 자원 관리로 불려지고 있다. 현재 도입되고 있는 ERP패키지들은 주로 미국이나 유럽에서 개발된 것으로 우리나라와는 서로 다른 기업환경과 상거래 관행을 지니고 있으며, 특히 기업정보시스템 통합에 중요한 회계정보처리가 다르므로 이것을 도입하기가 어려웠을 뿐 아니라 경영기술의 종속화에 대한 우려도 높은 실정이다. ERP는 광의의 의미로서 전사적 자원관리를 효율화하는 일종의 경영혁신 활동의 개념을 의미하고 ERP 패키지는 이를 위한 도구로서 정의된다.

따라서 ERP 시스템은 기업내의 생산, 물류, 회계, 인사, 구매, 재고 및 서비스 등의 프로세스들을 통합하여 효과적으로 관리·통제하는 통합정보시스템으로 기업 내·외에서 발생하는 정보들을 서로 공유하고 새로운 정보 생성 및 빠른 의사결정을 도와주는 전사적 자원 관리 시스템이라고 할 수 있다.

기본적으로 ERP 시스템은 기업 업무에 필요한 거의 모든 기능이 포함되어 있기 때문에 시스템 자체가 매우 복잡하다. 그러나 ERP 시스템은 BPR과 같이 추상적인 개념이 아니라, 프로세스 자체가 시스템 내에 저장되어 있으므로 패러미터 설정에 의해 기업에 실제 적용이 가능하다. 또한 ERP패키지는 패키지 내에 선진기업이 갖고 있는 최고실행(Best Practices)들을 내포하고 있어, ERP 패키지를 적용함으로서 선진기업의 프로세스를 도입하는 효과를 얻을 수 있다. 또한 ERP패키지를 적용하면 데이터에 대한 실시간 분석이 가능하다. ERP 패키지에서는 회계, 생산, 판매 모듈 등이 통합되어 모듈간 실시간으로 데이터 전송이 가능하여 경영자들에게 유용한 정보를 실시간으로 제공할 수 있다. 예를 들어, 제품이 팔리자마자 그 데이터들은 실시간으로 원가가능으로 전송되므로 경영자들은 실시간으로 수익성 분석이 가능하다. 궁극적으로 EPR 시스템은 업무의 자동화보다는 경영자들이 보다 현명하고 빠른 의사결정을 내릴 수 있도록 여러 정보를 실시간으로 지원하는 의사결정 지원 시스템이다.

그동안 호텔기업에서 사용하고 있는 전산 시스템은 대부분 호텔정보 시스템(Hotel information System : HIS)이었다. 21세기의 빠른 정보화의 확산은 호텔기업에도 ERP 시스템 도입의 필요성이 제기 되었다.

호텔기업의 ERP 시스템 도입의 특징은 시스템의 전면적인 교체가 아닌 기존 운영하고 있던 호텔정보 시스템을 지속적으로 업그레이드를 통해 경영환경을 ERP 시스템으로 바꿔나가고 있다는 것이다.

그림 1-1 ERP의 정의

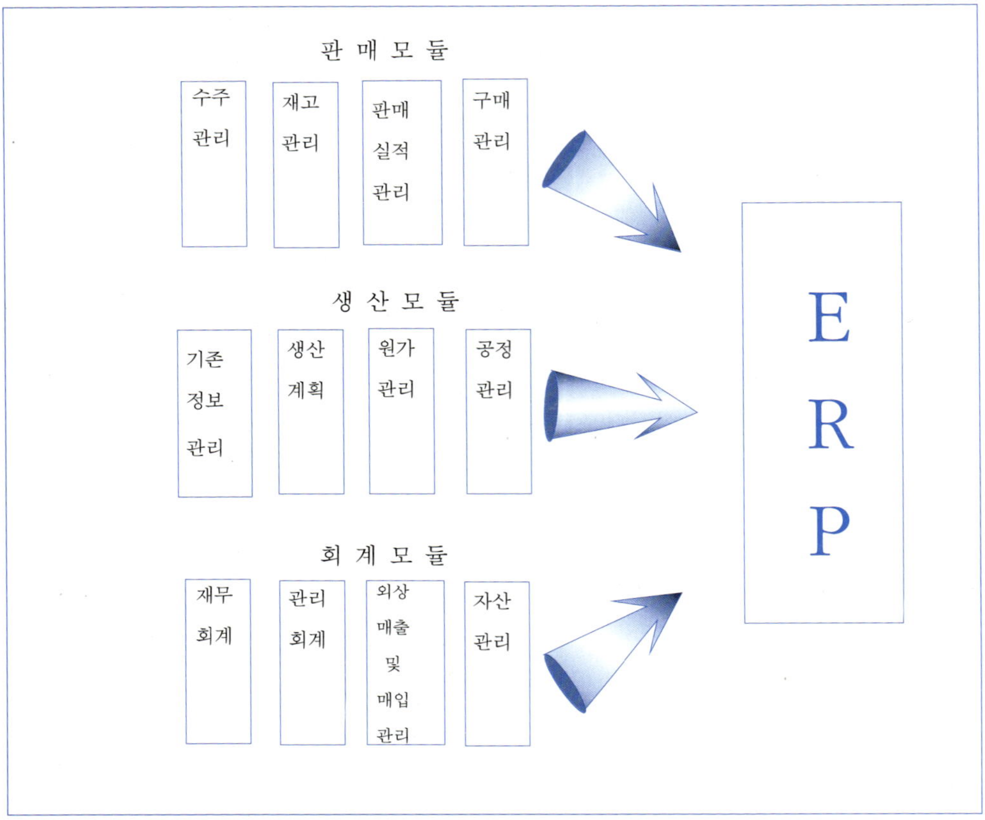

특히 호텔기업은 HIS의 환경을 통합 데이터베이스와 비즈니스 프로세스의 변화를 꾀해 CRM과 SCM 등을 구축하여 고객관리와 호텔 제품 및 상품의 판매와 공급이 소비자인 고객에게 이르는 정보의 흐름, 재무의 흐름, 제품의 흐름을 중심으로 통합화하고 DSS, EIS 등 경영의사결정 지원 시스템을 통합화한 시스템을 구축하고 운영하는 형태를 ERP 시스템이라 할 수 있다.

2) 호텔 ERP시스템의 현황

21세기에 접어들면서 정보화의 인프라는 국가의 경쟁력을 향상시키며 이를 위해서는 개개인 모두가 정보화 그늘에서 교육의 혜택을 받고 있다.

인터넷을 통한 전자상거래가 활성화되고 있으며 사이버마케팅으로 승패를 좌우하는 기업도 탄생하고 있다. 퍼스널컴퓨터 기능을 한층 발전시키고 연령에 관계없이 컴퓨터 사용을 용이하게 하기 위해 새로운 운영체제가 개발되고 있으며, 각 가정마다 Home Automation으로 생활하고 있으며 재택근무를 빠르게 확산하고 있다.

2000년대의 호텔정보화는 새로운 운영체제와 데이터베이스 환경 하에 개발된 통합형 호텔정보시스템 도입이 활성화된다.

그리고 객실마다 네트워크 사용을 할 수 있는 사이버 객실이 탄생하며 호텔종사원의 도움 없이 호텔시설물을 고객 스스로가 저렴하게 활용하는 무인 전용 호텔도 탄생하였다. 신용카드를 포함한 전자화폐의 활성화는 금융기관과 호텔고객 사이를 더욱더 가깝게 할 것이며 고객의 신용도가 무엇보다도 중요한 자동화시대가 도래하였다.

자료를 한번 입력하면 모든 종업원이 자료 재입력 없이 업무를 수행할 수 있는 시스템 그리고 교육이 필요 없이 업무수행을 할 수 있도록 정보시스템의 환경으로 구축되는 시기이다. 모든 자료는 텍스트가 아니라 그래프와 음성인식에 의해 보고되고 분석되어 시간을 소비하지 않는 경영 자료가 개발되고 있다.

그러나. 최근 정보화의 급속한 발전과 고객의 서비스 품질 향상과 원가절감을 실현하고 환경변화에 능동적으로 대응하기 위한 혁신전략경영이 요구되고 있다.

따라서, 우리나라의 호텔들은 급속히 변화하는 경영환경에 적절히 대처하면서 고객의 다양한 욕구를 충족시키고, 업체 고유의 서비스를 개발하면서 정형화된 경영시스템을 구축하고, 경쟁력 있는 전략을 수립. 실행하기 위해서 최근 ERP(Enterprise Resource Planning : 전사적 자원 관리) 시스템을 구축하여 운용하고 있다.

ERP 시스템은 판매적 측면의 프로세스와 생산적 측면의 프로세스, 재무. 회계적 측면의 프로세스의 모든 자원을 통합 운영하는 정보시스템으로서, 기업의 효율적인 의사결정을 실행하여 목표를 달성하도록 도와주는 전사적 자원 관리 시스템이다.

국내 관광호텔 중 ERP 시스템을 구축하여 활용하고 있는 업체는 그랜드하얏트 호텔로 Scala 패키지에 SQL2000을 2001년에 도입하였고, 웨스틴조선호텔 서울과 부산은 OPERA 시스템을 윈도우환경으로 변환하여 활용하고 있다.

이외의 호텔들도 자체개발을 통하여 기존의 호텔정보시스템을 확장한 ERP 시스템을 구축하여 활용하고 있다.

우리나라 호텔기업의 ERP 시스템을 활용하고 있는 호텔 현황을 살펴보면, 다음과 같다.

표 1-4 전국 주요 특 1급 호텔의 ERP 시스템 현황

호텔명	Front Office 시스템	Back Office 시스템	POS 시스템	ERP활용현황
(주)신라호텔	HIS	자체개발	MICROSPOS 8700	삼성 SDS에서 개발된 ERP를 단계적으로 도입하여 활용
(주)롯데호텔 (주)호텔 롯데월드	L-HIS	L-HIS	NCR	L-HIS에 자체 개발하여 활용
그랜드 하얏트서울	HYAd 4.0	Scala 5.1	MICROS POS 8700	Scala패키지에 SQL2000을 2001년 도입하여 활용하고 있음
서울 힐튼호텔	FIDELIO6.20	자체개발	MICROS POS 8700	자체 개발하여 ERP환경을 구축하여 활용
웨스틴조선 호텔서울	FIDELIO6.12	자체개발	MICROS POS	OPERA시스템을 윈도우환경으로 변환하여 자체 개발하여 ERP환경구축
호텔 인터콘티넨탈 서울 그랜드 인터콘티넨탈 서울	FIDELIO	-FIDELIO *F&B 시스템 -Ideal *Yield Mgt 시스템 *Catering, Salea & Marketing 시스템	MICROS POS 8700	자체 개발하여 ERP환경으로 전환
르네상스 서울호텔	FIDELIO	자체개발	MICROS POS 8700	삼성SDS 참고로 자체 개발하여 ERP 환경 구축
파라다이스 부산	ORACLE-PHSIS	자체개발	PC-POS	ORACLE을 자체 개발한 PHSIS를 윈도우 환경으로 변환하여 ERP환경구축
(주)롯데부산	L-HIS	L-HIS	NCR	L-HIS에 자체 개발하여 활용
웨스틴조선 호텔부산	FIDELIO6.12	자체개발	MICROS POS	OPERA시스템을 윈도우환경으로 변환하여 자체 개발하여 ERP환경구축

그림 1-2 각부문 시스템 Server의 흐름도

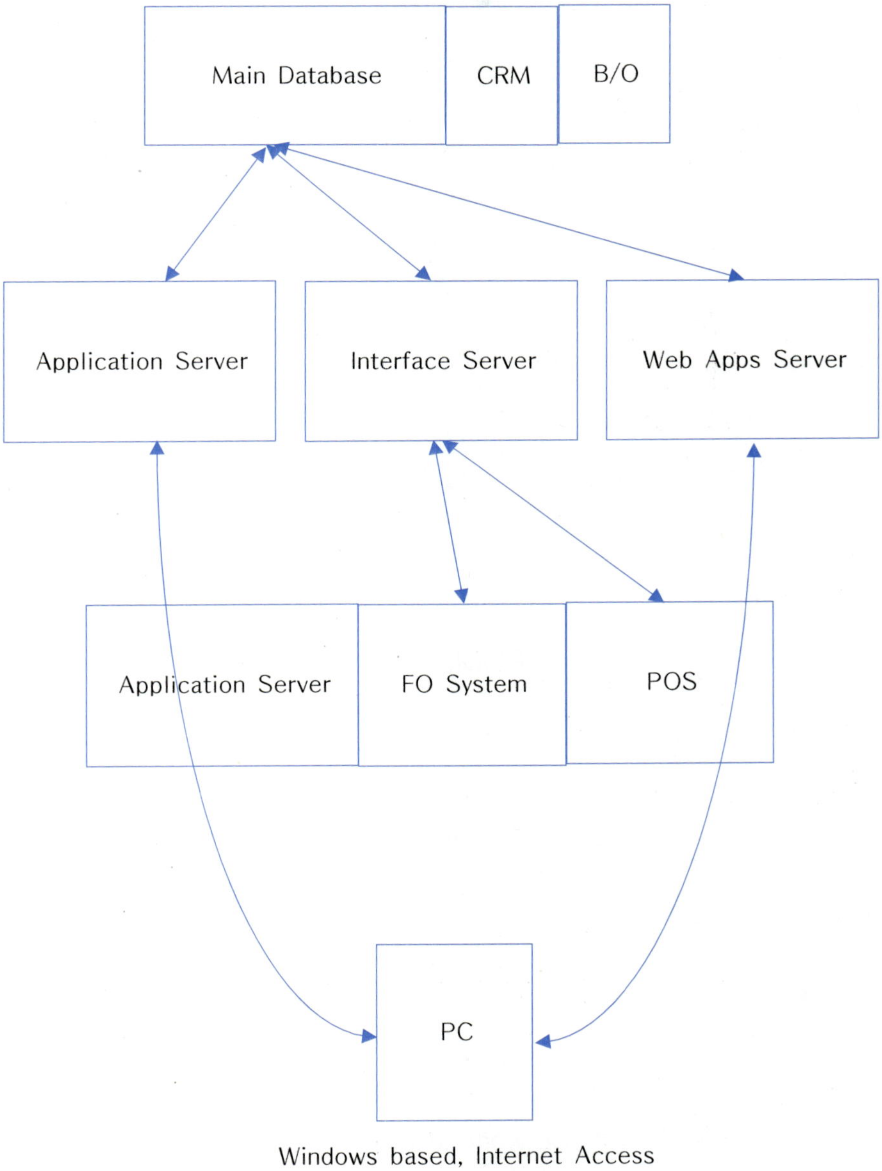

그림 1-3 통합 시스템 Load Map

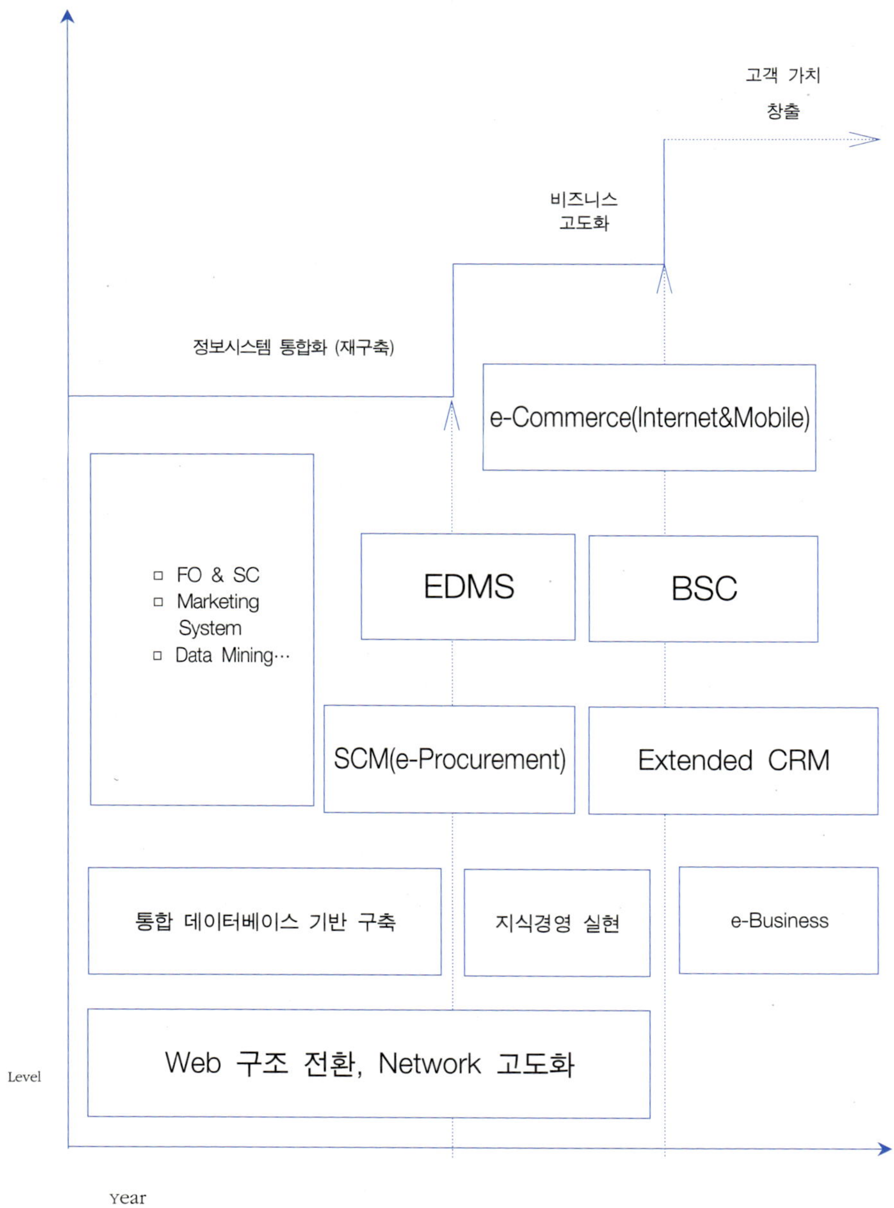

Ⅲ. 호텔정보 시스템의 종류

호텔서비스업에서 운영하고 있는 컴퓨터 시스템은 다른 산업과 성격이 다른 다양한 종류의 시스템으로 구성되고 있다. 그 이유는 호텔서비스업 성격상 1년 365일 영업이 이루어지며 영업 대상이 완벽한 서비스를 원하는 서비스산업임으로 이를 뒤받침 하는 경영정보시스템성격이 일반 기업과 다르다고 할 수 있다. 호텔정보시스템이 종류는 프론트오피스 시스템, 백오피스시스템, 업장관리시스템으로 크게 구분하고 있으나 프론트오피스 시스템과 인터페이스시스템을 총칭하여 PMS (Pro- perty Management System)이라고 한다.

일반적으로 호텔정보시스템을 대분류하면 크게 4종류로 구분한다. 첫째, 객실의 전반적인 업무를 관장하는 프론트 오피스 시스템. 둘째, 일반적인 경영분석과 영업 지원업무를 관리하는 백오피스시스템. 셋째, 업장 및 부대시설업무를 처리하는 업장경영관리시스템. 즉 POS 시스템이 있다. 넷째, 모든 시스템을 교통 정리하여 하나의 시스템으로 통합하는 인터페이스시스템으로 분류되며 이들 시스템을 그림으로 표시하면 다음과 같다.

그림 1-4 호텔정보시스템의 구성도

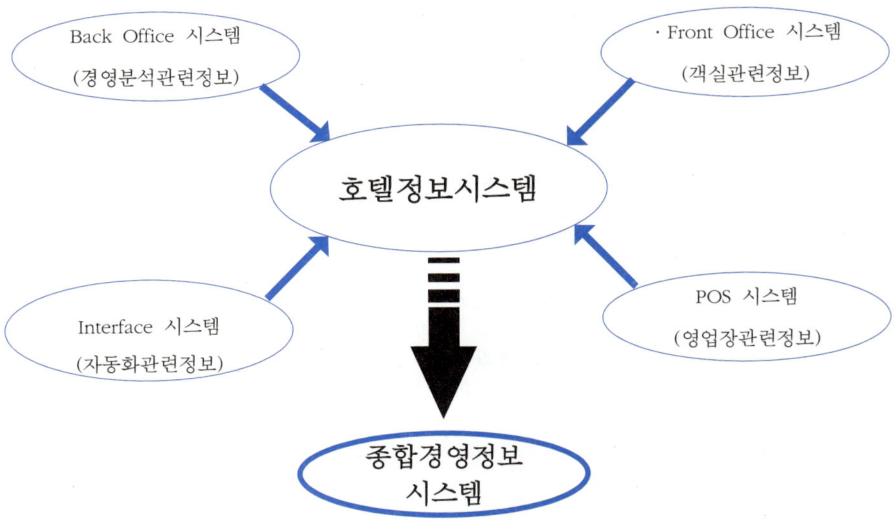

표 1-5 호텔정보시스템의 내용

구분	담당업무	정보시스템 내용
프론트 오피스 시스템	예약	-객실고객 및 업장고객의 예약을 받는다.
	프론트캐셔	-환전업무와 객실 고객의 체크, 인 아웃을 돕는다.
	프론트클럭	-객실고객의 체크인, 객실배정 및 관리를 돕는다.
	하우스키핑	-객실청소 상태를 점검한다.
	교환실	-모닝콜, 음성사서함 등 안내서비스를 한다.
	벨데스크	-메세지를 출력하여 전달한다.
	마케팅	-객실에 대한 수요 및 예측을 한다. -마케팅전략의 기초가 된 자료를 수집한다.
	경영진	-실시간으로 객실현황을 점검한다.
백 오피스 시스템	인사·급여	-종사원의 인사 및 급여를 관리 한다.
	경리·회계	-매입·매출관리, 여신관리를 한다.
	검수·구매	-자재에 대한검수 및 구매를 관리 한다.
	고객관리	-호텔이용고객을 관리 및 분석을 한다.
	원가관리	-호텔경영에 필요한 비용분석을 한다.
	시설관리	-호텔시설에 대한 관리를 한다.
	경영진	-경영전략을 위한 자료를 수집한다.
업장 관리 시스템	주방	-고객주문이 자동으로 전달되어 조리한다. -레시피 관리가 된다.
	레스토랑	-고객의 주문을 주방으로 자동으로 전달한다. -객실고객 영수증을 구분해 처리·발급한다. -고객신상 정보에 의해 서비스를 제공한다.
인터 페이스 시스템	전화요금산출	-객실고객의 전화사용에 대한 내역 및 요금을 산출 한다.
	에너지 관리	-객실의 전열, 난방에너지를 자동관리 한다.

	전자잠김	-마그네틱에 의한 객실입구를 관리한다.
	음성사서함	-고객 부재시 상대방 음성으로 메시지가 전달된다.
	인터넷	-객실 내에서 인터넷 검색 및 전자우편을 사용한다.
	영수증검색	-객실 내의 TV 및 컴퓨터를 통하여 사용내역을 볼 수 있다.
	비디오상영	-다양한 영화를 볼 수 있으며 자동으로 요금이 산출 된다.
	미니바	-객실에서 소비한 냉장고의내용물 및 요금이 산출된다.
	고객이름호출	-고객이 객실에서 전화를 걸면 객실번호와 이름이 나타남으로 이름을 불러준다.

제 2 절 호텔 ERP시스템의 구성

I. 호텔 ERP시스템의 구성도

호텔 ERP 시스템의 구성은 기존 호텔 정보시스템의 환경을 비즈니스 중심의 개별 시스템을 데이터베이스를 통해 통합하고 통합 데이터베이스 기반의 비즈니스 프로세스를 통합하여 정보의 일관성과 통합성을 유지하여 발전시키는 환경을 구축하고 있다. 호텔기업의 통합 시스템의 방향을 제시하면 다음과 같다.

그림 1-5 ERP의 정의

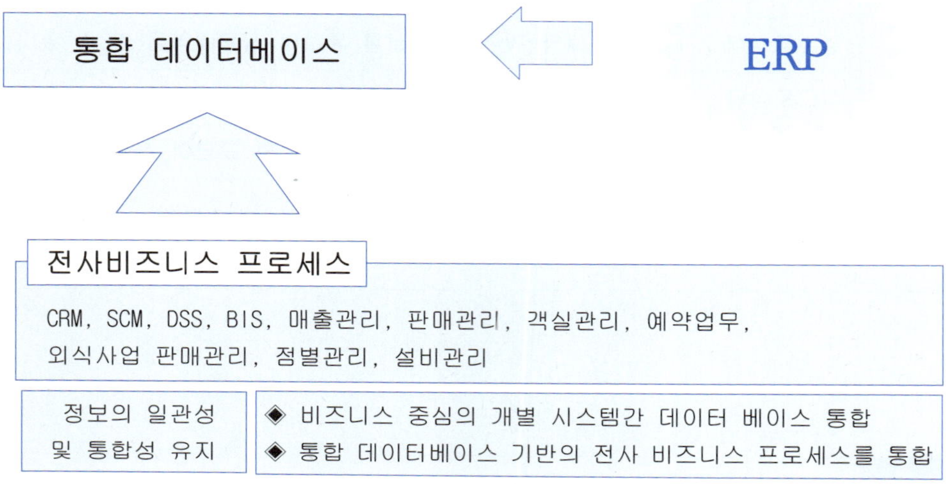

그림 1-6 통합 관리 인프라 구축도

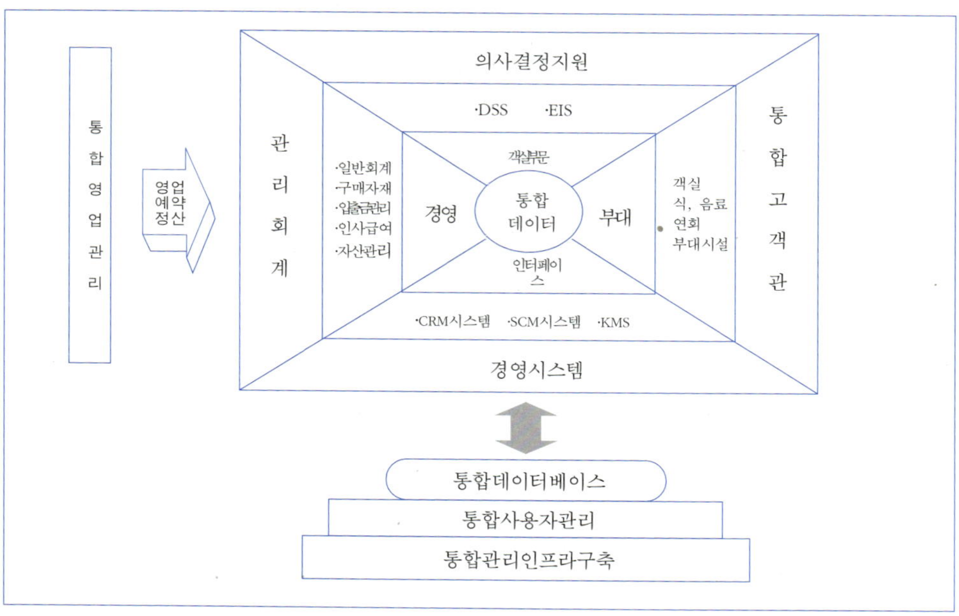

호텔기업의 ERP 인프라를 구축한 영업적인 시스템과 영업지원 시스템의 통합 업무 흐름도를 제시하면 다음과 같다.

그림 1-7 통합 ERP시스템도

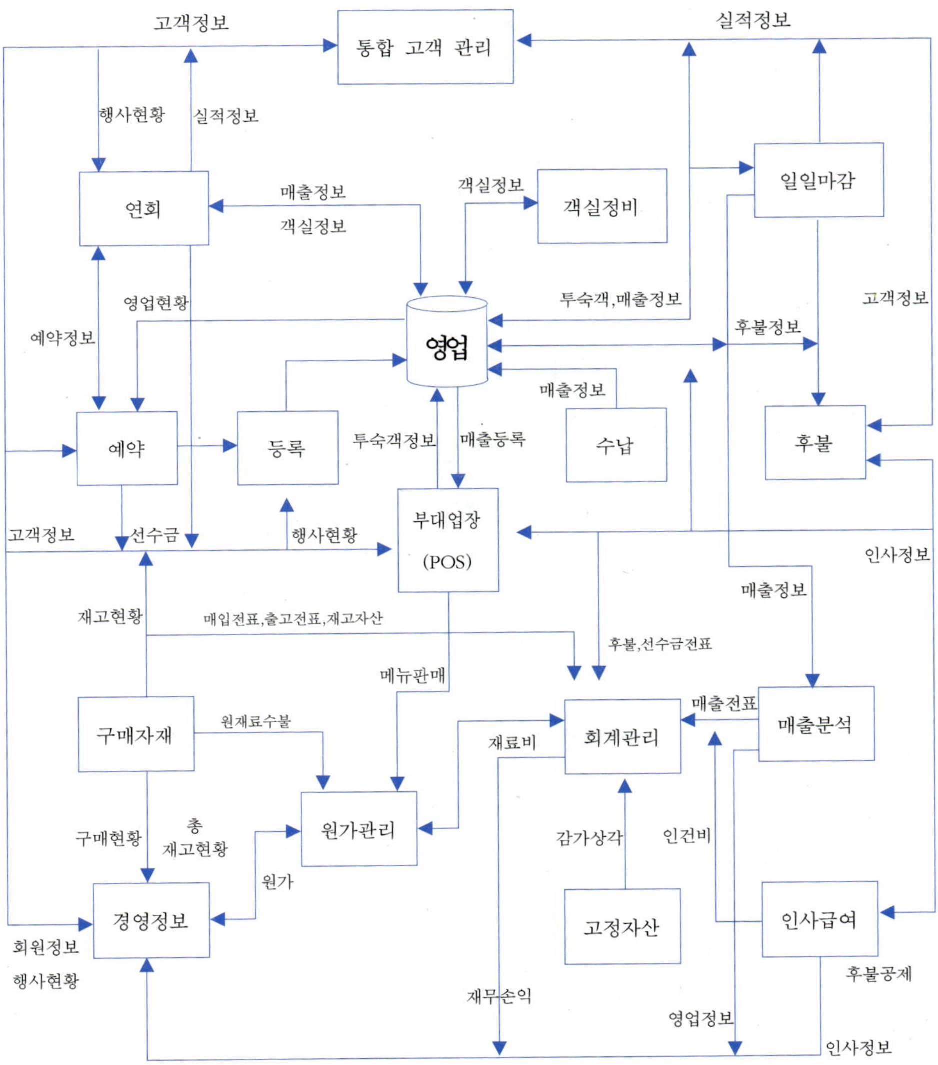

그림 1-8 영업장 전체 매출 관리 시스템 흐름도

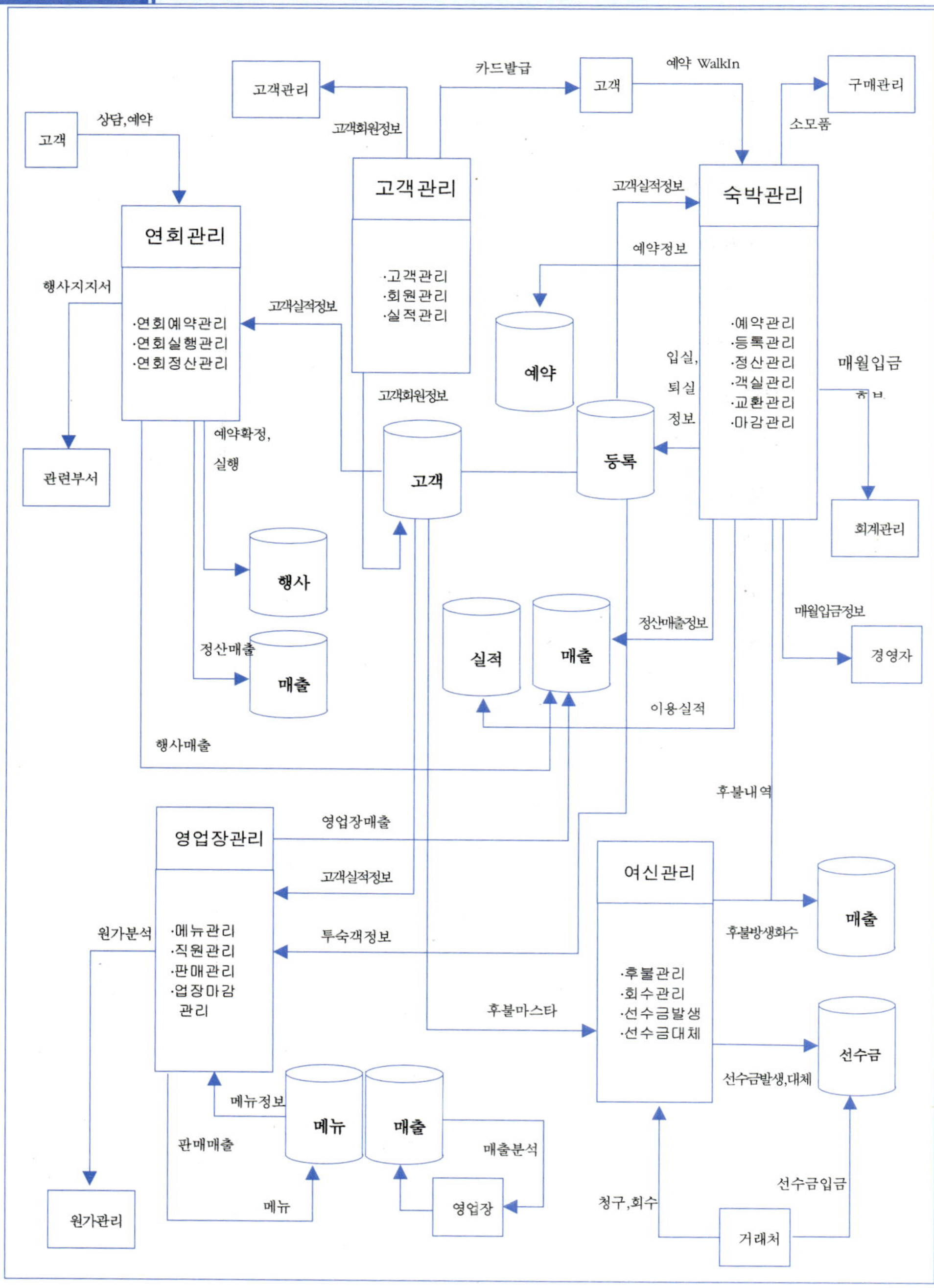

Ⅱ. 객실관리시스템

프론트오피스의 주 업무는 호텔에 숙박하기 위해 찾아오는 고객을 제일 먼저 접객하는 장소이고 고객이 체류하는 동안 호텔 내 모든 곳을 안내 역할 하는 곳이기도 하며, 고객이 호텔을 출발 할 때까지 마지막으로 안내하는 호텔창구의 역할을 하는 곳이다. 따라서 이러한 모든 업무를 원활하고 신속하게 수행되기 위해서는 시스템에서도 기능별로 구분되어 있다.

첫째, 고객에게 방을 배정하는 프론데스크 모듈 둘째, 고객에게 환전 또는 체크인. 아웃시키는 프론트캐셔 모듈 셋째, 고객의 객실 예약을 처리하는 예약 모듈 넷째, 고객의 전화사용 및 안내를 하는 교환 모듈 다섯째, 객실의 청소상태를 관리하는 하우스키핑모듈이 있다. 프론트오피스 시스템의 각 기능 모듈을 그림으로 도시하면 다음과 같다.

그림 1-9 프론트오피스 시스템의 모듈

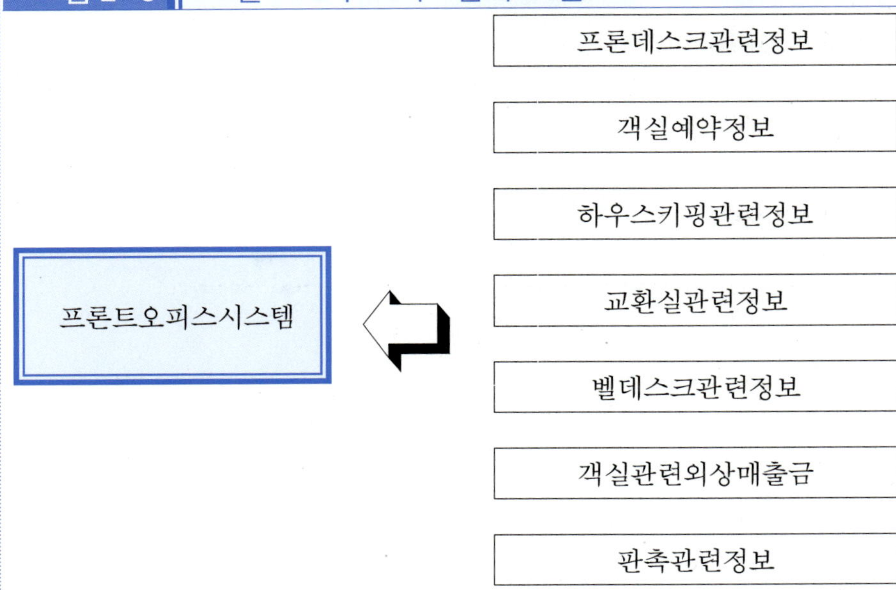

그림 1-10 Front Office 시스템 흐름도

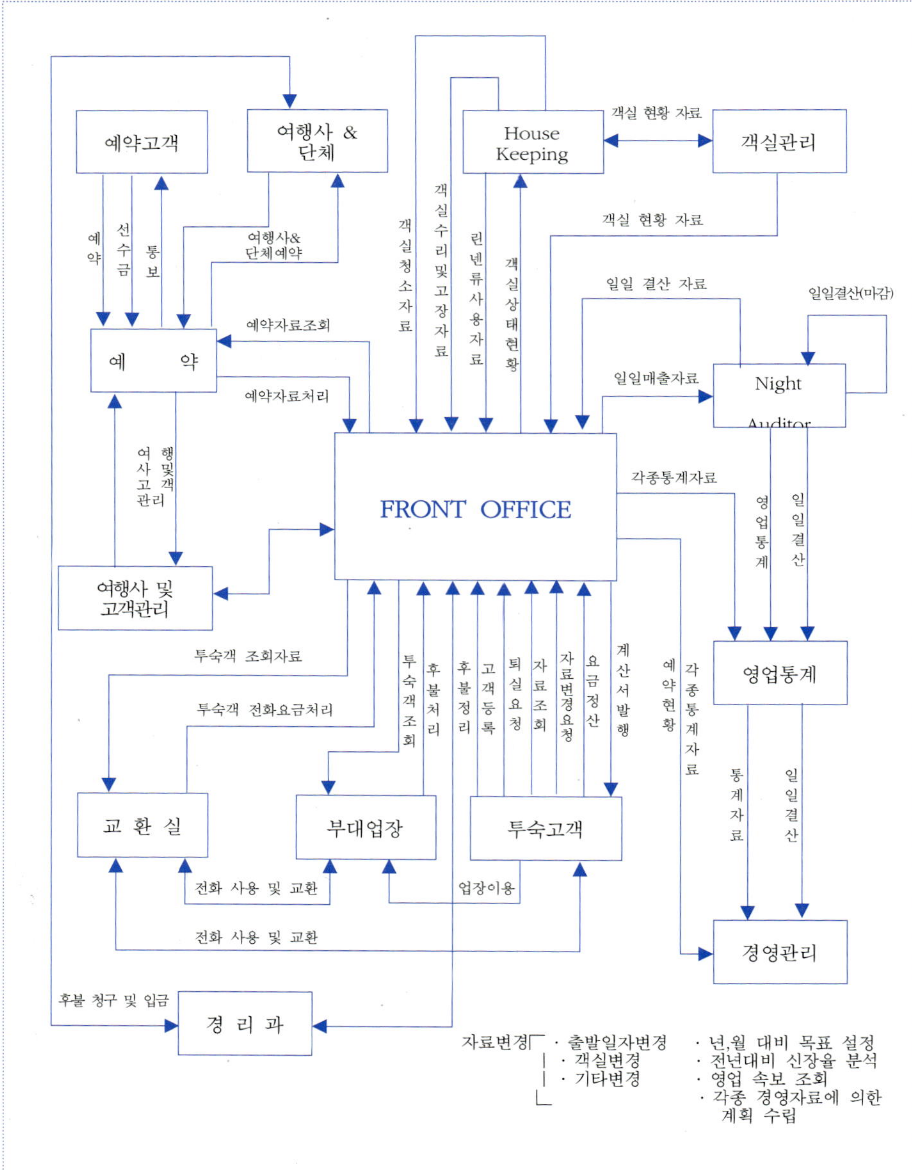

Ⅲ. POS 시스템

업장관리시스템의 주 업무는 호텔 내에 설치되어 있는 식음료를 판매하는 각 영업장과 바 그리고 수영장, 헬스. 스파와 같은 부대시설에서 사용되어 매출을 관리하는 시스템으로써 일반적으로 POS(Point of Sales)시스템이라고 하며 번역하면 판매시점관리라고도 한다.

POS 회계기의 종류는 사용 용도에 따라 백화점용, 호텔용, 외식사업용 등으로 구분할 수 있으며 사용하는 업체의 경영방식에 따라 적절한 기기의 도입이 필요한 아주 민감한 시스템이라고도 할 수 있다.

POS 시스템을 그림으로 도시하면 다음과 같다.

그림 1-11 업장관리(POS) 시스템의 모듈

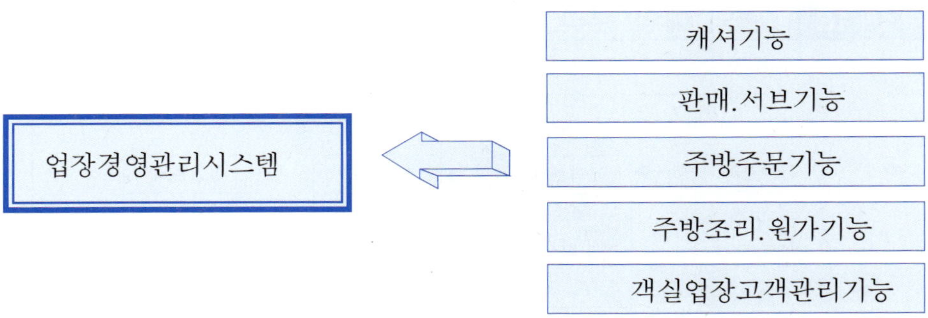

그림 1-12 영업장 판매관리 시스템 흐름도

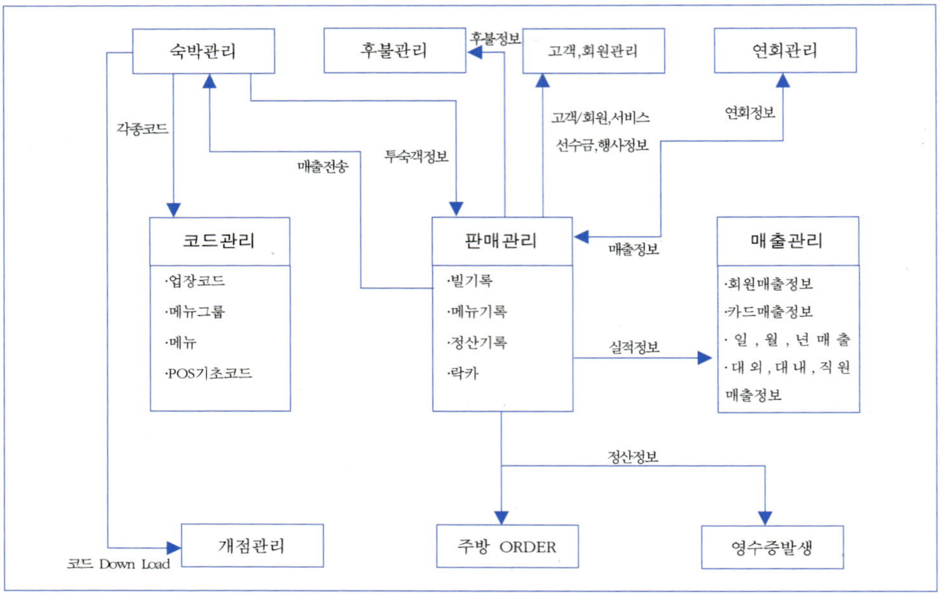

그림 1-13 연회 예약 관리 시스템 흐름도

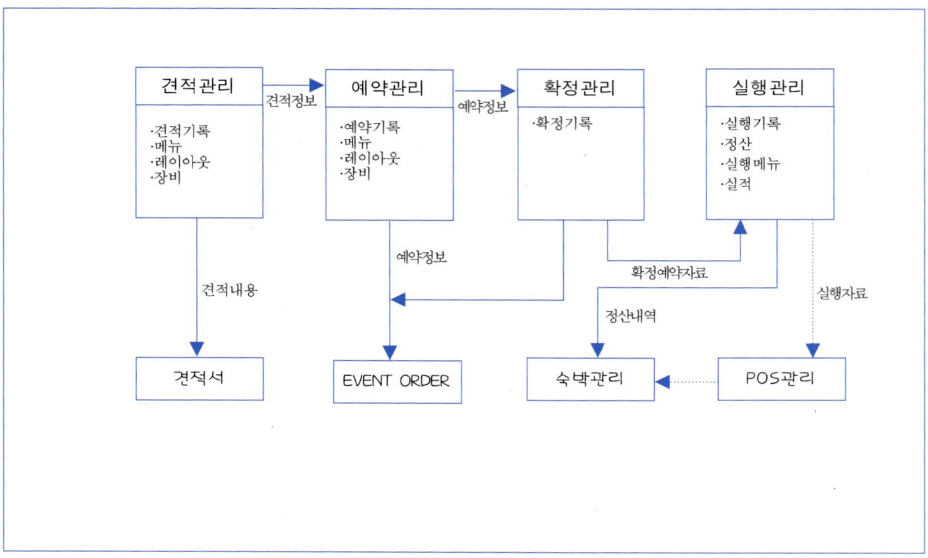

Ⅳ. Interface 시스템

호텔정보 시스템은 프론트 오피스 시스템, POS 시스템, 백 오피스 시스템간의 자료전송과 서로 다른 미디어를 통해 사용된 자료들을 각 시스템과 연계하여 전송하도록 구축되어야 하는데 이러한 각 시스템간의 자료전송과 원하는 정보를 통합시켜 운영하는 시스템을 인터페이스 시스템이라고 한다.

현재 호텔기업에서 활용 중인 인터페이스 시스템의 종류를 살펴보면 다음과 같다.

① 사설교환기 장치(PABX) : 객실 내의 전화사용에 대한 정보를 제공

② 전화요금 산출 시스템(Calling Accounting System) : 전화기와 PABX를 연결하여 객실 내 사용하는 전화 요금을 자동으로 FOLIO에 전송해주는 시스템이다.

③ 전자잠금 시스템(Electric Locking System) : 객실 키를 전자식으로 만들어 개. 폐에 활용하고 이를 통해 고객의 객실 유. 무를 확인하는 시스템이다.

④ 에너지 관리 시스템 : 객실 키를 객실 내부에 설치되어 있는 온. 냉방장치, 전열장치, 환기장치를 관리하는 카드 키 보관 장치를 활용해 불필요한 에너지를 차단. 공급하는 장치이다.

⑤ 신용카드 승인 시스템 : 외부 데이터를 공급받아 호텔정보 시스템에 연결하여 고객들의 신용카드 정산 시 승인을 얻도록 하는 장치이다.

⑥ 모닝 콜(Morning Cell) 시스템 : 객실 내에 설치되어 있는 나이트 테이블(night table)을 통해 고객의 기상시간을 알려주는 장치이다.

⑦ 보이스 메일(Voice Mail) 시스템 : 객실 고객이 일정시간 전화를 받지 않으면 자동으로 녹음되어 메시지를 전달하는 장치이다.

⑧ 객실 내 미니 바 시스템 : 객실 내의 소형 냉장고 안의 미니 바에 상품이 판매 될 때 마다 자동으로 금액을 FOLIO에 전송해주는 장치이다. 현재 우리나라호텔에는 사용하고 있는 호텔이 거의 없는 실정이다.

⑨ 인터넷 사용과 영화 요금 부과 시스템 : 객실 내에서 고객이 인터넷을 사용하거나 컴퓨터나 TV를 통해 유료 영화를 볼 경우 자동으로 요금을 부과하는 시스템이다.

정보시스템의 발전으로 앞으로도 고객의 편리한 서비스를 제공하기 위해 인터페이스 시스템은 지속적으로 개발 발전 될 것이다.

Ⅴ. Back Office 시스템

백오피스의 주 업무는 호텔에서 발생하는 매출·매입 관계를 관리하는 경리·회계시스템, 종업원의 채용 및 교육 그리고 급여를 관리하는 인사·교육시스템, 호텔영업에 필요한 식·음료관리 및 원가를 관리하는 재고 관리 시스템과 원가관리 시스템이 있으며 호텔 고객관리 및 판촉을 위한 업무를 집행하는 판촉·연회관리 시스템 등이 있다. 그리고 이러한 모든 자료를 최고 경영자가 참조 할 수 있도록 구축된 최고 경영자관리 시스템이 있다. 이러한 모든 시스템을 총괄하여 백오피스시스템이라고 한다. 따라서 백오피스의 시스템은 호텔 경영특성에 따라 시스템을 구축 할 수 있는 유연성이 있는 특징이 있다고 할 수 있다. 백오피스시스템을 그림으로 도시하면 다음과 같다.

그림 1-14 백오피스 시스템의 모듈

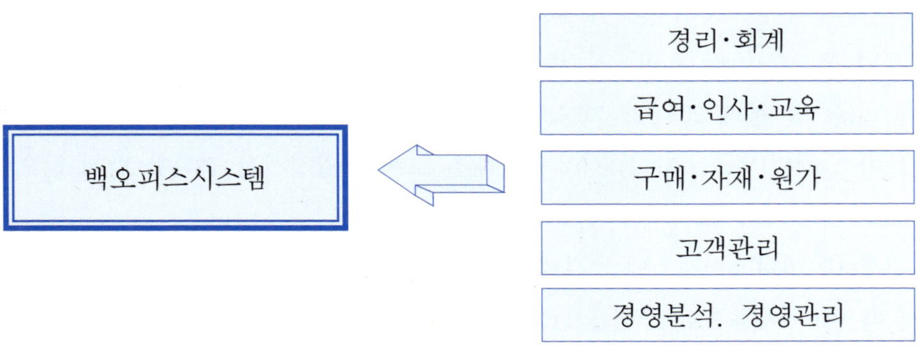

그림 1-15 관리부문 ERP 구축도

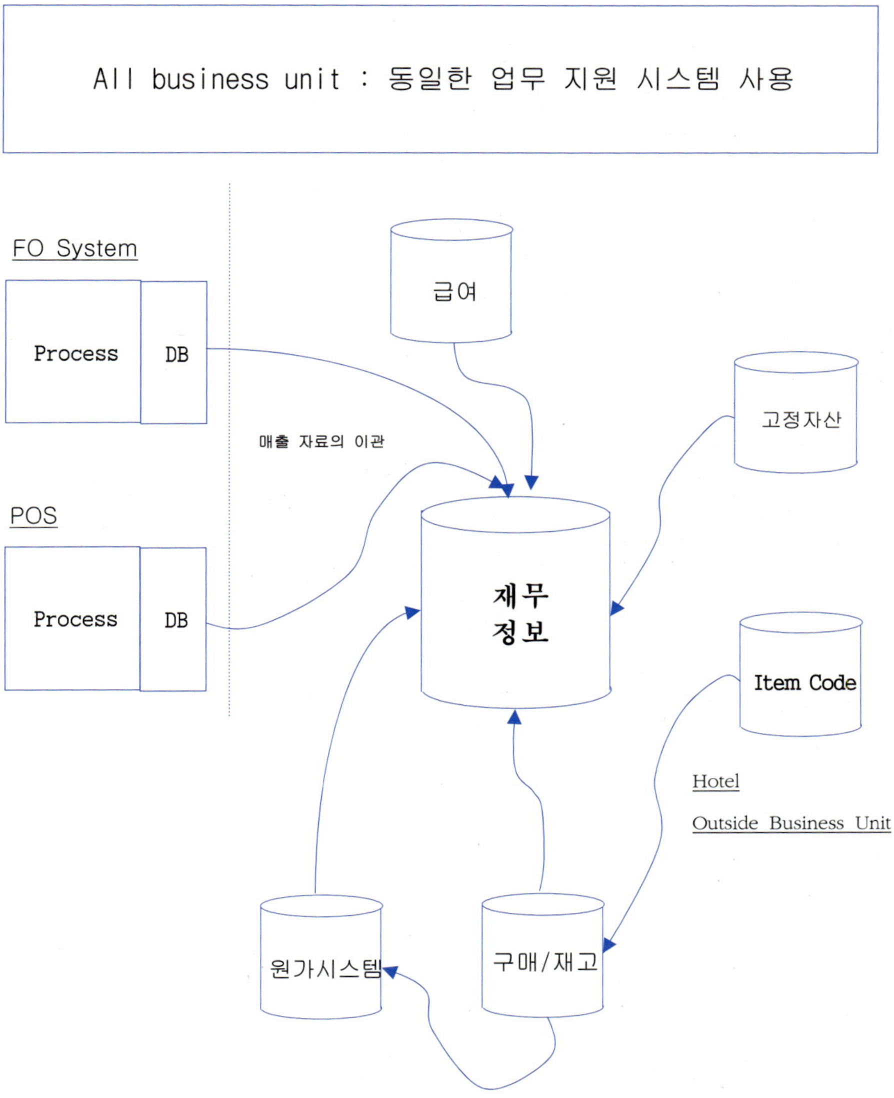

□ 통합된 재무정보 제공
□ 단일 ITEM CODE 사용
□ 모든자료의 재무정보 이관

그림 1-16 관리부문 ERP 시스템 흐름도

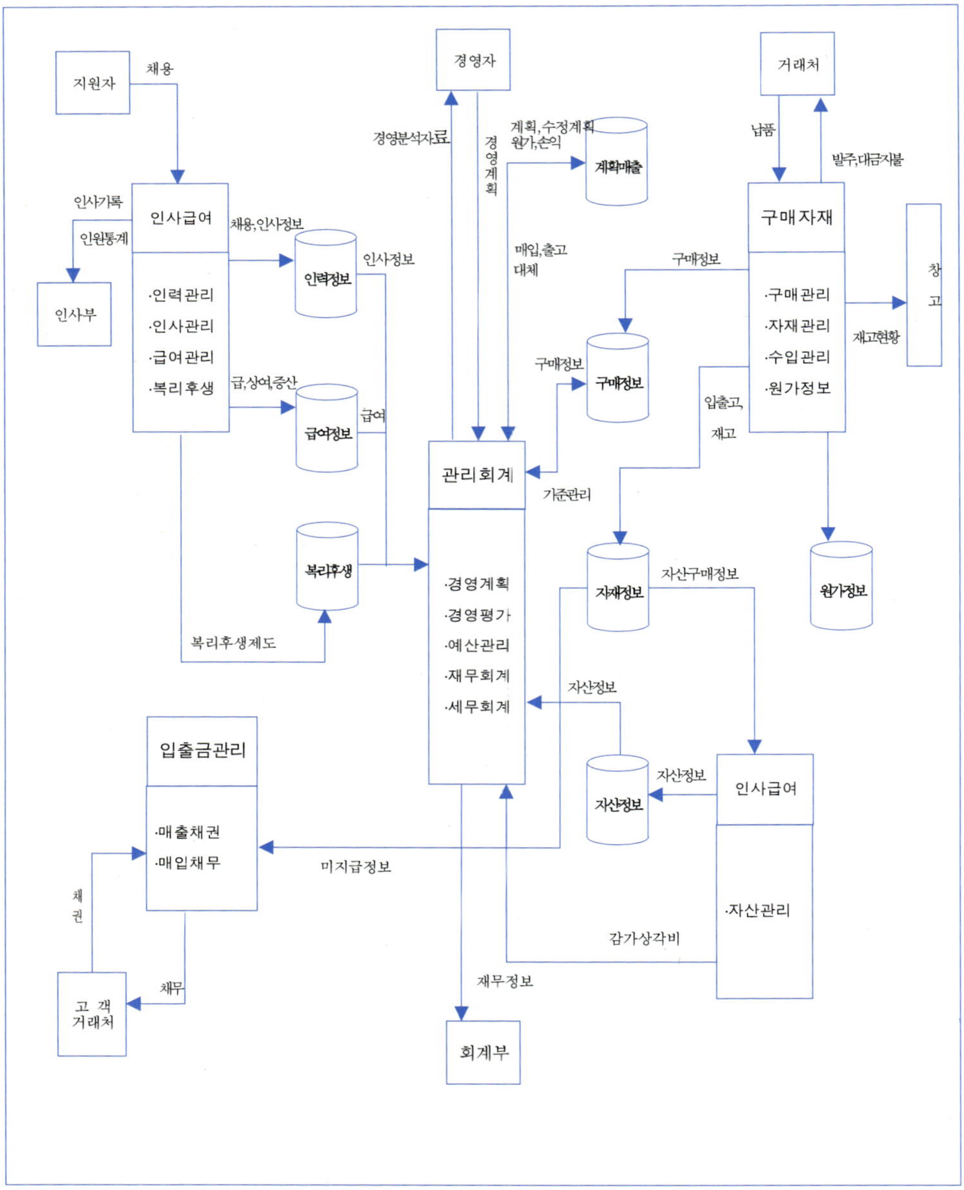

그림 1-17 인사·급여 관리 시스템 흐름도

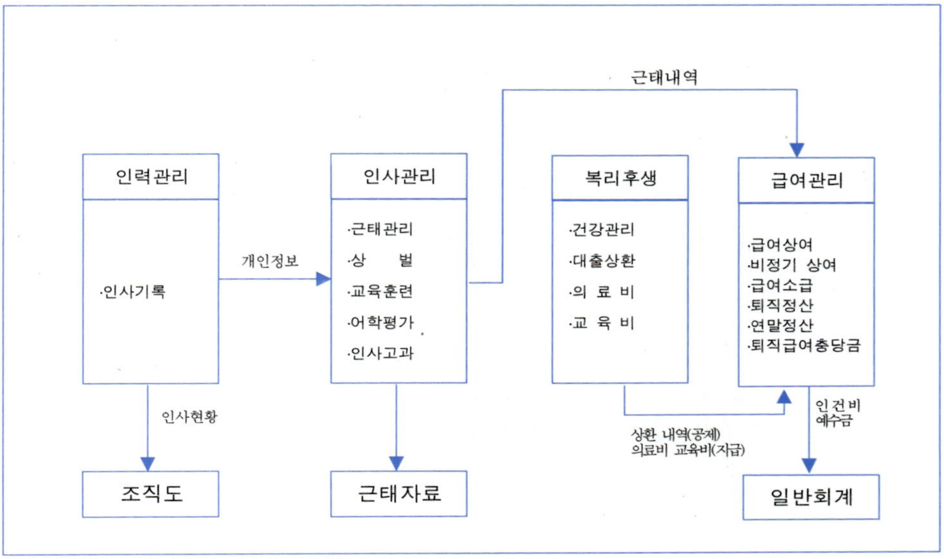

그림 1-18 재무·회계 관리 시스템 흐름도

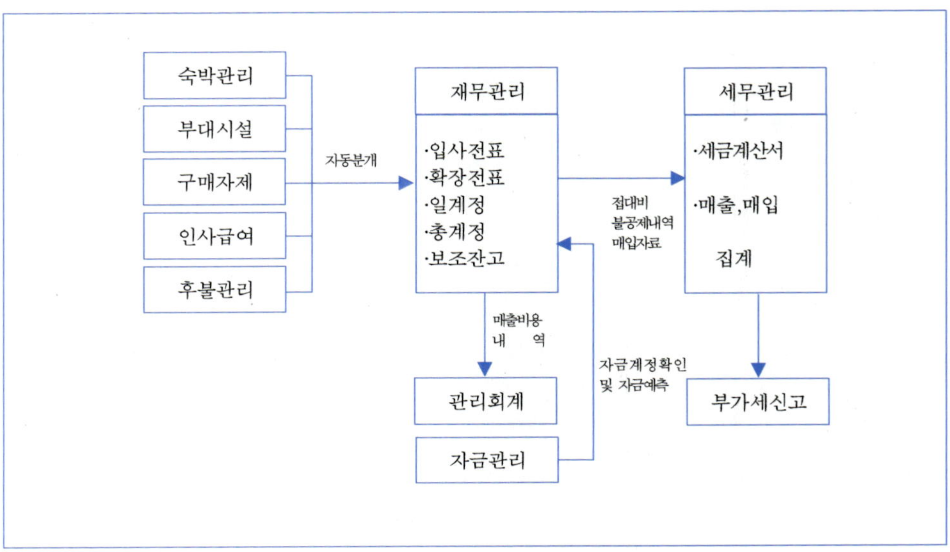

그림 1-19 구매·재고 관리 시스템 흐름도

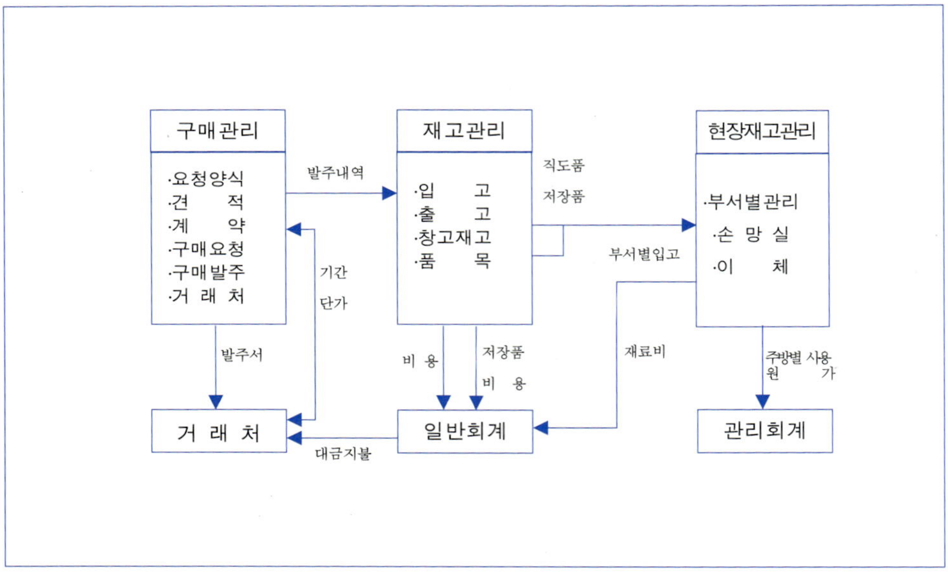

그림 1-20 원가관리 시스템 흐름도

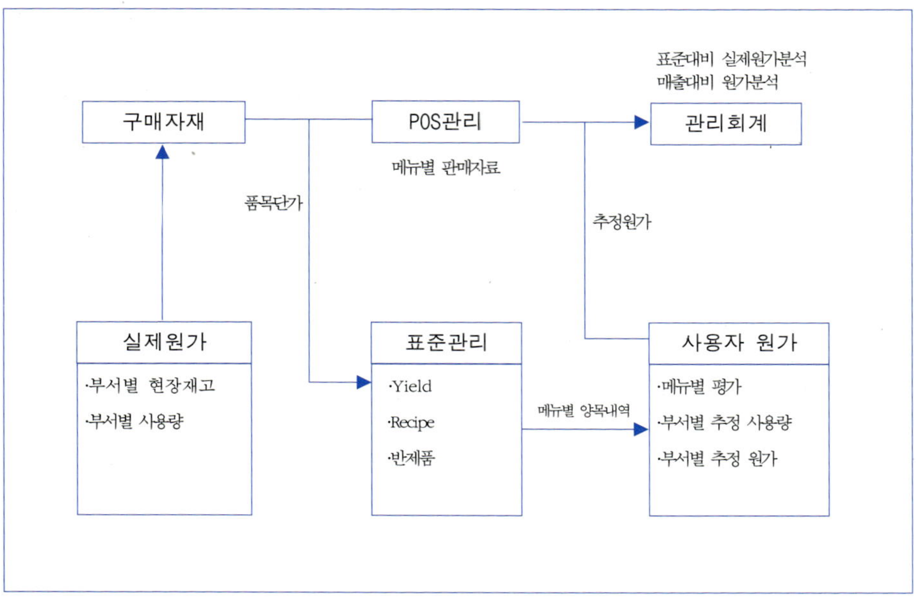

그림 1-21 자산 및 감가상각 시스템 흐름도

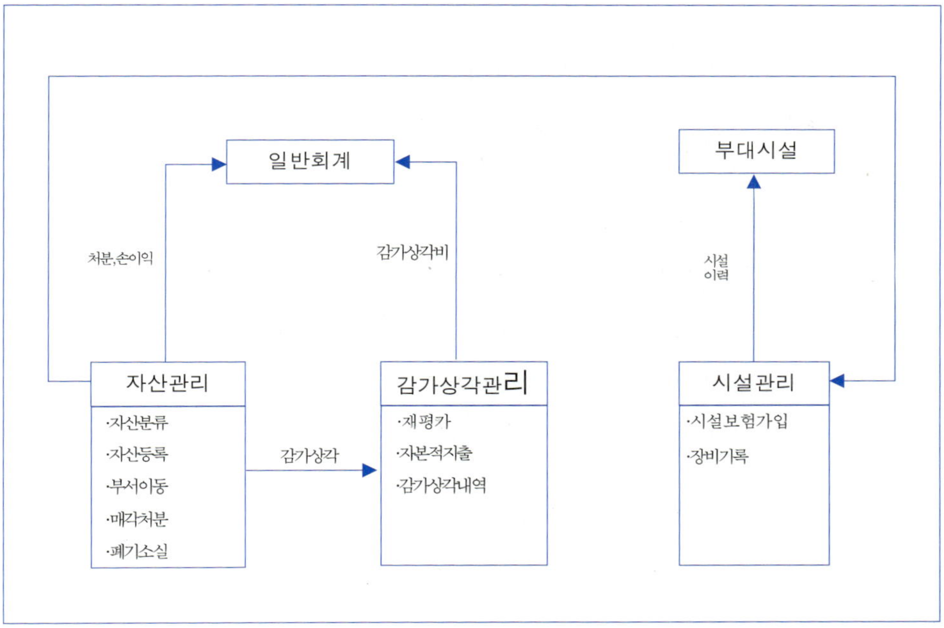

제 3 절 객실회계와 식음료회계 처리의 이해

Ⅰ. 객실회계 업무의 흐름과 처리방법

호텔 객실의 회계 업무는 객실을 이용하려는 고객이 예약을 하면서 예약금, 즉 선수금(advance deposit)을 호텔측에 입금하면서 시작된다고 할 수 있다. 고객은 객실료의 일정금액을 예약금 명목으로 호텔명의의 통장으로 입금을 하거나 고객이 직접 호텔에 방문하여 입금처리 또는 신용카드를 사전에 계산을 하게 되는데 이때, 호텔에서는 예약날짜에 차질이 없도록 해당 고객계정에 입금 처리하여 회계처리 해야 한다. 신용카드의 경우는 계산하는 시점에 현금처리를 할 수가 없으므로 매출처원장에 입력한 후 매출채권으로 처리한 후 카드사에서 결재가 완료되면 현금 입금액과 수수료를 구분하여 회계처리하면 된다.

호텔은 전산 시스템(ERP or HIS)이 거의 모든 호텔에서 완벽하게 구축되어 있어 모든 회계처리 업무는 회계정보 처리 프로그램에 의해 처리된다.

또한 객실회계서 중요하게 다루어야 할 업무는 고객원장관리(FOLIO=guest ledger)이다. 객실을 이용하는 고객은 크게 개인고객(F.I.T)과 단체고객(group guest)으로 구분하게 된다. 개인고객이나 단체고객이 호텔에 투숙하게 되면 예약고객(Reservation guest)과 비예약고객(Walk in guest)을 구분하여 예약 또는 등록과정을 거쳐 체크인(check in)을 하게 되는데, 이때 고객의 원장을 만들어야 하는데 이를 폴리오(FOLIO=guest ledger), 또는 고객원장이라고 한다.

1. 고객원장의 생성과 내용

1) 고객원장의 의의와 생성

호텔업장의 이용객이 투숙객이 아닌 외부고객일 경우에는 고객원장을 별도로 작성할 필요 없이 업장에서 발행하는 계산서(cashier's bill)로 정산하면 된다. 그러나 이용 고객이 객실 이용고객일 경우 객실, 식음료 및 기타 부대시설부문의 이용 요금에 대해서는 그 때마다 정산하지 않고 투숙객 계정으로 후불 또는 임시외상(charge to room)한 후에 퇴숙(check-out)시 일괄적으로 전산하게 된다. 즉 투숙객이 호텔에 체재할 동안 발생시킨 요금은 퇴숙 시까지 매출채권 형태로 특정 장소에 집계한 후 퇴숙 시 일괄 정산이 이루어지게 되는데 객실료나 각 영업장에서 발생순서대로 일정한 곳에 기록해나가는 장소를 고객원장(FOLIO=guest ledger)이라 한다.

최근 호텔기업들은 전사적자원관리시스템(ERP)이나 호텔정보시스템(HIS)의 활용으로 영업에 필요한 회계프로그램이 완벽하게 되어 있기 때문에 고객원장을 쉽고 편리하게 개설할 수가 있다.

고객원장을 개설하기 위해서는 투숙객이 예약한 고객정보를 등록확인을 거친 후 객실 모듈 프로그램으로 연결되어 고객원장이 생성된다. 고객원장은 이처럼 고객의 투숙과 동시에 개설되며, 고객원장이 개설되어야만 각 업장에서 발생되는 매출액을 후불 처리할 수가 있다.

2) 고객원장의 종류

투숙객은 크게 개인고객(F.I.T)과 단체고객(Group)으로 나누어진다. 이들 고객 유형별 고객원장 개설 방법이 다르다. 먼저 개인 고객의 경우는 고객이 호텔에 도착한 후 예약여부에 따라 등록 절차를 거치게 되면 해당 객실번호로 고객원장이 개설된다. 만약 한 개의 객실에 두명 이상이 투숙하고 고객 개개인이 사용금액을 별도로 지불 할 경우는 투숙한 만큼의 고객원장 개설이 가능하다. 단체고객은 개인고객과 원장 개설 방법이 다르다. 왜냐하면, 개인이 지불 할 금액과 여행사나 항공사에서 지불해야할 금액이 서로 다르기 때문이다. 보통 단체고객은 객실과 아침식사 요금은 여행사 또는 항공사 및 단체가 지불하고 나머지는 개인이 지불하는 것이 대부분이기 때문이다. 이와 같이 지불처가 다를 경우 고객원장이 두가지 유형으로 개설되어야 하는데 인명계정(guest ledger)과 통제계정(group master ledger)이다.

(1)인명계정(guest ledger)

인명계정은 단체이든 개인고객이든 각 객실마다 개개인의 이름으로 개설된 고객원장을 말한다. 따라서 인명계정은 고객이 호텔의 타 영업장을 이용하여 후불 발생 시 영업장 회계원은 반드시 해당 객실번호와 고객명을 확인 또는 업장회계기(POS 기)를 통해 객실조회 후 후불처리(Room charge)해야 한다.

(2)통제계정(group master ledger)

단체 고객인 경우 지불처가 각각 다를 경우 각 객실의 인명계정과 단체고객용 원장인 통제계정(여행사나 항공사 지불처)을 개설하게 된다. 통제계정은 객실요금과 아침조식 요금을 지불할 주체의 이름으로 개설하는 것이 원칙이며, 객실번호로 개설하는 것이 아니라 시스템에서 부여하는 단체번호(group number)로 개설된다. 통제계정에는 반드시 객실료와 아침조식 또는 예약시 약정한 요금만 입력하고 개인이 지불할 금액이 입력되어서는 안 된다. 통제계정을 마감 할 경우 보통 단체고객 개개인의 계정의 금액을 지불 완료 후 최종적으로 마감하는데 호텔과 약정되어 있는 매출채권 거래처인 경우 매출채권계정(외상매출금=City ledger)으로 처리하여 차후 지불처에 청구하여 대금을 회수하게 된다.

3) 고객원장의 내용

고객원장의 내용을 살펴보면, 프론트 오피스 시스템을 사용하는 모든 호텔들이 다소 형태의 차이는 있으나 큰 차이는 없다.

먼저 상호명, 대표자명, 사업자등록번호, 전화번호를 기입하는 란이 있고 고객이 후불(외상매출금=매출채권) 처리 할 경우 청구처, 주소, 서명, 전화번호, 승인자(부서장)의 서명 란 등이 있고, 도착일(arrival), 출발일(departure), 객실번호, 고객 수, 객실요금이 기록되어지고, 고객 기본적인 정보(history) 란과 그리고 금액 발생 일자, 참조(reference), 내역(description), 금액 란이 있다.

또한 최종 계산방법에 따라 현금, 카드번호 및 승인번호와 후불처리(City Ledger)에 대한 내용도 추가 된다.

그림 1-22 객실 폴리오

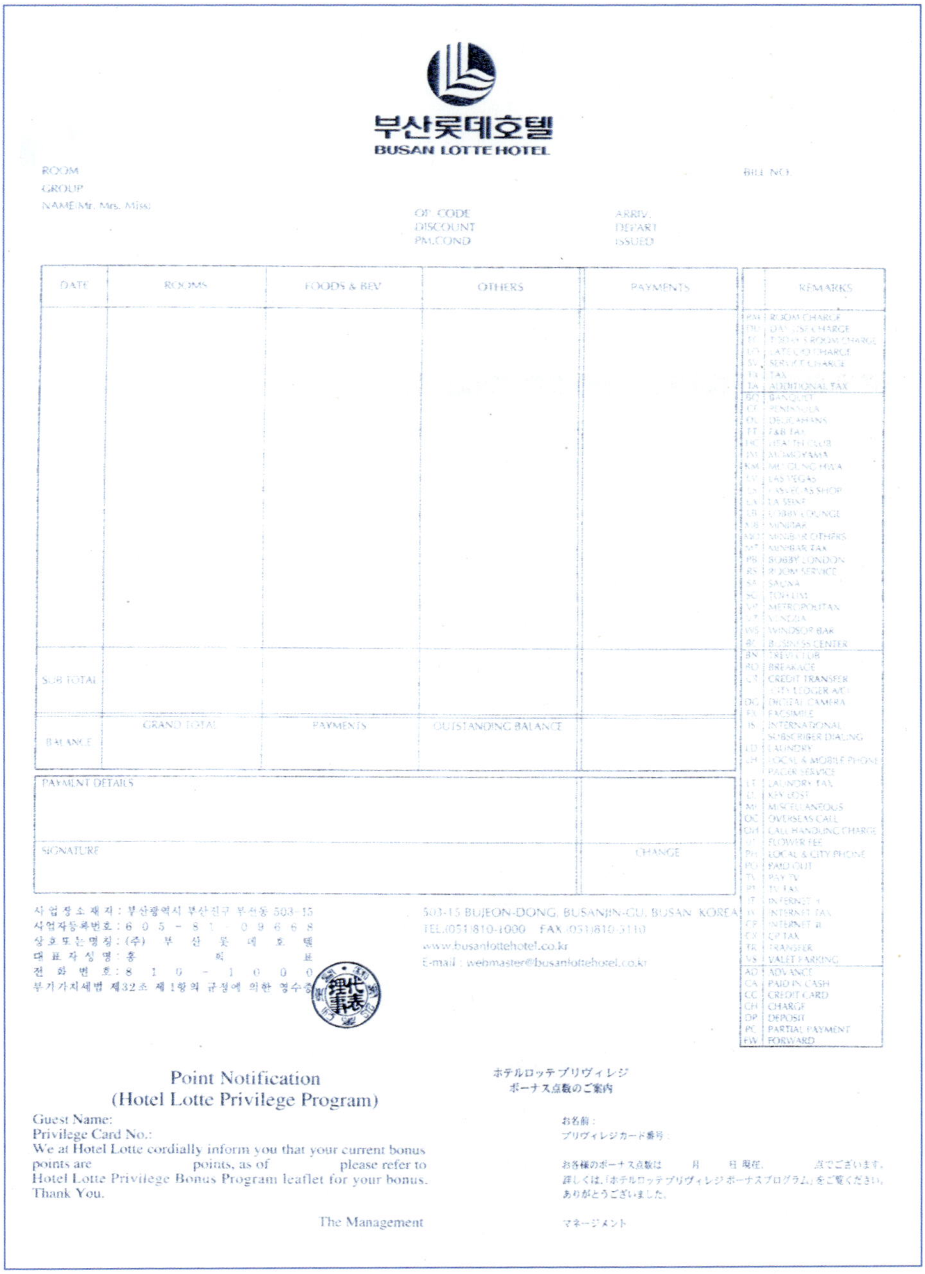

부산롯데호텔
BUSAN LOTTE HOTEL

ROOM
GROUP
NAME(Mr. Mrs. Miss)

BILL NO.

OP. CODE
DISCOUNT
PM.CODE

ARRIV.
DEPART
ISSUED

DATE	ROOMS	FOODS & BEV	OTHERS	PAYMENTS
SUB TOTAL				
BALANCE	GRAND TOTAL	PAYMENTS	OUTSTANDING BALANCE	

PAYMENT DETAILS

SIGNATURE | CHANGE

	REMARKS
RM	ROOM CHARGE
DU	DAY USE CHARGE
TC	TODAY'S ROOM CHARGE
LO	LATE C/O CHARGE
SV	SERVICE CHARGE
TX	TAX
TA	ADDITIONAL TAX
BQ	BANQUET
CF	PENINSULA
DL	DELICAHANS
FT	F&B TAX
HC	HEALTH CLUB
IM	MOMOYAMA
KM	MUGUNG HWA
LV	LAS VEGAS
LS	LAS VEGAS SHOP
LA	LA SEINE
LB	LOBBY LOUNGE
MB	MINIBAR
MO	MINIBAR OTHERS
MT	MINIBAR TAX
PB	BOBBY LONDON
RS	ROOM SERVICE
SA	SAUNA
SC	TOH LIM
VP	METROPOLITAN
VZ	VENEZIA
WS	WINDSOR BAR
BC	BUSINESS CENTER
BN	TREVI CLUB
RO	BREAKAGE
CT	CREDIT TRANSFER (CITY LEDGER A/C)
DG	DIGITAL CAMERA
FX	FACSIMILE
IS	INTERNATIONAL SUBSCRIBER DIALING
LD	LAUNDRY
LH	LOCAL & MOBILE PHONE PAGER SERVICE
LT	LAUNDRY TAX
EL	KEY LOST
MI	MISCELLANEOUS
OC	OVERSEAS CALL
OH	CALL HANDLING CHARGE
UT	FLOWER FEE
PH	LOCAL & CITY PHONE
PO	PAID OUT
TV	PAY TV
PT	TV TAX
IT	INTERNET I
IX	INTERNET TAX
CP	INTERNET II
CX	CP TAX
TR	TRANSFER
VS	VALET PARKING
AD	ADVANCE
CA	PAID IN CASH
CC	CREDIT CARD
CH	CHARGE
DP	DEPOSIT
PC	PARTIAL PAYMENT
FW	FORWARD

사업장소재지 : 부산광역시 부산진구 부전동 503-15
사업자등록번호 : 6 0 5 - 8 1 - 0 9 6 6 8
상호또는명칭 : (주) 부 산 롯 데 호 텔
대표자성명 :
전화번호 : 8 1 0 - 1 0 0 0
부가가치세법 제32조 제1항의 규정에 의한 영수증

503-15 BUJEON-DONG, BUSANJIN-GU, BUSAN KOREA
TEL.(051)810-1000 FAX.(051)810-5110
www.busanlottehotel.co.kr
E-mail : webmaster@busanlottehotel.co.kr

Point Notification
(Hotel Lotte Privilege Program)

Guest Name:
Privilege Card No.:
We at Hotel Lotte cordially inform you that your current bonus points are points, as of please refer to Hotel Lotte Privilege Bonus Program leaflet for your bonus.
Thank You.

The Management

ホテルロッテプリヴィレジ
ボーナス点数のご案内

お名前：
プリヴィレジカード番号：

お客様のボーナス点数は 月 日 現在、 点でございます。
詳しくは、「ホテルロッテプリヴィレジボーナスプログラム」をご覧ください。
ありがとうございました。

マネージメント

그림 1-23 고객 사용한 객실 폴리오

the westin chosun busan
737 woo 1 dong, haeundae gu, busan, korea 612 822
tel 82.51.749.7000 fax 82.51.742.1313
www.westin.com/busan www.echosunhotel.com

247462

Peter Breidenich
Muehcen STR 136

room 0831
arrival 07/28/08
departure 07/31/08
company page 1 of 1
SAACKE KOREA SPG 50891818391

date	description	reference	amount
07/28/08	ROOM CHARGE		210,000
07/28/08	Svc Chg - Room		21,000
07/28/08	Tax - Room		2,100
07/29/08	ROOM CHARGE		210,000
07/29/08	Svc Chg - Room		21,000
07/29/08	Tax - Room		2,100
07/30/08	ROOM CHARGE		210,000
07/30/08	Svc Chg - Room		21,000
07/30/08	Tax - Room		2,100
07/31/08	Master International Card		699,300

balance 0

Guest Signature:

I agree to remain personally liable for the payment of this account if the corporation or other third party billed fails to pay part or all of these charges.

THE WESTIN CHOSUN
BUSAN

2. 프론트 캐셔(front office cashier)의 정의 및 업무

1) 프론트 캐셔(front office cashier)의 정의

객실부문의 회계처리를 담당하는 종사원을 프론트 캐셔라고 한다. 예전에는 객실 판매를 담당하는 룸 클럭(room clerk), 야간 업무를 마감하는 나이트 오디터(night auditor), 체크인과 체크아웃을 담당하는 프론트 캐셔로 업무의 역할에 따라 직책이 부여되었지만 최근에는 호텔 정보시스템 및 전사적자원 관리 시스템의 안정적 구축으로 프론트에 근무하는 모든 종사원이 고객 응대 서비스와 회계업무를 수행하게 됨으로서 업무가 통합되어 프론트에서 제반 업무를 담당하는 종사원을 칭해 프론트 캐셔로 부른다.

2) 프론트 캐셔의 업무

프론트 캐셔의 업무는 호텔마다 차이는 있지만 객실 판매를 위한 등록업무, 객실 배정, 객실 키 관리, 체크인, 체크아웃, 폴리오와 영업장 빌 관리, 당일 매출 마감처리, 매출 보고서 출력 등 객실 판매와 관련된 업무를 수행할 뿐 아니라, 객실고객의 정산에 대한 응대와 때로는 영접 및 환송업무도 하기도 한다.

또한 프론트 캐셔는 객실고객들의 외환업무와 환전에 필요한 호텔 환율을 구해 고시해야 하며, 환전장부도 작성해야 한다. 객실 고객들의 귀중품 보관 업무를 처리해야 한다.

특히 프론트 캐셔는 많은 현금을 관리하게 되는데, 고객 외화 환전자금과 객실 판매에서 발생하는 현금, 각 영업장 전도금 등 시재금(house fund)관리를 철저히 해야 하며 불시에 감사실의 감사를 받기도 한다. 이외에도 벨 데스크와 컨시어지, 영업장 캐셔와의 유기적인 업무협조체제를 항상 구축해야만 한다.

아울러, 프론트 캐셔가 해야 하는 업무 중 직접 매출 처리해야 하는 매출액 종류는 다음과 같다.

① 투숙객의 객실요금(room rate) ② 선수금(advance deposit) ③ 주간 객실 대여요금(day use room rate charge) ④ 미니 바 요금(mini bar charge) ⑤ 세

탁 수선 요금(laundry &valet charge) ⑥ 유료 TV수신료(tele-movie charge) ⑦ 추가요금(extra charge) ⑧ 사무보조/대행료(business center charge) ⑨ 연회장 매출액(banquet charge) ⑩ 골프장 이용료(golf fee) ⑪ 잡수익(miscellaneous charge) ⑫ 인터넷 사용료(internet charge) 등이 있다. 직접 매출을 처리해야 하는 이유는 위의 각종 매출은 별도의 메뉴가 없으며 영업장에서 계산기(POS 기)로 처리할 수 없기 때문이다. 따라서 프론트 캐셔는 폴리오를 오픈하여 직접 매출입력을 처리해야 한다.

또한 중요한 업무 중의 하나는 매출액의 조정업무이다.

복잡한 업무를 처리하다보면 발생할 수 있는 실수나 오류 또는 고객의 착오 등이 생길 수가 있는데 이때 조정해야 업무는 다음과 같다.

(1) 잡수익(miscellaneous charge)

호텔에서 잡수익으로 처리해야 할 경우가 많이 있는데, 주된 이유는 수익이 발생하였지만 회계기 내에 해당 상품이 없는 경우와 별도의 계정과목이 없는 경우, 고객이 수령해가지 않은 잔돈(change money), 객실 내의 기물 파손이나 키 분실에 따른 변상, 판매목적이 아닌 호텔 용품의 판매, 쿠폰고객의 미사용 금액, 자전거나 우산임대료, 차량서비스요금 등이 있다. 잡수익계정으로 처리할 경우 반드시 증빙자료(Voucher)를 작성 첨부한 후 상급자의 승인을 득해야 한다.

그림 1-24 잡수익 처리 바우처

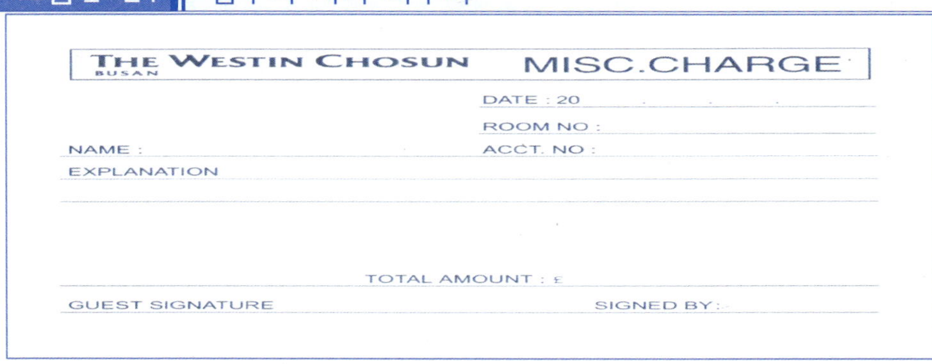
THE WESTIN CHOSUN
BUSAN
MISC.CHARGE

DATE : 20 . . .
ROOM NO :
NAME :
ACCT. NO :
EXPLANATION

TOTAL AMOUNT : £
GUEST SIGNATURE
SIGNED BY :

(2) 매출액 차감 조정(rebate & allowance)

매출액 차감 조정은 금일 이전에 발생된 것으로 조정 사유가 발생하여 이미 확정된 매출액을 수정해야 할 경우인데, 이의 수정을 Rebate 또는 Allowance라고 한다. 조정 사유는 종업원의 오류나 실수에 의한 요금의 과다 계상 또는 과소 계상과 불만족스러운 서비스에 대한 특별 할인조치, 이중 계상(double posting), 호텔측에서 접대 또는 판매촉진으로 고객에게 부과하지 않아야 할 요금을 부과한 경우 등이 있다. 이때도 반드시 바우처(Voucher)를 작성해서 첨부하고 승인을 득해야 한다.

그림 1-25 매출액 조정 바우처

THE WESTIN CHOSUN
BUSAN

REBATE

DATE : 20 . . .

ROOM NO. :

NAME : ACCT. NO. :

EXPLANATION

TOTAL AMOUNT : ₩

GUEST SIGNATURE : SIGNED BY :

(3) 매출액 수정(correction)

당일 업무 수행 중에 발생된 매출액을 조정하는 경우에 이를 수정 조치를 말하며 각종 요금의 오류나 실수 등으로 발생된 매출액 조정활동이다. 당일 매출 수정은 별도의 바우처를 작성할 필요는 없다.

(4) 소액현금대여/환불(cash paid-out, refund)

소액현금대여/환불(cash paid-out, refund)이란 고객에게 일정금액을 대여해주거나 선수금 중 미사용 잔액을 되돌려주는 금액을 말한다. 먼저 고객의 편의를 위하여 호텔 프론트에서 객실고객에게 일정 현금을 대여해주는 소액현금(petty cash)대여 기능에 의한 현금지급이 있다. 고객의 우편요금, 택시비, 세탁비, 비디오대여, 꽃 서비스 등에 대한 현금을 빌려주고 그 금액을 고객원장에 계상하는 경우이다. 이때 반드시 소액현금대여/환불 전표(cash paid-out voucher)를 작성하여 담당자 및 고객이 서명한 후 부서장에게 승인을 득해야 한다.

그리고 고객 퇴숙 시 고객이 지불한 선수금 중 미사용 잔액이 남았을 경우 그 금액을 환불해줄 경우 환불금(paid out)이라는 용어를 사용하는데, 특별히 이를 구분하여 Refund라는 용어로 사용하기도 한다. 이때도 바우처(Voucher)를 사용하여 담당자와 고객의 서명을 득하여 관련 서류에 첨부하여 보관 또는 보고한다.

그림 1-26 Cash Paid Out Voucher

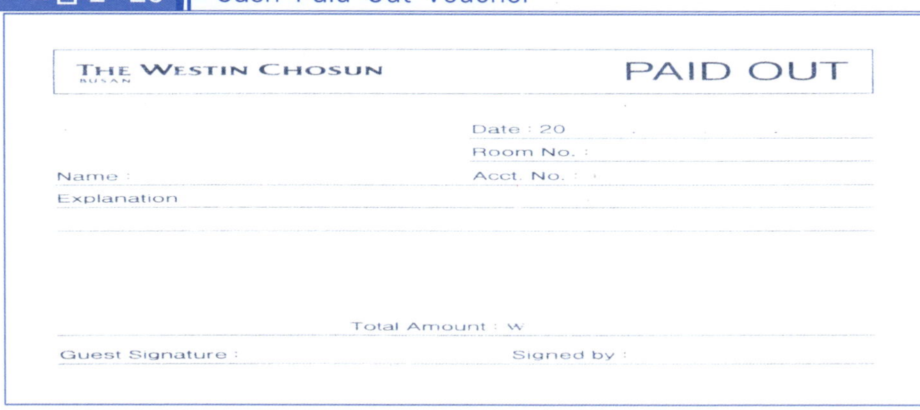

THE WESTIN CHOSUN BUSAN
PAID OUT

Date : 20 . .
Room No. :
Name :
Acct. No. :
Explanation

Total Amount : W
Guest Signature :
Signed by :

(5) 환전상의 개념

외국통화의 매매 및 외국에서 발행한 여행자수표의 매입을 환전이라고 하며, 외국환은행이 아닌 법인 또는 개인사업자도 외국환관리법령에서 정하는 일정한 자격을 갖추면 환전 업무를 영위할 수 있는데 이를 환전상이라 한다.

현행 외국환관리에서 환전업무의 취급은 일정한 자격이 있는 자에게만 허용되어 있는데 일반적인 외국환업무를 취급할 수 있는 외국환은행이 환전 업무를 취급할 수 있는 것은 당연하며 별도의 인가 등이 필요하지 않다.

환전상 제도의 목적으로서 외국인 여행자의 환전 편의를 도모하고 외국환의 조기 집중 및 외화유출을 방지하기 위함에 있다. 환전상 업무를 영위하고자 하는 자는 한국은행 총재의 인가를 받아야 하며 다만, 관광 진흥법의 규정에 의한 관광사업자는 한국은행 총재에 대한 신고만으로 환전상업무를 할 수 있다.

환전상은 거주자 또는 비거주자로부터 지정영수통화로 표시된 외국화폐 또는 여행자수표를 제시받으면 원화를 지급하여 이를 매입하고 매입한 외국화폐 또는 여행자수표를 다음날(휴일인 경우 그 다음날)까지 외국환은행 매각 또는 예치하여야 한다.

환전상은 2명 이상의 환전원을 고용하여야 하며 환전장부의 비치·보존 및 환전실적을 보고하는 등 각종 의무를 부담하며 한국은행으로부터 감독을 받는다. 환전상에 대한 검사는 한국은행 총재가 행하며 다만, 한국은행 총재는 필요한 경우 당해 환전상의 거래외국환은행의 장에게 검사를 위임할 수 있다.

▲ 호텔환전상 허가증

▲ 환전상 등록증

환전상의 업무

정부에서는 환전(foreign exchange)상이라는 제도를 통하여 외국인여행자의 편의를 위하고, 외국환의 조기집중 및 외화유출을 방지하기 위해 운영하며, 호텔 내에서도 환전상의 취급업무를 허가받아 영업하고 있다. 우리나라에서 사용되는 외화환전은 약 30여종이며, 현금(cash)과 여행자수표(traveler check)로 구분하여 매입하고 있다. 고객으로부터 외국환을 매입할 때에는 외국환매각/매입증명서를 작성하고, 환전증명서의 금액은 정정할 수 없으며, 고객이 사용하고 남은 원화를 재환전하고자 할 때에는 외국환은행 또는 공항에 있는 은행에서 재환전할 수 있다.

호텔환전상은 거래은행을 지정하여 환전업무 즉, 고객에게 환전한 외환을 거래은행에 매각하여야 한다. 거래은행을 통해 외국환매각/매입증명서를 구입하여 고객에게 환전 할 때마다 사용하여야 하며 외국환매각/매입증명서는 2매 1조로 구성되어있고 일련번호가 있어 반드시 번호순서대로 사용하여야 한다. 훼손이나 오염, 잘못 기재된 사항이 있으면 VOID처리하여 거래은행에 반납하고 반납증명서를 받아두어야 한다. 외국환매각/매입증명서를 발행 할 때는 발행 환전상명과 담당자의 서명이 들어가야 한다.

환전상은 거래은행으로부터 매일 은행환율을 받아 호텔환전수수료를 공제한 주요 국가의 환율을 고객이 잘 보이는 곳에 고시하여야 한다. 호텔환전상수수료는 재정경제부에서 요구하는 10/100% 이내이지만 고객서비스 차원에서 1~3/100%로 수수료를 적용하는 것이 대부분이다.

당일 환전이 마무리가 되면 환전원은 반드시 외국환매각증명서를 근거로 환전장부를 작성하고 환차익/환차손을 구하여 상급자의 승인을 득해야 한다.

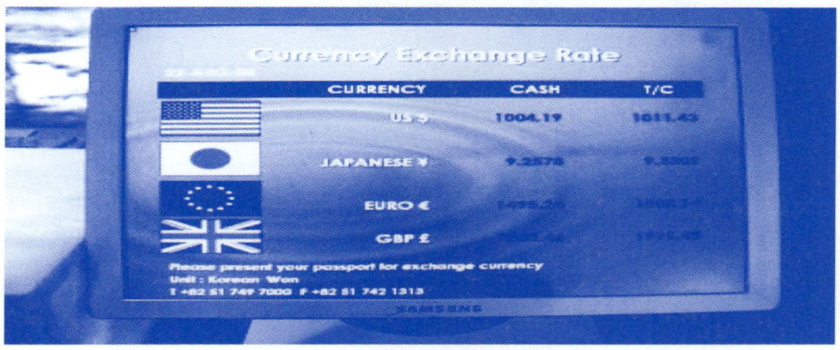

▲ 호텔 환율표

환 전 영 업 자 용

외 국 환 매 각 신 청 서

APPLICATION FOR SALE OF FOREIGN EXCHANGE

外 國 爲 替 賣 却 申 請 書

320324-08-000147 (은행지로코드) (년도) (일련번호)

매각자 성명 및 서명 (Name & Signature 姓名及び賣却者署名):

국적 및 여권번호 (주민등록번호) (Nationality & Passport No. 國籍及び旅券番號):

- 본인은 다음의 외국환을 외국환거래규정에 따라 원화로 매각코자 요청합니다.
- I (We) hereby request you to purchase the following foreign exchange for Won currency in accordance with your Foreign Exchange Transaction Regulations.
- 本人は次の外國爲替を外國爲替の取引規程によってウォン貨に賣却するようお願い致します.

일자 DATE 日付	외국환의 종류 및 금액 AMOUNT OF FOREIGN EXCHANGE 外國爲替の種類及び金額	적용환율 EXCHANGE RATE 適用相場	원화환가액 WON EQUIVALENT ウォン貨

환전영업자 상호 및 취급자서명 (Authorized Signature & Name of Money Changer 換錢商名及び取扱者署名):

지정거래 외국환은행: 부 산 은 행 운대지점 부(점)

(21×12 NCR지 55g/m²) 환전증명서

부산은행

▲ 외국환매각신청서

- 참 고: 귀하가 미사용 원화를 외국통화로 재환전하고자 할 때에는 외국환은행이나 환전영업자에게 본 증서를 제시하여야 합니다.
- REMARKS: If you wish to reconvert any unused portion of your Won currency into foreign currency, please present this certificate to foreign exchange bank or authorized money changer.
- 注 意: お客様が未使用のウォン貨を外國通貨に再換錢する時には外國爲替銀行及び換錢商にこの證書を提示しなければならない.

재환전상황 (Reconversion 再換錢狀況):

매각자서명 (Signature 賣却者署名):

국적 및 여권번호 (Nationality & Passport No. 國籍及び旅券番號):

일자 DATE 日付	원화금액 WON AMOUNT ウォン貨	적용환율 EXCHANGE RATE 適用相場	외국환의 종류 및 금액 AMOUNT OF FOREIGN EXCHANGE 外國爲替の種類及び金額

재환전영업자 또는 외국환은행명 (Name of Money Changer or Foreign Exchange Bank 換錢商名又は外國爲替銀行名):

▲ 외국환매입증명서

환전장부																		
매입										매각							시재금	
환전일자	환전증명서번호	외화매각인성명	통화의 종류					매입율(율)	지급원화액	통화의 종류					매각율(원)	매각원화액	원화시재금	외화시재금
			US$		€	¥	기타			US$		€	¥	기타				
			현금	T/C						현금								

▲ 환전장부

(5) 귀중품보관업무

호텔에 투숙하고 있는 고객의 귀중품을 안전하게 보관할 수 있는 장소를 제공하는데, 투숙객의 편의와 서비스측면에서 무료로 이용할 수 있다. 대부분의 호텔에서는 고객이 귀중품을 보관하지 않고 도난이나 분실하였을 경우 호텔에서는 책임을 질 수 없다는 점을 숙박약관에 명시하고 있다.

안전금고

프론트 캐셔 데스크에 안전금고(safe deposit box)를 설치하여 놓아 고객들이 무료로 이용할 수 있는 금고이다. 주로 단체고객들의 여권이나 비행기 티켓 등을 보관하고 있다. 이 금고는 호텔의 금고 키(master key)와 고객의 금고 키(guest key)를 동시에 넣은 후 돌려야지만 금고를 개폐할 수 있다.

▲ 프론트 안전금고

BOX NO. (金庫番号)

SAFE DEPOSIT BOX
貴重品お預かり金庫

RECEIVED (譲受)

ROOM NO. (お部屋番号)	GUEST NAME (お名前)	SIGNATURE (サイン)	C/O DATE (出発日)

DATE ISSUED	TIME	ISSUED BY

INFORMATION

Busan Lotte Hotel hereby authorizes the person whose signature is shown below to have free access to this Safe Deposit Box during his/her stay.

The Management will not be responsible for any loss of, theft of, or shortage in the contents of the Safe Deposit Box being used by the guest.

If your key is lost or stolen, you are responsible for a ₩100,000 charge.

ご利用案内

金庫のご利用は、ここに署名されたお客様だけに限定させていただきます。

ご滞在中、いつでもご自由にご利用いただけますが、チェックアウト時に必ずキーをお返しくださいますようお願い申し上げます。

お預けになった品物の紛失、盗難などの被害に関して当社では一切責任を負いかねますのでご了承ください。キー紛失の場合、代金として10万ウォンを請求させていただきます。

SURRENDERED (譲渡)

GUEST SIGNATURE (お客様のサイン)	DATE (日付)	TIME (時間)	CLERK (係員)

BUSAN LOTTE HOTEL

▲ 귀중품 보관 증명서

객실 내 금고

최근 호텔 객실 내에 안전금고를 설치하여 현금이나 귀중품을 보관할 수 있도록 하고 있다. 고객 스스로가 사용안내서에 따라 금고에 부착된 버튼을 조작해 비밀번호를 입력하여 금고문을 열거나 닫을 수 있다.

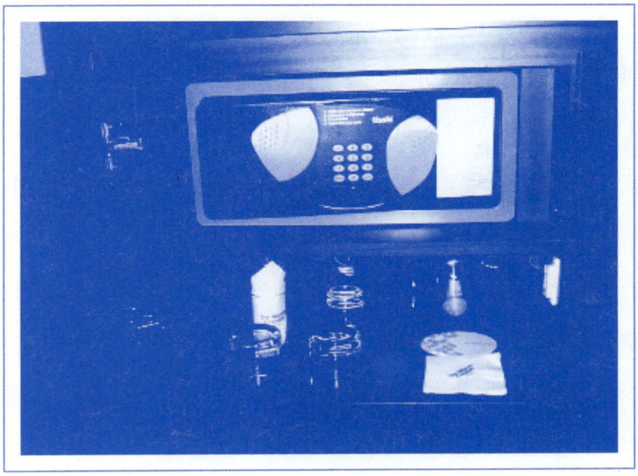

▲객실 내 금고

Ⅱ. 식음료회계 업무의 흐름과 처리방법

최근 호텔기업의 매출을 분석해보면, 객실부문과 식음료부문의 매출액 중 식음료부문의 매출액이 우위를 점하고 있는 것으로 나타났다. 또한 부대시설에 대한 매출액도 점점 늘어나고 있는 실정이다. 이러한 사실은 호텔산업 자체가 갖는 시간과 공간의 제약성을 객실부문보다 식음료부문, 부대시설부문이 더 잘 극복해내고 있다는 것을 의미한다. 따라서 호텔영업 활동부문 중 식음료부문과 부대시설부문이 차지하는 비중이 날로 증대하게 됨에 따라 관리적 차원에서 식음료부문과 부대시설부문의 영업회계를 효율적으로 처리하기 위한 중요성도 증대하고 있다.

1. POS(Point of Sale) 시스템

호텔 식음료 영업장과 부대시설영업장의 경우 대부분 회계처리업무를 위해 POS 시스템을 구축하여 객실 회계프로그램과 인터페이스(interface)로 연결하여 고객회계업무를 처리하고 있다. POS 회계기는 호텔 식음료부문에서 뿐만 아니라 유통판매업에서도 많이 사용하고 있는데 POS 회계기가 가지고 있는 다양한 기능과 업무의 효율성 때문이라 하겠다.

POS 회계기의 장점은 객실 회계 시스템과 회계처리를 위한 온라인(on-line)처리가 가능하고 조작이 간편하다는 것이다. 따라서 호텔에서 사용하는 POS 시스템이 갖는 장점을 열거하면 다음과 같다.

첫째, POS는 Point of sale의 약어로 판매시점관리라는 의미를 가지고 있으므로 상품 및 제품의 판매와 동시에 매출액관리를 쉽게 할 수 있다. 즉 정산 여부, 이용 고객수, 총매출액 집계, 테이블당 매출액 집계, 사용된 계산서 여부, 테이블 회전수, 재고관리 등의 다양한 기능을 갖추고 있어 어느 시점에서든 매출액관리와 판매정보관리가 용이하다. 둘째, 다양한 메뉴가 입력되어 있어 간단한 조작으로 고객이 지불해야 할 금액을 쉽게 산출하고 회계처리방법과 계산절차가 자동으로 처리되어 신속한 정산기능을 수행할 수 있다. 셋째, 메뉴개발과 가격변동에 대한 간단한 조작처리가 가능하며 특히 호텔회계에서 중요한 객실고객 정보를 확인하여 객실고객의 후불처리가 용이하다. 넷째, 메인 컴퓨터와 인터페이스로 연결되어 실시간(real time)으로 온라인 자료전송이 가능하다. 다섯째, 각종 보고서 즉, 회계원재무보고서, 미정산 계산서 보고서, 각종 정산수단별 매출보고서 등을 쉽게 작성할 수 있어 회계마감업무에 따른 시간절약으로 업무의 효율성을 높일 수가 있다.

2. 식음료부문의 계산서(bill)

호텔정보시스템의 POS 회계기의 발전 이전에는 식음료 부문에서 사용하는 계산서(bill)에는 그 용도에 따라 업장 종업원(waiter/waitress)이 고객으로부터 제품의 주문을 받기 위한 주문 빌(order bill)과, 주문 빌을 근거로 식음료업장 회계원(F/B cashier)이 고객에게 계산을 청구하기 위해 사용하는 회계원(cashier)용 계산서(guest check)가 있었다. 이들 계산서는 호텔에 따라 다소 차이는 있으나 2매 1조 또는 3매 1조로 구성되어 사용하였고 POS 회계기의 프린터를 통해 입력(billing)하고 출력 처리하여 사용하였으나, 최근에는 POS 회계기의 지속적인 발전으로 인하여 카본(carbon) 용지에 자동으로 입력되고 프린팅(printing)되어 사용하기 때문에 별도의 영업장 계산서(bill)의 양식이나 용도 구분 없이 사용되고 있는 실정이다.

그림 1-27 출력된 POS Bill

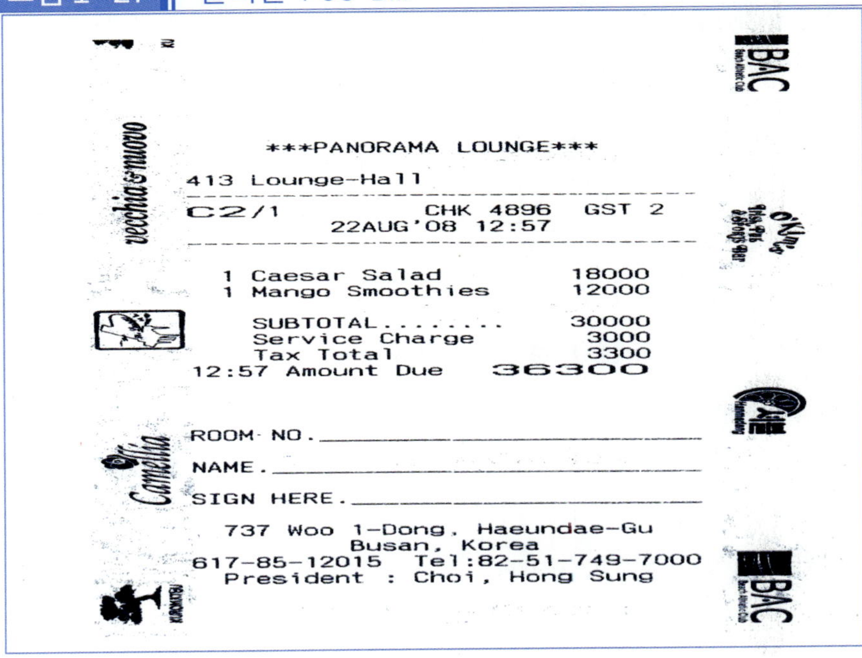
PANORAMA LOUNGE
413 Lounge-Hall
C2/1 CHK 4896 GST 2
22AUG'08 12:57

1 Caesar Salad 18000
1 Mango Smoothies 12000

SUBTOTAL........ 30000
Service Charge 3000
Tax Total 3300
12:57 Amount Due 36300

ROOM NO.
NAME.
SIGN HERE.

737 Woo 1-Dong, Haeundae-Gu
Busan, Korea
617-85-12015 Tel:82-51-749-7000
President : Choi, Hong Sung

1) 계산서(bill)의 개념 및 내용

영업장의 계산서가 갖는 의미는 고객에게 제품이나 상품을 판매한 후 대금을 청구하기 위한 영수증의 개념이다. 이러한 계산서는 호텔의 식음료업장에서 거래되는 모든 거래내역과 금액을 기록하고 기업의 재무보고서를 작성하는데 필요한 원시적인 자료로서의 기능을 가지고 있기 때문에 중요한 의미를 가진다.

계산서(bill)를 구성하고 있는 내용을 살펴보면 다음과 같다.

① 호텔명, 계산서 번호(bill no), 테이블 번호(table no), 고객 수, 종사원 번호 ② 메뉴명, 수량, 메뉴 코드(menu code) ③ 세무관련 자료 ④ 봉사료(service charge), 부가가치세(tax), 합계 ⑤ 지불방법(현금, 신용카드, City ledger, room charge 등) ⑥ 후불처리 시 객실번호, 고객서명, 거래처 기입 란 등으로 구성되어 있다.

2) 계산서(bill)의 관리

계산서는 고객 영수증으로서도 중요하지만 호텔 내부의 관리를 위한 감사용으로 사용하지만 세무용으로서 매출의 근거자료가 되기 때문에 보다 철저한 관리와 처리가 되어야 한다.

식음료 계산서를 관리하는 가장 중요한 목적은 계산서가 재무자료의 기초자료가 됨으로서 회계의 근본이 되기 때문이다. 또한 계산서의 오용으로 인한 수익의 결손을 방지하는 것이다. 따라서 식음료의 계산서의 발행, 사용 및 기록에 대한 적절한 통제와 감독에 대한 절차가 수립되어야 한다.

최근에는 POS 회계기의 다양한 기능과 메인 서버에 계산서의 매출기록이 저장관리되기 때문에 사용된 카본지 중 객실로 이체한 계산서(room charge)와 신용카드로 계산된 계산서, 후불(city ledger) 처리된 계산서 등의 관리를 필요로 하는 호텔이 대부분이다.

3. 식음료 업장 회계원(Food & Beverage cashier) 업무

식음료 업장 회계원(Food & Beverage cashier)은 영업부문에서 영업활동을 돕는 영업실무 회계 담당자이다. 최근에는 인건비 절약과 효율적인 업장 운영을 위해 커피숍이나 사우나 등의 고객의 빈번한 이용을 하는 업장을 제외하고는 회계원을 별도로 두지 않고 업장에 근무하는 전 종업원(업장지배인, 웨이터, 웨이츄레스 등)이 회계원의 역할을 담당하는 호텔들이 늘어나고 있다. 하지만 어느 종업원이 업무를 담당하든 기본적인 회계원의 주된 업무는 업장에서 발생하는 매출액에 대한 계산서의 발행하고, 고객에게 정산을 받으며, 하루의 영업장을 마감함과 함께 근무 중 발생한 매출액에 대한 일일영업보고서를 작성해야 한다.

다음은 회계원이 수행하는 업무의 내용이다.

① 모든 식음료 매출액에 대한 계산서(bill) 작성 ② 현금 및 후불 정산 매출액 회계처리 ③ 현금 및 시재금(house fund) 관리 ④ 일일영업보고서(cashier's daily report) 작성 ⑤ 완료된 계산서 또는 미사용 계산서 관리 ⑥ 매출액 할인 보고서와 종업원 공무/접대계산서(house use /entertainment) 의 보고서 작성 등의 업무이다.

1) 영업을 위한 준비

식음료 업장 회계원(food & beverage cashier)은 영업장의 시재금(house fund)을 프론트 캐셔에게 수령하여 잔돈으로 교환한 후 영업장 오픈 10분전에 도착해야 한다. 곧장 회계원에게 부여된 POS 회계기 작동 ID로 회계기를 개설(log on)한 후 곧장 POS 회계기를 통해 당일 외환환율을 확인 후 고시해야 한다. 또한 혹 전날 사용한 POS 회계기가 정상 마감되었는지를 재차 확인 후 영업에 임하면 된다.

2) 시재금(house fund) 관리

식음료 회계원은 각 영업장의 특성에 따라 시재금을 수령 받아 영업활동에 필요한 준비를 해야 한다. 시재금은 잔돈으로 교환하여 영업을 위해 준비해야 하고 영업 마감이 끝나면 매출로 발생한 금액과 구분하여 수령 받았던 곳에 반납해야 하는 공적인 금액이다. 특히 호텔 영업장은 개시시간과 종료시간이 상이하고 회계원의 교대근무가 잦은 관계로 시재금의 인수인계의 절차가 수립되어 있어야 한다. 시재금의 다른 용도 사용을 막기 위해 불시에 감사실의 시재점검(spot check)이 있기도 한다. 보통 영업장 시재금은 100,000원~200,000원 정도이다.

3) 회계원의 정산 업무

고객이 영업장의 제품이나 상품을 구매한 후 지불하는 방법을 정산업무라고 한다. 고객이 지불하는 유형을 살펴보면 다음과 같다.

(1) 현금 지불(cash paid)

고객이 현금으로 정산 할 경우 식음료 회계원은 고객에게 발생한 금액을 고지하고 POS 회계기를 통해 계산서를 마감한 후 영수증을 발급하고 잔돈을 내어드리면 된다. 현금에는 수표와 외화도 포함됨을 유의해야 한다. 특히 수표를 받을 경우 POS 기를 통해 분실수표, 위조수표 등 불량여부를 확인한 후 고객의 양해를 구해 성명, 주민등록번호, 전화번호 및 서명을 요청하여야 한다. 또한 외화일 경우 해당 외환의 환율을 적용하여 신속히 정산해야 만 한다. 외화 역시 위조여부를 식별해야 한다. 외화 중 여행자수표(traveller's check)는 수표에 고객의 서명을 받는 등 신중을 기해야 한다.

(2) 투숙객 후불 (room charge)

식음료 업장을 이용한 고객이 객실에 투숙 중일 경우 회계원은 객실 키를 확인한 후 객실번호와 고객서명을 계산서(bill)에 받아 투숙객 후불 처리하면 된다. 이때 혹 확인이 어려운 고객일 경우 POS 회계기를 통해 해당 객실을 조회한 후 처리해야 한다. 서명을 받은 계산서는 프론트에 전달하여 고객이 체크아웃 시 객실 영수증(FOLIO)과 함께 첨부하여 드려야 한다.

객실고객이 면세고객일 경우는 반드시 면세카드를 복사(copy)하여 계산서에 첨부하여야 한다.

(3) 신용카드(credit card)

고객이 신용카드로 정산을 할 경우에는 POS 회계기에 한국신용정보회사와의 인터페이스(interface)통해 본인확인과 한도조회를 통한 승인번호를 득하고 카드패드(card pad)에 고객 서명을 받아 회계처리하면 된다.

(4) 매출채권/외상매출금(city ledger)

City Ledger란 투숙객이 아닌 외부 고객에게 외상으로 판매 처리한 원장을 말한다. 매출채권/외상매출금 계정으로 처리할 수 있는 고객은 호텔에서 승인 된 거래처(항공사, 여행사, 회사, 호텔임대업장 직원, 계열사 직원 등)를 POS 회계기로 조회한 후 계산서를 출력하여 거래처명, 연락처, 담당자명과 서명을 득한 후 정산하면 된다.

만약, 호텔에서 승인되지 않은 고객일 경우 반드시 지배인 또는 부서장의 확인을 거쳐야만 불량거래처를 사전에 예방할 수가 있다.

(5) 종업원 후불(employee bill)

호텔 식음료 업장을 호텔 종업원이 이용하여 후불할 경우 차후 급여일에 해당 종업원의 급여에서 공제하기 위한 종업원 후불 원장(employee ledger)이다. 이때 호텔마다 규정은 다르지만 종업원이 업장을 이용할 경우 할인혜택을 받는 경우가 있는데 반드시 해당 종업원의 사원번호를 입력하고 서명을 받아 정산하면 된다. 할인할 경우 종업원 후불계정으로 처리해야만 된다. 그 이유는 호텔종사원이 아님에도 불구하고 임의적으로 할인하는 부정적 소지를 사전에 차단하기 위한 조치이다.

(6) 종업원 공무/접대계산서 (house use /entertainment)

종업원 공무/접대계산서(house use /entertainment)는 종업원 또는 외부고객이 호텔 식음료 업장을 무료(comp)로 이용하게 될 때 사용하는 계산서이다. 우선 종업원 공무계산서(house use check=officer's check)는 호텔 내부 종업원이 여러 가지 공무상의 이유로 식음료 업장을 무료로 사용하는 경우이다. 체인호텔의 본사에서 파견된 종업원(총지배인 등), 임원, 신규메뉴 시식 등이 발생하면 공무계산서(officer's check)에 메뉴, 수량을 작성한 후 사용종업원의 서명을 받아야 한다. 이 계산서는 POS 회계기로 입력하는 것이 아니며, 호텔에서 만든 수작업 계산서를 활용하게 된다. 이 계산서는 감사실을 거쳐 원가관리자에게 넘어가 사용량에 대해 복리후생비로 처리하기 한다.

또한 접대 계산서(entertainment check)는 판촉활동이나 호텔의 영업활동 및 기타 사유로 고객에게 무료로 접대하는 경우에 사용하는 계산서이다. 역시 이 계산서도 POS 회계기로 입력하지 않고 호텔에서 만든 수작업 계산서를 활용을 한다. 이 계산서도 감사실을 거쳐 원가관리자에게 넘어가 사용량에 대해 매출원가로 처리한다.

4. 특별한 계산서 처리 업무

1) 취소 빌(Void bill) 작성 업무

식음료 업장 회계원이 업무를 수행하다 보면 계산서 전체를 취소시켜야 할 경우가 발생한다. 고객 계산서를 작성해 놓은 상태에서 고객이 주문을 취소하거나, 계산서의 이중 발행, 스키퍼(skipper)가 발생할 경우 등 여러 가지 사유로 인해 취소 계산서를 발행할 때 이를 취소 빌(Void bill)이라 한다. 고객 계산서는 영업장별 일련번호가 POS 회계기에서 자동부여 되기 때문에 매출액을 발생시킨 계산서가 아니더라도 매출액 결손방지와 사후 관리를 위해 철저히 보관하고 절차에 따라 처리해야 한다. 취소 빌이 발생하면 POS 회계기에서 VOID KEY를 이용하여 취소(Void) 처리한 후 간단한 사유서를 작성한 후 담당 지배인의 서명을 받아 감사실로 넘기면 된다.

2) 계산서 수정(bill correction) 업무

식음료 업장 회계원의 업무 수행 중 메뉴, 수량, 금액 등을 POS 회계기에 잘못 입력함으로서 발생되는 업무이다. 이때 작성 상의 오류가 있어 내용의 일부를 수정할 경우 가급적 계산서를 수정한 후 취소 빌(Void bill)처럼 절차에 의해 처리하면 된다. 고객에게 발행하는 계산서에 수정의 흔적이 없도록 신속히 새로운 계산서를 발행하도록 한다. 이미 작성된 계산서의 수정은 공급금액(net price), 봉사료(service charge) 그리고 세금(tax) 순으로 이루어진다.

3) 면세계산서(no tax) 처리 업무

우리나라에 거주하는 외교관, 외국군인 등 외교통상부 장관이 발행한 면세카드(no tax card)소지자는 계산서에 반드시 세금을 '0'으로 처리하여 발행하고 계산서에 면세카드를 고객으로부터 받아 복사(copy)하여 해당 계산서에 첨부하도록 한다.

4) 스키퍼(skipper) 발생 처리업무

호텔 식음료 업장의 회계원의 실수나 고객의 고의적이든 정상적으로 판매가 이루어져 계산서가 발행되어야 해야 하는데 지불할 사람이 없는 경우가 발생한다. 이때 발생하여 정산을 할 수 없는 경우를 스키퍼라고 한다.

이 경우 회계원은 스키퍼가 발생 즉시 신속하게 해당 업장 지배인에게 보고한 후 원인규명을 통해 승인을 받아 매출액 취소(correction)처리한 후 감사실에 계산서와 사유서를 보내 감사실의 결정에 의해 처리한다.

5. 영업마감 업무

식음료 회계원은 해당 업장의 업무가 종료되면 POS 회계기를 마감 처리해야 하는데 이를 영업마감 업무라고 한다.

영업마감을 위해서는 POS 회계기의 중간 보고서를 출력하여 영업시간 동안 발생한 매출액을 집계하고 미정산 계산서가 없는지를 확인한 후 시재금, 현금(수표, 외화)이 맞는지를 체크한다. 특별한 이상이 없으면 정산유형별로 계산서를 분류한다.

분류가 끝나면 회계원 재무보고서를 출력하여 재차 매출액에 이상이 없는지를 확인한 후 POS 회계기를 종료한다. 이후 현금과 시재금을 분류하여 현금 봉투에 금액, 영업장 명, 담당자명과 서명을 하고 봉합하여 프론트에 있는 현금송금함(drop box)에 넣고 각종 보고서는 프론트 캐셔에게 인계하면 된다.

Ⅲ. 야간 감사와 야간 감사자의 업무

1. 야간감사(night audit)의 의의

야간 감사란 호텔영업활동 부문인 객실, 식음료, 부대시설 등의 영업활동 과정에서 발생한 거래 내역들에 대한 정당성 여부를 확인하기 위한 회계감사활동으로서 야간에 감사업무가 이루어지므로 야간 감사(night audit)이라 한다. 야간 감사의 주된 활동영역은 영업 마감 시점인 00:00시를 전후하여 하루 동안 영업활동부문에서 발생한 수익회계처리에 관한 내용을 감사하는 것이며, 감사 후 일일영업보고서(daily report)를 작성하는 업무이다. 보통 야간 감사는 프론트 캐셔가 담당하는 경우가 대부분이다. 객실, 식음료, 부대시설의 영업활동 결과를 토대로 거래 자료들을 감사하여 오류 수정 등 당일 수정 가능한 거래내역들을 수정하여 영업부문별 정확한 매출액을 확정시킴으로서 다음 영업일에 정상적인 거래활동을 할 수 있도록 하는 업무이다.

2. 야간 감사자(night auditor)

호텔기업의 일일 영업활동을 마감하는 시점에 일일 영업활동 중에 발생한 각 부문별 매출액, 거래자료 그리고 일일영업 보고서(cashier's daily report)의 감사를 통해 회계처리활동에 대한 정당성을 감사하고 매출액을 확정시킴으로서 각 영업부문별 보고서를 작성하는 업무를 담당하는 사람을 말한다.

3. 야간 감사자(night auditor)의 업무

야간 감사자의 업무를 살펴보면, 먼저 현재 투숙 중인 객실요금을 감사하고 고객원장에 전기(posting)한다. 당일 호텔 각 영업장에서 발생한 거래자료 및 보고서의 기록 내용을 감사하고 거래유형별 잔액을 감사한다. 또한 객실영업일보 상의 총 금액과 영업활동 마감 시점의 모든 고객원장 상의 총 금액이 일치하는 지를 감사한다. 영업일보를 작성하여 해당 부서장들에게 배포한다. 또한 컴퓨터 시스템의 날짜변경이 정확하게 되었는지를 확인하여야 한다.

특히 고객원장의 잔액이 호텔 내부의 정책에 의거하여 여신 한도액을 초과한 투숙객의 명단을 출력하여 담당자(프론트 지배인, 회계부서장, 여신담당자)에게 보고하여야 한다.

야간 감사자의 주요 업무 중 하나는 마감 시점의 프론트 캐셔들의 시재금관리를 감사해야 한다.

Ⅳ. City Ledger 업무의 중요성

호텔 영업활동 중에 발생하는 외상거래 즉 매출채권/외상매출금이 발생하게 되는데 호텔기업은 이를 여신 또는 후불(City Ledger)라고 한다. 영업 거래의 정산업무 중 현금을 제외한 후불은 반드시 일정 기간 또는 일정한 수수료를 공제한 후 현금화 되어야만 하기 때문에 혹시 발생할 수 있는 악성채권으로 호텔기업에 막대한 피해가 발생할 소지가 있기 때문에 업무가 중요하다고 할 수 있다.

1. 여신관리 규정

1) 여신 규정의 목적

상거래의 기준, 승인절차 및 부서별 업무책임의 한계를 정함으로서 외상거래로 인한 매출채권의 발생과 회수를 효율적으로 처리하여 불량고객의 사전 방지와 악성 채권으로 인한 기업의 손실을 최소화하는데 있다.

2) 외상거래 적용범위 및 대상

호텔에서 발생한 각종 신용카드와 호텔에서 승인한 거래처(항공사, 여행사, 회사, 임대업장, 단체, 개인 등)를 말한다. 때로는 호텔에서 발급한 VIP 또는 회원카드(membership card) 소지자이다.

3) 외상거래 승인 및 지불조건

호텔 객실 및 각 영업장에서 발생하는 외상 거래는 장기간의 거래 실적과 호텔 매출에 대한 기여도 등을 고려해 외상 거래처를 매년 총지배인과 회계부서장, 여신책임자의 회의를 거쳐 결정된다. 외상 거래처가 결정되면 POS 회계기나 회계 프로그램에 입력하여 외상 발생 시 회계원들이 결정할 수 있도록 고시한다.

외상 거래처로 승인이 되었다 하더라도 불량거래처나 위험 거래처로 판명될 경우 이를 재 고시하여 악성채권이 발생하지 않도록 해야 한다.

특히 항공사나 여행사의 외상거래처는 외상거래를 위해 사전에 약정서를 작성하고 선수금을 받거나 보증보험 증권을 외상 거래 예상 금액만큼을 받은 이후 거래를 하기도 한다.

보통 외상거래는 발생된 시점에서 1개월 이내에 결재됨을 원칙으로 한다. 대금지불은 현금으로 결재되어야 하고 호텔의 지정계좌로 입금하여 결재됨을 원칙으로 한다.

4) 대금 청구 및 독촉

외상 매출이 발생하면 발생한 계산서는 여신 담당자에게 인계되어 집계. 검토하고 청구서(invoice)를 작성하여 거래처에 발송한다. 단, 신용카드는 카드사나 은행에 자동 청구됨으로 별도의 청구를 할 필요는 없지만 지정 된 날짜에 입금 여부와 수수료를 확인 하여 회계처리하면 된다. 또한 제품이나 상품으로 판매하고 받은 각종 상품권과 쿠폰 등도 거래처에 원본을 발송하여 대금을 받도록 한다.

청구서를 발송한 후 호텔측과 약정 된 날짜가 넘어서도 입금되지 않을 경우에는 필요시 거래처를 방문하여 회수해야 한다. 30일이 경과한 거래처는 독촉장과 대금회수에 필요한 채권확보 및 법적 조치를 취한다.

5) 회의 및 보고

여신담당자는 매월 또는 필요시 매주 매출채권/외상매출금에 대한 회수현황파악 및 효율적 관리를 위해 총지배인, 객실지배인, 식음료지배인, 연회지배인, 회계부서장, 여신부서장 및 여신담당자가 참석하는 회의를 개최하고 신규 거래처, 불량거래처, 주요 변동사항을 문제가 발생 시 즉시 총지배인 및 부서 책임자에게 여신부서에서 보고해야 한다.

6) 악성채권 관리

정상적인 외상 거래처가 아닌 경우는 악성채권으로 분류하여 지속적인 사후 관리가 요구 된다. 사후 관리란 채권확보, 법적조치를 말하며, 외상 거래처의 부도 및 파산으로 채권회수 불능, 채무자의 사망, 채무자의 행방불명, 기업회계기준에 적합하다고 인정 된 경우, 기타 법적 절차에 의해 채권회수 불능 판명이 된 경우에는 대손(write off)처리하여 비용으로 회계 처리하도록 한다.

2. 여신 담당자(account receivable)의 업무

1) 여신 담당자의 기본 업무

고객, 임대업장, 신용카드 및 종업원 등으로부터 발생한 매출채권/외상매출금을 관리하는 여신담당자는 재무회계 프로그램에 의한 여신업무를 담당하게 된다.

영업장에서 발생한 거래처별로 외상매출금 계정에 정확하게 전기되었는지를 살피고 고객원장과 각 영업장에서 발생한 외상 계산서가 적시에 송부되었는지를 살핀다. 또한 청구한 금액이 지불기한을 넘기지 않았는지 호텔명의의 통장으로 입금된 내용을 거래처별로 확인한 후 회계 처리해야 한다. 특히 거래처로부터 받은 선수금과도 대조하여 착오가 없도록 해야 한다.

최근 기업체에서 요구하는 세금계산서를 고객원장이나 영업장의 계산서에 의해 발급요청을 하는 경우 정확하게 작성하여 발행한 후 공급받는 자 보관용을 재무부서에 넘겨주어야 한다.

2) 연령보고서(aging report) 점검

연령보고서란 호텔기업이 각 거래처에게 발생시킨 외상매출금에 대하여 아직 회수되지 않은 거래처별 잔액을 기간별로 자세히 나타내는 보고서를 말하며, 1개월, 3개월, 6개월 단위로 구성되어 있다. 월말을 기준으로 발생일 기준 1개월~3

개월이 지난 거래처는 회사차원에서 악성채권이 되지 않도록 철저히 보고체계를 유지하여 관리되어야 한다.

3) 후불한도초과 원장 점검(high balance check)

외상매출금은 꼭 체크아웃 된 거래처만 있는 것은 아니다. 호텔기업의 특성 상 객실매출이 발생되었지만 장기투숙객의 경우 고객원장에 금액이 남아있고 체크아웃을 할 때 까지 정산이 이루어지지 않아 경영관리에 어려움에 직면하는 경우가 발생한다. 따라서 장기적으로 객실을 이용하여 고객원장에 잔액이 호텔에서 규정한 한도액을 초과하는 것을 후불 한도액 초과(high balance)라고 한다.

따라서 야간 감사자에 의해 제출된 후불 한도 초과 보고서를 근거로 프론트 지배인과 상의하여 중간 지불 또는 중간 정산을 요청하여 만약에 발생할지 모를 악성채권을 사전에 예방하고 빠른 현금의 운영으로 경영관리의 효율성을 높일 수 있다.

하지만 이와 같은 제도는 단골고객에게는 불평을 줄 수도 있는 문제이기 때문에 객실지배인과 충분한 논의를 거쳐 진행하는 것이 바람직하다.

Ⅴ. 수입감사자(income auditor)의 정의와 업무

1. 수입감사자(income auditor)의 정의

수입 감사자는 회계부서나 감사실 소속된 종업원으로 전날 영업부서에서 발생한 수익에 대한 정당성을 확인하기 위해 고객원장(FOLIO)과 계산서(bill)의 기록과 보고서 및 전산 레포트를 대조를 통하여 감사하는 사람을 말한다. 호텔기업은 영업부서에서 발생하는 소액단위의 거래량이 많아 매일 매일 감사하지 않으면 거래의 성격상 월별, 분기별, 년별로 감사업무에 효율성이 없고 소액단위 거래지만 현금성이 많기 때문에 사전 관리가 필요하여 수입 감사자를 두게 된다.

2. 수입 감사자(income auditor)의 업무

수입 감사자는 매일 발생한 수익을 확인하고, 보고서를 작성하며, 업장 회계원을 관리하거나 그 업무를 감독하는 일이다. 수입 감사자는 일일 호텔수입을 확정시키고, 야간 감사자의 일일 보고서, 환불보고서(rebate report), 기타 수입과 관련된 보고서 및 전표(voucher), 객실요금 차이 보고서, 노-쇼 고객보고서(no-show report), 무료사용객실 보고서(complimentary report) 등 관련 증빙자료들을 점검 한다. 또한 무료 접대 계산서 점검을 통해 개인별, 부서별 금액을 집계하여 보고하며, 회계원들이 작성한 현금입금 보고서와 실제를 확인 한다. 환불금과 환불금 전표의 검토를 통해 금액을 확인하고 환불금의 처리에 따른 관련 증빙자료 및 승인 유무를 점검한다. 상품권과 각종 쿠폰을 발행하고 관리하며, 각종 무료쿠폰 및 보너스 쿠폰을 발행하고 관리한다. 호텔 내의 시재금(house fund)관리를 위해 불시점검하며, 안전금고 관리 및 재고자산을 관리하는 중요한 업무를 수행한다.

CHAPTER 02

K-IFRS 재무제표

Chapter 02 K-IFRS 재무제표

제 1 절 재무제표의 의의와 구조

1. 재무제표란 무엇인가?

재무제표(financial statements)란 기업의 경제적 실질을 보여주는 보고서로서 재무상태와 경영성과의 변동을 표시하는 일정한 형식의 회계보고서를 말한다. 회계보고서는 하나가 아니라 여러 가지라는 의미에서 "제표"라고 한다. 즉, 재무적 정보를 나타내는 여러 가지 보고서라는 뜻이다. 재무제표는 일반적으로 회계기간(매년 1월1일부터 12월 31일까지)의 종료시점(이를 결산일이라고 한다)에 작성 보고된다는 점에서 결산보고서라고도 하고, 회계에서는 정규의 회계기간을 1년으로 하고 있으며 따라서, 매 회계연도의 결산일에 한번 정규의 재무제표를 작성 보고한다는 의미에서 연차보고서(annual reports)라고도 한다.

재무제표는 연차보고서가 정규의 보고서이지만 상장회사의 경우에는 3개월을 회계기간으로 하는 분기보고서(quarterly reports) 및 6개월을 회계기간으로 하는 반기보고서(semi-annual reports)를 작성하여 공개하도록 하고 있다. 기업에서는 내부의 분석과 평가 및 의사결정을 목적으로 매월 말을 기준으로 하는 월말보고서(monthly reports)를 작성하는 경우가 많다.

재무제표는 기업의 회계기간 동안의 경영성과뿐만 아니라 결산시점의 재무상태 및 회계기간 중의 현금흐름(cash flow), 자본의 변동 등 기업 경영과 관련된 중요한 정보를 포함하고 있으므로 기업의 경영을 책임지고 있는 경영자에게는 물론이고 주주, 투자자, 채권자, 정부, 거래처, 노동조합, 은행 등 외부 이해관계자들에게 매우 중요한 보고서이다.

재무제표는 재무상태표, 포괄손익계산서, 현금흐름표 및 자본변동표 등 4가지로 구성되며, 이 4가지를 기본적 재무제표(primary financial statements)라고 한다. 이외에 기본적 재무제표의 내용을 이해하는데 도움을 주기 위하여 추가되는 재무제표에 대한 주석(footnotes)도 재무제표에 포함된다.

2. 재무상태표

1) 재무상태표의 의의

재무상태표(statement of financial position)는 특정 시점에서 기업의 재무상태를 표시하는 회계보고서를 말한다. 여기에서 재무상태(financial position)란 결산일 현재 기업이 보유하고 있는 자산과 부채와 자본의 구성 상태를 말한다.

즉, 재무상태표는 기업의 경영활동을 마감하는 특정 시점(이를 재무상태표일이라고도 한다) 현재의 기업이 보유하고 있는 자산, 부채, 자본의 금액(잔액, balance)을 알기 쉽도록 일목요연하게 작성하여 표시한 회계보고서이다. 재무상태표는 전통적으로 대차대조표(balance sheets)라고 불러졌다.

2) 재무상태표의 구조와 작성방법

회계기록의 원리를 쉽게 이해하기 위해서 먼저 재무상태표의 구조를 이해하는 것이 도움이 된다.

재무상태표의 구조를 간단하게 표시하면,

재무상태표는 보고서의 명칭(재무상태표)과 회사의 명칭, 그리고 재무상태표의 작성일과 금액단위를 반드시 표시하여야 한다. 외국에서는 회사의 명칭을 재무상태표라는 보고서의 명칭 위에 표시하는 것이 일반적이나 우리나라에서는 보고서의 왼쪽 상단에 표시하는 것이 일반적이다. 재무상태표는 특정 일자 현재의 재무상태(자산, 부채, 자본)를 나타내는 회계보고서이기 때문에 반드시 특정 시점, 즉 재무상태표 작성기준일(balance sheet date)을 표시해야 한다.

재무상태표의 구조

재 무 상 태 표

20×9년×월×일 현재

한국호텔(주) (단위 : 원)

자 산(assets)	부 채 (liabilities)
	자 본 (owners' equity)

재무상태표 작성 시 가장 핵심이 되는 원리는 앞의 표에서 보는 바와 같이 왼쪽에는 자산을 표시하고, 오른쪽에는 부채와 자본을 표시한다. 즉, 재무상태표의 왼쪽에는 자산에 속하는 항목들을 일정한 순서와 분류에 따라 그 명칭(계정과목)과 금액을 나열하고, 오른쪽에는 부채에 속하는 항목과 자본에 속하는 항목을 일정한 순서와 분류에 따라 나열한 것이 재무상태표이다.

예를 들면, 한국호텔(주)의 결산일이 20×9년 12월 31일이고 이날 현재 이회사가 보유하고 있는 자산과 부채 및 자본이 다음과 같다면 재무상태표는 아래와 같이 작성된다.

자 산 :		부 채 :	
현 금	1,500,000	은행차입금	3,000,000
재고자산	2,500,000	**자 본 :**	
건 물	5,000,000	자 본 금	6,000,000

아래 표에서 보는 것처럼 재무상태표를 왼쪽과 오른쪽으로 나누어 왼쪽에는 자산을 표시하고, 부채와 자본을 오른쪽에 표시하는 형식으로 작성된 것을 계정식(account form) 재무상태표라고 한다. 계정식 외에 보고식(report form)이 있는데 이는 자산과 부채 및 자본을 왼쪽과 오른쪽으로 나누지 않고 일렬 종으로 나열하는 형식을 말한다.

재무상태표의 예

재 무 상 태 표

20×9년 12월 31일 현재

한국호텔(주) (단위 : 원)

과 목	금 액	과 목	금 액
자 산		부 채	
현 금	1,000,000	은행차입금	2,000,000
재고자산	1,000,000	자 본	
건 물	3,000,000	자 본 금	3,000,000
자 산 총 계	5,000,000	부채와 자본합계	5,000,000

계정식 재무상태표에서는 다음을 유의할 필요가 있다.

첫째, 자산에 속하는 항목들은 반드시 왼쪽에 표시하고, 부채 및 자본에 속하는 항목들은 반드시 오른쪽에 표기해야 한다. 즉, 자산은 자기의 위치(position)가 왼쪽이고, 부채와 자본은 자기의 위치가 오른쪽이다. 이 위치를 어기는 경우에는 재무상태표가 틀려지게 된다.

둘째, 왼쪽의 합계액은 반드시 오른쪽의 합계액과 일치해야 한다. 즉, 자산 합계액은 부채와 자본의 합계액과 일치한다. 이것을 "회계등식(accounting equation)"이라고 한다.

셋째, 회계에서는 기록과 보고를 위하여 항상 왼쪽과 오른쪽으로 나누게 되는데, 회계에서는 왼쪽을 차변(debits)이라 하고, 오른쪽을 대변(credits)이라고 한다. 차변 또는 대변이라는 용어는 왼쪽 또는 오른쪽이라는 것 외에 별다른 의미를 가지지 않는다. 다만, 자산은 자신의 위치가 항상 차변(왼쪽)이고, 부채와 자본은 자기의 위치가 대변(오른쪽)이라는 것을 기억하는 것이 회계원리를 빨리 이해하는데 매우 중요하다.

3) 재무상태표의 요소

재무상태표는 특정 시점에서 기업의 재무상태, 즉 투자활동의 결과인 자산, 재무활동의 결과인 부채와 자본에 대한 정보를 제공한다. 자산은 기업활동에서 사용될 경제적 자원이며 경제적 의무인 부채와 자본은 자산에 대한 채권자와 주주의 청구권에 대한 정보를 제공하는 것이다. 즉 재무상태표의 구성요소는 자산, 부채, 자본이다.

재무상태표를 이해하기 위해서는 재무상태표의 구성요소인 자산, 부채, 자본이 무엇인가를 이해해야 한다.

(1) 자 산

① 자산이란 무엇인가?

회계학에서 자산에 대한 정의는 상당히 복잡하다. 그러나 그 내용을 요약하면, 자산(assets)이란 기업이 거래를 통하여 취득하였고, 현재 기업이 지배(control)하고 있는 "미래의 경제적 효익(future economic benefits)"을 말한다.

즉, 자산의 본질은 "미래의 경제적 효익"이라 할 수 있는데, 경제적 효익이란 직접 또는 간접적으로 기업의 미래 현금창출에 기여하는 잠재력, 즉 미래에 현금유입을 가져다줄 수 있는 가능성이 있는 것을 의미한다. 기업의 영업활동 과정에서 현금유입을 가져 올 수 있는 가능성이 있는 유형 또는 무형의 경제적 자원은 모두 자산이다. 회계에서 자산은 법률적인 소유권이 있느냐 없느냐가 중요한 것이 아니고 경제적 효익이 있느냐가 중요하다. 그러므로 회계에서 자산은 상식적으로 사용되는 재산이라는 의미보다는 훨씬 넓은 개념이다. 법률적으로 재산이라고 할 수 없는 것도 회계에서는 자산에 포함되는 경우가 있다.

재무상태표에 표시되는 자산은 화폐액으로 측정할 수 있는 것이어야 한다. 비록 경제적 효익이 있다 할지라도 화폐액으로 측정할 수 없는 것은 회계상 자산으로 인식하지 않으며, 예상이나 추정에 의하여 자산이 될 수 없고 반드시 과거 실제거래에 의해서 획득된 것만이 자산이 되는 것이다. 예를 들면, 우수한 능력을 가진 경영자나 기술자, 종업원의 높은 사기 또는 고객들의 호감과 같은 것은 중요한 경제적 효익을 가지고 있다고 할 수 있으나 화폐단위에 의한 측정이 불가능하므로 회계상의 자산으로 인식하지 않는다.

② 자산의 분류

재무상태표에 표시되는 자산은 일정한 기준에 따라 여러 가지로 분류하여 표시한다. 부채와 자본의 경우도 마찬가지인데 이와 같은 분류는 재무상태표 정보를 이해하고 분석하는데 도움을 주기 위한 것이다. 기업의 자산과 부채 및 자본의 내용은 기업의 특성과 규모에 따라 매우 복잡하며 복잡한 내용을 적절한 분류 없이 나열만 하는 경우에 이를 이용하는 사람들이 의사결정을 하는데 매우 불편한 것은 당연하다.

자산은 유동자산(current assets)과 비유동자산(non-current assets)으로 구분한다. 유동자산은 당좌자산(quick assets)과 재고자산(inventories)을 포함하고, 비유동자산은 투자자산(long-term investments), 유형자산(tangible assets), 무형자산(intangible assets) 및 기타비유동자산(other non-current assets)을 포함한다. 유동이냐 비유동이냐의 구분은 자산이 현금으로 전환되는 속도(기간)에 따라 나누어진다. 즉 단기간 내에 현금으로 전환될 수 있는 자산은 유동자산으로 분류되고, 장기간에 걸쳐 사용되는 자산은 비유동자산으로 분류된다.

여기에서 단기냐 장기냐의 분류기준은 일반적으로 1년을 기준으로 한다. 기업회계기준서에는 1년 기준원칙과 병행하여 정상영업주기 (normal operating cycle) 개념을 도입하여 자산을 유동자산과 비유동자산으로 구분한다. 일반적으로 1년 이내의 기간에 현금화할 수 있는 자산이 유동자산이다. 그러나 조선업이나 포도주 제조 등의 양조산업과 같이 영업주기가 수년이 걸리는 업종에서는 영업주기내에 판매되는 재고자산을 유동자산으로 분류한다.

유동자산은 다시 현금화되는 속도가 비교적 빠른 당좌자산(quick assets) 과 생산 또는 판매를 통하여 현금화되는 재고자산(inventories)의 두 가지 유형을 포함한다. 현금 및 현금성자산, 단기금융예금, 매출채권, 단기매매증권 등은 유동자산 중에서도 현금화되는 속도가 빠르기 때문에 당좌자산에 포함되고, 상품, 원재료, 제품 등은 판매 또는 생산과정을 거쳐야 현금화되기 때문에 재고자산에 포함된다.

비유동자산은 투자자산, 유형자산, 무형자산 및 기타비유동자산을 포함하는데 투자자산은 장기투자 목적으로 보유하고 있는 자산을 말하며, 장기금융자산, 투자부동산 등이 여기에 속한다. 유형자산과 무형자산은 영업에 장기간 사용할 목적으로 보유하고 있는 비유동자산으로 토지, 건물, 기계장치 등과 같이 실물적형태가 있는 자산은 유형자산에 포함되고, 특허권이나 영업권 등과 같이 형태가 없는 자산은 무형자산에 포함된다. 기타비유동자산은 이연법인세자산과 같이 비유동자산으로 투자자산, 유형자산 및 무형자산에 속하지 않는 자산에 해당한다.

자산은 물가수준의 변동에 따라 구매력손익이 발생하는가의 여부에 따라 화폐성자산(monetary assets)과 비화폐성자산(non-monetary assets)으로 분류할 수도 있다. 현금, 예금, 매출채권 등과 같이 일정량의 화폐액으로 확정되어 시간의 경과와 함께 물가수준이 변동하면 이에 따라 구매력 손익(purchasing power gain or loss)이 발생하는 성격을 가진 자산을 화폐성자산이라 한다.

예를 들어, 20×9년 1월 초에 ₩1,000,000의 매출채권이 있었는데, 이를 20×9년 12월 31일까지 회수하지 못하였다고 하자. 20×9년 1월 초의 물가지수가 100이었으나 12월 말의 물가지수가 110이었다면 ₩1,000,000의 매출채권은 그 실질가치가 10% 하락하게 되어 그만큼의 구매력 손실(purchasing power loss)을 입게 되는 것이다.

비화폐성자산은 상품, 제품, 원재료, 건물, 토지 등과 같이 그 가치가 일정량의 화폐액으로 확정되어 있지 않고 그 자체가 실질가치를 유지하고 있는 자산을 말한다. 비화폐성자산은 물가수준의 변동에 따른 구매력 손익이 발생하지 않음은 물론이다.

자산의 유동성 여부 및 보유목적에 따른 자산의 분류를 요약하면 다음과 같다. 한국채택국제회계기준(K-IFRS)은 자산을 유동성과 비유동성 자산으로 구분하거나 유동성배열법에 따라 자산을 재무상태표에 보고하도록 만 요구할 뿐 상세한 자산의 분류에 대해서는 규정하지 않고 있다.

자산의 분류

구분	분류	항목
유동자산	당좌자산	현금및현금성자산, 단기매매금융자산, 매출채권, 단기대여금, 미수금, 미수수익, 선급금
	재고자산	상품, 제품, 재공품, 원재료, 저장품 등
비유동자산	투자자산	장기금융자산(장기예금, 매도가능증권, 만기보유증권등) 투자부동산
	유형자산	토지, 건물, 구축물, 기계장치, 선박, 차량운반구, 건설중인자산 등
	무형자산	영업권, 특허권, 산업재산권, 광업권, 저작권, 개발비 등
	기타 비유동자산	이연법인세자산 등

(2) 부 채

① 부채란 무엇인가?

부채(liabilities)란 이미 발생한 사건의 결과로 "기업이 현재시점에서 부담하고 있는 경제적 의무"를 말한다. 회계학에서는 부채는 이미 발생한 사건의 결과로 현재 기업이 부담하고 있는 경제적 의무(economic obligation)이면 모두 부채에 속한다. 이는 반드시 법적인 권리·의무관계의 확정에 따라 부채가 되는 것이 아니라 기업의 경영활동 결과로 효익을 희생해야 할 가능성, 즉 경제적 의무를 부담하는 것이면 회계상으로 부채가 된다는 것을 의미한다.

법률상의 부채가 되기 위해서는 반드시 채무액, 채권자, 상환일자 등이 확정되어 있어야 하나 회계에서의 부채는 위와 같은 법률적 요건이 충족되지 않더라고 미래에 경제적 효익을 희생할 가능성이 있는 것이면 부채가 되기 때문에 상식적인 의미의 부채개념보다 넓은 의미를 지니고 있다. 아직 소송이 완료되지 않은 배상책임 등과 같은 것을 재무상태표 상에 부채로 표시하는 것은 좋은 예라 할 수 있다.

부채의 분류

유동부채	단기간금융부채(매입채무, 단기차입금, 미지급금), 선수금, 예수금, 미지급비용, 미지급법인세, 선수수익 등
비유동부채	사채, 장기차입금, 장기제품보증충당부채, 장기성매입채무, 이연법인세부채, 장기미지급금 등

② 부채의 분류

부채는 유동부채(current liabilities)와 비유동부채(non-current liabilities)로 분류한다. 자산과 마찬가지로 부채의 경우에도 일반적으로 재무상태일로부터 1년 이내에 지급기한이 도래하는 부채는 유동부채로 구분되고, 만기일 또는 상환일이 1년 이상인 부채는 비유동부채로 분류된다. 따라서 비유동부채라 하더라도 상환기일이 1년 이내로 다가오게 되면 이를 비유동부채에서 유동부채로 변경시켜 분류하여야 한다.

자산의 분류에서와 마찬가지로 부채도 물가수준의 변동에 따라 구매력손익이 발생하는가의 여부에 따라 화폐성부채(monetary liabilities)와 비화폐성부채(non-monetary liabilities)로 분류할 수 있다. 부채는 일반적으로 화폐액으로 확정되어 있기 때문에 대부분의 부채는 화폐성부채에 속한다. 그러나 미래에 재화나 서비스를 제공할 의무를 부담하고 있는 선수금이나 선수수익과 같은 부채계정은 화폐가치가 변동하여도 이로 인한 구매력손익이 나타나지 않기 때문에 비화폐성부채에 속한다.

(3) 자 본

① 자본이란 무엇인가?

자본은 회계를 처음 배우는 학생들이 처음에 가장 혼동을 많이 하는 용어인 것 같다. 먼저 회계에서 사용되는 자본은 경제학이나 경영학 또는 상법에서 사용하는 자본이라는 말과는 전혀 다르다.

경제학에서는 자본을 생산의 한 요소인 "생산된 생산수단"이라는 의미로 사용된다. 경영학이나 상법에서 자본이라는 용어가 총자산이라는 의미로 사용되기도 하고, 때로는 자본금이라는 의미로 사용되기도 하며 어떤 때는 출자액이라는 의미로 사용되기도 한다. 그러나 회계에서의 자본은 이상의 경우와는 전혀 다른 의미로 사용된다.

회계에서 자본(owners' equity 또는 shareholders' equity)은 "자산에서 부채를 차감한 후의 남은 잔여지분"을 말한다. 즉, 자산에서 부채를 차감한 잔액을 말한다. 기업이 소유한 자산에서 채권자에게 귀속될 채권자지분인 부채를 차감하고 남은 잔액은 소유주(주주)에게 귀속될 지분이고, 이 소유주(또는 주주)지분을 회계에서는 자본이라고 한다. 자산에서 부채를 차감한 잔액은 기업이 보유하고 있는 순자산(net assets)이다. 그러므로 자본은 곧 기업의 순자산을 의미하기도 한다.

예컨대, 20×9년 12월 31일 현재 기업이 보유하고 있는 총자산이 ₩1,000,000이고 이 시점 현재의 부채가 ₩400,000이라고 한다면 자본은 ₩600,000이며 동시에 이 금액은 기업이 보유하고 있는 순자산액이다. 자산총액 ₩1,000,000중에서 ₩400,000은 채권자에게 귀속될 채권자지분(creditors' equity)이고, 빚을 갚고 난 나머지 ₩600,000은 기업의 소유주에게 귀속될 소유주지분(owners' equity)이다.

그러면 소유자지분이라고 하지 왜 자꾸 자본이라고 하여 초보자에게 혼란을 주는가? 이것은 일본이나 우리나라에서 자본이라는 용어가 오랫동안 사용되어왔기 때문이다. 미국, 캐나다 등 서구 국가에서는 자본(capital)이라는 용어는 잘 사용하지 않고 "owners' equity"라는 용어를 사용하는 것이 바람직하겠다.

② 자본의 분류

자본은 자본금(capital stocks), 자본잉여금(capital surplus), 자본조정(capital adjustments), 기타포괄손익누계액(accumulated other comprehensive income), 이익잉여금(retained earnings)으로 구분한다. 이 중에서 자본금, 자본잉여금과 자본조정은 회사의 소유주와의 거래에서 발생한 출자자본이고, 기타포괄손익누계액과 이익잉여금은 출자된 자본으로 영업활동을 통해 기업이 벌어들인 이익누계액 중에서 소유주에게 배분(배당)하지 않고 기업이 보유하고 있는 벌어들인 자본이다.

자본금은 소유주의 출자원금 또는 주식회사의 발행주식의 액면총액(발행주식수×액면가액)을 의미한다.

자본잉여금은 기업의 영업활동 이외의 원인으로 인하여 발생한 자본(또는 순자산)의 증가분을 의미하며, 주식발행초과금이 대표적인 예이다. 자본잉여금은 영업활동 결과로 발생한 잉여금이 아니므로 주주에게 배당할 수 없다.

자본조정은 주주와의 거래에서 발생하는 자본의 변동항목으로서 자본금이나 자본잉여금에 속하지 않는 항목을 말하는데 자기주식(treasury stocks)이 대표적인 자본조정항목이다.

기타포괄손익누계액은 포괄손익(comprehensive income) 중에서 당기순손익에 포함되지 않는 것을 말하는데 매도가능증권평가손익이 대표적인 예이다. 여기서 포괄손익이란 자본의 변동 중에서 주주와의 거래에서 생긴 자본의 변동을 제외한 모든 변동을 의미하는데 포괄손익의 주요 구성요소가 당기순이익이다.

이익잉여금은 기업이 영업활동을 통하여 벌어들인 이익 중에서 회사에 현재 유보되어 있는 것을 의미한다. 당기의 순이익은 이익잉여금에 포함되며 주주에 대한 배당금을 차감한 후에 재무상태표 상에는 이익준비금, 임의적립금, 미처분이익잉여금 등으로 분류하여 표시한다. 포괄손익계산서 상의 기타포괄손익은 재무상태 상의 이익잉여금으로 가지 않고 기타포괄손익누계액 항목으로 별도로 자본에 표시한다.

우리나라의 일반적으로 인정된 회계원칙에 따른 자본의 분류를 요약하면 다음과 같다.

자본의 분류

구분	항목
자본금	보통주자본금, 우선주자본금
자본잉여금	주식발행초과금, 감자차익, 자기주식처분이익 등
자본조정	주식할인발행차금, 자기주식, 감자차손, 자기주식처분손실, 배당건설이자, 미교부주식배당금 등
기타포괄손익누계액	매도가능증권평가손익, 해외사업환산손익, 위험회피파생상품평가손익 등
이익잉여금	법정적립금, 임의적립금, 미처분이익잉여금

4) 재무상태표의 양식

재무상태표는 위에서 설명한 원칙에 따라 작성하여야 하는데 일반적으로 인정된 회계원칙에 따라 상세하게 구분한 재무상태표의 양식은 다음과 같다.

재무상태표 양식

재무상태표

제×기 20××년×월×일 현재 / 제×기 20××년×월×일 현재

한국호텔(주) (단위 : 원)

과 목	당 기		전 기	
자 산				
유동자산		×××		×××
당좌자산		×××		×××
현금및현금성자산	×××		×××	
단기매매금융자산	×××		×××	
매출채권	×××		×××	
선급비용	×××		×××	
재고자산		×××		×××
상(제)품	×××		×××	
원재료	×××		×××	
유동자산		×××		×××
투자자산		×××		×××
투자부동산	×××		×××	
장기금융자산	×××		×××	
유형자산		×××		×××
토 지	×××		×××	
설비자산	×××		×××	
(-) 감가상각누계액	(×××)		(×××)	
무형자산		×××		×××
영업권	×××		×××	
산업개발권	×××		×××	
개발비	×××		×××	
기타비유동자산		×××		×××
이연법인세자산	×××		×××	
자산총계		×××		×××
부 채				
유동부채		×××		×××

단기차입금	×××		×××	
매입채무	×××		×××	
미지급비용	×××		×××	
비유동부채		×××		×××
사　채	×××		×××	
부채총계		×××		×××
자　본				
자본금		×××		×××
보통주자본금	×××		×××	
자본잉여금		×××		×××
주식발행초과금	×××		×××	
자본조정		×××		×××
자기주식	×××		×××	
기타포괄손익누계액		×××		×××
매도가능증권평가손익	×××		×××	
이익잉여금(또는 결손금)		×××		×××
법정적립금	×××		×××	
임의적립금	×××		×××	
미처분이익잉여금(또는 미처리결손금)	×××		×××	
자본총계		×××		×××
부채 및 자본총계		×××		×××

3. 포괄손익계산서의 의의

(1) 포괄손익계산서의 의의

포괄손익계산서(Statement of comprehensive income)는 일정기간 동안 경영활동의 결과인 경영성과를 보여주는 회계보고서이다. 기업의 경영성과를 나타내는 가장 중요한 지표는 포괄이익(comprehensive income)이라 할 수 있다. 포괄이익(comprehensive income)이란 영업을 통해 창출하는 모든 수익에서 모든 비용을 차감한 금액이다. 그런데 수익과 비용 중에서 순이익(net income)에 포함되지 않고 자본으로 보고되는 기타포괄손익항목이 존재한다.

따라서 포괄이익이란 순이익과 기타포괄손익의 합을 의미한다. 포괄손익계산서는 일정기간(회계기간)의 수익의 내용과 비용의 내용을 상세하게 표시하고, 수익에서 비용을 차감하여 회계기간의 순이익(이를 당기순이익이라고 한다)을 나타내고 여기에다 기타포괄손익을 조정한 포괄손익을 나타내는 보고서로서 재무상태표와 함께 가장 중요한 회계보고서라고 할 수 있다.

(2) 포괄손익계산서의 구조와 작성방법

재무상태표의 구조와 함께 포괄손익계산서의 구조를 이해하는 것이 회계기록의 원리를 빨리 이해하는데 매우 중요하다. 포괄손익계산서의 구조를 요약하여 표시하면 아래와 같다.

포괄손익계산서의 구조

포괄손익계산서

20×9년 ×월 ×일부터 ~ 20×9년 ×월 ×일까지

한국호텔(주) 단위 : 원)

	수 익(revenue)
+	비 용(expense)
	당기순이익(net income)
+(-)	기타포괄손익
	총포괄손익

포괄손익계산서는 일정기간의 경영성과를 나타내는 보고서이므로 반드시 경영성과를 계산한 기간, 즉 회계기간을 표시하여야 하며, 포괄손익계산서라는 보고서의 명칭과 회사명칭 및 금액표시단위를 명시하여야 한다.

포괄손익계산서는 크게 두 영역으로 구분되는데 당기순손익을 구하는 부분과 당기순손익에서 기타포괄손익을 조정하는 부분으로 구성된다.

당기순손익을 구하는 부분은 총수익에서 총비용을 차감하여 총수익이 총비용을 초과하면 당기순이익이 되고 총비용이 총수익을 초과하면 당기순손실이 된다.

예제2-1)

한국호텔(주)의 회계연도는 1월 1일부터 12월 31일이며 20×9년도의 수익과 비용의 내역은 다음과 같다. 이 자료에 의하여 포괄손익계산서를 작성하라.

수 익 :		비 용 :	
용역수익	10,000,000	급 여	6,000,000
이자수익	1,000,000	광 고 비	2,000,000
잡 수 익	1,000,000	사무실임차료	1,000,000
		사무실관리비	500.000
		접 대 비	500,000
		소모품비	1,000,000

〈풀이〉

포괄손익계산서

20×9년 1월 1일부터 20×9년 12월 31일까지

한국호텔(주) (단위 : 원)

계정과목	금 액
수 익	
용 역 수 익	10,000,000
이 자 수 익	1,000,000
잡 수 익	1,000,000
(-) 비 용	
금 여	6,000,000
광 고 비	2,000,000
사무실임차료	1,000,000
사무실관리비	500,000
접 대 비	500,000
소 모 품 비	1,000,000
당기순이익	1,000,000
기타포괄손익 매도가능평가손익	-
총포괄손익	1,000,000

예제2-2)

앞의 예제에서 한국호텔(주)의 수익과 비용자료를 이용하되 추가적으로 기타포괄손익인 매도가능증권평가이익이 1,000,000이 존재하는 경우의 포괄손익계산서를 작성하라.

〈풀이〉

포괄손익계산서

20×9년 1월 1일부터 20×9년 12월 31일까지

한국호텔(주) (단위 : 원)

계정과목	금 액
수 익	
용 역 수 익	8,000,000
이 자 수 익	1,000,000
잡 수 익	500,000
(-)비 용	
급 여	(6,000,000)
광 고 비	(2,000,000)
사무실임차료	(1,000,000)
사무실관리비	(500,000)
접 대 비	(500,000)
소 모 품 비	(1,000,000)
당기순손실	(1,500,000)
기타포괄손익	
매도가능증권평가이익	1,000,000
총포괄이익(손실)	(500,000)

앞의 포괄손익계산서의 구조에서 보는 바와 같이 포괄손익계산서의 구성요소는 수익과 비용이다. 회계기간의 수익과 비용의 내용을 상세하게 알 수 있도록 항목별로 나열한 다음 수익에서 비용을 차감하여 당기의 순이익(또는 순손실)을 산출하여 표시한다. 여기에다 당기에 발생한 기타포괄손익을 가감하여 총포괄손익을 구한다.

기타포괄손익은 회계학을 처음 배우는 학생에게 어려울 수도 있으므로 앞으로는 특별한 언급이 없으면 기타포괄손익은 없는 것으로 가정한다.

기타포괄손익이 없으면 당기순손익이 바로 포괄손익과 동일하다.

(3) 포괄손익계산서의 형식

일반적으로 인정된 회계원칙에 따르면 재무제표의 형식에 대해서는 엄격하게 규정하고 있지 않다. 이용자들이 쉽게 이용할 수 있도록 포괄손익계산서를 작성하면 된다.

포괄손익계산서도 재무상태표와 마찬가지로 계정식 포괄손익계산서와 보고식 포괄손익계산서로 구분한다. 계정식은 재무상태표와 마찬가지로 왼쪽과 오른쪽으로 구분하여 오른쪽에는 수익을 왼쪽에는 비용을 표시하는 형식을 말한다.

보고식은 앞의 예제에서 본 바와 같이 양쪽으로 나주지 않고 수익을 먼저 표시하고 다음에 비용을 표시하여, 맨 나중에 당기순이익을 표시하는 형식, 즉 종적인 형식으로 작성하는 것을 말한다. 일반적으로 일정된 회계원칙에 따르면 일반적으로 계정식 포괄손익계산서보다 보고식으로 작성된다.

또, 당기순이익을 구할 때 수익과 비용을 여러 단계로 구분하여 작성하느냐 여부에 따라 일단계식 포괄손익계산서(single step comprehensive income statement)와 다단계식 포괄손익계산서(multiple step comprehensive income statement)로 구분한다. 일단계식이란 수익과 비용을 여러 가지 단계로 분류하지 않고 일렬로 통합하여 표시하고 맨 나중에 당기순이익 하나만을 표시하는 형식을 말한다. 다단계식이란 다음 〈표 2-8〉에서 보는 바와 같이 수익과 비용을 여러 가지 단계로 표시하며, 따라서 기업의 이익도 매출총이익, 영업이익, 법인세비용차감전순이익, 당기순이익 등과 같이 몇 개의 단계로 구분하여 작성하는 것을 말한다.

우리나라의 경우 대외 공시용 포괄손익계산서는 보고식이면서 다단계식으로 작성하는 것이 일반적이다. 포괄손익계산서는 일단계식 포괄손익계산서의 형식으로 작성된 것이다. 다단계 구분포괄손익계산서(보고식)의 표준형식을 예시하면 아래와 같다.

다단계 구분포괄손익계산서 양식(보고서)

포괄손익계산서

제×기 20××년×월×일 현재 / 제×기 20××년×월×일 현재
제×기 20××년×월×일 현재 / 제×기 20××년×월×일 현재

한국호텔(주) (단위 : 원)

과 목	당 기		전 기	
매출액		×××		×××
매출원가		×××		×××
매출총이익(또는 매출총손실)		×××		×××
판매비와관리비		×××		×××
급 여	×××		×××	
퇴직급여	×××		×××	
복리후생비	×××		×××	
임차료	×××		×××	
접대비	×××		×××	
감가상각비	×××		×××	
대손상각비	×××		×××	
영업이익(또는 영업손실)		×××		×××
영업외수익		×××		×××
이자수익	×××		×××	
배당금수익	×××		×××	
임대료	×××		×××	
영업외비용		×××		×××
이자비용	×××		×××	
외환차손	×××		×××	
법인세비용차감전순손익		×××		×××
법인세비용		×××		×××
당기순이익(또는 당기순손실)		×××		×××
기타포괄손익		×××		×××
총포괄손익		×××		×××
주당손익				
기본주당순손익		×××		×××
희석주당순손익		×××		×××

다단계 구분포괄손익계산서는 기업의 이익을 매출총이익, 영업이익, 법인세비용 차감전순이익, 당기순이익의 4단계로 구분하여 작성하는 것을 말한다. 다단계 구분손익계산서를 작성할 때에 각 단계의 이익은 다음과 같이 산출한다.

당기순이익을 계산한 후 여기에 기타포괄손익을 가감하여 총포괄손익을 구한다.

(4) 재무상태표와 포괄손익계산서의 연결관계

재무상태표와 포괄손익계산서는 서로 직접 연결되는 관계를 가지고 있는데, 재무상태표는 회계기간 중의 경영성과가 모두 반영된 후의 회계기간 말 현재의 재무상태를 표시하는 회계보고서이고, 포괄손익계산서는 회계기간의 경영성과를 표시하는 회계보고서이기 때문이다.

포괄손익계산서 상의 당기순이익은 기간 중의 수익에서 비용을 차감하여 산출되는데, 이러한 이익은 기업소유주의 몫이므로 재무상태표 상에 소유주의 몫인 자본으로 표시되어야 한다. 즉, 포괄손익계산서 상의 순이익은 결산일에 작성되는 재무상태표 상의 순자산의 증가를 의미한다.

만일 회계기간 중에 기타포괄손익을 포함한 다른 원인으로 인한 자본 및 부채의 증감이 없었다면, 기말의 재무상태표 상의 자산합계액에서 기초의 부채와 자본합계액을 차감한 나머지 잔액은 당기중에 순수한 영업활동의 결과로 인한 자본증가액을 의미한다. 그러므로 재무상태표 상에서 산출된 순자산 증가액은 포괄손익계산서에서 산출된 당기순이익과 반드시 일치하여야 한다. 만일, 이 두 수치가 서로 일치하지 않으면 두 보고서 중 하나가 틀렸든지 아니면 두 가지 보고서가 모두 틀렸다는 것을 의미한다.

요약하면 재무상태표 상의 순자산의 증가액은 당기순이익을 의미하며, 이를 이익잉여금이라는 항목에 포함하여 표시한다.

재무상태표는 영업활동 결과로 실현된 재무상태와 당기순이익을 표시하는 보고서라면, 포괄손익계산서는 당기순이익이 어떻게 산출되었는지 그 내역을 상세하게 설명한 명세표의 성격을 가진다고 할 수 있다. 재무상태표와 포괄손익계산서와의 관계를 표시하면 아래와 같다

포괄손익계산서와 재무상태표의 연결관계

포괄손익계산서

20×9년 1월 1일 ~ 20×9년 12월 31일

한국호텔(주) (단위 : 원)

계정과목	금 액	
수 익		
용 역 수 익		10,000,000
이 자 수 익		1,000,000
잡 수 익		1,000,000
비 용		
급 여	6,000,000	
광 고 비	2,000,000	
사무실임차료	1,000,000	
사무실관리비	500,000	
접 대 비	500,000	
소 모 품 비	1,000,000	11,000,000
당기순이익		1,000,000

재무상태표

20×9년 12월 31일 현재

계정과목	금 액	계정과목	금 액
자 산		부 채	
현 금	1,500,000	은행차입금	3,000,000
재고자산	2,500,000	자 본	
건 물	5,000,000	자 본 금	5,000,000
		이익잉여금(당기순이익)	1,000,000
자 산 총 계	9,000,000	부채와 자본총계	9,000,000

(5) 수익과 비용의 의의

1) 수익이란 무엇인가?

앞에서 본 바와 같이 포괄손익계산서의 주요 구성요소는 수익과 비용이다. 그러므로 포괄손익계산서를 이해하기 위해서는 수익과 비용이 무엇인가를 확실하게 이해해야 한다. 회계원리를 처음 배우는 학생들 중에는 수익과 비용의 개념을 분명하게 이해하고 있지 않기 때문에 여러 가지 어려움을 당하는 경우를 많이 볼 수 있다.

일상생활에서 수익이라는 용어는 여러 가지 의미로 사용된다. 예를 들어 수입이라는 의미로 사용되기도 하고, 때로는 이익이란 의미로도 사용된다. 그러나 회계에서 사용되는 수익이라는 용어는 수입 또는 이익과는 구분되는 의미로 사용된다는 점을 명심하기 바란다.

수입(cash receipts)은 현금의 입금액을 의미하며, 이익(income)은 전술한 바와 같이 수익이 비용을 초과하는 금액을 말한다. 회계에서 말하는 수익(revenue)은 기업이 일정기간 동안에 고객에게 재화나 용역(service)을 제공함으로써 받은 경제적 효익의 유입액을 말한다. 경제적 효익의 유입액은 곧 고객에게 제공한 재화나 서비스의 대가를 의미한다.

백화점과 같은 상품매매업에서는 고객에게 판매한 상품의 대가, 즉 매출액(sales)을 말하며, 제조업에서는 제품을 생산하여 고객에게 판매한 매출액을 의미한다. 운수업, 금융업, 보험업, 공인회계사업, 변호사업 등과 같은 서비스업에서는 고객에게 서비스를 제공하고 받은 대가가 수익이다. 쉽게 말하면 고객에게 판매수익을 수입, 이익, 이윤 또는 소득 따위의 개념과 혼돈하지 않는 것이다.

여기서 수익은 고객에게 제공한 재화나 서비스의 판매액을 의미하므로 재화나 용역의 대가를 고객으로부터 현금을 받았느냐 아니면 외상으로 하였느냐 하는 것은 수익금액과 상관이 없다.

예를 들어, 상품을 70,000에 판매하고 50,000은 현금으로 받고 나머지 20,000은 외상으로 하였을 경우, 현금수입은 50,000이지만 수익은 70,000이 되는 것이다.

여기에서 한 가지 유의할 것은 포괄손익계산서 상의 수익은 재무상태표 상의 자본, 즉 순자산의 증가를 의미하는 것이다. 수익은 경제적 자원의 유입을 의미하기 때문이다.

2) 수익의 분류

기업이 고객에게 판매하는 재화 또는 서비스의 종류는 이루 헤아릴 수 없을 만큼 많기 때문에 수익의 종류도 많을 것은 당연하다. 이와 같이 많은 종류의 다양한 수익을 포괄손익계산서에 어떻게 표시하는가?

수익도 재무상태표에서 자산, 부채 또는 자본과 마찬가지로 일정한 기준으로 분류하여 표시하는 것이 일반적이다. 우리나라의 일반적으로 인정된 회계원칙에서는 수익을 크게 매출수익(영업수익)과 영업외수익 2가지로 분류할 수 있다.

① 매출액

매출액(sales revenue)은 기업의 주된 영업활동을 통해 고객에게 판매한 재화 또는 서비스의 판매액을 말하며, 수익 중에서 가장 금액이 크고 중요한 수익이다. 매출액은 기업의 영업활동이 얼마나 활발하였는가를 나타내는 매우 중요한 정보라고 할 수 있다. 일반적으로 매출액은 포괄손익계산서의 맨 처음에 표시된다.

② 영업외수익

영업외수익(nonoperating revenue)은 기업의 주된 영업활동 이외의 부수적인 활동의 결과로 발생한 수익이나, 비정상적인 사건의 결과로 인하여 발생한 차익을 말한다.

각종 예금으로부터 발생하는 이자수익, 주식투자에서 발생하는 배당금수익 등 이외에도 단기매매증권의 평가이익 또는 처분이익, 유형자산처분이익, 외환차익 등이 여기에 속한다.

영업외수익은 기업의 기본적인 영업활동에서 발생한 수익이 아니므로 다단계 구분손익계산서를 작성하는 경우 별도의 항목으로 구분하여 표시함으로써 영업이익의 산출에서는 제외되고, 당기순이익의 산출에 포함시킨다.

3) 비용이란 무엇인가?

비용도 앞에서 설명한 수익과 마찬가지로 회계를 처음으로 배우는 학생들이 혼동을 많이 하는 용어이다. 일상생활에서 흔히 사용되는 비용과 유사한 용어로서 지출, 손실, 또는 원가와 같은 용어를 들 수 있는데, 이것들은 회계에서 사용되는 비용의 개념과는 판이하게 다르다는 점을 분명하게 알아두어야 한다.

지출(cash disbursement)은 문자 그대로 현금이 경제주체의 밖으로 나가는 것을 의미하고, 손실(loss)은 수익보다 비용이 초과한 경우 또는 투입보다 산출이 작은 경우에 그 초과액을 의미한다. 원가는 비용의 개념과 유사하나 원가는 일정한 목적물 또는 대상에 투입된 자원을 의미하는 용어로 사용된다. 매출액의 원가, 상품의 원가, 건물의 원가 등이 그 예이다.

회계에서 비용(expense)은 수익을 얻기 위해 유출되거나 소비된 경제적 효익을 의미한다. 수익과 마찬가지로 비용도 반드시 현금의 지출과 일치할 필요가 없다. 현금지출액과 일치할 수도 있고 일치하지 않을 수도 있다. 현금의 지출이 있었느냐 또는 이익이냐, 손실이냐와 관계없이 수익을 위하여 희생된 경제적 자원의 가액이 바로 비용이다. 예컨대, 구멍가게에서 주인이 부담하는 집세, 전기세 그리고 판매된 상품의 매입원가 등이 바로 비용이다.

여기에서 한 가지 유의할 것은, 수익은 자본(순자산)의 증가를 초래하는 반면에, 비용의 발생은 자본의 감소를 초래한다는 점이다. 그러므로 수익이 비용을 초과하면 순이익이 발생하고, 이 순이익은 곧 자본의 순증가액을 의미하는 반면에, 비용이 수익을 초과하면 순손실이 발생하고, 이 순손실액은 곧 자본의 순감소액을 의미하는 것이다. 이 점을 잘 이해하면 앞에서 설명한 재무상태표와 포괄손익계산서의 연결관계를 확실히 이해할 수 있다.

예제 2-3)

동대문전자대리점에서 3월 한 달 동안에 냉장고 10대를 대당 1,200,000씩 받고 팔았는데 판매대금 중 5,000,000은 현금으로 받고 나머지는 3개월 후에 받는 조건으로 판매하였다. 또한 냉장고를 제조업자로부터 대당 1,000,000씩 외상으로 매입하였으며, 종업원의 급여로 300,000 광고비로 200,000을 지급하였다. 동대문전자대리점의 3월의 수익과 비용은 얼마인가? 또한 3월의 순이익은 얼마인가?

〈풀이〉

(1) 3월의 수익과 비용의 계산 :

수　익 :

냉장고 10대 매출액　　₩12,000,000

비　용 :

냉장고10대 매입원가₩10,000,000　급　여　₩300,000　광 고 비 ₩200,000

비용합계　₩10,500,000

(2) 3월의 순이익의 계산

수익합계(₩12,000,000) - 비용합계(₩10,500,000) = 순이익(₩1,500,000)

4) 비용의 분류

기업의 규모와 특성에 따라 차이가 있겠으나 비용의 종류는 매우 많은데, 이렇게 많은 종류의 비용을 의미 없이 일렬로 나열한다면 이와 같은 정보는 정보로서의 가치를 상실하게 된다. 일반적으로 인정된 회계원칙은 비용을 성격별로 구분하거나 기능별로 구분하도록 규정하고 있다.

다단계식 포괄손익계산서를 작성할 때에는 이와 같이 다양한 종류의 비용을 기능별로 분류하여 표시하는 것이 일반적이다. 비용을 기능별로 구분하면 다음과 같이 4가지로 구분하여표시할 수 있다.

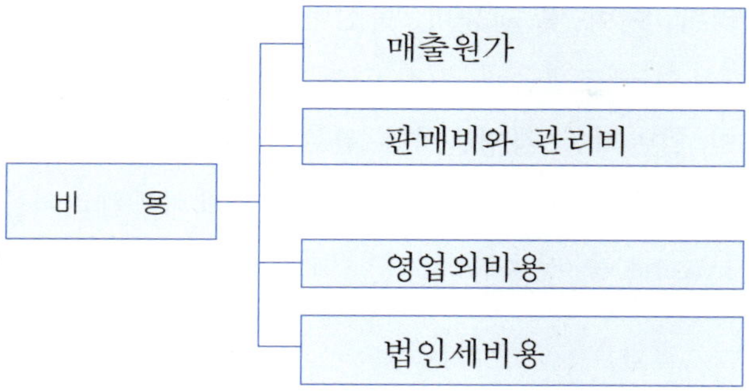

① 매출원가

매출원가(cost of sales 또는 cost of goods sold)란 제품, 상품 등의 매출액에 대응되는 원가로서 판매된 제품이나 상품 등에 대한 제조원가 또는 매입원가이다. 즉, 당기간 중에 판매된 제품 또는 상품의 원가를 의미하며, 이는 매출액에 직접 대응되는 비용이다.

예컨대, 전자제품 판매대리점에서 TV세트 10대를 대당 500,000씩 매입하고, 이 중 8대를 700,000씩 판매하였을 경우에 매출액(매출수익)은 5,600,000이고, 매출원가는 4,000,000이다. 여기에서 주의할 것은 TV를 10대 매입하였으나 (매입액 5,000,000) 매출원가는 판매된 수량 8대의 매입원가, 즉 4,000,000이라는 점이다. 즉 회계기간에 판매된 상품의 매입원가가 매출원가라는 비용이 되며 팔리지 않은 상품의 매입원가는 자산이다. 그러나 매출원가를 산출하는 것은 이렇게 단순하지 않다. 매출원가를 산출하는 방 대하여는 제5절에서 다시 상세히 설명할 것이다.

다단계식 포괄손익계산서를 작성할 때에 매출액과 매출원가를 대응시켜 표시하고 매출액에서 매출원가를 차감하여 매출총이익(gross income)을 산출한다.

② 판매비와관리비

판매비와관리비(selling & administrative expense)란 재화 또는 서비스의 판매와 기업의 경영을 위하여 지출되는 판매관련 비용과 일반관리와 관련된 비용을 말한다.

광고비, 접대비, 사무실관리비, 여비 및 교통비, 통신비, 본사 임직원의 급여등과 같이 상품의 매입 또는 제품의 제조활동과 직접 관계되지 않고, 상품 또는 서비스의 판매활동 또는 기업의 일반적인 경영관리와 관련된 비용을 말한다.

다단계식 포괄손익계산서를 작성할 때에 매출총이익에서 판매비와관리비를 차감하여 영업이익(operating income)을 산출한다.

③ 영업외비용

영업외비용(nonoperating expense)은 기업의 기본적인 영업활동 이외의 부수적 활동의 결과로 발생하는 비용이나, 비정상적인 사건의 결과로 발생한 차손(손실)을 말한다. 앞에서 설명한 영업외수익과 차익(이득)의 항목과 대비되는 항목이다.

차입금으로부터 발생하는 이자비용, 증권투자에서 발생하는 단기매매증권평가손실 및 처분손실, 재고자산평가손실, 외환환산손실, 유형자산처분손실, 사채 상환손실 등이 여기에 속한다.

다단계식 포괄손익계산서 상에는 영업이익에서 영업외수익과 차익을 가산하고 영업외비용과 차손을 차감하여 법인세비용차감전순이익을 산출한다.

④ 법인세비용

자연인이든 법인이든 모든 인격은 납세의무를 부담한다. 회사는 법인이므로 회사가 일정기간에 벌어들인 순이익에 대하여 소득세를 납부하여야 한다. 회사가 부담하는 소득세를 포괄손익계산서 상의 비용항목으로 표시한 것을 법인세비용(income tax expense)이라고 한다.

포괄손익계산서 상에 표시되는 법인세비용은 회사의 법인세법 등 법령에 다라 산출한 법인세비용부담액에서 이연법인세의 당기 변동액을 가산 또는 차감하여 산출된다. 법인세비용차감전순이익에서 법인세비용을 차감하여 당기순이익(net income)을 산출한다.

(6) 포괄손익(순손익)의 결정방법

포괄손익은 기업의 경영성과를 종합적으로 나타내주는 성과지표 중 하나이다. 포괄손익은 순손익과 기타포괄손익의 합인데 기타포괄손익이 없다면 포괄손익과 순손익이 같다.

앞으로 설명의 편의를 위해 기타포괄손익은 없다고 가정한다. 기업의 순이익은 어떻게 산출하는가 하는 문제는 회계에서 가장 중요하고도 어려운 문제이다.

순이익의 산출방법을 이해하려면 기업의 순이익이 무엇인가에 대한 정확한 정의를 알아야 하는데 여기에서는 이에 대한 복잡한 설명은 생략하고, 위에서 설명한 재무상태표 및 포괄손익계산서에 표시되는 순이익이 어떤 원리로 산출되는가에 대하여 가급적 간단하게 설명하고자 한다.

예를 들어보자. 어떤 사람이 콩나물 장사를 시작했다. 아침에 콩나물 50,000 어치를 사서 저녁 늦게까지 팔았으며, 판매액은 65,000이고 낮에 점심값으로 4,000, 차비로 1,000을 지출했다. 콩나물을 모두 팔고 집에 돌아와 주머니에 있는 돈을 세어보니 65,000이었다.

이 경우에 콩나물장수의 하룻동안의 순이익은 얼마인가?

콩나물장수의 하룻동안의 순이익은 다음과 같은 원리로 산출할 수 있다.

이 접근방법은 당기의 수익에서 당기의 비용을 차감한 잔액을 당기순이익으로 하는 방법이다. 수익이 비용보다 크면 순이익이 산출되고, 비용이 수익보다 크면 순손실이 산출된다. 앞에서 설명한 포괄손익계산서는 이와 같은 원리로 작성되며 이를 포괄손익계산서접근방법 또는 회계적 접근방법이라고 한다.

하룻동안의 수익(콩나물판매액), 65,000 - 콩나물판매를 위해 희생된 경제적 효익(비용), 55,000 = 당기순이익, 10,000

순이익을 산출하는 방법으로는 경제학적 접근방법도 있는데, 이는 기말의 순자산가치에서 기존의 순자산가치를 차감한 금액, 즉 기간 중의 순자산의 증가액을 순이익으로 하는 방법을 말한다. 이 방법을 사용하기 위해서는 기초와 기말의 모든 자신과 부채를 그 시점의 가치로 평가함으로써 인플레이션 영향이 모두 반영되어야 한다. 이론적으로는 경제학적 접근방법이 보다 우수하고 타당한 방법이라고 할 수 있다.

그러나 일반적으로 기업은 다양하고 거대한 금액의 자산의 부채를 보유하고 있으며 자산은 여러 가지 원인에 의하여 수시로 변화하기 때문에 순자산가치를 기준으로 순이익을 산출하는 것은 현실적으로 매우 어려운 문제일 뿐만 아니라 산출된 순이익의 객관성을 확보하기가 어려운 문제이다. 따라서 회계에서는 이 방법을 채택하지 아니하고 포괄손익계산서접근방법을 채택하고 있는 것이다.

요약하면, 회계에서는 순이익을 다음과 같은 수익 · 비용모델에 의하여 산출하고 있으며, 이와 같은 방법으로 산출된 순이익은 회계에서 채택하고 있는 방법에 의하여 산출된 이익이라는 의미에서 "회계상의 이익"(accounting income)이라고도 한다.

이 방법은 기간 중에 발생한 수익과 비용의 내역을 상세하게 알 수 있을 뿐만 아니라 수익과 비용은 객관적으로 측정이 가능함으로 결국 이 방법은 기업의 순이익을 비교적 신뢰성 있게 측정할 수 있다는 장점이다.

당기순이익	=	당기의 수익총액	-	당기의 비용총액
포괄이익	=	당기순이익	+ (-)	기타포괄손익

4. 기타 주요 재무제표

주요 재무제표에는 재무상태표와 포괄손익계산서 외에 현금흐름표 및 자본변동표가 있다.

회계원리 과정에서는 주로 재무상태표와 포괄손익계산서에 대해서만 공부를 하게 되고 나머지 재무제표에 대해서는 여기에서는 간단히 소개만 하기로 한다.

(1) 현금흐름표

현금흐름표(cash folw statements)는 기업의 일정기간 동안의 현금흐름에 대한 정보를 나타내는 회계보고서이다. 여기에서 현금흐름이란, 현금의 유입과 현금의 유출 그리고 현재의 현금의 보유상태를 의미한다. 즉, 현금흐름표는 기업이 필요로 하는 현금을 어떻게 조달하였으며, 조달된 현금을 어떻게 사용했는가를 보여 주는 회계보고서이다.

현금흐름표는 비교적 최근에 기본적 재무제표의 하나로 포함된 것이다. 이것은 기업을 평가하는데 기업의 재무상태와 경영성과 이외에 기업의 현금흐름에 대한 정보의 중요성이 매우 커졌기 때문이다. 현금흐름표의 중요성은 점차 더욱 커지고 있다고 할 수 있으며, 때에 따라서는 다른 어떤 재무제표보다도 더 중요하게 이용된다고 할 수 있다.

흑자도산이란 용어가 있는데 이는 기업이 이익(흑자)을 내고 있으면서도 자금의 부족으로 채무를 상환할 능력이 없어 부도를 낸 것을 의미한다. 기업의 현금흐름에 대한 관리의 실패에 기인된 것이다.

기업경영에 있어 순이익의 관리가 가장 중요한 문제이지만 현금흐름에 대한 관리가 무척 중요하다. 영업활동에서 아무리 많은 순이익을 실현하더라도 기업을 무리하게 확장을 하거나 비유동자산에 지나치게 투자를 하는 경우에 기업의 현금흐름은 악화되는 것이다.

현금흐름표는 기업의 경제활동에서 조달되는 자금의 경제활동을 위하여 사용되는 자금을 보여주도록 되어 있다. 기업의 경제활동은 다음 세 가지로 요약된다.

영업활동(operating activities) : 재화 및 서비스의 생산과 판매활동
투자활동(investing activities) : 조달된 자금을 자산에 합리적으로 투자하는 활동
재무활동(financing activities) : 기업이 필요로 하는 자금의 조달 및 상환활동

현금흐름표의 구조와 작성원리

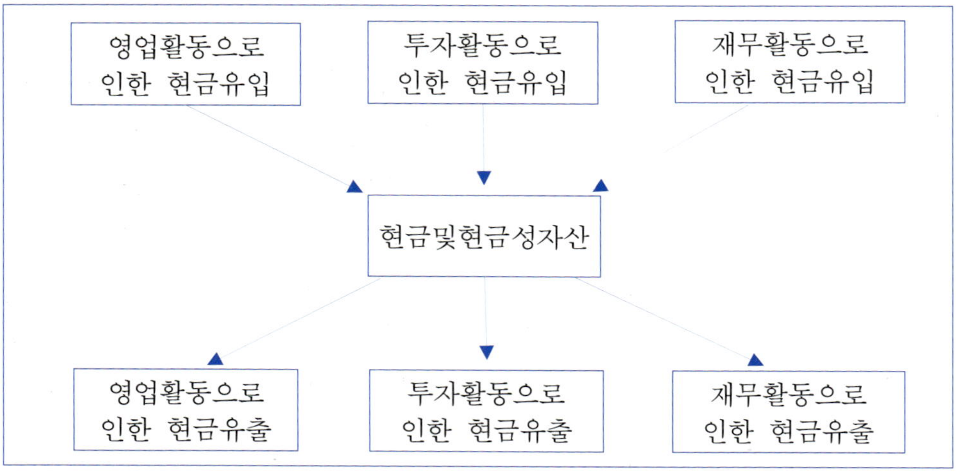

현금흐름표의 구조와 작성원리를 요약하면 위 그림과 같다.

현금흐름표는 위와 같은 기업의 경제활동의 결과로 조달된 현금과 경제활동을 위하여 사용된 현금을 알기 쉽게 표시하고, 동시에 기말 현재 전기와 비교하여 당기의 현금의 변동을 보여준다.

포괄손익계산서에 표시되는 당기순이익은 발생주의원칙을 기준으로 계산된 것이기 때문에 기업의 실제 현금과는 차이가 있다. 따라서 포괄손익계산서에 나타나는 정보만으로는 미래의 현금흐름을 예측하고 계획을 세우는 데 한계가 있기 때문에, 현금흐름표는 중요한 회계정보를 제공한다고 할 수 있다.

(2) 자본변동표

자본변동표(statment of changes in equity)란 회계기간 동안 소유주지분(자본)의 변동을 구성항목별로 구분하여 보고하는 회계보고서이다. 앞에서 설명한 바와 같이 자본은 자본금, 자본잉여금, 자본조정, 기타포괄손익누계액, 이익잉여금으로 구성되어 있는데, 자본변동표는 이러한 구성항목들의 기초잔액, 변동사항, 기말잔액을 표시하는 재무보고서이다.

제 2 절 회 계 등 식

회계는 기업의 경제활동을 인식하고 측정하여 기록한 다음, 이 기록 자료를 이용하여 재무제표를 작성한다. 회계의 대상이 되는 경제활동을 인식하고 기록하기 위해서는 일정한 원리를 따라야 한다. 이 회계기록의 원리를 이해하기 위해서는 먼저, 다음에 설명하는 회계등식에 대하여 잘 이해해야 한다.

1. 회계등식의 구조

위에서도 설명한 것처럼 회계등식은 회계기록의 기본적인 원리가 될 뿐만 아니라 재무상태표와 포괄손익계산서의 작성원리가 된다.

회계에서는 자산이 존재하면 반드시 그 금액만큼 자산에 대한 청구권이 존재한다고 전제한다. 예컨대 자산이 50,000 존재하면 반드시 이 자산에 대한 청구권이 50,000 만큼 존재한다는 것이다. 즉, 자산 50,000에 대하여 그 소유를 주장할 수 있는 권리가 50,000만큼 있다는 것이다.

자산에 대한 이 권리를 청구권(claim) 또는 지분(equity)이라고 한다.

자산과 지분의 상호관계는 다음과 같은 식으로 나타낼 수 있다.

자 산 50,000	=	지 분 50,000	---------------------------------- (가)

예컨대 어떤 사업자가 70,000을 출자하고, 은행으로부터 30,000을 차입하여 남산주식회사를 설립하였다고 가정하자. 이 경우에 남산주식회사의 자산은 100,000이고, 이 자산 중 70,000은 소유주에게 귀속되는 소유주청구권(owners' claim) 또는 소유주지분(owners' equity)이고 나머지 30,000은 채권자인 은행에게 귀속될 채권자청구권(creditors' claim) 또는 채권자지분(creditors' equity)이다. 소유주지분은 곧 자본을 의미하고 채권자지분은 부채를 의미한다. 이 관계를 식으로 표시하는 경우 식 (가)는 다음과 같이 다시 쓸 수 있다.

자 산 100,000	=	채권자지분 30,000	+	소유주지분 70,000	--------------- (나)
자 산 100,000	=	부 채 30,000	+	자 분 70,000	--------------- (다)

식 (다)은 회계기록의 기본적인 원리가 되는 것으로서 이를 회계등식(accounting equation) 또는 재무상태표등식(balance sheet equation)이라고도 한다.

식 (다)은 다시 다음과 같이 변형할 수 있다.

자산 (100,000) - 부채 (30,000) = 자본 (70,000) 또는

자산 (100,000) - 자본 (70,000) = 부채 (30,000)

앞에서 설명한 재무상태표는 바로 이 회계등식을 기초로 하여 작성된다는 것을 이해하였을 것이다.

기업의 경영활동은 대부분 기업의 자산, 부채 및 자본의 변화를 가져오게 되며, 이러한 경영활동의 결과는 회계등식으로 표시할 수 있다. 자산, 부채 및 자본의 변화를 가져오는 기업의 모든 경영활동은 회계기록의 대상이 되며 이것을 회계등식의 원리에 따라 회계장부에 기록하는 것이 재무회계의 기초가 되는 복식부기의 원리이다.

여기에서 포괄손익계산서의 구성요소인 수익과 비용을 대입하여 회계등식을 확장하여 보자 기업의 순수익은 수익에서 비용을 차감하여 산출한다는 것은 앞에서 여러 차례 설명하였다

수익은 고객에게 재화 또는 서비스를 제공한 대가로 유입되는 경제적 자원을 의미하므로 수익이 발생하면 기업의 자본(순자산)이 증가한다. 비용은 수익을 얻기 위하여 희생한 경제적 자원을 의미하므로 비용이 발생하면 기업의 자본이 감소한다.

자본의 증가는 자산의 증가 또는 부채의 감소를 의미하고, 자본의 감소는 자산의 감소 또는 부채의 증가를 의미한다.

따라서, 앞의 식 (2.3)을 다음과 같이 바꾸어 쓸 수 있다.

자 산 = 부 채 + 자 본 + (수익-비용) ------------- (라)

위의 식 (라)애서 (수익 - 비용) = 순이익이므로 다음 식 (마)도 성립된다.

자 산 = 부 채 + 자 본 + 당기순이익 ------------- (마)

이상의 회계등식을 예제를 통하여 살펴보자.

예제 2-4)

KBC방송국의 야구해설가로 근무하던 홍길동은 작년 연말에 정년퇴직을 하였다. 어떤 사업을 할까 고민을 하던 중 가구공장을 하는 형님이 화물운송업을 하는 것이 어떠냐는 권유를 하였다. 형님은 가구공장을 하기 전에 화물운송업을 오랫동안 해왔기 때문에 홍길동 씨에게 화물운송업에 대한 많은 조언을 해 줄 수 있고, 또한 형님이 운영하는 가구공장의 물건을 배달하는 일도 맡을 수 있을 것으로 생각되어 화물운송업을 하기로 결정하였다. 회사의 상호는 본인의 이름을 따서 '홍길동운수회사'로 하고, 그동안 모아둔 저금과 퇴직금 중 50,000,000을 현금으로 출자하여 20×9년 1월 1일에 회사를 설립하였다.

이를 다시 회계등식으로 표시하면 다음과 같다.

현 금	=	없 음	+	자본금
50,000,000	=	0	+	50,000,000

여기서 유의해야 할 것은 홍길동 개인이 소유하고 있는 자산이나 부채는 회사와는 별개의 것이기 때문에 앞의 회계등식은 홍길동 개인의 재무상태를 표시하는 것이 아니라 기업실체인 홍길동운수회사의 재무상태를 나타내주는 것이라는 점이다. 회계정보를 보고할 때에는 비록 조그마한 구멍가게라 하더라도 가게 자체를 가게의 소유주인 자연인과 별개의 독립된 경제단위로 하여 회계보고를 하는 것이다.

예제2-5)

20×9년 1월 5일에 홍길동운수회사는 화물트럭 2대를 40,000,000에 구입하였다.

당분간은 회사업무를 본인이 직접 처리하기로 결정하고, 화물트럭을 운전할 기사 2명만 우선 채용하였다.

20×9년 1월 5일의 거래가 끝난 후, 이 회사의 재무상태는 다음과 같이 표시된다.

자 산	현금 10,000,000	자본금 50,000,000	자 본
	화물트럭 40,000,000		

즉, 이 회사는 자산총액이나 자본총액에는 변동이 없으나 자산의 구조가 현금 50,000,000 중 40,000,000이 다른 자산인 화물트럭으로 변화하였다. 거래 이후의 회계등식은 다음과 같다.

자 산	=	부 채	+	자 본
현금+화물트럭	=	없 음	+	자본금
10,000,000 + 40,000,000	=	0	+	50,000,000

예제2-6)

20×9년 1월 11일에 한국운수회사는 사업자금이 부족하여 은행으로부터 30,000,000의 대출을 받았다.

은행대출을 받은 후의 회사의 자산은 은행차입금의 회사유입으로 인하여 80,000,000으로 늘어나게 되며, 이 중 30,000,000은 은행의 청구권을 의미하는 채권자지분, 즉 부채가 된다. 1월 11일의 재무상태는 다음과 같이 표시된다.

이를 회계등식으로 표시하면 다음과 같다.

자 산	=	부 채	+	자 본
현금+화물트럭	=	은행차입금	+	자본금
40,000,000 + 40,000,000	=	30,000,000	+	50,000,000

기업의 경제활동 결과는 반드시 자산, 부채 및 자본의 변화를 수반하게 되고 그러기 때문에 기업의 경제활동으로 인한 자산, 부채 및 자본의 변화는 그것이 어떤 형태이든지 이 회계등식으로 표현할 수 있다는 것을 알 수 있다.

자 산	=	부 채	+	자 본
기초의자산	=	기초의 부채	+	기초의 자본

여기에서 특정 회계기간이 경과한 후 회계기간 중에 발생한 수익과 비용을 대입하여 보자 수익은 자본의 증가요인이 되고 비용은 자본의 감소요인이 되며, 수익에서 비용을 차감한 잔액은 당기순이익이 된다는 것은 이미 설명하였다. 기말의 당기순이익은 소유주지분, 즉 기말의 자본에 포함된다. 이 관계를 식으로 표시하면 다음과 같다.

기간의수익	=	기간의 비용	+	당기순이익
기말의 자산	=	기말의 부채	+	기초의 자본 +당기순이익
기말의 자산	=	기말의 부채	+	기초의 자본 +(수익-비용)
기말의 자산	=	기말의 부채	+	기말의 자본

예제2-7)

20×9년 1월 중 한국운수회사가 가구공장의 물건을 대리점에 운반해주고 받은 운송수익의 총액은 10,000,000이었다. 1월 한 달 동안 운전기사 2명의 월급 3,000,000과 휘발유값 1,000,000, 그리고 잡비 1,000,000 등을 지출하였으므로, 비용총액은 5,000,000이었다. 결국, 1월 한 달 동안 영업을 한 결과, 운송수익 10,000,000에서 비용 5,000,000을 차감한 5,000,000의 당기순이익이 발생하였다. 1월 중의 경영활동을 반영한 후 20×9년 1월 31일의 이 회사의 회계등식은 다음과 같이 된다.

자 산	=	부 채	+	자본금	+	수익	-	비용
현금+화물트럭	=	은행차입금	+	자본금	+	운송수익	-	비용합계
85,000,000	=	30,000,000	+	50,000,000	+	10,000,000	-	5,000,000

1월 10일의 재무상태와 1월 31일의 재무상태를 그림으로 표시하여 비교하면 다음과같다.

〈1월 10일의 재무상태〉

<table>
<tr><td rowspan="2">자 산
80,000,000</td><td>현 금
40,000,000</td><td>은행차입금
30,000,000</td><td>부 채
30,000,000</td></tr>
<tr><td>화물트럭
40,000,000</td><td>자본금
50,000,000</td><td>자 본
50,000,000</td></tr>
</table>

〈1월 31일의 재무상태〉

<table>
<tr><td rowspan="3">자 산
80,000,000</td><td rowspan="2">현 금
45,000,000</td><td>은행차입금
30,000,000</td><td rowspan="2">부 채
30,000,000</td></tr>
<tr><td>자본금
50,000,000</td></tr>
<tr><td>화물트럭
40,000,000</td><td>당기순이익
5,000,000</td><td>자 본
55,000,000</td></tr>
</table>

1월의 당기순이익 5,000,000은 자본에 포함되어 1월 말 현재의 자본은 55,000,000이 된다.

이상에서 설명한 회계등식은 다음 절에서 설명하는 분개의 원리에 직결된다는 것을 유념해야 한다.

제 3 절 재무회계의 기초이론

재무회계는 회계기록의 대상이 되는 기업의 경영활동을 회계가 가지고 있는 독특한 원리에 의하여 인식하고 기록하고 종합함으로써 회계정보를 생성하여 정보이용자에게 제공한다.

회계대상의 인식, 측정, 기록 및 재무제표의 작성과 보고를 하는데 있어서 적용되어야 할 기본적인 원리 또는 원칙들이 있다.

여기서는 재무회계의 기초가 되는 이론적 · 개념적 원리 및 원칙 중에서 중요한 몇 가지에 대하여 간단하게 설명하기로 한다.

1. 재무제표의 기본가정

재무제표는 몇 가지 기본가정 하에 작성되는데 우리나라 재무회계 개념체계에서는 기본가정으로서 다음의 세 가지를 들고 있다.

· 기업실체의 가정
· 계속기업의 가정
· 회계기간의 가정

(1) 기업실체의 가정

기업실체의 가정(assumption of business entity)은 기업이 그 자체로서 존재하며, 기업의 소유주나 다른 기업과 분리된 독립적인 하나의 실체라는 것이다. 아무리 조그마한 개인기업이나 구멍가게라 하더라도 회계정보를 기록하거나 보고할 때는 그 조직 자체가 하나의 독립된 기업실체가 되고 이 실체가 회계주체 또는 회계실체(accounting entity)가 된다는 가정이다. 그러므로 기업의 회계는 기업의 소유주가 회계의 주체가 되는 것이 아니라 기업자체(기업실체)가 회계의 주체가 되는 것이다. 즉, 모든 회계행위는 기업실체의 입장에서 이루어져야 하는 것이다.

(2) 계속기업의 가정

계속기업의 가정(assumption of going concern)이란 기업은 영속적으로 존재하고 그 기업의 경영활동도 영구히 계속된다고 가정하는 것이다. 물론 기업의 영속성이 절대적으로 보장되는 것은 아니다. 우리는 파산이나 청산을 하는 기업을 많이 볼 수 있다. 그러나 회계는 기업이 수명이 있는 것이 아니라 영구적으로 존재한다는 가정 하에서 이루어져야 한다는 것이다.

(3) 회계기간의 가정

회계기간의 가정(assumption of time period 또는 periodicity)은 회계정보의 측정과 보고는 인위적으로 설정한 시간간격(time intervals),즉 회계기간을 기준으로 한다는 가정이다.

정규의 회계기간은 1년이다. 그러나 6개월(반기) 또는 3개월(분기)을 회계기간으로 하는 중간보고서를 작성하기도 한다. 기업이 자체의 내부목적을 위하여 1개월을 회계기간으로 할 수 있는 것은 물론이다. 회계기간의 가정은 계속기업의 가정과 관련을 갖고 있다. 따라서 학자에 따라서는 회계기간의 가정을 계속기업의 가정에 포함시켜 설명하기도 한다.

회계연도(accounting year)는 반드시 역년(calendar year)과 일치할 필요가 없다.

회계연도는 기업에서 임의로 정하면 된다. 어떤 회사는 6월 1일부터 다음 연도 5월 31일까지, 또 어떤 회사는 10월 1일부터 다음 연도 9월 30일까지 등으로 회사가 임의로 정한다. 일반적으로 회사의 설립일을 회계연도 개시일로 한다.

2. 회계정보의 유용성

회계정보는 정보이용자의 경제적 의사결정에 유용(useful)해야 한다. 그런데 여기에서 회계정보가 정보이용자의 의사결정에 유용하기 위해서는 그 정보가 어떠한 질적인 특성을 갖추어야 하는가?

이에 대하여 우리나라의 「재무회계개념체계」에서는 회계정보가 의사결정에 유용하기 위하여 갖추어야 할 기본적인 질적 특성으로서 신뢰성과 목적적합성을 들고 있다.

이들 속성 이외에도 회계정보가 유용하기 위해서는 계속성과 비교가능성이 있어야 한다.

(1) 신뢰성

신뢰성(reliability)이란 회계정보가 의사결정에 유용하게 이용되기 위해서는 믿을 수 있어야 한다는 것이다. 회계정보가 신뢰성을 갖기 위해서는 정보가 객관적 자료에 의하여 작성됨으로써 검증가능(verifiability)하여야 하며, 회계대상의 왜곡이나 누락이 없이 사실대로 충실하게 표현하여야 할 뿐만 아니라 어느 한쪽으로 치우치는 편견(bias)에 의하지 않고 중립적(neutrality)이어야 한다는 것이다.

신뢰성의 의미를 상식적인 용어로 표현한다면 투명성, 진실성, 정확성 및 객관성이란 말의 의미와 가깝다고 할 수 있다.

특히, 재무회계에서 제공하는 재무정보는 다음에 설명하는 목적적합성보다 신뢰성이 더 중요한 조건이며, 신뢰성을 갖추기 위해서는 일반적으로 인정된 회계원칙에 따라 회계정보를 생성하여야 한다. 일반적으로 인정된 회계원칙에 위반하여 작성된 회계보고서는 신뢰성이 없는 것으로 판정된다.

(2) 목적적합성

목적적합성(relevance)이란 제공되는 회계정보가 이용자의 의사결정의 목적에 적합하여야 한다는 것이다. 정보의 제공이 이용자의 의사결정에 아무런 영향이나 차이를 가져다줄 수 없는 것이면, 목적적합한 정보라고 할 수 없는 것이다.

회계정보가 목적적합성을 갖기 위해서는 그 정보를 이용하여 미래를 예측할 수 있어야 하고(예측가치), 과거를 반성하고 돌이켜 볼 수 있어야 하며(피드백 가치), 또한 정보가 의사결정에 필요한 적시에 제공되어야 한다.(적시성).

(3) 계속성과 비교가능성

회계정보가 유용하기 위해서는 신뢰성과 목적적합성 이외에도 여러 가지 속성을 갖추어야 한다. 이 중에서 계속성과 비교가능성에 대해서 설명한다,

계속성(consistency)이란 일관성이라고도 하는데, 이는 회계정보를 제공하기 위해서 적용한 회계방법이 기간별로 일관성이 있어야 한다는 것이다. 즉, 한 번 적용한 회계방법은 특별한 경우를 제외하고는 계속하여 같은 방법을 적용해야 한다는 것이다. 즉, 회계방법을 변경해서는 안 된다는 것이다. 다시 말해, 어떤 기업이 올해에 적용한 회계절차나 방법은 작년의 것과 같아야 하며, 이 방법은 내년에도 동일하게 적용되어야 한다는 것이다.

회계방법에 따라 기업의 재무상태 또는 경영성과가 달라지기 때문에 계속성의 원칙을 지키는 것은 매우 중요하다.

비교가능성(comparability)은 회계정보가 의사결정에 유용하기 위해서는 동일 기업 내에서 기간별 비교가 가능하여야 할 뿐만 아니라 기업과 기업 간의 비교도 가능해야 한다는 것이다. 그러므로 비교가능성은 위에서 설명한 계속성과 밀접한 관련이 있으며, 또한 여러 기업들이 모두 통일된 회계기준을 적용하는 것이 필요하다는 것을 의미한다.

3. 회계원칙

재무회계에서는 신뢰성 있고 목적적합한 재무정보를 생성하기 위해서 전통적으로 지켜오고 있는 몇 가지의 가장 기본적인 회계원칙이 있다. 이 중에서 회계원리 과정에서 꼭 알아두어야 할 몇 가지 회계원칙을 설명하기로 한다.

(1) 역사적 원가원칙

역사적 원가원칙(historical cost principle)은 모든 자산은 원칙적으로 취득당시의 교환가격, 즉 취득원가로 표시한다는 것이다. 이를 역사적 원가주의 또는 취득원가주의라고도 한다.

역사적 원가주의가 주장되는 이유는, 취득원가는 자산을 취득할 당시의 교환가격이므로 객관성이 있고 검증가능성을 갖고 있기 때문이다. 자산을 취득원가로 표시함으로써 회계정보의 신뢰성을 확보할 수 있기 때문이다. 또한 취득원가 주의는 보유자산의 시가평가에 따르는 평가손익을 인식하지 않는 것을 원칙으로 하기 때문에 보수주의회계원칙에 부합한다고 할 수 있다. 이런 이유 때문에 회계에서 오랫동안 전통적으로 지켜져 온 회계원칙이다.

그러나 취득원가는 재무제표 작성일 현재의 시가와 차이가 있는 경우가 많으므로 정보의 유용성을 해치는 문제가 있다. 따라서 오늘날에는 역사적 원가주의가 상당히 퇴색되어 철저하게 지켜지지 않고 있는 실정이다.

(2) 발생주의와 현금주의

발생주의(accrual)란 수익과 비용은 현금의 수입 또는 지출과 관계없이 발생한 때를 기준으로 인식한다는 원칙이다. 발생주의 회계원칙을 기준으로 한다는 것은 현금주의 회계원칙을 따르지 않는다는 것을 의미한다.

발생주의 회계원칙은 기업회계에서 가장 중요한 회계원칙의 하나라고 할 수 있다.

현금주의(cash basis)는 회계인식을 할 때에 현금의 수입 또는 현금의 지출시점을 기준으로 인식하는 회계원칙으로서 발생주의와 대립되는 개념이다. 이는 수익이나 비용을 인식할 때 발생한 사실을 기준으로 하지 않고 현금의 수입이나 지출의 시점을 기준으로 하는 것이다.

예컨대, 12월의 전기요금 100,000을 그 이듬해 1월에 현금으로 지급했을 경우에, 발생주의에 의하면 전기요금 100,000은 이듬해에 현금으로 지급했을지라도 12월의 비용으로 인식해야 한다. 그러나 현금주의에 의하면 이듬해 1월의 비용으로 인식해야 하는 것이다.

기업회계에서는 반드시 발생주의를 적용해야 하는데 이는 기업회계에서는 기간손익계산을 합리적으로 하자는 데 가장 큰 이유가 있다. 기간손익계산은 일정기간의 영업성과를 평가하는데 근간이 된다. 영업성과를 평가하자면 어떤 연도의 성과 또는 어떤 월의 성과 등과 같이 기간의 개념이 없이 성과를 평가하는 것은 불합리하기 때문이다.

그러므로 기간손익계산보다 현금의 수입과 지출이 더 중요하다고 볼 수 있는 정부기관, 종교단체, 학교와 같은 비영리기관에서는 현금주의를 적용하는 경우가 많이 있다. 그러나 이와 같은 비영리기관일지라도 성과평가를 합리적으로 하고자 하는 경우에는 발생주의를 적용하는 것이 바람직하다.

(3) 수익실현의 원칙

수익실현의 원칙(revenue realization principle)은 수익은 실현되었을 때 이를 포괄손익계산서 상의 수익으로 인식한다는 원칙이며 실현주의라고도 한다. 따라서 실현되지 않은 미실현수익(unrealized revenue)은 일종의 예상수익이므로 포괄손익계산서 당기의 수익으로 인식하면 안 된다는 원칙이다

판매기준에 의한 수익인식

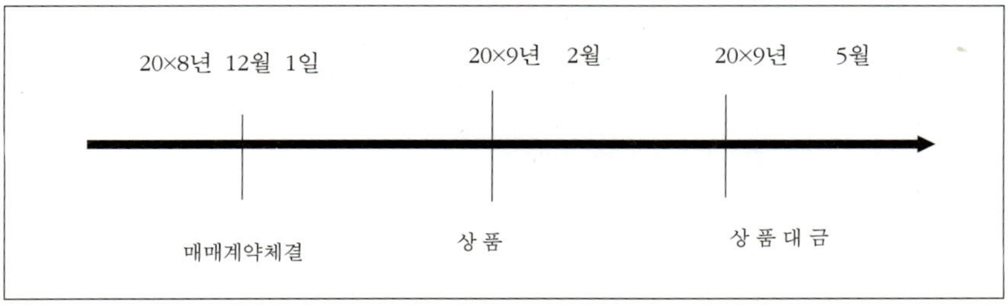

수익은 비록 발생했더라도 실현되지 않았으면 이를 인식하면 안 되고 실현된 시점에서 인식해야 한다는 실현주의를 적용할 때에 가장 문제가 되는 것은, 수익의 실현시점을 어느 때로 할 것인가 하는 문제이다. 이것은 고객에게 제공되는 재화 또는 서비스의 특성에 따라 달라질 수 있으나 회계에서는 일반적으로 재화 또는 서비스를 고객에게 제공한 시점(판매기준)을 수익실현시점으로 본다. 물론 특수한 경우에는 판매되기 이전 생산시점 또는 판매 이후 현금회수시점에서 수익을 인식하는 경우도 있다.

위의 그림에서 실현주의에 의한 수익인식시점은 20×9년 2월 1일이 된다.

(4) 수익 · 비용 대응의 원칙

수익 · 비용 대응의 원칙(matching principle)은 일정기간에 발생한 수익과 이에 대응하는 비용을 대응시켜 당기순이익을 산출하는 것을 원칙으로 한다는 것이다. 즉, 비용은 관계된 수익이 인식되는 동일한 기간의 비용으로 인식해야 한다는 원칙이다.

일정기간의 수익과 비용이 서로 대응이 되어야 기간손익을 명확히 계산할 수가 있고, 또한 그 기간의 경영성과를 올바로 측정할 수가 있게 된다. 수익 · 비용

대응의 원칙은 일정기간의 경영성과를 보고하는 포괄손익계산서를 작성하는 원칙이 된다.

제 4절 회계기록의 원리

1. 거래란 무엇인가?

거래(transactions)란 회계기록의 대상이 되는 모든 경제적 활동과 사건(events)을 말한다.

기업의 경제적 활동 또는 경제적 사건이 발생하면 기업의 자산, 부채 또는 자본의 변화를 가져오게 된다. 이런 의미에서 거래란 기업의 자산, 부채 및 자본의 변화를 가져오는 모든 사건을 의미 한다고 할 수 있다.

이런 점에서 화계에서 사용되는 거래라는 용어는 일상생활에서 사용되는 거래의 의미와는 다르다. 예컨대 도난을 당했다든가 화재로 손실을 입었을 경우 일상생활에서는 '거래'라고 하지 않지만, 도난이나 화재는 자산의 변화를 초래하게 되므로 회계에서는 이를 거래로 보아 이에 대한 회계기록을 해야 한다. 또한 자동차나 기계장치 등을 경영활동을 위하여 사용하는 경우에 상식적으로는 이를 거래라고 하지 않으나 이들을 사용함으로서 그 가치가 변화되기 때문에 회계상으로는 거래가 된다.

회계는 거래를 재무회계의 원칙에 따라 인식하고, 측정하여 회계장부에 기록하고, 이 기록을 근거로 하여 재무제표를 중심으로 하는 재무정보를 만들어낸다. 그러므로 회계기록은 거래를 인식하는 것으로부터 시작된다고 할 수 있다.

요약하면 첫째, 기업의 자산과 부채 및 자본에 증가나 감소를 가져오고, 둘째 그것이 화폐액으로 표시될 수 있는 모든 것이면 회계 상의 거래가 되며, 이와 같은 거래는 모두 회계기록의 대상이 된다.

회계상의 거래와 회계 상의 거래가 아닌 사건을 예로 들면 다음과 같다.

〈회계상 거래에 해당하는 사건〉

· 화재로 인하여 창고에 있던 상품 일부가 소실되다.
· 회사의 현금을 도난당하다.
· 현금을 빌리고 차용증서를 작성해주다.
· 상품을 외상으로 구입하다.
· 기계장치를 1년 동안 사용하다.
· 종업원의 급료 중 일부를 지급하지 못하다.
· 상품을 외상으로 매출하다

〈회계상 거래가 아닌 사건〉

· 사무실로 사용하기 위하여 건물주와 건물임대차조건을 협의하다.
· 신입사원을 채용하다.
· 거래처로부터 상품구입 주문을 받다.
· 거래처와 1년간의 원재료 공급계약을 체결하다.
· TV광고를 위하여 방송국과 협의를 진행 중이다.
· 외국 자본을 도입하기 위하여 외국 투자자와 계약을 체결하다.
· 훌륭한 기술자를 확보하기 위하여 대학과 산학협동관계를 맺다.
· 국제적 경쟁력을 키우기 위하여 외국의 유명회사와 기술제휴를 하다.
· 유능한 영업부장이 경쟁업체에 스카우트되어 가다.

2. 회계기록의 원리

1) 계정과 총계정원장

(1) 계정의 의의와 형식

거래가 발생하면 일정한 회계적인 원리, 즉 복식부기원리에 의하여 이를 인식하고 기록하여야 하며, 그 기록결과를 분류하고 종합함으로써 회계정보가 생성된다. 계정(accounts)이란 거래를 기록하고 보고하기 위한 일정한 형식의 계산단위를 말한다. 계정은 각각의 계정명칭이 있어야 하는데, 이를 계정과목(title of account)이라 한다. 예컨대, 현금의 수입과 지출은 현금계정에 기록하며, 상품의 증가와 감소는 상품계정에 기록하고, 교통비 5,000원을 현금으로 지급하는 거래가 발생하면 교통비계정과 현금계정에 동시에 기록한다.

계정의 일반적인 형식은 〈표2-1〉과 같으나, 이것은 일종의 표준형식을 예시한 것이기 때문에 회사의 형편에 따라 얼마든지 변형하여 사용할 수 있다.

표준형식은 정해져 있지 않지만 계정은 일반적으로 최소한의 형식을 가지고 있는데, 다음 표에서 보는 바와 같이 반드시 계정과목명과 차변기입란 및 대변기입란이 있어야 하고, 이 밖에 거래기록일자 및 거래의 내역을 간단히 기입할 수 있는 적요란(description)이 있다.

표 2-1 계정의 형식

계 정 과 목 명

일 자		적 요	분면	차 변	대 변	잔 액

학교의 회계학 교육이나 실무에서 편의를 위해서는 위의 계정의 형식을 간단히 표시하기 위하여 계정의 형식 중에 없어서는 아니 되는 차변과 대변만을 표시한 다음과 같은 간단한 형식을 사용하는데 이를 T계정(T-accounts)이라고 한다.

표 2-2 T계정

계 정 과 목 명

차 변	대 변

(2) 차변과 대변

계정은 반드시 차변과 대변이 있어야 한다고 하였는데, 여기에서 차변(debits)이란 계정의 왼쪽기입란을 의미하며, 대변(credits)이란 계정의 오른쪽 기입란을 의미한다.

즉, 차변과 대변 그 자체는 특별한 의미를 가지는 것이 아니라 단순히 계정의 왼쪽과 오른쪽을 의미하는 것이다. 회계에서는 항상 왼쪽을 차변이라 하고, 오른쪽을 대변이라 한다고 이해해 두면 될 것이다. 중요한 것은 모든 계정과목은 반드시 차변과 대변이 있어야 하고, 모든 거래는 그 내용에 따라 계정의 차변 또는 대변에 기록되어야 한다는 점이다.

(3) 총계정원장

기업의 경제활동은 복잡하고 방대하여 수많은 거래가 발생하며 회계는 이 거래를 분석하여 해당되는 계정에 기록해야 한다. 그러므로 기업은 현금, 단기매매증권, 매입, 매출, 상품, 매출채권, 자본금, 차입금, 이자비용, 이자수익 등 많은 종류의 계정과목을 필요로 하게 된다. 회사에서 회계기록을 위하여 사용되는 계정을 모아놓은 장부를 원장(ledger) 또는 총계정원장(general ledger)이라고 한다.

총계정원장은 다음에 설명하는 분개장과 함께 회계에서 없어서는 아니 되는 필수적인 회계장부(accounting books)이며 가장 중요한 장부이다. 이 두 개의 장부를 회계에서는 주요장부(main books of accounting)라고도 한다.

계정은 크게 재무상태표에 속하는 계정과 포괄손익계산서에 속하는 계정으로 분류한다.

재무상태표 계정은 다시 자산에 속하는 계정, 부채에 속하는 계정, 자본에 속하는 계정으로 분류한다. 어떠한 계정과목을 사용할 것인가 하는 것은 기업의 특성과 그 기업의 경제활동 내용에 따라 기업이 정하면 된다.

2) 계정의 분류

우리나라의 일반적으로 인정된 회계원칙에 따르면 일반적으로 많이 사용되는 계정과목을 다음 〈표2-3〉과 같이 분류하고 있다.

표 2-3 계정의 분류

구분		계정	내용
재무상태표계정	자산계정	유동자산	· 당좌자산 : 현금및현금성자산, 단기금융상품, 단기매매증권, 매출 채권, 단기대여금, 미수금, 미수수익, 선급금 · 재고자산 : 상품, 제품, 원재료, 저장품, 재공품 등
		비유동자산	· 투자자산 : 장기금융상품, 만기보유증권, 매도가능증권, 투자부동산 등 · 유형자산 : 토지, 건물, 구축물, 기계장치, 선박, 차량운반구, 건설 중인자산 등 · 무형자산 : 영업권, 산업재산권, 광업권, 지적재산권, 어업권, 개발비 등 · 기타비유동자산 : 임대보증금, 이연법인세자산 등
	부채계정	유동부채	매입채무, 단기차입금 미지급금, 선수금, 예수금, 미지급비용, 미지급법인세, 미지급배당금, 선수수익 등
		비유동부채	사채, 장기차입금, 장기성매입채무, 이연법인세부채, 장기미지급금
	자본계정	자 본 금	보통주자본금, 우선주자본금
		자본잉여금	주식발행초과금, 감자차익, 자기주식처분이익 등
		자본조정	주식할인발행차금, 배당건설이자, 자기주식, 감자차손, 자기주식처분손실, 미교부주식배당금 등
		기타포괄손익누계액	매도가능증권평가손익, 해외사업환산손익, 위험회피파생상품평가손익 등
		이익잉여금	법정적립금, 임의적립금, 미처분이익잉여금
포괄손익계산서계정	수 익		매출, 이자수익, 배당금수익, 임대료수익, 단기금융자산처분이익, 외환차익, 유형자산처분이익, 사채상환이익 등
	비 용		매출원가, 급여와 임금, 여비교통비, 통신비, 지급임차료, 감가상각비, 보험료, 광고선전비, 지급이자, 단기금융자산처분손실, 유형자산처분손실, 사채상환손실 등

3. 분 개

1) 분개란 무엇인가?

회계기록은 분개로부터 시작된다. 그러므로 분개는 회계기록의 최초단계라고 할 수 있다.

분개가 무엇인지 모르면 회계기록의 시작부터 할 수 없게 된다. 그러므로 분개가 무엇인지, 분개는 어떤 원리에 의하여 이루어지는지를 확실히 아는 것이 회계원리 과정에서 가장 중요한 부분이다. 분개의 원리를 분명히 이해해야 한다는 것을 재차 강조하고 싶다.

분개(journalizing)란 기업에서 매일매일 발생하는 거래를 식별하여 이를 기록할 금액과 계정과목을 결정하고, 해당 계정의 차변 또는 대변에 기록하는 절차를 말한다.

예컨대, "은행으로부터 6개월 만기로 현금 1,000,000을 차입하였다."는 거래가 발생하면 현금계정의 차변에 1,000,000, 단기차입금계정의 대변에 1,000,000을 기록해야 한다. 이와 같은 회계기록 절차를 회계에서는 분개라고 한다. 분개가 무엇인가를 요약하면 다음과 같다.

① 회계기록의 대상이 될 거래를 식별한다.
② 거래를 기록할 계정과목을 결정한다.
③ 각 계정에 기록할 금액을 결정한다.
④ 각 계정의 차변에 기록할 것인가, 대변에 기록할 것인가를 결정한다

2) 분개의 중요성

회계기록은 분개로부터 시작되기 때문에 분개는 회계에 있어서 원초기입(original entry) 이라고 할 수 있다. 위에서도 설명한 것처럼 분개를 모르면 회계기록을 시작할 수 없을 뿐만 아니라, 분개가 잘못되면 분개 이후의 모든 회계절차에 착오가 생기게 되며, 잘못된 분개로부터 잘못된 회계정보가 산출된다. 또한 계정과목의 결정, 기록대상 금액의 결정, 차변과 대변의 결정 등을 포함하는 분개는 회계에 대한 전문적 지식을 소유하고 있는 사람의 전문적 판단에 의하여 이루어 질 수 있는 것이다. 컴퓨터가 아무리 발달하여도 분개는 할 수가 없다. 왜냐하면 분개는 회계에 대한 전문적 지식을 기초로 하는 판단과정이 필요한데 현재의 컴퓨터로는 이와 같은 판단을 수행할 수 없기 때문이다.

회계과정은 분개로부터 시작하며 최종적인 산물인 재무제표 작성으로 끝난다. 그러므로 분개는 회계시스템에 있어서 가장 중요하고 기본적인 과정이라고 할 수 있다.

3). 분개장

분개과정은 분개장(journal)이라고 하는 회계장부에 기록한다. 분개장과 총계정원장은 회계시스템에 있어서 반드시 필요한 회계장부라는 점은 앞으로 설명한 바 있다.

일반분개장(general journal)의 표준형식은 다음과 같다.

표 2-4 일반분개장의 형식

분 개 장

일 자		적 요	원 면	차 변	대 변

분개장에서 가장 중요한 부분은 역시 차변란과 대변란이다. 모든 회계장부는 반드시 차변과 대변이 있어야 한다. 분개장의 일자는 거래의 발생일자를 기입하고, 적요란에는 계정과목명 및 거래의 내용을 요약하여 기록한다. 원면은 해당 계정이 총계정원장의 어디에 있는지를 나타낸다.

분개장의 일반적인 형식은 〈표2-4〉와 같으나 이것은 일종의 교과서적인 표준형식이지 반드시 이와 같은 형식의 분개장을 사용해야 하는 것은 아니다.

분개장은 분개의 내용을 기록하기 위한 형식이기 때문에 거래발생 일자와 거래의 내역을 기록할 수 있고, 차변과 대변을 표시할 수 있으면 되기 때문에 회사에서 각자의 특성에 맞도록 얼마든지 변형하여 사용할 수 있다.

일반적으로 거래가 다양하고 분량이 많은 큰 기업에서는 분개장 대신에 각각의 분개를 한 장의 종이에 기록할 수 있도록 한 분개전표(slips)를 많이 사용한다.

각 거래의 분개를 분개전표에 기록하고 이 전표들을 순서대로 묶으면 이것이 곧 분개장이 되는 것이다. 학교 강의에서는 분개를 일일이 분개장이나 전표에 기입하기가 불편하므로 다음과 같이 차변과 대변만을 표시함으로써 분개를 나타낸다. 즉, "은행으로부터 6개월 만기로 1,000,000을 현금으로 차입했다."의 분개를 다음과 같이 표시할 수 있다.

(차변) 현　　금 · 1,000,000
(대변) 단기차입금 · 1,000,000
또는
(차변) 현　　금 1,000,000　　(대변) 단기차입금 1,000,000
또는
현　　금 1,000,000　/　단기차입금 1,000,000

4) 분개의 법칙

거래란 회계주체의 자산, 부채 및 자본의 변화를 가져오는 경제적 사건이라는 점은 이미 설명한 바 있으며, 이 거래를 해당되는 계정과목의 차변 또는 대변에 기록하는 절차를 분개라고 설명하였다.

그러면 분개는 어떠한 원리에 따라 하는가? 분개를 하는 데 따라야 되는 법칙이 있는데, 이것을 분개의 법칙이라고 한다. 분개의 법칙을 요약하면 다음과 같다.

① 자산에 속하는 계정은 증가하면 그 계정의 차변에, 감소하면 대변에 기입한다.
② 부채에 속하는 계정은 증가하면 그 계정의 대변에, 감소하면 차변에 기입한다.
③ 자본에 속하는 계정은 증가하면 그 계정의 대변에, 감소하면 차변에 기입한다.
④ 수익에 속하는 계정은 증가하면 그 계정의 대변에, 감소하면 차변에 기입한다.
⑤ 비용에 속하는 계정은 증가하면 그 계정의 차변에, 감소하면 대변에 기입한다.

앞의 5가지 분개의 법칙을 T계정으로 표시하면 다음과 같다

자 산	
증가	감소

부 채	
감소	증가

자 본	
감소	증가

수 익	
감소	증가

비 용	
증가	감소

이상의 분개의 법칙은 다음의 회계등식과 일치되는 것을 알 수 있다.

자 산 = 부 채 + 자 본

위의 회계등식에서 자산은 차변에, 부채와 자본은 대변에 위치하며, 자산의 증가 또는 감소액(차변의 증감)은 반드시 부채 및 자본의 증가액 또는 감소액(대변의 증감)과 일치해야 한다. 결국, 분개는 항상 차변금액과 대변의 금액이 일치하여야 한다. 그러므로 분개장의 차변합계액과 대변합계액은 반드시 서로 일치해야 하는 것이다.

분개의 법칙은 회계학을 처음 배우는 학생들에게는 매우 생소할 뿐만 아니라 복잡하고 혼란스럽다는 생각이 들 수 있다. 그러나 재무상태표의 구조 및 회계등식을 기억하면 혼동되지 않고 기억하기도 쉬울 것이다.

분개의 법칙을 기억할 때 회계등식과 재무상태표의 구조를 이용하여 자산의 증가는 차변, 부채와 자본의 증가는 대변으로 기억하면 될 것이다.

수익은 자본을 증가시키므로 대변에, 비용이 발생하면 자본을 감소시키기 때문에 자본을 감소를 나타내는 차변에 기록한다는 것을 기억하면 일부러 분개의 법칙을 암기하려고 애쓰지 않아도 쉽게 기억할 수 있을 것이다.

5) 거래의 이중성

기업의 경제활동을 회계시스템에 입력하여 회계정보를 생성하기 위해서는 제일 먼저 회계기록의 대상이 되는 거래를 식별 · 결정하고 다음에 이 거래를 분석하여 분개를 해야 한다.

분개를 하기 위해 거래를 분석하여 보면 어떤 거래든지 반드시 차변에 미치는 요인과 대변에 미치는 요인으로 분리되며, 동시에 각 계정의 차변에 미치는 영향과 대변에 미치는 영향이 똑같다는 것을 알 수 있다. 즉, 차변과 대변에 동일한 금액의 변동을 가져온다는 것이다. 이와 같은 거래의 특성을 거래의 이중성(duality of transactions)이라고 한다.

거래의 이중성에 따라 차변과 대변에 같은 금액을 두 번 기록하게 되기 때문에 이러한 회계기록 방법을 복식부기(double entry book-keeping)라고 한다.

거래의 이중성과 분개의 법칙이 서로 어떻게 관계를 가지는가를 예를 들어 설명하여 보자

예제 2-8)

비품을 500,000에 매입하고 대금은 현금으로 지급한 거래를 분개하라.

(풀이)

이 거래로 인하여 비품이라는 자산이 500,000만큼 증가하는 한편, 현금이라는 자산은 500,000만큼 감소하였다. 따라서 비품계정의 차변(자산의 증가)과 현금계정의 대변 (자산의 감소)에 기록되며 다음과 같이 분개를 하게 된다.

(차) 비　　품　500,000　　(대) 현　　금　500,000
(자산의 증가)　　(자산의 감소)

예제2-9)

비품을 500,000에 매입하고 대금은 외상으로 한 거래를 분개하라.

(풀이)

이 경우에는 비품(자산)이 500,000증가하는 한편, 미지급금(외상값)이라는 부채가 역시 500,000 증가한 거래이다. 따라서 비품계정의 차변(자산의 증가)과 미지급계정의 대변 (부채의 증가)에 기록되며 다음과 같이 분개를 하게 된다.

(차) 비　　품 500,000　　(대) 미지급금 500,000
(자산의 증가)　　(부채의 증가)

예제2-10)

현금 500,000을 출자하여 사업을 시작한 거래를 분개하라.

(풀이)

이는 현금(자산)이 500,000 증가함과 동시에 출자금(자본금)이라는 자본이 5000,000이 증가한 거래이다. 따라서 현금계정의 차변(자산의 증가)과 자본금계정의 대변(자본의 증가)에 기록되며 다음과 같이 분개를 하게 된다.

(차) 현　　금 500,000　　(대) 자 본 금 500,000
(자산의 증가)　　(자본의 증가)

예제2-11)

상품 1,000,000을 외상으로 판매한 거래를 분개하라.

(풀이)

이는 회계학을 처음 배우는 학생들에게는 쉽지 않은 예제이다. 상품매매업에서 상품의 매출액은 수익이다.

따라서 상품의 매출에 따라 1,000,000의 수익이 발생하였기 때문에 매출계정 대변에 기록한다. 한편, 상품을 팔고 그 대가를 외상으로 하였기 때문에 매출채권 이라는 자산이 1,000,000 증가하였으므로 매출채권 계정 차변에 기록된다. 상품매매업의 회계는 제5절에서 상세히 설명하고 있다.

차) 매출채권 1,000,000　　(대) 매　　출 1,000,000
(자산의 증가)　　(수익의 발생)

예제2-12)

은행으로부터 장기로 500,000을 대출받은 거래를 분개하라

(풀이)

이 경우는 은행으로부터 대출을 받음으로써 현금(자산) 500,000 증가한 반면에 장기차입금이라는 부채가 500,000 발생한 거래이다. 따라서 현금계정의 차변(자산의 증가)과 장기차입금계정의 대변(부채의 증가)과 같은 금액을 기록하는 다음과 같은 분개를 해야 한다.

(차) 현 금 500,000 (대) 장기차입금 500,000
(자산의 증가) (부채의 증가)

예제2-13)

은행에서 장기로 대출받은 500,000을 현금으로 갚은 거래를 분개하라.

(풀이)

대출금을 상환하였으므로 장기차입금(부채)이 500,000 감소한 대신에 현금(자산)이 500,000 감소한 거래이다. 따라서 장기차입금계정의 차변(부채의 감소)과 현금계정의 대변(자산의 감소)에 기록되며 다음과 같이 분개한다.

(차) 장기차입금 500,000 (대) 현 금 500,000
(부채의 감소) (자산의 감소)

예제2-14)

사무실을 임대하고 임대료 1,000,000을 현금으로 받은 거래를 분개하라.

(풀이)

사무실을 빌려주고 집세 1,000,000을 받았으므로 수익(임대료수익)이 발생하였고, 동시에 현금(자산)이 1,000,000 증가한 거래이다. 따라서 현금계정의 차변(자산의 증가)과 임대료 수익계정의 대변(수익의 증가)에 기록되며, 다음과 같이 분개를 하게 된다.

(차) 현 금 1,000,000 (대) 임대료수익 1,000,000
(자산의 증가) (수익의 발생)

예제2-15)

상품을 500,000에 현금으로 매입한 거래를 분개하라.

(풀이)

이 거래에서는 상품을 사기 위해 현금(자산) 500,000이 감소하였으므로 현금계정의 대변에 기록되어야 한다(자산의 감소). 한편, 상품의 매입은 매출수익을 얻기 위하여 비용이 발생한 것으로 보아 매입계정의 차변에 기록하거나(비용의 발생), 또는 상품이라는 자산의 증가로 보아 상품계정 차변에 기록할 수 있다(자산의 증가). 두 가지 방법이 다 가능하나 이에 대해서는 제5절에서 다시 상세하게 설명한다.

(차) 매 입 500,000 (대) 현 금 500,000
(비용의 발생) (자산의 감소)

또는

(차) 상 품 500,000 (대) 현 금 500,000
(자산의 증가) (자산의 감소)

예제2-16)

은행차입금에 대한 5월분 이자 50,000을 현금으로 지급한 거래를 분개하라.

(풀이)

이자비용이 발생하고 현금(자산)이 감소한 거래이다. 그러므로 이자비용계정 차변(비용의발생)과 현금계정 대변(자산의 감소)에 기록되어야 한다.

(차)	이자비용	50,000	(대)	현 금	50,000
	(비용의 발생)			(자산의 감소)	

이상에서 본 바와 같이 모든 거래는 차변에 영향을 미치는 요인과 대변에 영향을 미치는 요인으로 구분되며, 항상 차변과 대변에 똑같은 금액만큼 영향을 미친다는 것을 알 수 있다

기업에서 거래가 발생할 때마다 차변에 영향을 미치는 요인과 대변에 영향을 미치는 요인을 분석하여 이를 분개의 법칙에 따라 분개를 하는 것이 바로 회계시스템에서 사용되는 독특한 기록의 원리이다.

분개의 법칙의 결합관계를 그림으로 표시하면 다음 [그림2-1]과 같다.

그림 2-1 분개의 법칙과 거래의 8요소

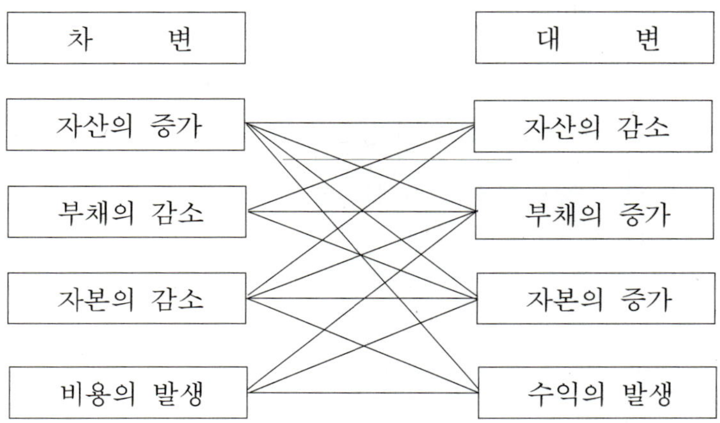

6) 거래의 추정

우리는 거래가 발생하면 이를 분개하는 법칙을 배웠다. 이를 역으로 이용하면 분개된 내용을 보고 어떠한 거래가 발생하였는지를 추정할 수 있다. 예를 들어, 다음과 같은 분개가 있다고 하자.

(차) 현 금	1,000,000	(대) 단기차입금	1,000,000

위의 분개는 현금계정이 차변에 기록되어 있으므로 자산 (현금계정)의 증가를 의미하고, 단기차입금계정이 대변에 기록되어 있으므로 (단기차입금계정)의 증가를 의미한다. 따라서 위의 분개는 은행으로부터 단기로 현금 1,000,000을 대출받은 거래를 분개한 것임을 추정할 수 있다.

이와 같이 분개된 내용을 보고 발생한 거래를 추정할 수 있는데, 몇 가지 예를 들어보기로 하자.

예제2-17)

다음에 분개된 거래내용을 추정하라.

(차) 현 금	500,000	(대) 매 출	500,000

(풀이)

앞의 분개에서 현금계정이 차변에 기록되어 있으므로 현금(자산)이 증가하고, 매출계정이 대변에 기록되어 있으므로 수익이 발생한 거래이다. 따라서 상품 500,000을 현금으로 매출한 거래를 분개한 것임을 알 수 있다.

예제2-18)

다음에 분개된 거래내용을 추정하라.

(차)	차량운반구	9,500,000	(대)	미지급금	9,500,000

(풀이)

위의 분개가 차량운반구라는 자산이 증가하고, 미지급금이라는 부채가 증가한 거래이다. 따라서 9,500,000의 자동차를 매입하고 그 대금을 미래에 갚기로 한 거래를 분개한 것임을 알 수 있다.

4. 회계기록의 절차

1)분개와 분개장의 기록

회계기록은 거래의 분개로부터 시작된다.

분개는 회계기록의 대상이 되는 거래를 식별하여 기록할 금액과 계정과목을 결정하고 각 계정의 차변에 기록할 것인가 대변에 기록할 것인가를 결정하는 과정이라고 하였다.

그러므로 거래를 식별하기 위해서는 거래와 관련된 자료, 예컨대, 청구서, 영수증, 세금계산서, 송장, 검수보고서, 품의서류 등과 같은 거래의 근거가 되는 증빙서류(source documents)를 먼저 획득해야 한다. 이와 같은 증빙서류는 거래가 발생한 형장으로부터 회계담당부서에 보내지고, 회계담당부서는 이 증빙서류를 근거로 하여 거래를 식별하고 분개를 하게 된다.

기업에서는 거래와 관련된 자료는 모두 회계담당부서로 보내지도록 하고 있다. 호텔과 같은 기업에서는 거래가 이루어지는 현장(point of sales)에서 온라인을 통하여 직접 회계담당부서에 필요한 자료가 보내지게 하고 있다.

분개의 기록은 어디에 하는가? 분개는 일반적으로 분개장(journal)이라고 하는 회계장부에 기록한다. 그러나 차변란과 대변란만 있으면 되는 것이므로 회사의 특성과 형편에 따라 얼마든지 변형된 분개장을 사용할 수 있으며 필요에 따라서 일반분개장(general journal)외에 특수분개장(special journal)을 사용하는 회사도 많이 있다.

다음의 예제를 통하여 분개장의 기록방법은 다음과 같다.

예제 2-19)

다음은 한국화물주식회사의 20×9년 5월 중 거래내역이다. 이 거래를 분개하고 분개장에 기록하라.

① 5월 1일 현금 5,000,000의 출자로 화물운송을 목적으로 하는 남산고속화물 주식회사를 설립하다

② 5월 3일 동남은행으로부터 단기로 현금 3,000,000을 차입하다.

③ 5월 5일 화물운송용 차량 10대를 6,000,000에 매입하고 그 대금을 현금으로 지급하다.

④ 5월 10일 사무실용 건물을 임차하고 임차보증금 1,000,000을 현금으로 지급하다

⑤ 5월 15일 부산물산으로부터 의뢰가 있어 화물을 운송하여 주고 운송료 1,500,000을 현금으로 받다.

⑥ 5월 20일 휘발유값 100,000을 현금으로 지급하다.

⑦ 5월 30일 5월분 건물임차료 200,000을 현금으로 지급하다.

⑧ 5월 30일 5월분 급여 100,000을 현금으로 지급하다.

⑨ 5월 30일 은행차입금 중 1,000,000을 현금으로 갚다.

⑩ 5월 31일 진주상회의 화물을 운송으로 주었으나 운송료 300,000을 아직 받지 못하다.

(풀이)

분 개 장

한국화물(주)

일자		적 요	원면	차 변	대 변
5	1	현 금	1	5,000,000	
		자본금	2		5,000,000
		현금 ₩5,000,000 출자로 회사설립			
5	3	현 금	1	3,000,000	
		단기차입금	3		3,000,000
		동남은행으로부터 현금 차입			
5	5	차량운반구	4	6,000,000	
		현 금	1		6,000,000
		화물운송용 차량구입			
5	10	임차보증금	5	1,000,000	
		현 금	1		1,000,000
		사무실 임차보증금 지급			
5	15	현 금	1	1,500,000	
		운송료수익	6		1,500,000
		화물운송료 현금으로 입금			
5	20	유 류 비	7	100,000	
		현 금	1		100,000
		유류비 지급			
5	30	임 차 료	8	200,000	
		현 금	1		200,000
		사무실임차료 지급			
5	30	급 여	9	100,000	
		현 금	1		100,000
		급여 지급			
5	30	단기차입금	3	1,000,000	
		현 금	1		1,000,000
		은행차입금 상환			
5	31	미수수익	10	300,000	
		운송료수익	6		300,000
		진주상회 운송료를 아직 받지 못함			
		합 계		18,200,000	18,200,000

분개장 상의 원면은 해당되는 계정이 원장의 어느 페이지에 있는가를 표시한다. 분개장은 다음 두 가지의 의미를 가진다.

첫째, 기업의 경제적 활동을 분개의 법칙에 따 회계시스템에 최초로 입력한 것이다.

둘째, 기업의 경제적 활동을 그 발생순서에 따라 회계적 방법으로 기록한 역사적기록(historical recording)이다.

2) 원장과 전기

앞에서 설명한 바와 같이 원장(ledger)이란 분개로 인하여 분개장에 나타난 계정들을 일정한 순서대로 모아놓은 회계장부를 말한다.

분개장이 기업의 거래를 발생순서대로 계정과목에 기록한 장부인 데 대하여, 원장은 발생순서로 기록된 분개장의 기록을 계정과목별로 집계하여 일정한 순서대로 모아 놓은 회계장부이다.

분개장의 기록을 보면, 발생한 거래별로 그 내역은 알 수 있으나 계정과목별로 집계 되어 있지는 않다. 그러므로 분개장 상의 분개내용을 계정과목별로 다시 집계할 필요가 있다. 분개장 상의 분개내용을 각 계정별로 집계하기 위하여 분개의 내용을 각 해당 계정에 옮겨 기록하는 것을 회계에서는 전기(posting)라고 한다.

전기를 하는 방법은 간단하다. 즉, 분개장의 계정과목 차변에 대변에 기록된 금액을 원장의 해당 계정을 찾아 그 계정과목의 차변 또는 대변에 옮겨 기록하면 된다. 원장의 각 계정 적요란에는 흔히 그 거래의 상대계정과목을 기입하면 된다고 하나 그보다는 거래의 내용을 알 수 있도록 가급적 상세하게 기록하는 것이 바람직하다.

분개장을 원장에 전기하는 절차를 예시하면 다음〈표2-5〉와 같다.

표 2-5 분개장에서 원장으로의 전기

분 개 장

(1)

일자		적 요	원면	차 변	대 변
5	1	현금	1	5,000,000	
		자본금	2		5,000,000
		현금 ₩5,000,000출자로 회사설립			

원 장

현 금 계 정

(1)

일자		적 요	분면	차 변	대 변	잔 액
5	1	회사출자금 입금	1	5,000,000		

자본금계정

(2)

일자		적 요	분면	차 변	대 변	잔 액
5	1	현금출자로 회사설립	1		5,000,000	

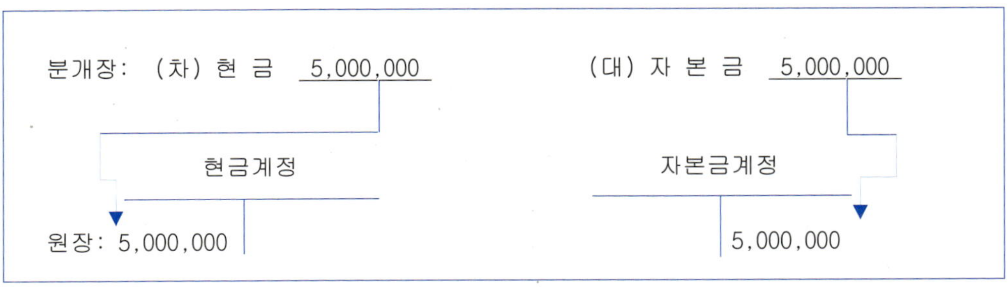

분개장은 기업의 경영활동에 대한 역사적 기록일 뿐이기 때문에 이것 자체가 회계정보가 될 수는 없고 회계정보를 산출하기 위한 기초자료를 포함하는 장부이다.

분개장의 내용을 원장의 각 계정에 전기하여 각 계정을 집계하면 이것은 곧 각 계정별 회계정보가 되며, 이 각 계정별 회계정보를 일정한 원리에 따라 정리하여 재무제표를 작성할 수 있는 것이다. 그러므로 앞에서도 설명한 바와 같이 분개장과 원장은 회계시스템에 없어서는 아니 되는 주요 회계장부인 것이다.

지금까지 설명한 회계정보의 생성과정을 그림으로 요약하면 다음과 같다.

그림 2-2 분개와 전기

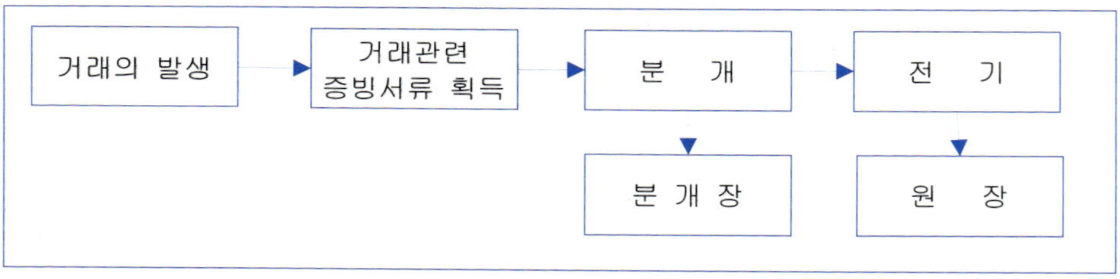

앞의 [예제2-19]의 분개를 원장에 전기하고 마감하면 다음과 같다.

표 2-6 원장의 각 계정

현 금

(1)

일	자	적 요	분면	차 변	대 변	잔 액
5	1	회사출자금 입금	1	5,000,000		5,000,000
	3	은행으로부터의 차입	1	3,000,000		8,000,000
	5	화물운송용 차량구입	1		6,000,000	2,000,000
	10	임차보증금 지급	1		1,000,000	1,000,000
	15	화물운송료 입금	1	1,500,000		2,500,000
	20	유류비 지급	1		100,000	2,400,000
	30	임차료 지급	1		200,000	2,200,000
	30	급여 지급	1		100,000	2,100,000
	30	은행차입금 일부 상환	1		1,000,000	1,100,000
	31	차기이월	1		1,100,000	
5	35	합 계		9,500,000	9,500,000	
6	1	전기이월		1,100,000		

자 본 금

(2)

일	자	적 요	분면	차 변	대 변	잔 액
5	1	현금출자로 회사설립	1		5,000,000	5,000,000
	31	차기이월		5,000,000		
5	31	합 계		5,000,000	5,000,000	
6	1	전기이월			5,000,000	

단기차입금

(3)

일	자	적 요	분면	차 변	대 변	잔 액
5	3	현금차입	1		3,000,000	3,000,000
	30	은행차입금 중 일부 상황	1	1,000,000		2,000,000
	31	차기이월		2,000,000		
5	31	합 계		3,000,000	3,000,000	
6	1	전기이월			2,000,000	

차량운반구

(4)

일자		적요	분면	차변	대변	잔액
5	5	화물운송용 차량구입	1	6,000,000		6,000,000
	31	차기이월			6,000,000	
5	31	합계		6,000,000	6,000,000	
6	1	전기이월		6,000,000		

임차보증금

(5)

일자		적요	분면	차변	대변	잔액
5	10	임차보증금 지급	1	1,000,000		1,000,000
	31	차기이월			1,000,000	
5	31	합계		1,000,000	1,000,000	
6	1	전기이월		1,000,000		

운송료수익

(6)

일자		적요	분면	차변	대변	잔액
5	15	화물운송료 입금	1		1,500,000	1,500,000
	31	화물운송료 발생	1		300,000	1,800,000
	31	집합손익		1,800,000		
5	31	합계		1,800,000	1,800,000	

유 류 비

(7)

일자		적요	분면	차변	대변	잔액
5	20	유류비 지급	1	100,000		100,000
	31	집합손익			100,000	
5	31	합계		100,000	100,000	

임 차 료

(8)

일자		적요	분면	차변	대변	잔액
5	30	5월분 임차료 지급	1	200,000		200,000
	31	집합손익			200,000	
5	31	합계		200,000	200,000	

급 여

(9)

일	자	적 요	분면	차 변	대 변	잔 액
5	30	5월분 급여 지급	1	100,000		100,000
	31	집합손익			100,000	
5	31	합 계		100,000	100,000	

미수수익

(10)

일	자	적 요	분면	차 변	대 변	잔 액
5	20	운송료 미수금	1	300,000		300,000
	31	차기이월			300,000	
5	31	합 계		300,000	300,000	
6	1	전기이월		300,000		

전기가 끝나고 결산일이 되면 재무제표를 작성하기 위하여 각 원장을 마감(closing)하여야 한다. 원장의 마감이란 결산일에 기록을 마감하고 차변과 대변의 합계액 및 기말잔액을 산출하는 과정이다.

앞의 예제에서 보면 현금계정, 자본금계정 등과 같은 재무상태표에 속하는 계정들은 잔액을 차변 또는 대변란에 차기이월이란 명목으로 기입하여 차변과 대변의 합계액을 일치시키고, 그 다음 회계기간의 기초에 전기이월이란 명목으로 다시 기입하는 것을 보았을 것이다. 그러나 급여, 운송료 수익 등과 같은 포괄손익계산서 계정들은 기말에 잔액을 집합손익이라는 계정과목을 이용하여 비용계정은 대변에, 수익계정은 차변에 기입하여 차기이월 없이 마감하였다. 이것은 재무상태표 계정들은 잔액이 차기에 이월되지만, 손익계정들은 잔액이 차기로 이월되는 것이 아니라 당기의 순이익 산출에 포함되기 때문이다.

앞의 원장에서 보는 바와 같이 원장은 각 계정과목별로 기간 중의 증가액과 감소액 그리고 잔액을 표시해준다. 예컨대, 현금계정을 보면 5월 중에 9,500,000의 현금이 입금되었으며 같은 기간에 8,400,000의 지출이 있었고 그 입금과 지출의 내역을 일자별로 알 수 있다.

또한 5월 31일 현재 현금잔액이 1,100,000인 것도 알 수 있다. 이것은 매우 중요한 정보이다.

이와 같이 원장은 각 계정별 거래내역에 대한 정보를 상세히 제공해주는 매우 중요한 회계장부이며, 이 원장의 자료를 가지고 각종 회계보고서를 작성할 수 있고 또한 의사결정에 필요한 여러 가지 회계정보도 얻을 수 있는 것이다.

5. 회계기록의 검증

회계는 아무리 거대하고 복잡한 기업의 거래일지라도 단순하게 분석하여 기록할 수 있으며 또한 그 기록결과의 정확성을 자신이 검증하는 기능을 가지고 있는 정교한 시스템이다.

그러기 때문에 회계는 수백년 동안 그 기본원리가 변하지 않고 사용되고 있다고 할 수 있다.

다음으로 회계의 자체검증기능인 대차금액일치의 원리를 설명하고, 회계 처리 과정의 검증과 재무제표의 작성을 위한 준비단계인 시산표의 작성에 대해 알아보기로 한다.

1) 대차평균의 원리

모든 거래는 분개의 이중성에 의하여 항상 차변과 대변에 동일한 금액이 기록되며, 따라서 회계기간 거래 전체의 차변합계액과 대변합계액도 일치하게 된다. 이를 대차금액일치의 원리(equality of debits and credits) 또는 대차평균의 원리(principle of equilibrium) 라고 한다.

이 원리는 모든 거래에 대하여 어떤 경우에도 성립한다. 만일 분개장, 원장, 다음에 설명하는 시산표 그 밖의 어떤 회계기록도 차변의 합계액과 대변의 합계액이 일치하지 않으면 거래에 대한 분개가 잘못되었거나 분개된 내용이 잘못 전기되었음을 의미한다. 다시말해 회계기록의 어딘가에 잘못이 있음을 뜻한다.

모든 거래가 올바르게 분개되고 전기가 정확하게 이루어지면 대차금액일치의 원리에 따라 모든 계정의 차변합계액과 대변합계액은 반드시 일치하여야 한다.

만약에 차변과 대변의 합계금액이 일치하지 않는 경우에는 회계기록의 어딘가에 잘못이 있는 것이므로 이를 찾아 바로 잡아주어야 한다(물론 차변과 대변의 합계액이 일치한다고 해서 반드시 회계기록에 오류가 없다고는 할 수 없는데 이는 뒤에서 다시 설명한다).

이와 같이 회계는 차변합계금액과 대변합계금액을 비교함으로써 회계기록의 오류가 있는지 여부를 검증할 수 있게 된다. 이러한 대차금액일치의 원리를 회계의 자기검증기능(self-control function) 또는 자체통제기능이라고 한다.

2) 시산표의 작성

(1) 시산표의 의의

시산표(trial balances)란 원장의 모든 계정들을 일목요연하게 한데 모아 놓은 표이다.

계정과목의 수가 많고 거래내용이 복잡한 기업에서는 많은 계정과목들을 사용하기 때문에 원장의 내용이 매우 복잡하여 원장을 이용하여 직접 재무제표를 작성하기는 매우 불편하고, 오류가 발생할 가능성도 매우 높다. 시산표는 분개로부터 원장의 기록과 마감에 이르기까지의 회계기록에 잘못이 있는지의 여부를 확인하고, 또한 원장의 계정과목을 하나의 표로 정리함으로써 재무제표의 작성을 용이하게 하기 위해 작성하는 표이다.

시산표의 기능을 요약하면 다음과 같다.

① 거래의 분개로부터 원장에 전기 및 원장의 마감에 이르기까지의 회계기록에 오류가 없는가를 검증한다.

② 원장에 흩어져 있는 계정과목들을 한 표에 모아서 집계함으로써 재무제표의 작성을 용이하게 한다.

③ 시산표만으로도 기업의 재무상태와 경영성과를 어느 정도 알 수 있다.

여기서 유의하여야 할 것은 시산표를 작성하여 차변과 대변의 금액이 서로 일치한다고 해서 반드시 회계기록이 정확하다고 말할 수는 없다는 것이다

다음과 같은 경우는 시산표의 작성만으로도 확인되지 않는 오류이다.

① 회계거래가 발생하였음에도 불구하고 분개 자체를 누락한 경우
② 같은 거래를 두 번 이상 분개한 경우
③ 분개된 것을 전기할 때 차변과 대변을 모두 누락시킨 경우
④ 차변과 대변 중 동일한 면의 다른 계정과목에 전기한 경우, 예를 들어 현금계정 차변에 전기하여야 할 것을 당좌예금계정이나 매출채권계정의 차변에 전기한 경우
⑤ 분개에 나타난 차변과 대변을 정반대로 전기한 경우, 예를 들어 현금계정의 차변과 차입금계정의 대변에 전기해야 할 것을 현금계정의 대변과 차입금계정의 차변에 전기한 경우
⑥ 차변과 대변에 우연히 동일한 금액의 오류가 발생한 경우

이상과 같은 오류가 발생했을 경우에는, 시산표만으로는 그 오류가 발견되지 않기 때문에 이러한 오류가 발생되지 않도록 기업은 기업내부에 합리적인 내부통제제도(internal control system)를 사전에 구축하여야 한다.

내부통제제도란 회계상의 부정이나 오류가 발생되는 것을 방지하고, 기업이 소유하고 있는 자원의 낭비나 비효율적 이용을 방지할 뿐만 아니라 기업 내의 모든 부정과 오류를 방지하기 위하여 사전에 취하는 모든 조치를 말한다.

(2) 시산표의 작성방법

시산표는 원장의 각 계정의 금액을 집계하여 하나의 표로 만든 것이다. 여기에서 각 계정의 합계액만을 모아서 만든 합계시산표, 잔액만을 모아서 만든 잔액 시산표, 합계와 잔액을 모두 모아서 만든 합계잔액시산표의 세 가지가 있으며, 결산수정분개 이전에 작성한 시산표이냐 이후에 작성한 시산표이냐에 따라 수정전 시산표와 수정후시산표로 구분된다.

[예제2-19]의 한국화물(주)의 20×9년 5월 31일 현재의 합계잔액시산표를 작성하면 다음과 같다.

표 2-7 합계잔액시산표의 예

합계잔액시산표

20×9년 5월 31일 현재

한국화물(주) (단위 : 원)

차변		계정과목	대변	
잔액	합계		합계	잔액
1,100,000	9,500,000	현금	8,400,000	
1,000,000	1,000,000	임차보증금		
6,000,000	6,000,000	차량운반구		
300,000	300,000	미수수익		
		자본금	5,000,000	5,000,000
		운송료수익	1,800,000	1,800,000
	1,000,000	단기차입금	3,000,000	2,000,000
100,000	100,000	유류비		
200,000	200,000	임차료		
100,000	100,000	급여		
8,800,000	18,200,000	합계	18,200,000	8,800,000

시산표를 작성할 때 계정과목은 일반적으로 자산 · 부채 · 자본 · 수익 · 비용의 순서로 배열하며, 이래야 재무제표의 작성이 용이하다. 여기서 또 하나 알아두어야 할 사실은, 자산과 비용계정은 잔액이 차변에 생기고, 부채, 자본, 수익계정은 잔액이 대변에 생긴다는 사실이다. 이것은 자산이나 비용의 증가가 차변에 기록되고, 부채 · 자본 · 수익의 증가가 대변에 기록되기 때문에 당연한 결과라 하겠다.

3) 재무제표의 작성절차

원장을 마감하여 시산표를 작성한 다음에는 시산표를 기초로 하여 재무제표를 작성할 수 있다.

시산표 상의 자산과 부채 및 자본에 속하는 계정의 잔액을 재무상태표에 옮기고, 수익과 비용에 속하는 계정의 잔액을 포괄손익계산서에 옮겨 적은 다음 당기순이익을 산출하면 된다. 이때에 자산은 재무상태표 상의 차변에, 부채와 자본은 재무상태표의 대변에 옮겨 적고, 수익에 속하는 계정은 포괄손익계산서의 대변에, 비용은 포괄손익계산서의 차변에 옮겨 적어야 함은 물론이다.

각 계정들을 제 위치로 옮기지 못한 경우에는 재무상태표 및 포괄손익계산서의 작성에 오류가 발생하게 된다.

〈표2-7〉의 합계잔액시산표를 가지고 재무상태표와 포괄손익계산서를 작성하면 다음〈표2-8〉과 같다.

재무상태표 상의 자산합계액 8,400,000에서 부채와 자본합계액 7,000,000을 차감한 잔액 1,400,000이 당기순이익이 되고, 이는 이익잉여금이라는 항목으로 표시된다.

포괄손익계산서 상에서는 수익합계액 1,800,000에서 이 수익을 얻기 위하여 소비한 비용합계액 400,000을 차감한 잔액(수익이 비용을 초과한 금액) 1,400,000이 당기순이익이 된다. 재무상태표에서 산출된 당기순이익과 포괄손익계선서 상에서 산출된 당기순이익은 반드시 서로 일치하여야 하며, 만일 이 금액이 서로 다르게 산출되었다면 그것은 곧 어딘가 잘못이 있음을 의미하는 것이다.

표 2-8 재무상태표와 포괄손익계산서

재무상태표(계정식)

20×9년 5월 31일 현재

한국화물(주) (단위 : 원)

자 산		부채와 자본	
현 금	1,100,000	단기차입금	2,000,000
임차보증금	1,000,000	자 본 금	5,000,000

차량운반구	6,000,000	이익잉여금	1,400,000
미수수익	300,000		
자산합계	8,400,000	부채와 자본합계	8,400,000

포괄손익계산서(계정식)

20×9년 5월 1일부터 20×9년 5월 31일까지

한국화물(주) (단위 : 원)

비 용		수 익	
유 류 비	100,000	운송료수익	1,800,000
임 차 료	200,000		
급 여	100,000		
당기순이익	1,400,000		
합 계	1,800,000	합 계	1,800,000

제 5 절 회계순환과정

Ⅰ. 회계순환과정의 개요

1. 회계순환과정의 의의

회계순환과정(accounting cycle)이란 회계기간을 한 단위로 하여 매 기간마다 반복적으로 행해지는 회계절차를 의미하며, 매 회계기간마다 유사한 절차가 반복적으로 행해지기 때문에 순환과정(cycle)이라고 불리고 있다. 기업의 경영성과와 재무상태를 기간별로 보고하기 위하여 설정한 기간(time interval)을 회계기간(accounting period)이라고 한다.

매 회계기간 말에는 결산을 하게 되는데, 결산이란 회계기간의 경영성과와 회계기말의 재무상태를 올바로 파악하기 위해 필요한 회계기록(결산 수정사항에 대한 수정분개)을 하고, 모든 계정을 마감하여 재무제표를 작성하는 제반 절차를 말한다. 많은 사람들이 '요즈음 결산준비로 바쁘다'는 말을 하는데, 기억은 매 회계연도 말에 정기적으로 결산을 하여야 하나 중간보고의 목적으로 매 월별, 분기별 및 반기별로 임시결산을 하기도 한다.

회계에서는 결산을 하는 회계기간 말을 결산일(closing date)이라고 한다.

2. 회계순환과정의 절차

회계기간마다 반복되는 회계순환과정은 크게 둘로 분류된다. 하나는 회계기간 중에 매일매일 발생하는 거래에 대한 회계절차이고, 다른 하나는 회계기말에 있어서의 결산절차이다. 다음에 요약한 회계절차 중에서 ①,②,③은 회계기간 중의 일상적 회계절차이며 ④부터는 결산절차에 해당한다.

〈일상적 회계절차〉

① 경제적 사건이 발생하면 이것이 회계거래인지를 식별하고 측정하며, 증빙서류(source documents)를 갖춘다.

② 회계거래를 분개하여 분개장(journal book)에 기록한다. 분개장 대신 분개전표를 사용하는 경우 전표에 기록한다.

③ 분개된 기록을 원장(또는 총계정원장)에 전기한다.

〈결산절차〉

④ 원장의 각 계정을 임시로 마감하여 합계액과 잔액을 계산하여 수정전시산표(unadjusted trial balance)를 만든다.

⑤ 정확한 회계기간의 손익을 계산하기 위해 필요한 수정분개(adjusting entries)를 하고, 손익계정의 마감을 위한 마감분개(closing entries)를 한다.

⑥ 수정분개 및 마감분개 내용을 원장에 전기하고 계정을 마감한다.

⑦ 수정후시산표(adjusted trial balance)를 작성한다.

⑧ 재무제표를 작성한다.

⑨ 완성된 재무제표를 정보이용자에게 제공한다.

회계절차가 전산화된 기업에서는 분개를 정확하게 하여 컴퓨터에 입력하면 원장에의 전기와 시산표작성 및 재무제표의 작성은 별로 어려운 일이 아니다. 그러나 회계거래를 식별하여 분개를 하는 일과 수정분개 등의 업무는 컴퓨터가 대신하지 못하며 회계전문가의 판단에 의해 이루어져야 한다. 따라서 회계업무에 컴퓨터가 사용된다 하여도 복잡한 계산이나

그림 2-3 회계순환과정

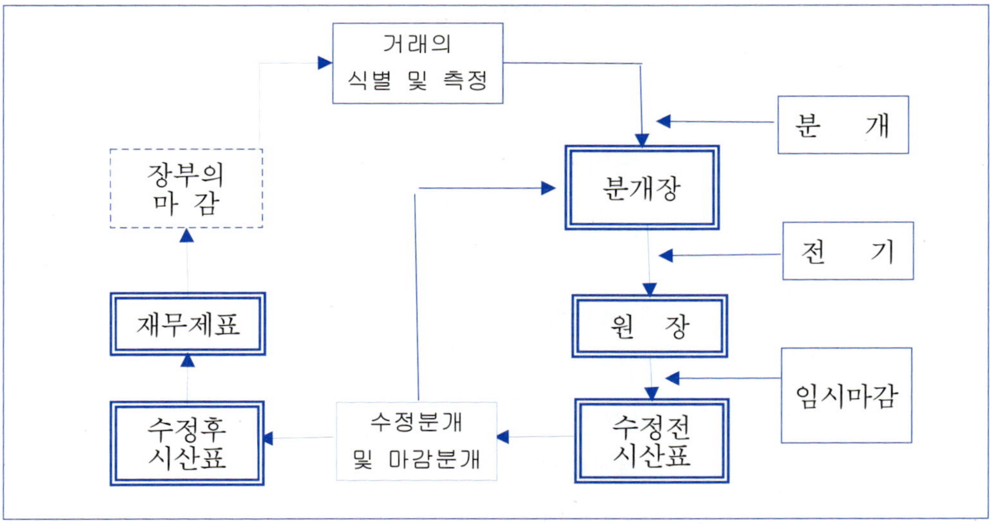

반복적인 업무는 컴퓨터가 인간을 대신하여 처리할 수 있으나, 인간의 판단이 필요한 일은 회계전문가가 처리하여야 한다. 앞의 회계절차 가운데 ①,②,⑤,⑨는 컴퓨터가 대신할 수 없는 업무이며, ③,④,,⑥⑦,⑧은 일정한 규칙에 따른 반복적인 업무이거나, 계산업무이기 때문에 컴퓨터가 대신할 수 있는 업무이다.

회계순환과정에 대한 이해를 돕기 위해 이를 도표로 표시하면 앞의 [그림2-3]과 같다.

Ⅱ. 수정분개

회계순환과정 중에서 회계거래를 식별하고 이를 분개한 다음 원장에 전기한 후 시산표 (수정전시산표)를 작성하는 방법에 대해서는 제3절에서 설명하였다. 여기서는 발생주의 회계원칙에 따라 회계기간별로 정확한 기간손익(periodic income)을 계산하기 위한 수정분개에 대해 설명하기로 한다.

1. 수정분개의 의의

회계정보를 보고하는 데 있어 가장 중요한 것은 특정 회계기간 동안 기업의 경영성과와 결산일 현재의 기업의 재무상태를 알려주는 것이다. 경영성과를 올바로 알려주기 위해서는 회계기간 중에 실현된 수익과, 수익을 얻기 위해 소비된 비용을 정확하게 계산하여야 한다. 수익과 비용은 현금주의가 아니고 발생주의에 따라 정확하게 기록하고, 특히 수익은 실현주의에 따라 미실현이익은 계상되지 않도록 해야 한다.

결산일에 총계정원장에 나타난 각 계정의 금액 중에는 결산일 현재의 금액을 제대로 나타내지 않거나 발생주의 회계원칙에 따르지 않은 부분이 있을 수 있다. 예를 들면, 보유 중인 재고자산이나 주식(단기매매증권)의 시가가 취득가격과 차이가 날 수 있으며, 건물이나 기계설비와 같은 유형자산은 영업에 계속 사용되었다. 이 밖에도 12월 31일이 결산일이 회사에서 직원들의 12월분 월급을 결산일 현재 지급하지 않았거나, 12월분의 이자수익을 아직 현금으로 받지 못한 경우도 있을 수 있다.

이와 같이 결산일에 이미 기록된 회계수치의 일부를 수정하거나 추가로 기록하여야 할 사항을 수정사항(adjusting items)이라 한다. 수정분개(adjusting entries)란 결산일에 발생주의 또는 실현주의 회계원칙에 따라 기업의 정확한 기간손익을 계산하기 위해 수정사항을 분개하여 주는 것을 말하며, 수정기입 또는 정리기입이라고도 하고, 수정분개가 주로 결산 시에 이루어진다고 하여 결산수정분개라고도 한다.

수정분개는 회계기간의 정확한 기간손익과 결산일에 있어서 정확한 재무상태를 계산하기 위해 필수적인 과정이라 하겠다. 즉 수정분개가 잘못되면 재무상태표와 포괄손익계산서가 모두 잘못 작성될 수 있다.

2. 수정분개의 유형과 예제

수정사항의 분개는 회계순환과정에서 매우 중요한 과정이며 동시에 회계학을 처음 배우는 학생들은 반드시 이해해야 할 중요한 부분이다.

(1) 선급비용의 처리

보험료, 지급임차료 등과 같은 비용은 6개월 또는 1년분을 미리 지급하는 경우가 자주 있다. 이때 당기에 이미 현금을 지급하여 비용으로 계상한 금액 중에서 차기의 비용으로 인식되어야 할 부분이 있는 경우가 있다.

결산 시에 차기에 속할 비용을 당기의 비용으로부터 차감하고, 미리 지급한 선지급부분을 자산으로 계상해야 한다. 이때 자산으로 계상된 부분을 선급비용(prepaid expense)이라고 하는데, 이는 비용의 미경과분이라고 할 수 있다.

선급비용의 회계처리는 자산으로 기록하는 방법과 비용으로 기록하는 방법에 따라 수정분개가 달라진다.

예제 2-20)

한국기업은 20×9년 9월 1일에 1년분의 화재보험료로 240,000을 현금으로 지급하였다.

한국기업의 20×9년 9월 1일의 분개와 결산일(12월 31일)의 수정분개를 행하라.

(풀이)

화재보험료를 지급한 20×9년 9월 1일의 분개는 다음과 같이 두 가지 방법으로 할 수 있다

① 보험료를 비용으로 계상한 경우

(차) 보 험 료 240,000 (대) 현 금 240,000

② 보험료를 선급보험료라는 자산으로 계상한 경우

(차) 선급보험료 240,000 (대) 현 금 240,000

한국기업이 결산일에 행할 수정분개는 보험료 지급일에 어떠한 방법으로 분개를 하였느냐에 따라 달라진다. ①의 방법으로 분개를 한 경우, 보험료 240,000 중에서 미경과분 160,000을 차감하여 선급보험료로 계상하여야 하므로 다음과 같이 수정분개를 한다.

(차) 선급보험료 160,000 (대) 보 험 료 160,000

그러나 보험료 지급 시에 ②의 방법으로 분개를 한 경우에는 선급보험료 240,000중에서 80,000이 당기의 보험료로 계상되어야 하므로 다음과 같이 수정분개를 한다.

(차) 보 험 료 80,000 (대) 선급보험료 80,000

어느 방법을 선택하여도 20×9년에 비용으로 계상되는 보험료는 80,000이고, 결산기말에 남아 있는 선급보험료(자산계정)의 잔액은 160,000이 된다. 소모품에서와 같이 ①,②의 방법을 모두 원장에 전기하여 보험료와 선급보험료의 잔액을 확인해 보기 바란다.

(2) 선수수익의 처리

장래에 용역을 제공하기로 하고 대금을 미리 받았으나 결산기말까지 용역을 아직 제공하지 못한 경우, 용역을 제공하지 못한 부분을 당기의 수익이 될 수

없고 오히려 미래에 용역을 제공할 의무가 있으므로 부채계정인 선수수익(unearned revenue)이라는 부채로 계상하여야 한다. 선수수익의 회계처리도 선급비용과 마찬가지로 대금을 받은 날의 회계처리를 두 가지 방법으로 할 수 있으며, 이에 따라 결산일의 수정분개가 다르게 된다.

예제2-21)

한국기업은 20×9년 10월 1일에 1년분의 건물임대료 400,000을 현금으로 받았다. 한국기업의 20×9년 10월 1일의 분개와 결산일(12월 31일)의 수정분개를 행하라.

(풀이)

건물임대료를 받은 20×9년 10월 1일의 분개를 다음과 같이 두 가지 방법으로 할 수 있다.

① 수입임대료를 수익으로 계상한 경우

(차) 현 금	400,000	(대) 임대료 수익	400,000

② 수입임대료를 선수임대료라는 부채로 계상한 경우

(차) 현 금	400,000	(대) 선수임대료	400,000

한국기업이 임대료를 받은 날에 ①의 방법으로 분개를 한 경우, 결산일의 수정분개는 다음과 같다.

(차) 임대료수익	300,000	(대) 선수임대료	300,000

그러나 한국기업이 임대료를 받은 날에 ②의 방법으로 분개를 한 경우, 결산일의 수정분개는 다음과 같다.

(차) 선수임대료	100,000	(대) 임대료수익	100,000

어느 방법을 선택하여도 한국기업이 20×9년에 수익으로 계상하는 임대료수익은 100,000이 되고, 결산기말에 선수임대료(부채계정)의 잔액은 300,000이 된다. ①,②의 방법을 모두 원장에 전기하여 임대료수익과 선수임대료의 잔액을 확인해 보기 바란다.

(3) 소모품계정의 정리

소모품(supplies)이란 영업활동 중 단기간에 소모되는 종이나 문구류와 같은 사무용품을 말한다. 단기간이란 1년 이내를 의미하며, 수명이 1년 이상인 것은 비품 또는 설비 등의 유형자산으로 회계처리한다.

소모품은 구입 시에 소모품이라는 자산으로 기록하는 방법과, 소모품비라는 비용으로 기록하는 방법의 두 가지가 있다. 소모품이라는 자산으로 기록하였을 경우 결산기말까지 사용한 부분만큼 비용으로 처리해주며, 소모품비라는 비용으로 기록하였을 경우 결산기말에 남아있는 부분을 비용에서 제외시켜 자산으로 처리해주어야 한다.

예제 2-22)

> 한국기업은 20×9년 7월 1일에 100,000의 소모품을 현금으로 구입하였다. 20×9년 결산 기말에 소모품의 재고액을 조사해 본 결과 20,000의 소모품이 남아 있는 것으로 확인 되었다. 한국기업의 20×9년 7월 1일의 거래와 결산일(12월 31일)의 수정분개를 행하라.

(풀이)

한국기업이 소모품을 구입한 20×9년 7월 1일의 분개는 다음과 같이 두 가지 방법으로 할 수 있다.

① 소모품을 자산으로 계상하는 경우

(차) 소 모 품 100,000 (대) 현 금 100,000

② 소모품을 비용으로 계상하는 경우

(차) 소모품비 100,000 (대) 현 금 100,000

한국기업이 결산일에 행할 수정분개는 구입일에 어떠한 방법으로 분개를 하였느냐에 따라 달라진다. ①의 방법으로 분개를 한 경우 100,000의 소모품 중에서 80,000이 사용되고 20,000이 남아 있으므로 다음과 같이 수정분개를 한다.

(차) 소모품비 80,000 (대) 소 모 품 80,000

그러나 구입 시에 ②의 방법으로 분개를 한 경우에는 소모품비로 계상된 금액 중에서 20,000을 제외시켜 소모품이라는 자산으로 계상하면 되므로 다음과 같이 수정분개를 한다.

(차) 소 모 품 20,000 (대) 소모품비 20,000

어느 방법을 선택하든 20×9년에 포괄손익계산서 상에 소모품비로 표시될 금액은 80,000 이고, 재무상태표 상에 소모품(자산)으로 표시될 금액은 20,000이 되게 된다.

이를 확인하기 위해 앞의 분개내용을 원장에 전기해보면 다음과 같다(현금계정은 비교대상이 아니므로 원장에 전기하는 것은 생략함).

①의 방법

소 모 품

7/1 100,000	12/31 80,000
잔 액 20,000	

소모품비

12/31 80,000	
잔 액 80,000	

②의 방법

소모품비

7/1 100,000	12/31 20,000
잔 액 80,000	

소 모 품

12/31 20,000	
잔 액 20,000	

(4) 유형자산의 감가상각

건물이나 설비와 같은 유형자산은 영업목적을 위하여 회계기간 동안 사용된다. 즉 수익을 창출하는 영업활동에 유형자산이 사용되므로 유형자산의 일부가 수익을 창출하는데 희생된다. 따라서 수익 · 비용 대응원칙에 따라 유형자산의 사용분을 비용으로 기록해야 한다. 즉 유형자산의 취득원가를 그것이 사용되는 기간 중에 배분하여 비용화시키게 되는데, 이와 같은 회계처리절차를 감가상각(depreciation)이라 한다.

감가상각에 대한 수정분개는 당기에 감가상각 된 부분만큼을 차변에 감가상각비(depreciation)라는 비용으로 계상하고, 대변에는 감가상각누계액(accumulated depreciation)이라는 계정에 같은 금액만큼 계상한다. 감가상각누계액은 재무상태표에 기록되는 계정으로 지금까지 감가상각된 금액을 누계로 표시한다. 해당 유형자산의 취득원가에서 감가상각누계액을 차감한 금액을 장부가액(book value)이라 한다. 감가상각누계액은 해당 유형자산계정에서 차감되어야 할 금액을 나타내는 자산의 차감계정이다.

예제 2-23)

> 한국기업은 20×9년 1월 초에 업무용 자동차를 24,000,000에 구입하였으며 20×9년 중에 감가상각된 부분은 8,000,000이다.
> 한국기업의 업무용 자동차의 감가상각에 대한 수정 분개를 행하라.

(풀이)

(차) 감가상각비	8,000,000	(대) 감가상각누계액	8,000,000

이때 대변에 차량운반구라는 계정과목을 사용하지 않고 감가상각누계액이라는 계정을 사용한 이유는 재무상태표에 차량운반구의 취득원가와 구입 이후 누적된 감가상각누계액을 모두 정보이용자에게 보여주기 위해서이다. 만약 대변에

감가상각누계액계정 대신 차량운반구라는 계정을 직접 사용하면 재무상태표에는 취득원가는 나타나지 않고 결산기말 현재의 장부가액(취득원가-감가상각누계액)만 나타나게 될 것이다.

(5)미지급비용의 처리

전기료, 수도료, 전화료 등은 비용이 발생한 다음 어느 정도 시일이 지난 후에 이를 지급 하는 것이 일반적이다. 따라서 당기에 속하는 비용으로서 지급하지 않은 부분이 있으면 이것을 당기의 비용으로 차변에 기록하는 동시에, 미지급비용(accrued expense)이라는 부채로서 대변에 기록하여야 한다.

예제 2-24)

한국기업은 20×9년 12월분 전기료가 270,000이 발생하였으나, 이에 대한 청구서를 아직 받지 못해 12월분 전기료를 결산일 현재 납부하지 않았다. 한국기업의 결산일(12월 31일)의 수정분개를 행하라.

(풀이)

한국기업의 12월분 전기료는 당기의 수익을 얻기 위하여 사용된 부분이므로 비록 요금을 지불하지 않았어도 당기의 비용으로 계상하고 지급이 안 된 부분을 부채로 계상하여야 하므로 다음과 같이 수정분개를 한다.

(차) 전 기 료	270,000	(대) 미지급전기료	270,000

(6) 미수수익의 처리

당기에 속하는 수익으로서 아직 받지 못한 금액이 있을 경우에는 해당하는 금액을 당기의 수익으로 대변에 기록하는 동시에 같은 금액을 미수수익(accrued revenue)이라는 자산으로 차변에 기록하여야 한다.

예제 2-25)

한국기업은 20×9년 12월 31일의 결산일에 국채에 대한 4개월분의 이자 60,000을 아직 받지 못하였다. 한국기업의 결산일의 수정분개를 행하라.

(풀이)

한국기업은 결산일 현재 수취하지 못한 이자 60,000을 당기의 수익으로 계상하고, 동시에 미수이자(자산에 해당함)를 계상하여야 하므로 다음과 같이 수정분개를 한다.

(차)	미수이자	60,000	(대)	이자수익	60,000

(7) 단기매매증권의 평가

기업이 여유자금을 가지고 일시적으로 투자한 주식 등의 단기매매증권(trading securities)은 가격이 변동하기 때문에, 사들인 가격인 취득원가와 결산일의 시가는 차이가 있을 수 있다. 정보이용자에게 결산일 현재의 정확한 재무상태와 당기의 경영성과를 알려주기 위해서는 보유하고 있는 단기매매증권을 시가로 평가하여야 한다. 이때 취득원가가 시가 보다 높을 경우 그 차액을 단기매매증권평가손실이라는 계정의 차변에 기입하고, 반대로 시가가 취득원가보다 높은 경우에는 그 차액을 단기매매증권평가이익이라는 계정의 대변에 기록하여 단기매매증권의 잔액을 시가로 표시하여야 한다.

예제 2-26)

한국기업은 여유자금이 있어 일시적 투자목적으로 20×9년 10월 1일 현대자동차 주식 1,000주를 1주당 80,000씩 매입하였다. 결산일의 현대자동차의 주식가격이 1주당 75,000일 경우 한국기업의 20×9년 12월 31일의 수정분개를 행하라.

(풀이)

(차) 단기매매증권평가손실 5,000,000 (대) 단기매매증권 5,000,000

만약에 결산일의 주식가격이 1주당 75,000이 아니라 83,000이라고 할 경우 한국기업의 20×9년 12월 31일의 수정분개를 행하라.

(풀이)

(차) 단기매매증권 3,000,000 (대) 단기매매증권평가이익 3,000,000

Ⅲ. 재무제표의 작성

1. 원장의 마감

정확한 기간손익의 계산을 위하여 결산수정사항에 대한 수정분개가 끝나면 이를 다시 총계정원장에 전기하여야 한다. 전기가 끝나면 총계정원장에 있는 계정의 당기발생액과 기말잔액을 계산하고 원장을 마감하여야 한다.

(1) 재무상태표계정의 마감

자산 · 부채 · 자본에 속하는 재무상태표계정을 마감할 때는 각 계정의 차변합계와 대변합계로 잔액을 계산한 다음 적요란에 '차기이월'이라고 기입하고 차변잔액은 대변에, 대변잔액은 차변에 기록하여 차변과 대변의 합계를 일치시킨다. 그리고 차기의 회계연도가 개시되는 날짜에 '전기이월'이라고 기입하며 차기이월과 같은 금액을 기록한다. 다시 말해서, 자산 · 부채 · 자본에 속하는 계정의 경우, 당기의 기말잔액과 차기의 기초잔액은 동일한 금액이 된다. 이때 자산에 속하는 계정은 기말잔액이 차변에 생기고, 부채 및 자본에 속하는 계정은 기말잔액이 대변에 생기게 된다.

현 금

일	자	적 요	분면	차 변	대 변	잔 액
5	1	차 입 금	1	5,000,000		5,000,000
	15	차입금 상환	1		2,000,000	3,000,000
	31	차기이월			3,000,000	
5	31	합 계		5,000,000	5,000,000	
6	1	전기이월		3,000,000		3,000,000

차 입 금

일	자	적 요	분면	차 변	대 변	잔 액
5	1	현금 차입	1		5,000,000	5,000,000
	15	차입금 현금상환	1	2,000,000		3,000,000
	31	차기이월		3,000,000		
5	31	합 계		5,000,000	5,000,000	
6	1	전기이월			3,000,000	3,000,000

재무상태표계정 중에서 현금계정과 차입금계정의 마감방법을 예시하면 위와 같다.

(2) 손익계정의 마감

자산 · 부채 · 자본에 속하는 계정들은 각 계정의 기말잔액이 차기로 이월이 되나, 수익 · 비용에 속하는 계정들은 당기의 순이익이나 순손실을 산출하기 위한 임시적인 계정이기 때문에 기말잔액이 차기로 이월되지 않는다. 수익 · 비용의 손익계정들은 집합손익계정 (income summary accounts)을 설정하여 마감분개를 함으로써 계정잔액을 0으로 만든다.

집합손익계정은 손익계정이라고도 하며 수익과 비용에 속하는 계정들을 모두 한 계정으로 모아서 당기순손익을 계산하기 위해 만들어지는 명목계정(nominal accounts)이다. 수익에 속하는 계정은 그 대변잔액을 차변에 기입하여 마감하고, 동시에 집합손익계정의 대변에 기입하여 준다. 비용에 속하는 계정은 이와 반대로, 차변잔액을 대변에 기입하여 마감하고, 동시에 집합손익계정의 차변에 기입하여 주면 된다.

이와 같이 수익과 비용에 속하는 계정과목의 잔액을 집합손익계정에 대체하여 계정들을 마감하는 분개를 마감분개(closing entries)라고 한다. 마감분개를 통하여 모든 수익과 비용은 집합손익계정으로 모이게 된다. 집합손익계정에서 수익이 비용보다 크면 당기순이익(net income)이 되고 반대의 경우에는 당기순손실(net loss)이 발생하게 된다.

집합손익계정에서 계산된 당기순이익이나 당기순손실은 (미처분)이익잉여금계정으로 대체한다.

[예제2-19]의 수익과 비용에 속하는 계정들의 마감분개를 표시하면 다음과 같다.

〈수익에 속하는 계정의 마감분개〉

①	(차)	운송료수익	1,800,000	(대) 집합손익	1,800,000

〈비용에 속하는 계정의 마감분개〉

②	(차)	집합손익	100,000	(대) 유 류 비	100,000
③	(차)	집합손익	200,000	(대) 임 차 료	200,000
④	(차)	집합손익	100,000	(대) 급 여	100,000

위에서 행한 마감분개를 총계정원장의 해당 계정에 전기한 후 마감을 하면 다음과 같이 된다.

운송료수익

① 집합손익	1,800,000	5/15	1,500,000
		31	300,000
합 계	1,800,000	합 계	1,800,000

유 류 비

5/20	100,000	②집합손익	100,000
합 계	100,000	합 계	100,000

급 여

5/30 100,000	④집합손익 100,000
합 계 100,000	합 계 100,000

임 차 료

5/30 200,000	③집합손익 200,000
합 계 200,000	합 계 200,000

집합손익

② 유류비	100,000	① 운송료수익	1,800,000
③ 임차료	200,000		
④ 급 여	100,000		

마감분개의 결과, 수익과 비용에 속하는 계정은 모두 차변과 대변의 금액이 일치되어 잔액이 0이 된다. 한편, 집합손익계정의 계정잔액은 (미처분)이익잉여금계정으로 대체한다.

집합손익계정의 대변합계액(수익의 합계액)이 차변의 합계액(비용의 합계액)보다 크면 당기순이익이 발생할 것이며, 반대의 경우는 당기순손실이 발생할 것이다. 집합손익계정을 마감하면 다음과 같다.

(차) 집합손익 1,400,000 (대) 미처분이익잉여금 1,400,000

집 합 손 익

유 류 비	100,000	운송료수익	1,800,000
임 차 료	200,000		
급 여	100,000		
미처분이익잉여금	1,400,000		
합 계	1,800,000	합 계	1,800,000

다음 [예제2-27]을 이용하여 분개로부터 재무제표의 작성에 이르기까지의 회계순환과정을 살펴보기로 하자.

예제2-27)

다음은 '한국화물주식회사'의 20×9년 5월 중의 거래내역과 결산수정사항이다. 이 자료를 이용하여 분개로부터 재무제표의 작성까지의 회계순환과정을 완성하라.

〈거래내역〉

5월 1일 액면 5,000의 보통주식 1,000주를 발행하고 주식대금이 현금으로 입금됨으로써 화물운송을 영업목적으로 하는 '한국화물주식회사'를 설립하다.

5일 사무실용 건물 4,000,000을 매입하고 대금 중 2,000,000은 현금으로 지급하고 나머지는 3개월 후에 지급하기로 하다.

6일 화물운송용 차량 15대를 2,000,000에 매입하고 대금은 현금으로 지급하다.

10일 은행으로부터 1년 만기로 2,000,000을 차입하여 당좌예금에 입금하다.

15일 '동해물산'의 화물을 운송하여 주고 운송수수료 500,000을 현금으로 받다.

20일 '인천수산'의 화물을 운송하여 주었으나 운송수수료 300,000은 아직 받지 못하였다.

25일 유류비 300,000을 수표로 발행하여 지급하다.

26일 소모품 200,000을 현금으로 구입하다.

30일 건물구입대금 미지급액 중 1,000,000을 수표를 발행하여 지급하다.

31일 '인천수산'으로 부터운송수수료 미수액 300,000 중 200,000 현금으로 받다.

31일 5월분 급여 200,000을 현금으로 지급하다.

(풀이)

〈결산수정사항〉

① 건물의 감가상각비는 20,000이다.

② 은행차입금에 대한 5월분 이자가 15,000이나 아직 지급하지 않았다.

③ 5월 31일 현재 소모품 미사용 잔액은 100,000이다.

1) 분 개

분개장의 기록방법은 이미 제3절에서 공부하였으므로 여기에서는 간단히 분개만 표시하기로 한다.

날짜		차변	금액		대변	금액
5/1	(차)	현 금	5,000,000	(대)	자 본 금	5,000,000
5	(차)	건 물	4,000,000	(대)	현 금	2,000,000
					미지급금	2,000,000
6	(차)	차량운반구	2,000,000	(대)	현 금	2,000,000
10	(차)	당좌예금	2,000,000	(대)	단기차입금	2,000,000
15	(차)	현 금	500,000	(대)	운송료수익	500,000
20	(차)	미수수익	300,000	(대)	운송료수익	300,000
25	(차)	유 류 비	300,000	(대)	당좌예금	300,000
26	(차)	소 모 품	200,000	(대)	현 금	200,000
30	(차)	미지급금	1,000,000	(대)	당좌예금	1,000,000
31	(차)	현 금	200,000	(대)	미수수익	200,000
31	(차)	급 여	200,000	(대)	현 금	200,000

2) 총계정원장에 전기

현 금

날짜	금액	날짜	금액
5/1	5,000,000	5/5	2,000,000
15	500,000	6	2,000,000
31	200,000	26	200,000
		31	200,000

자 본 금

날짜	금액	날짜	금액
		5/1	5,000,000

총계정원장에 전기하는 방법을 T계정을 이용하여 전기를 하기로 한다.

건 물			
5/5	4,000,000		

차량운반구			
5/6	2,000,000		

당좌예금			
5/10	4,000,000	5/25	300,000
		30	1,000,000

단기차입금			
		5/10	2,000,000

미수수익			
5/20	300,000	5/31	200,000

운송료수익			
		5/15	500,000
		20	300,000

유 류 비			
5/25	300,000		

미지급금			
5/30	1,000,000	5/5	2,000,000

소 모 품			
5/26	200,000		

급 여			
5/31	200,000		

3) 수정전시산표의 작성

총계정원장에 전기가 완료되면 수정사항에 대한 수정분개를 하기 전에 수정전시산표(unadjusted trial balance)를 작성하여 지금까지의 회계기록에 오류가 없는지 검증을 한다.

그러나 실무에서는 수정전시산표를 작성하지 않고 수정후시산표(adjusted trial balance)만 작성하는 경우도 허다하다.

수정전합계잔액시산표

20×9년 5월 31일 현재

한국화물(주) (단위 : 원)

차변		계정과목	대변	
잔액	합계		합계	잔액
1,300,000	5,700,000	현금	4,400,000	
700,000	2,000,000	당좌예금	1,300,000	
100,000	300,000	미수수익	200,000	
200,000	200,000	소모품		
	1,000,000	미지급금	2,000,000	1,000,000
		단기차입금	2,000,000	2,000,000
2,000,000	2,000,000	차량운반구		
4,000,000	4,000,000	건물		
		자본금	5,000,000	5,000,000
		운송료수익	800,000	800,000
300,000	300,000	유류비		
200,000	200,000	급여		
8,800,000	15,700,000	합계	15,700,000	8,800,000

4) 수정사항에 대한 수정분개

'한국화물주식회사'의 5월 말 결산을 위한 수정사항은 3가지이다. 이 3가지 결산수정 사항에 대한 수정분개는 다음과 같다.

〈수정분개〉

①	(차)	감가상각비	20,000	(대)	감가상각누계액	20,000
②	(차)	이자비용	15,000	(대)	미지급이자	15,000
③	(차)	소모품비	100,000	(대)	소모품	100,000

수정사항에 대한 수정분개가 완료되면 다시 총계정원장에 전기한 후 총계정원장을 최종적으로 마감한다.

여기에서는 수정분개와 관련된 계정과목에 대하여서만 전기와 마감을 예시하기로 한다.

수정사항의 수정분개로 인하여 수정분개 전 총계정원장에는 없던 계정과목이 새로 나타나는 것은 당연하다.

감가상각비

①	20,000	집합손익	20,000
합 계	20,000	합 계	20,000

감가상각누계액

차기이월	20,000	①	20,000
합 계	20,000	합 계	20,000

이자비용

②	15,000	집합손익	15,000
합 계	15,000	합 계	20,000

미지급이자

차기이월	15,000	②	15,000
합 계	15,000	합 계	15,000

소모품비

③	100,000	집합손익	100,000
합 계	100,000	합 계	100,000

소 모 품

5/26	200,000	③	100,000
		차기이월	100,000
합 계	200,000	합 계	200,000

감가상각비, 이자비용, 소모품비 등은 손익계정이므로 집합손익계정으로 대체되어 마감되나, 감가상각누계액, 미지급이자, 소모품 등은 재무상태표계정이므로 각 계정의 잔액이 차기로 이월되어야 한다.

2. 수정후시산표의 작성

수정분개와 마감분개가 끝나면 수정후시산표(adjusted trial balance)를 작성하여 최종적으로 오류가 없는지를 검토한 후 재무상태표와 포괄손익계산서 등의 재무제표를 작성한다.

수정후합계잔액시산표

20×9년 5월 31일 현재

한국화물(주) (단위 : 원)

차변		계정과목	대변	
잔액	합계		합계	잔액
1,300,000	5,700,000	현금	4,400,000	
700,000	2,000,000	당좌예금	1,300,000	
100,000	300,000	미수수익	200,000	
100,000	200,000	소모품	100,000	
	1,000,000	미지급금	2,000,000	1,000,000
		단기차입금	2,000,000	2,000,000
2,000,000	2,000,000	차량운반구		
4,000,000	4,000,000	건물		
		자본금	5,000,000	5,000,000
		운송료수익	800,000	800,000
300,000	300,000	유류비		
200,000	200,000	급여		
100,000	100,000	소모품비		
20,000	2,000	감가상각비		
15,000	15,000	이자비용		
		미지급이자	15,000	15,000
		감가상각누계액	20,000	20,000
8,835,000	15,835,000		15,835,000	8,835,000

3. 재무제표의 작성

수정후시산표가 완성되면 이것의 잔액을 가지고 재무상태표와 포괄손익계산서 등의 재무제표를 작성하게 된다. 수정후시산표에서 자산 · 부채 · 자본에 속하는 계정의 잔액을 재무상태표로 옮긴 후에 자산의 합계액이 부채와 자본의 합계액보다 크면 당기순이익이 발생한 것이며, 그 반대의 경우에는 당기순손실이 발생한 것이다. 당기순이익은 미처분이익잉여금의 과목으로 표시한다.

포괄손익계산서는 수정후시산표에서 수익과 비용에 속하는 계정의 잔액을 옮겨서 작성한다.

포괄손익계산서 상에서 수익이 합계액(대변의 합계액)이 비용의 합계액(차변의 합계액)보다 크면 당기순이익이 발생할 것이며, 그 반대의 경우에는 당기순손실이 발생할 것이다. 포괄손익계산서에서 산출한 당기순이익 금액이 일치하여야 한다.

'한국화물주식회사'의 재무제표 중 재무상태표와 포괄손익계산서를 작성하면 다음과 같다.

재무상태표(계정식)

20×9년 5월 31일 현재

한국화물(주) (단위 : 원)

계 정 과 목	금 액	계 정 과 목	금 액
자 산		부 채	
현 금	1,300,000	미지급금	1,000,000
당좌예금	700,000	단기차입금	2,000,000
미수수익	100,000	미지급이자	15,000
소 모 품	100,000	자 본	
차량운반구	2,000,000	자 본 금	5,000,000
건 물	4,000,000		
(감가상각누계액)	(20,000)	미처분이익잉여금 (당기순이익)	165,000
자 산 합 계	8,180,000	부채와 자본합계	8,180,000

포괄손익계산서(계정식)

20×9년 5월 1일부터 20×9년 5월 31일까지

한국화물(주) (단위 : 원)

계 정 과 목	금 액	계 정 과 목	금 액
비 용		수 익	
유 류 비	300,000	운송료수익	800,000
급 여	200,000		
소모품비	100,000		
감가상각비	20,000		
이자비용	15,000		
당기순이익	165,000		
비용합계	800,000	수익합계	800,000

이상에서 예시한 재무상태표와 포괄손익계산서는 계정식으로 작성된 것이다. 제3절에서 설명한 바와 같이, 일반적으로 재무상태표는 계정식 또는 보고식으로 작성이 가능하나, 포괄손익계산서는 일반적으로 보고식으로 작성한다. 여기서는 재무제표 작성에 대한 이해를 돕기 위하여 계정식으로 포괄손익계산서를 작성하였음을 알려둔다. 또한 재무제표를 작성할 때에는 당기와 전기를 비교할 수 있도록 작성하여야 한다.

4. 종합예제

다음은 '한국고속세차'의 20×9년 10월 1일부터 10월 31일까지의 영업일지 내역이다. 이 자료를 이용하여 분개와 수정분개를 한 후 재무상태표와 포괄손익계산서를 작성하기까지의 필요한 회계업무를 행하라.

10월 1일 김한국 씨는 현금 30,000,000을 투자하여 '강남고속세차' 라는 회사명으로 자동차세차업을 시작하다.
2일 영업용 건물을 임차하고 임차보증금 20,000,000을 현금으로 지급하다.
5일 종업원 3명을 채용하다.
6일 은행으로부터 현금 10,000,000을 차용하다.
7일 설비를 구입하고(원가 20,000,000) 15,000,000은 현금으로 지급하고 나머지 5,000,000은 외상으로 하다.
8일 소모품(세제 등)을 구입하고 대금 500,000을 현금으로 지급하다.
10일 보험에 가입하고 3개월분 보험료 300,000을 현금으로 지급하다.
16일 인근에 배달되는 신문에 광고지를 넣어 광고를 하는 데 필요한 비용 200,000을 현금으로 지급하다.
17일 세차서비스를 제공하고 세차료 200,000을 현금으로 받다.

18일 세차서비스를 제공하고 세차료 250,000을 현금으로 받다.
20일 세차서비스를 제공하고 세차료 300,000을 현금으로 받다.
21일 세차서비스를 제공하고 세차료 350,000을 현금으로 받다.
22일 세차서비스를 제공하고 세차료 200,000을 현금으로 받다.
24일 세차서비스를 제공하고 세차료 300,000을 현금으로 받다.
25일 설비에 대한 미지급금 중 1,000,000을 현금으로 갚다.
26일 세차서비스를 제공하고 세차료 250,000을 현금으로 받다.
27일 세차서비스를 제공하고 세차료 350,000을 현금으로 받다.
29일 세차서비스를 제공하고 세차료 400,000을 현금으로 받다.
30일 세차서비스를 제공하고 세차료 300,000을 현금으로 받다.

〈기말수정사항〉

① 소모품의 미사용액이 300,000이다.
② 보험료의 미경과액이 200,000이다.
③ 종업원의 10월분 급료가 1,200,000인데 아직 지급하지 못하다.
④ 설비에 대한 감가상각비가 300,000이다.

(풀이)

〈단계1: 회계거래의 식별〉

10/5 경제적사건이지만 회계거래가 아니므로 분개를 필요로 하지 않음.

〈단계2: 분개〉

일자		차변	금액		대변	금액
10/1	(차)	현 금	30,000,000	(대)	자 본 금	30,000,000
2	(차)	임차보증금	20,000,000	(대)	현 금	20,000,000
6	(차)	현 금	10,000,000	(대)	차 입 금	10,000,000
7	(차)	기계장치	20,000,000	(대)	현 금	15,000,000
					미지급금	5,000,000
8	(차)	소 모 품 (또는 소모품비)	500,000	(대)	현 금	500,000
10	(차)	선급보험료 (또는 보험료)	300,000	(대)	현 금	300,000
16	(차)	광고선전비	200,000	(대)	현 금	200,000
17	(차)	현 금	200,000	(대)	수수료수익	200,000
18	(차)	현 금	250,000	(대)	수수료수익	250,000
20	(차)	현 금	300,000	(대)	수수료수익	300,000
21	(차)	현 금	350,000	(대)	수수료수익	350,000
22	(차)	현 금	200,000	(대)	수수료수익	200,000
24	(차)	현 금	300,000	(대)	수수료수익	300,000
25	(차)	미지급금	1,000,000	(대)	현 금	1,000,000
26	(차)	현 금	250,000	(대)	수수료수익	250,000
27	(차)	현 금	350,000	(대)	수수료수익	350,000
29	(차)	현 금	400,000	(대)	수수료수익	400,000
30	(차)	현 금	300,000	(대)	수수료수익	300,000

현	금		
10/1	30,000,000	2	20,000,000
6	10,000,000	7	15,000,000
17	200,000	8	500,000
18	250,000	10	300,000
20	300,000	16	200,000
21	350,000	25	1,000,000
22	200,000		
24	300,000		
26	250,000		
27	350,000		
29	400,000		
30	300,000		

수수료수익			
		10/17	200,000
		18	250,000
		20	300,000
		21	350,000
		22	200,000
		24	300,000
		26	250,000
		27	350,000
		29	400,000
		30	300,000

〈단계3: 전기(총계정원장)〉

기계장치			
10/7	20,000,000		

임차보증금			
10/2	20,000,000		

소 모 품			
10/8	500,000		

선급보험료			
10/10	300,000		

차입금			
		10/6	10,000,000

자 본 금			
		10/1	30,000,000

미지급금			
10/25	1,000,000	10/7	5,000,000

광고선전비			
10/16	200,000		

〈단계4: 수정시산표 작성〉

수정전시산표

20×9년 10월 31일 현재

한국고속세차 (단위 : 원)

차변		계정과목	대변	
잔액	합계		합계	잔액
5,900,000	42,900,000	현금	37,000,000	
300,000	300,000	선급보험료		
500,000	500,000	소모품		
20,000,000	20,000,000	임차보증금		
20,000,000	20,000,000	기계장치		
	1,000,000	미지급금	5,000,000	4,000,000
		차입금	10,000,000	10,000,000
		자본금	30,000,000	30,000,000
		수수료수익	2,900,000	2,900,000
200,000	200,000	광고선전비		
46,900,000	84,900,000		84,900,000	46,900,000

〈단계5: 수정분개〉

① (차) 소모품비 200,000 (대) 소 모 품 200,000

(또는 (차) 소 모 품 300,000 (대) 소모품비 300,000)

② (차) 보 험 료 100,000 (대) 선급보험료 100,000

(또는 (차) 선급보험료 200,000 (대) 보 험 료 200,000)

③ (차) 급 여 1,200,000 (대) 미지급급료 1,200,000

④ (차) 감가상각비 300,000 (대) 감가상각누계액 300,000

〈단계6: 수정분개의 전기〉

현 금

차변		대변	
10/1	30,000,000	10/2	20,000,000
6	10,000,000	7	15,000,000
17	200,000	8	500,000
18	250,000	10	300,000
20	300,000	16	200,000
21	350,000	25	1,000,000
22	200,000		
24	300,000		
26	250,000		
27	350,000		
29	400,000		
30	300,000		

수수료수익

차변		대변	
		10/17	200,000
		18	250,000
		20	300,000
		21	350,000
		22	200,000
		24	300,000
		26	250,000
		27	350,000
		29	400,000
		30	300,000

감가상각누계액

차변		대변	
		④	300,000

차 입 금

차변		대변	
		10/6	10,000,000

미지급급료

차변		대변	
		③	1,200,000

소모품비

차변		대변	
①	200,000		

자 본 금

차변		대변	
		10/1	30,000,000

광고선전비

차변		대변	
10/16	200,000		

보 험 료

차변		대변	
②	100,000		

감가상각비

차변		대변	
④	300,000		

급 여

차변		대변	
③	1,200,000		

미지급금

차변		대변	
10/25	1,000,000	10/7	5,000,000

〈단계7: 수정후시산표의 작성〉

합계잔액시산표(수정후)

20×9년 10월 31일 현재

한국고속세차 (단위 : 원)

차변		계정과목	대변	
잔액	합계		합계	잔액
5,900,000	42,900,000	현금	37,000,000	
200,000	300,000	선급보험료	100,000	
300,000	500,000	소모품	200,000	
20,000,000	20,000,000	임차보증금		
20,000,000	20,000,000	기계장치		
		감가상각누계액	300,000	300,000
		미지급급료	1,200,000	1,200,000
	1,000,000	미지급금	5,000,000	4,000,000
		차입금	10,000,000	10,000,000
		자본금	30,000,000	30,000,000
		수수료수익	2,900,000	2,900,000
200,000	200,000	광고선전비		
200,000	200,000	소모품비		
100,000	100,000	보험료		
300,000	300,000	감가상각비		
1,200,000	1,200,000	급여		
48,400,000	86,700,000	합계	86,700,000	48,400,000

〈단계8: 마감분개〉

(차)	수수료수익	2,900,000	(대)	집합손익	2,900,000
(차)	집합손익	200,000	(대)	광고선전비	200,000
(차)	집합손익	100,000	(대)	보험료	100,000
(차)	집합손익	200,000	(대)	소모품비	200,000
(차)	집합손익	1,200,000	(대)	급여	1,200,000
(차)	집합손익	300,000	(대)	감가상각비	300,000

〈단계9: 총계정원장의 마감〉

현 금

차변		대변	
10/1	30,000,000	10/2	20,000,000
6	10,000,000	7	15,000,000
17	200,000	8	500,000
18	250,000	10	300,000
20	300,000	16	200,000
21	350,000	25	1,000,000
22	200,000	차기이월	5,900,000
24	300,000		
26	250,000		
27	350,000		
29	400,000		
30	300,000		
	42,900,000		42,900,000
전기이월	5,900,000		

수수료수익

차변		대변	
집합손익	2,900,000	10/17	200,000
		18	250,000
		20	300,000
		21	350,000
		22	200,000
		24	300,000
		26	250,000
		27	350,000
		29	400,000
		30	300,000
	2,900,000		2,900,000

기계장치

차변		대변	
10/7	20,000,000	차기이월	20,000,000
	20,000,000		20,000,000
전기이월	20,000,000		

임차보증금

차변		대변	
10/2	20,000,000	차기이월	20,000,000
	20,000,000		20,000,000
전기이월	20,000,000		

소 모 품

차변		대변	
10/8	500,000	①	200,000
		차기이월	300,000
	500,000		500,000
전기이월	300,000		

선급보험료

차변		대변	
10/10	300,000	②	100,000
		차기이월	200,000
	300,000		300,000
전기이월	200,000		

자 본 금

차변		대변	
차기이월	30,000,000	10/1	30,000,000
	30,000,000		30,000,000
		전기이월	30,000,000

광고선전비

차변		대변	
10/16	200,000	집합손익	200,000
	200,000		200,000

보 험 료

차변		대변	
②	100,000	집합손익	100,000
	100,000		100,000

소모품비

차변		대변	
①	200,000	집합손익	200,000
	200,000		200,000

급 여

③	1,200,000	집합손익	1,200,000
	1,200,000		1,200,000

감가상각비

④	300,000	집합손익	300,000
	300,000		300,000

집 합 손 익

광고선전비	200,000	수수료수익	2,900,000
보 험 료	100,000		
소모품비	200,000		
급 여	1,200,000		
감가상각비	300,000		
미처분이익잉여금	900,000		
	2,900,000		2,900,000

미지급급료

차기이월	1,200,000	③	1,200,000
	1,200,000		1,200,000
		전기이월	1,200,000

미지급

10/25	1,000,000	10/7	5,000,000
차기이월	4,000,000		5,000,000
	5,000,000	전기이월	4,000,000

감가상각누계액

차기이월	300,000	④	300,000
	300,000		300,000
		전기이월	300,000

차 입 금

차기이월	10,000,000	10/6	10,000,000
	10,000,000		10,000,000
		전기이월	10,000,000

〈단계10: 재무제표 작성〉

포괄손익계산서(보고식)

20×9년 10월 1일부터
20×9년 10월 31일까지

한국고속세차 (단위 : 원)

수 익		
수수료수익	2,900,000	2,900,000
비 용		
광고선전비	200,000	
소모품비	200,000	
보 험 료	100,000	
감가상각비	300,000	
급 여	1,200,000	2,000,000
당기순이익		900,000

재무상태표(계정식)

20×9년 10월 31일 현재

한국고속세차 (단위 : 원)

계 정 과 목	금 액	계 정 과 목	금 액
자 산		**부 채**	
현 금	5,900,000	미지급급여	1,200,000
선급보험료	200,000	미지급금	4,000,000
소 모 품	300,000	차 입 금	10,000,000
임차보증금	20,000,000		
기계장치	20,000,000	**자 본**	
(감가상각누계액)	(300,000)	자 본 금	30,000,000
		미처분이익잉여금 (당기순이익)	900,000
자산합계	46,100,000	부채와 자본합계	46,100,000

제 6 절 상품매매업의 회계

I 상품매매업의 의의

1. 상품매매업의 영업과정

기업은 크게 서비스업, 상품매매업, 제조업 등으로 구분할 수 있다. 서비스업이란 운송회사나 건물임대회사와 같이 운송서비스나 임대서비스와 같이 서비스를 판매하는 사업이다. 이러한 서비스업의 영업과정은 서비스를 제공하고 그 대금을 회수함으로써 수익을 창출하는 방식으로 이루어진다.

상품매매업(merchandising companies)은 홈쇼핑회사나 백화점과 같이 물리적 형태를 갖춘 재화를 매입하여 이를 고객에게 판매하는 사업이다. 상품매매업의 주요 영업과정은 재화를 구입하고 이 재화를 고객에게 제공하는 단계와 그 대금을 회수하는 단계로 대별된다.

서비스업의 경우 고객에게 서비스를 제공하고 대금을 회수하는 과정이 주요 영업과정이지만 상품매매업의 경우 여기에다 재화를 구입하는 과정이 추가되어 서비스업에 비해 영업과정이 조금 복잡해진다.

제조업(manufacturing companies)이란 삼성전자(주)나 현대자동차(주)와 같이 원재료를 구입하여 이를 가공하여 판매가치가 높은 재화를 생산한 후 이를 판매하는 사업을 말한다.

제조업의 주요 영업과정은 원재료를 구입하는 과정과 구입한 원재료를 가공하여 재화를 생산하는 과정 및 생산된 재화를 고객에게 제공하는 단계 등으로 구성되어 상품매매업에 생산단계가 추가되어 좀 더 복잡한 영업과정을 갖는다.

지금까지 재무회계의 기초인 복식부기원리를 이해하기 위하여 우리는 주로 서비스업을 중심으로 회계순환과정을 살펴보았다. 본 장에서는 서비스업을 중심으로 배운 복식부기의 원리를 영업과정이 조금 더 복잡한 상품매매업의 예를 가지고 살펴보고자 한다. 위에서 살펴 보았듯이, 상품매매업의 영업과정은 상품을 판매하기 위해 재화를 구매하는 단계가 추가되며, 기말재고가 발생한다는 점이 서비스업과 상이하다. 영업과정이 더욱 복잡한 제조업에 대한 회계처리는 원가회계에서 학습하길 바란다.

위에서 살펴보았듯이 고객에게 판매한 후 그 대금을 회수하는 단계로 이루어진다. 즉, 상품매매업이 수익을 창출하고 이익을 획득하기 위해서는 고객이 원하는 재화를 구입한 후 이를 제공하여 그 대가로 대금을 회수하여야 한다. 따라서 상품매매업 회계의 핵심주체는 판매대상인 재화의 매입, 판매에 대한 회계처리이다, 재고자산에 대한 구체적인 회계처리는 제6절에서 설명하기로 하고 여기서는 상품매매업의 회계순환과정에 초점을 맞춘다.

2. 상품의 의의

이익을 창출하기 위한 상품매매업의 영업과정은 고객이 원하는 재화를 구입하여 이를 고객에게 적정한 가격으로 제공한 후 그 대금을 회수하는 것이다. 이와 같이 상품매매업의 핵심은 고객이 원하는 재화를 확보하는 과정으로부터 출발한다. 이처럼 고객에게 판매하기 위해서 상품매매업회사가 구입하는 재화를 상품이라 한다. 즉, 상품(merchandise)이란 기업이 판매를 하기 위한 목적으로 구입한 재화를 말한다. 특정 재화가 상품인지 여부를 판단할 때 주의해야 할 것은 기업이 구입한 재화의 물리적 형태가 중요한 것이 아니라 기업이 재화를 구입한 목적이 중요하다는 점이다.

예를 들어, 컴퓨터란 재화를 생각해 보자. 용산에 있는 전자상가의 회사가 판매를 목적으로 컴퓨터를 구입하면 이는 상품이지만 종업원의 업무처리를 위해 구입한 컴퓨터는 상품이 아니다. 즉, 회계학에서 특정 재화가 상품인지의 여부는 그 재화의 물리적 형태가 중요한 것이 아니라 그 재화를 구입한 목적이 중요하다. 동일한 컴퓨터라 할지라도 업무처리를 위해 구입한 경우 이는 상품이 아니라 유형자산인 비품으로 분류된다. 또한 상품은 제품(finishes goods)과 구분되어야 한다. 상품은 판매목적으로 구입된 재화를 의미하고, 제품은 제조업에서 생산과정을 거쳐 완성된 재화를 의미한다.

일반적으로 상품으로 분류된 재화는 유동자산에 속한다. 즉, 1년기준이나 영업순환주기 중 더 긴 기간 내에 현금으로 전환될 것이 기대되므로 상품은 유동자산에 속한다. 유동자산 중에서도 다른 유동자산에 비해 상대적으로 유동성이 떨어진다. 예를 들어, 매출채권이나 미수수익 등은 판매과정이 이미 완성된 후 나타나는 유동자산이지만, 상품은 판매과정을 거쳐야 하므로 현금화하는데 상대적으로 오래 걸릴 수 있다.

Ⅱ. 상품매매의 회계

1. 상품매입거래의 회계

(1) 상품의 매입

일반적으로 상품의 매입은 자산의 증가이므로 차변에 기록된다. 제3절에서는 차변에 상품이란 계정과목을 사용하였는데 이는 설명의 편의를 위한 것이고 대부분의 기업에서는 상품계정 대신에 매입계정(purchase account)을 사용하게 된다. 대변은 현금구입이냐 외상구입이냐에 따라 기록되는 계정이 다르다. 현금 구입인 경우에는 대변에 현금의 감소를 기록하고 상품의 대금을 나중에 지급하기로 한 경우 부채의 증가가 발생하므로 매입채무를 대변에 기록한다. 예를 들어 상품을 500,000에 구입하고 그 대금을 나중에 갚기로 한 경우 다음과 같이 분개된다.

(차) 매　　입　　500,000　　(대) 매입채무　　500,000

위의 분개에서 보듯이 차변에 상품계정 대신에 매입계정이 사용되는데 그 이유는 상품 중에서 당기에 매입된 상품과 전기에서 이월된 상품을 구분하기 위한 것이다. 앞에서 보듯이 회계기간 동안 상품이 새로 매입되는 경우 매입계정의 증가로 기록되므로 당기에 매입한 상품의 총원가는 매입계정을 보면 알 수 있다.

이처럼 회계기간 동안 매입되는 모든 상품이 매입계정에 기록되는 경우 상품계정에는 무엇이 기록될 것인가? 상품의 매입이 모두 매입계정에 기록되므로 회계기간 중에는 상품계정이 사용되지 않는다. 즉, 회계기간 중에는 상품계정이 나타나지 않고 회계기간 말에 다음 기로 상품을 이월시킬 때 이월되는 상품을 나타내기 위해 상품계정이 사용된다. 이에 상품계정을 이월상품계정으로 부르기도 한다.

그럼 매입계정의 성격은 무엇일까? 매입계정이 차변에 기록되므로 자산일까 아니면 비용일까? 상품계정 대신에 기록되므로 상품을 취급할 당시에는 매입계정이 자산을 나타낸다.

그러나 매입된 상품이 판매되지 않았다면 계속 자산으로 존재하겠지만 만일 상품이 판매되었다면 판매된 부분의 원가는 매출원가(cost of goods sold)라는 비용이 되므로 매입계정은 자산과 비용이 혼합된 상태로 볼 수 있다. 이에 대해서는 나중에 상세하게 살펴볼 것이다.

회계원칙에 따르면 모든 자산은 취득 시 취득원가로 기록된다.

여기서 취득원가(acquisition costs)란 구입가격뿐만 아니라 해당 자산의 보유목적을 달성할 준비를 완료하는데 정상적으로 들어가는 경제적 자원의 가치를 포함한다. 상품의 경우 매입가격을 포함해서 상품을 판매할 준비를 완료하는 과정에서 투입되는 경제적 자원의 가치도 상품의 취득원가가 된다. 이러한 취득원가의 정의에 따르면 상품을 구입하는 과정에서 지출한 운임이나 관련 보험료 등은 모두 취득원가의 일부로 기록된다.

예를 들어, 자동차 판매상이 미국에서 자동차를 수입하여 판매하는 경우를 살펴보면 다음과 같다.

구입가격이 ₩500,000인 자동차를 외상으로 매입하고 자동차를 미국에서 수입하는 과정에서 관세, 운반비, 운반에 대한 보험료 등으로 ₩20,000을 현금으로 지급한 경우 상품의 취득원가는 ₩520,000이 되며 다음과 같이 분개된다.

(차)	매 입	520,000	(대)	매입채무	500,000
				현 금	20,000

(2) 매입계정의 조정항목

1) 매입환출

상품의 매입이 매입계정에 기록된 후 다양한 원인으로 인해 매입계정을 조정시키는 경제적 사건이 발생할 수 있다. 매입환출(purchase returns)이란 매입된 상품을 검사하는 과정에서 상품에 하자가 있거나 주문한 품목과 일치하지 않아 상품을 반환하고 매입거래를 취소하는 것을 말한다.

이러한 매입환출이 발생하면 이미 기록된 매입의 일부가 취소되는 것이므로 매입할 때의 분개를 역으로 하면 된다. 상품을 매입할 때 차변에 매입, 대변에 매입채무를 기록하였다면 매입환출이 있는 경우 반대로 차변에 매입채무, 대변에 매입을 기록하면 된다. 예를 들어, 과거에 외상으로 매입한 상품 ₩500,000 중 ₩100,000에 해당하는 상품에 하자가 발견되어 반품한 경우 분개는 다음과 같다.

(차)	매입채무	100,000	(대)	매 입	100,000

매입한 상품을 반환하였으므로 매입채무를 상환할 필요가 없으므로 매입채무를 감소시키고 매입의 원가를 감소시킨다.

한편 경영자의 입장에서 상품의 매입거래에 대한 효율적 관리를 위해 회계기간 동안에 발생하는 매입환출에 대한 정보가 필요할 수 있다. 이러한 경우 위와 같이 분개하면 환출된 상품이 매입계정에서 직접 차감되어 회계기간 동안에 얼마의 매입환출이 발생하는지 경영자가 파악할 수 없게 된다. 이에 매입환출계정을 별도로 이용하여 다음과 같이 분개할 수 있다

(차) 매입채무 100,000 (대) 매입환출 100,000

이처럼 매입환출계정을 별도로 사용하여 분개하는 경우 대변에 기록된 매입환출계정은 매입계정에 대신하여 기록된 것이므로 매입계정의 감소를 나타낸다. 즉, 매입환출계정은 매입계정의 차감계정(contra accounts)이다.

2) 매입에누리

매입한 상품에 하자가 있거나 주문한 상품과 품목이 일치하지 않은 경우 매입한 상품을 반환할 수도 있지만 협상을 통해 매입가격에 대해 할인을 받을 수 있다. 매입에누리 (purchase allowances)란 매입한 상품에 하자가 있어 매입대금에 대해 할인을 받은 것을 의미한다.

매입환출의 경우와 마찬가지로 매입에누리가 있는 경우 이미 매입한 상품의 원가가 감소하고 이에 대한 매입채무가 감소하므로 에누리를 받은 금액만큼 매입채무계정과 매입계정을 감소시키면 된다. 또한 회계기간 중에 발생하는 매입 에누리에 대한 정보를 분리해서 파악하고자 하는 경우 매입계정 대신에 매입에누리계정에 별도로 기록할 수 있다. 예를들어, 외상으로 구입했던 상품 중에서 하자가 있어 ₩50,000의 에누리를 받았을 경우 다음과 같이 분개할 수 있다.

(차) 매입채무 50,000 (대) 매 입 50,000

또는

(차) 매입채무 50,000 (대) 매입에누리 50,000

앞의 두 번째 방법으로 분개하는 경우 매입에누리계정은 매입계정 대신에 대변에 기록된 것이므로 매입환출계정과 마찬가지로 매입계정의 차감계정이다.

3) 매입할인

상품을 매입하는 거래에서 다양한 가격할인이 발생할 수 있다. 예를 들어, 백화점에서 연말세일을 하는 경우 정상가격보다 낮은 가격으로 상품을 구매할 수도 있고 남대문시장에서 다량의 상품을 구입하는 경우 가격을 할인받을 수도 있다. 그러나 이러한 할인은 상품을 구매할 때 이미 할인된 가격으로 매입거래가 이루어지므로 상품의 매입을 할인된 가격으로 기록하면 된다.

상품을 외상으로 구매한 후 그 대금을 조기에 상환하는 경우 할인을 받을 수 있는데 이러한 할인을 매입할인이라 한다. 즉 매입할인(purchase discounts)이란 상품을 외상으로 매입한 후 그 대금을 조기에 상환하는 경우 계약에 따라 할인을 받는 것을 의미한다.

이러한 매입할인은 상품대금을 조기에 상환하는 조건으로 할인을 제공하므로 현금할인 (cash discounts)이라 하기도 한다. 예를 들어, 다음과 같은 거래조건에 의해 상품을 외상으로 매입할 수 있다.

[2/10, □/60]: 상품 구입일자로부터 10일 이내에 대금을 지급하면 2%를 할인해주며, 그 대금은 늦어도 60일 이내에 지급하여야 함을 의미한다.

이와 같은 할인은 상품 구입자의 입장에서는 매입할인에 해당하고 판매자의 입장에서는 매출할인에 해당한다. 우리나라의 일반적으로 인정된 회계원칙에 따르면 매입할인은 매입환출 및 매입에누리와 마찬가지로 매입을 조정하는 매입계정의 차감계정이다.

매입할인에 대한 회계처리를 살펴보기 위해 ₩1,000,000의 상품을 [2/10, □/60]의 거래조건으로 구입한 경우를 살펴보자.

먼저 상품을 구입하는 시점에서 다음과 같이 상품의 취득원가와 매입채무를 ₩1,000,000으로 분개한다.

(차)	매 입	1,000,000	(대)	매입채무	1,000,000

만약에 위의 매입채무를 10일 이후에 지급하는 경우 할인 없이 ₩1,000,000 전액을 지급하므로 다음과 같이 분개하면 된다.

(차)	매입채무	1,000,000	(대)	현 금	1,000,000

그러나 앞의 매입채무를 10일 이내에 지급하는 경우 2%의 할인을 받으므로 구입자가 위의 상품을 구입하는데 실제로 부담한 금액은 ₩980,000이므로 매입원가가 ₩1,000,000이 아니라 ₩980,000으로 조정되어야 한다. 또한 ₩980,000으로 ₩1,000,000의 매입채무를 상환하게 된다. 따라서 다음과 같이 매입채무의 상환을 분개한다.

(차)	매입채무	1,000,000	(대)	현 금	980,000
				매 입	20,000

즉, 대변에 매입을 ₩20,000 기록함으로써 실제로 매입한 상품의 원가가 ₩980,000으로 수정되며 매입채무는 ₩1,000,000 모두 상환된 것으로 기록한다.

위의 분개에서 경영자가 회사가 이용한 매입할인에 대한 정보를 별도로 얻고자 하는 경우에는 매입할인계정을 이용하여 다음과 같이 분개할 수 있다.

(차)	매입채무	1,000,000	(대)	현 금	980,000
				매입할인	20,000

위와 같이 매입할인계정을 이용하는 경우 매입할인계정은 매입환출계정이나 매입에누리계정과 마찬가지로 매입계정 대신에 기록된 것이므로 매입을 차감하는 계정이다.

매입환출, 매입에누리 및 매입할인 계정 등의 매입조정항목이 사용되는 경우 실제 매입액을 구하기 위해서는 매입계정에 기록된 총매입액에서 이들 계정의 잔액을 차감하면 된다. 즉, 순매입액(net purchase)은 다음과 같다. 만약 매입환출,

매입에누리 및 매입할인 등의 매입조정항목이 사용되지 않으면 수정전 원장에 있는 매입계정의 잔액이 바로 순매입액이 된다.

순매입액 = 총매입액 - (매입환출 + 매입에누리 + 매입할인)

예제2-28)

다음의 매입과 관련된 거래를 분개하라.

① 동국전자는 20×9년 4월 2일 컬러TV 10대를 대당 500,000원에 매입하고 구매대금은 외상으로 하다.

② 20×9년 4월 2일 TV 1대가 운송도중 파손된 것을 발견하여 곧 반품하다.

③ 20×9년 4월 3일 품질검사도중 품질에 이상이 있는 TV를 발견하여 ₩100,000의 에누리를 받다.

(풀이)

〈분개〉

①	(차) 매 입	5,000,000	(대)	매입채무	5,000,000
②	(차) 매입채무	500,000	(대)	매 입	500,000
③	(차) 매입채무	100,000	(대)	매 입	100,000

동국전자의 순매입액을 계산하기 위해 위의 거래들을 T계정에 전기하면 다음과 같다.

매 입

차변		대변	
①	5,000,000	②	500,000
		③	100,000
잔 액	4,400,000		

매입채무

차변		대변	
②	500,000	①	5,000,000
③	100,000		
		잔 액	4,400,000

위의 전기 결과 매입계정의 잔액(순매입액)은 ₩4,400,000이 된다.

매입액 - (매입환출 + 매입에누리) = 순매입액

5,000,000 - (500,000+100,000) = 4,400,000

예제2-29)

[예제2-28]의 동국전자의 거래를 매입환출계정과 매입에누리계정을 별도로 설정하여 분개한 후 매입계정에 대체하는 분개를 하라.

(풀이)

〈분개〉

①	(차)	매 입	5,000,000	(대)	매입채무	5,000,000
②	(차)	매입채무	500,000	(대)	매입환출	500,000
③	(차)	매입채무	100,000	(대)	매입에누리	100,000

〈매입계정에 대체하는 분개〉

④	(차)	매입환출	500,000	(대)	매 입	500,000
⑤	(차)	매입에누리	100,000	(대)	매 입	100,000

위의 분개와 매입계정에 대체하는 분개를 T계정에 전기하면 다음과 같다.

매 입

①	5,000,000	④	500,000
		⑤	100,000
잔 액	4,400,000		

매입채무

②	500,000	①	5,000,000
③	100,000		
		잔 액	4,400,000

매입환출

④	500,000	⑤	500,000

매입에누리

⑤	100,000	③	100,000

위의 결과에서 보듯이 매입계정의 기말잔액은 ₩4,400,000이 되어 [예제2-28]에서 계산한 결과와 동일하게 되는 것을 알 수 있다.

2. 상품의 매출거래 회계

(1) 상품의 매출

상품의 매매업에서 상품의 매출은 주요 영업과정에서 가장 중요한 경제적 사건이라 할 수 있다. 기업은 상품을 매출함으로써 영업과정에서 수익을 창출한다. 수익실현의 원칙에 따르면 재화나 용역이 제공된 시점에서 수익이 실현되고 기록된다. 따라서 상품의 매출거래는 수익을 실현시키는 거래이다. 또한 매출거래의 또 다른 측면은 상품이 판매되므로 상품이란 자산이 고객에게 전달되므로 회사 입장에서 상품이 더 이상 자산이 아니고 매출원가란 비용으로 전환이 되어야 한다. 즉, 상품의 매출은 이론적으로 수익을 창출하면서 또한 판매된 상품의 원가를 자산에서 비용으로 전환시킨다. 예를 들어, ₩10,000에 구입했던 상품을 ₩15,000에 판매한 경우를 살펴보자.

이러한 거래는 두 가지 측면에서 분석되어야 하는데 먼저 수익창출 측면에서 상품이 고객에게 제공됨으로써 ₩15,000의 매출수익을 창출한다. 또 다른 측면은 비용 측면으로 ₩15,000의 수익을 창출하기 위해 기업이 상품 ₩10,000을 희생하였기 때문에 매출원가라는 비용 ₩10,000을 발생시키는 것이다. 다음에서는 이러한 상품매출거래의 회계방법을 살펴보자.

학생들은 위의 예에서 상품매매를 통해 회사가 벌어들인 이익은 ₩5,000(= ₩15,000 -₩10,000)이고 회수한 현금은 ₩15,000이며 상품이란 자산이 ₩10,000 감소하였기 때문에 다음과 같이 기록하기를 원할 수 있다.

(차) 현 금	15,000	(대) 상 품	10,000
		상품매매이익	5,000

위와 같이 분개하는 것은 논리적으로 문제가 없지만 실무에 적용하는 경우 몇 가지 문제점을 초래할 수 있다.

첫째, 상품을 매입할 때 매입계정에 기록하였기 때문에 상품을 감소시키는 것은 문제이다.

둘째, 상품을 판매할 때마다 기업이 상품의 판매가격과 그 상품의 구입원가를 비교하여 상품매매이익을 계산해야 하는 불편함이 존재한다. 여러분이 슈퍼마켓에서 사과를 구입할 때마다 그 사과의 판매가격과 구입가격을 비교하여 매매이익을 구해야 한다고 상상해보면 앞의 분개가 얼마나 불편한지 알 수 있다.

셋째, 이론적인 문제로 기업의 총매출액은 회계정보이용자에게 기업의 수익성을 판단하는 데 중요한 지표인데 앞서와 같이 분개하면 매출수익이 재무제표에 나타날 수가 없다. 또한 매출수익을 달성하기 위해 투입된 상품의 원가인 매출원가 정보도 재무제표에 나타날 수가 없다.

이러한 문제점을 극복하기 위해 실무에서는 매출수익의 창출이란 측면과 매출원가라는 비용의 발생을 분리하여 다음과 같이 기록하는 것이 일반적이다.

① 매출수익의 창출

(차) 현 금	15,000	(대) 매 출	15,000

② 매출원가의 발생 및 상품의 감소

(차) 매출원가	10,000	(대) 상 품	10,000

위와 같이 분개하면 총매출액 금액을 알 수 있을 뿐만 아니라 매출수익을 창출하기 위해 기업이 희생한 비용인 매출원가 금액도 알 수 있다. 그러나 전통적으로 실무에서 두 번째 분개는 상품을 판매할 때 기록하지 않고 첫 번째 분개인 매출수익의 창출만 기록하는 것이 일반적이다. 앞에서도 말했듯이 상품을 판매할 때마다 판매된 상품의 매입원가를 알아야 매출원가를 기록할 수 있는데 다량의 동질적인 상품을 거래하는 기업의 경우에 판매 시 이러한 매출원가를 파악하기가 쉽지 않다. 즉, 상품을 판매할 때는 단지 매출수익을 기록하는 분개만 하고 매출원가와 상품의 감소분은 결산할 때 기록하는 것이 일반적이다.

최근에는 바코드와 같은 기술의 발전으로 인해 판매할 때마다 매출원가를 계산하고 상품의 감소를 기록하는 것이 가능하여 위의 거래 모두를 기록하는 회사가 존재한다. 이와 같이 판매할 때마다 매출원가를 기록하고 상품의 감소를 추적하는 방법을 계속기록법(perpetual inventory system)이라 하는데 이에 대해서는 다음 절에서 상세하게 살펴볼 것이다.

따라서 별도의 언급이 없으면 상품을 판매할 때 단지 매출수익의 창출을 기록하는 첫 번째 분개만 한다고 가정한다.

(2) 매출계정의 조정항목

1) 매출환입

상품의 매출이 매출계정에 수익으로 기록된 후 다양한 원인으로 인해 매출계정을 조정시키는 경제적 사건이 발생할 수 있다. 매출환입(sales returns)이란 상품의 품목, 품질, 규격 등에 이상이 있거나 운반도중 파손 등의 이유로 매입자가 상품을 반환하여 매출거래가 취소되는 것을 말한다.

이러한 매출환입이 발생하면 이미 기록된 매출의 일부가 취소되는 것이므로 매출할 때의 분개를 역으로 하면 된다. 예를 들어, 과거에 외상으로 판매한 상품 중에서 ₩200,000에 해당하는 상품이 반품 된 경우 분개는 다음과 같다.

(차) 매 출 200,000 (대) 매출채권 200,000

한편 경영자의 입장에서 상품의 매출거래에 대한 효율적 관리를 위해 회계기간 동안에 발생하는 매출환입에 대한 정보가 필요할 수 있다. 이러한 경우 위와 같이 매출환입을 매출계정에서 직접 차감하면 회계기간 동안에 얼마의 매출환입이 발생하였는지 경영자가 파악할 수 없게 된다. 이에 매입환출의 경우와 마찬가지로 매출환입계정을 이용하여 다음과 같이 분개할 수 있다.

(차) 매출환입 200,000 (대) 매출채권 200,000

이처럼 매출환입계정을 별도로 사용하여 분개하는 경우 차변에 기록된 매출환입계정은 매출계정에 대신하여 기록된 것이므로 매출계정의 감소를 나타낸다. 즉, 매출환입계정은 매출계정의 차감계정(contra accounts)이다.

2) 매출에누리

매출한 상품에 하자가 있는 경우 매입업자와 협상을 통해 상품을 반환하는 대신에 판매가격에 대해 할인을 제공할 수 있다. 매출에누리(sales allowances)란 판매한 상품에 하자가 있어 판매가격에 대해 할인을 제공하는 것을 의미한다.

매출환입의 경우와 마찬가지로 매출에누리가 있는 경우 이미 판매한 상품에 대한 매출수익이 감소하고 이에 대한 대금회수권한을 나타내는 매출채권이 감소하므로 에누리를 제공한 금액만큼 매출계정과 매출채권계정을 감소시키면 된다.

또한 회계기간 중에 발생하는 매출에누리에 대한 정보를 알고자 하는 경우 매출계정 대신에 매출에누리계정에 별도로 기록할 수 있다. 예를 들어, 외상으로 판매했던 상품 중에서 하자가 있어 ₩80,000의 에누리를 제공한 경우 다음과 같이 분개할 수 있다.

(차) 매　　출　80,000　(대) 매출채권　80,000

또는

(차) 매출에누리　80,000　(대) 매출채권　80,000

위의 두 번째 방법으로 분개하는 경우 매출에누리계정은 매출계정 대신에 차변에 기록된 것이므로 매출환입계정과 마찬가지로 매입에누리계정은 매출계정의 차감계정이다.

3) 매출할인

상품판매업자는 판매된 상품에 대한 대금을 조기에 회수하기 위해 매입자가 조기에 상품대금을 지급하는 경우 할인을 제공할 수 있다. 즉, 매출할인(sales discounts)이란 상품을 외상으로 판매한 후 그 대금을 매입자가 조기에 상환하는 경우 계약에 따라 할인을 제공하는 것을 의미한다. 이러한 매출할인은 앞에서 살펴본 매입할인과 동일한 할인으로 매입자의 매입할인이 판매업자의 입장에서 매출할인이 되는 것이다.

예를 들어, ₩1,000,000의 상품을 [2/10,□/60]의 거래조건으로 판매한 경우를 살펴보자.

먼저 상품을 매출한 시점에서 다음과 같이 매출수익과 매출채권을 ₩1,000,000으로 기록한다.

(차) 매출채권 1,000,000 (대) 매 출 1,000,000

만약에 위의 매출채권에 대해 매입자가 10일 이후에 지급하는 경우 할인 없이 ₩1,000,000 전액을 회수하므로 다음과 같이 분개하면 된다.

(차) 현 금 1,000,000 (대) 매출채권 1,000,000

그러나 위의 매출채권에 대해 매입자가 그 대금을 10일 이내에 지급하는 경우 2%의 할인을 제공해야 하므로 판매업자가 실제로 수령하는 금액은 ₩980,000이므로 매출수익이 ₩980,000으로 조정되어야 한다. 따라서 다음과 같이 매출채권의 회수를 분개한다.

(차) 현 금 980,000 (대) 매출채권 1,000,000
매출할인 20,000

즉, 차변에 매출을 ₩20,000 기록함으로써 실제로 실현된 매출수익을 ₩980,000으로 수정하며 대변에는 매출채권 ₩1,000,000 전액을 감소시킨다. 위의 분개에서 경영자가 회사에 제공한 매출할인에 대한 정보를 별도로 얻고자 하는 경우에는 매출할인의 경우와 마찬가지로 매출할인계정을 이용하여 다음과 같이 분개할 수 있다.

(차) 현 금 980,000 (대) 매출채권 1,000,000
매출할인 20,000

위와 같이 매출할인계정을 이용하는 경우 매출할인계정은 매출환입계정이나 매출에누리계정과 마찬가지로 매출계정 대신에 기록된 것이므로 매출을 차감하는 계정이다.

매출환입, 매출에누리 및 매출할인계정 등의 매출조정항목이 존재하는 경우에 실제 매출액을 구하기 위해서는 매출계정에 기록된 총매출액에서 이들 계정의 잔액을 차감하면 된다. 즉, 순매출액(net sales)은 다음과 같다.

순매출액 = 총매출액 - (매입환입 + 매출에누리 + 매출할인)

만약 매출환입, 매출에누리 및 매출할인 등의 매출조정항목이 사용되지 않으면 매출계정의 잔액이 바로 순매출액이 된다.

예제2-30)

다음의 매출과 관련된 거래를 분개하라.

① 전자제품 도매업을 하고 있는 한국전자(주)는 20×9년 4월 1일 컬러 TV 10대를 동국전자에 대당 ₩500,000에 판매하고 대금은 외상으로 하다.

② 20×9년 4월 2일 TV 1대가 운송도중 파손으로 반품되어 돌아오다.

③ 20×9년 4월 3일 동국전자로부터 TV 1대에 이상이 있다고 하여 반품 을 받는 대신 ₩100,000을 에누리하여 주다.

(풀이)

〈분개〉

①	(차)	매출채권	5,000,000	(대)	매　　출	5,000,000
②	(차)	매　　출	500,000	(대)	매출채권	500,000
③	(차)	매　　출	100,000	(대)	매출채권	100,000

한국전자(주)의 순매출액을 구하기 위해 위의 분개내용을 T계정에 전기하면 다음과 같다.

매　　출

②	500,000	①	5,000,000
③	100,000		
		잔 액	4,400,000

매출채권

①	5,000,000	②	500,000
		③	100,000
잔 액	4,400,000		

위에서 보는 바와 같이 매출계정의 잔액, 즉 순매출액은 ₩4,400,000이 되며, 이 금액은 다음 식을 이용해서 구하는 순매출액과 같다.

매출액 - (매출환입 + 매출에누리) = 순매출액

5,000,000 - (500,000+100,000) = 4,400,000

매입환출이나 매입에누리에 대한 회계처리와 마찬가지로, 매출환입이나 매출에누리가 빈번하게 발생하는 기업에서는 이들 계정을 별도로 설정하여 기록하였다가, 결산 시에 매출계정에 대체하여 순매출액을 계산할 수도 있다.

예제2-31)

[예제 2-30]의 한국전자(주)의 거래를 매출환입계정과 매출에누리계정을 별도로 설정하여 분개한 후, 매출계정에 대체하는 분개를 하라.

(풀이)

〈분개〉

①	(차) 매출채권	5,000,000	(대)	매　　출	5,000,000
②	(차) 매출환입	500,000	(대)	매출채권	500,000
③	(차) 매출에누리	100,000	(대)	매출채권	100,000

〈매출계정에 대체하는 분개〉

④	(차) 매　　출	500,000	(대)	매출환입	500,000
⑤	(차) 매　　출	100,000	(대)	매출에누리	100,000

위의 분개를 T계정에 전기하면 다음과 같다.

매 출

	차변		대변
④	500,000	①	5,000,000
⑤	100,000		
		잔 액	4,400,000

매출채권

	차변		대변
①	5,000,000	②	500,000
		③	100,000
잔 액	4,400,000		

매출환입

	차변		대변
②	500,000	④	500,000

매출에누리

	차변		대변
③	100,000	⑤	100,000

위의 결과에서 보듯이 매출계정의 기말잔액(순매출액)은 ₩4,400,000이 되어 [예제 2-30]에서 계산한 결과와 동일하게 되는 것을 알 수 있다.

3. 상품매매 관련계정의 분할

지금까지 살펴본 바와 같이 상품매매거래에 관련된 주요 계정은 상품계정에, 매입계정 및 매출계정이다. 상품계정은 앞에서 설명한 바와 같이 전기에 구입하여 당기로 이월된 상품의 금액 혹은 나중에 설명하겠지만 당기에 구입하였으나 아직 판매되지 않아 다음 기로 이월될 상품금액을 기록하는데 사용된다. 상품계정은 주로 회계기간 간에 이월되는 상품금액을 기록하는데 사용되므로 이월상품계정이라 부르기도 한다. 매입계정은 상품이 구입될 때마다 구입된 상품의 원가를 기록하기 위해 사용되며 매출계정은 상품의 판매를 통해 당기에 실현된 매출수익을 기록하기 위해 사용된다.

이러한 세 가지 계정뿐만 아니라 상품매매거래에서 매입계정을 조정하는 매입환출계정, 매입에누리계정 및 매입할인계정이 사용될 수 있으며 또한 매출계정을 조정하는 매출환입계정, 매출에누리계정 및 매출할인계정이 사용될 수 있다. 상품매매거래와 관련된 계정을 어느 정도 세분화할 것인가 하는 문제는 경영자의 정보수요에 의해 기업마다 다르게 결정된다. 예를 들어, 경영자가 기업이 상품을 매입할 때 어느 정도 매입할인을 이용하는지 별도로 관리하고자 하는 경우나 상품을 매출한 후 어느 정도 반품이 되는지 관리하고자 하는 경우에는 매입이나 매출에 대한 조정항목을 별도로 분리하여 기록하고자 할 것이다.

이에 비해 매입환출이나 에누리가 별로 발생하지 않는 경우에는 매입환출과 매입에누리를 결합하여 매입환출 및 에누리 계정을 하나로 묶어 사용할 수도 있다. 이처럼 상품매매거래와 관련하여 어느 정도 상세한 계정과목을 사용하느냐에 따라 전통적으로 3분법, 5분법 혹은 9분법 등의 용어가 사용되어 왔다.

3분법이란 상품매매거래의 주요 계정인 상품, 매입, 매출의 세 가지 계정을 사용하는 경우를 말하고, 5분법이란 위의 주요 세 가지 계정에다 매입계정을 조정하는 항목에 대해 하나의 별도계정과 매출을 조정하는 항목을 통합한 하나의 계정을 추가하여 다섯 가지 계정을 사용하는 방법을 말한다.

9분법이란 상품매매거래와 관련된 계정을 9가지로 구분하여 사용하는 방법을 말한다.

앞에서 말했듯이 어느 정도 계정을 분할할 것인가는 기업의 정보수요 및 중요성 정도에 따라 달라질 수 있으며 회계처리 원칙에는 큰 차이가 없다.

Ⅲ 상품매매업의 손익계산

상품매매업의 회계순환과정은 서비스업의 경우와 큰 차이가 없다. 단지 상품매매업의 경우 상품매매와 관련된 이익을 계산하기 위해 수정분개와 상품매매거래에 나타나는 계정의 처리가 포함되어 조금 복잡할 뿐이다. 서비스업에서 볼 수 없었던 상품매매거래와 관련된 이익을 계산하기 위해 추가로 필요한 절차는 매출원가를 계산하고 관련 계정들을 마감하는 절차들이다. 구체적인 상품매매업의 결산과정을 살펴보기에 앞서 먼저 상품매매거래에 대한 이익계산에 사용될 개념들을 이론적으로 살펴보고자 한다.

1. 매출총이익의 계산

앞 절에서 살펴본 바와 같이 상품을 판매할 때 매출수익의 실현부분만 분개하고 이러한 매출수익을 실현하기 위해 희생된 상품의 원가인 매출원가의 발생이나 상품의 감소를 기록하지 않았다. 이에 상품매매업의 결산에서 가장 중요한 부분 중 하나가 매출원가의 결정과 다음 기로 이월될 상품금액을 결정하는 것이다. 매출원가와 상품변동과의 관계를 파악하기 위해 먼저 다음의 등식을 살펴보자.

기초상품+당기상품매입=판매된 상품+판매되지 않은 상품

위의 등식에서 좌변에 있는 기초상품은 전기에 구입하여 판매되지 않아 당기로 이월된 상품을 말하며, 당기상품매입은 당기에 새로 매입한 상품을 말한다. 기초상품과 당기상품매입을 합하면 회사가 판매할 수 있는 총상품이 된다. 이러한 총상품은 회계연도 동안 이미 판매된 상품과 회계연도 말 현재 아직 판매되지 않은 상품의 합과 일치해야 할 것이다.

예를 들어, 기초상품이 100개이고 당기에 상품을 900개 매입했다면 총상품은 1,000개이다. 회사에 유입된 1,000개의 상품은 이미 판매된 상품의 개수와 아직 판매되지 않은 상품의 개수와 동일할 것이다. 이처럼 위의 등식은 상품의 개수관점에서도 성립하지만 상품의 원가 측면에서도 성립한다.

만일 상품의 구입단가가 ₩1,000이면 기초상품의 원가는 ₩100,000인데 이를 기초상품재고액(beginning inventories)이라 하며, 20×9년 동안 매입한 상품의 원가는 ₩900,000인데 이를 당기상품순매입액(net purchases for the peried)이라 한다. 여기서 당기상품순매입액은 당기에 상품의 총매입액에서 매입환출, 매입에누리 및 매입할인을 조정한 금액을 말한다. 따라서 판매에 이용가능한 총상품의 원가는 ₩1,000,000이며 이를 판매가능상품액 (inventories available for sale)이라 한다.

앞의 등식에서 좌변항목 기초상품재고액과 당기상품순매입액은 우리가 원장을 보면 알 수 있는 금액이다. 즉, 기초상품은 전기로부터 이월된 상품이므로 상품계정을 보면 알 수 있고 당기에 매입한 상품의 원가는 매입계정과 매입조정항목 계정을 보면 알 수 있다. 그러나 등식에서 우변에 나타나는 판매된 부분의 원가와 판매되지 않은 부분의 원가는 장부를 통해 알 수가 없다. 그러나 우변에 있는 하나의 항목만 알면 등식에 의해 나머지는 자동적으로 결정된다는 사실을 알 수 있다.

등식에서 우변에 나타나는 판매된 상품의 원가가 바로 매출원가(cost of goods sold)이며. 판매되지 않은 상품의 원가가 바로 기말상품재고액(ending inventories)이다. 따라서 원가 측면에서 위의 등식을 다시 표현하면 다음과 같다.

기초상품재고액+당기상품순매입액=매출원가=기말상품재고액

우변에 있는 하나의 항목이 결정되면 나머지는 등식에 의해 자동적으로 결정되므로 상품매매업의 결산과정은 우변에 있는 두 항목 중 하나를 결정하는 것이다. 소모품의 결산에서 살펴보았듯이 일반적으로 기업은 우변항목 중 기말에 판매되지 않고 남아 있는 기말상품을 실제로 조사하여 기말상품재고액을 먼저 결정한다. 만일 위의 예에서 기말에 판매되지 않고 남아 있는 기말상품이 200개이고 기말상품재고액이 ₩200,000이면 등식에 의해 자동적으로 매출원가는 =800,000으로 결정된다. 즉, 매출원가는 다음의 식에 의해 결정된다.

매출원가 = 기초상품재고액+당기상품순매입액-기말상품재고액

매출수익을 창출하는데 희생된 비용인 매출원가가 결정되면 우리는 쉽게 상품매매거래에서 발생한 매출총이익을 계산할 수 있다. 매출총이익(gross margin 혹은 gross profit)은 매출액에서 매출원가를 차감한 잔액을 의미한다. 물론 여기서 매출액이란 총매출액에서 매출조정항목을 조정한 후의 순매출액을 의미한다. 지금까지 살펴본 내용을 요약하면 다음과 같다.

매 출 액	-	매출원가	=	매출총이익

매출액 = 총매출액 - (매출환입+매출에누리+매출할인)

매출원가 = (기초상품재고액+당기상품순매입액)-기말상품재고액

당기상품순매입액 = 총매입액-(매입환출+매입에누리+매입할인)

예제2-31)

개성(주)는 20×9년 1월 초에 인삼도매업을 시작하였다. 20×9년 중 ₩30,000,000의 인삼을 매입하였으며, ₩3,000,000의 매입환출과 ₩1,000,000의 매입에누리가 발생하였다.

20×9년 결산기말에 창고에 남아 있는 기말상품재고액은 ₩5,000,000이다. 개성(주)의 20×9 회계연도의 매출원가를 구하라.

(풀이)

개성(주)의 20×9년의 매출원가는 기초재고는 없고 ₩5,000,000의 기말재고만 있으므로 다음과 같이 구할 수 있다.

매출원가 = 기초상품재고액+당기상품순매입액-기말상품재고액

= 0+ [30,000,000- (3,000,000+1,000,000)]- 5,000,000

= 21,000,000

이를 그림으로 표시하면 다음과 같다.

<table>
<tr><td rowspan="2">판매가능상품액
(26,000,000)</td><td rowspan="2">당기상품
순매입액
(26,000,000)</td><td>판매된 부분</td><td>매출원가
(21,000,000)</td></tr>
<tr><td>판매되지 않은
부분</td><td>기말상품재고액
(5,000,000)</td></tr>
</table>

예제2-32)

한국(주)는 20×년 중에 ₩35,000,000의 상품을 매입하였다. 20×9년 중에 ₩5,000,000의 매입환출과 에누리가 발생하였으며, 20×9년의 결산기말에 ₩6,000,000의 기말재고를 가지고 있다. 한국(주)의 20×9년도의 매출원가를 구하라. 한국(주)의 20×8년도의 기말재고는 ₩5,000,000이었다.

(풀이)

한국(주)의 20×9년도의 매출원가를 구하는 데 있어 20×8년의 기말재고가 20×9년의 기초 재고가 되므로 다음과 같이 구할 수 있다.

매출원가=기초상품재고액+당기상품순매입액-기말상품재고액

=5,000,000+(35,000,000-5,000,000)-6,000,000

=29,000,000

이를 그림으로 표시하면 다음과 같다.

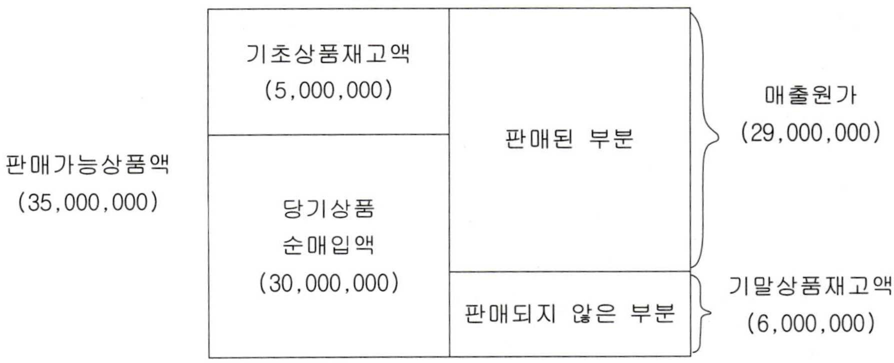

예제2-33)

20×9년도 개성(주)의 매출총액은 ₩27,000,000이었으며, 한국(주)의 매출총액은 ₩37,000,000이었다. 개성(주)의 매출환입 및 에누리액은 ₩1,000,000이었고, 한국(주)의 매출환입액은 ₩2,000,000이었다. 20×9년도 개성(주)와 한국(주)의 매출총이익을 구하라

(예제 2-31와 2-32 정보이용).

(풀이)

매출총이익=당기순매출액-매출원가이므로

① 개성(주)의 매출총이익=(27,000,000-1,000,000)-21,000,000*

=5,000,000

② 한국(주)의 매출총이익=(37,000,000-2,000,000)-29,000,000**

=6,000,000

*[예제2-31]의 매출원가 참조.

*[예제2-32]의 매출원가 참조.

예제2-34)

다음은 한국(주)의 상품매매와 관련된 자료이다. 이를 이용하여 매출원가와 매출총이익을 구하라.

기초상품재고액 ₩20,000	매　입 ₩350,000	매입환출 ₩25,000
매입운임 ₩500	매　출 ₩540,000	매출에누리 ₩1,200
기말상품재고액 ₩22,000		

(풀이)

매출원가=기초상품재고액+당기상품순매입액-기말상품고재액

= 20,000+(350,000+500*-25,000)-22,000

= 323,500

매출총이익=당기순매출액-매출원가

=(540,000-1,200)-323,500

=215,300

* 매입과 관련하여 발생한 운반비 등은 취득원가에 포함시켜야 하나, 판매와 관련되어 발생한 운반비는 매출액에 포함시키지 않고 판매비와 관리비로 보고하여야한다.

2. 상품매매업의 주요 결산절차

지금까지 상품매매업의 매출원가와 매출총손익을 구하는 방법을 이론적으로 살펴보았다.

여기서는 분개형식을 통해 이들을 구하는 결산절차에 대해 살펴보고자 한다.

상품매매업에 있어서 결산절차의 원리는 서비스업의 경우와 크게 다를 바가 없다.

즉, 결산을 위해 수정전시산표를 작성한 후 수정분개를 통해 수정이 필요한 항목을 수정하여 재무제표를 도출하고 마감하는 절차를 수행한다. 상품매매업의 결산과정을 살펴보기 위해 먼저 다음의 예를 고려하자.

<예> 상품매매업을 하는 한국(주)의 수정전시산표에 나타난 상품관련계정은 다음과 같다

상　　품: ₩1,000	매　　입: ₩15,000	매입할인:₩3,000
매입환출: ₩2,000	매　　출: ₩17,000	매출환입:₩5,000

먼저 결산을 하기에 앞서 수정전시산표에 있는 금액이 의미하는 바를 먼저 이해하여야 한다. 한국(주)가 당기에 판매한 매출총액은 ₩17,000이고 이 중 매출환입에 의해 매출액이 ₩5,000만큼 줄어들었다. 즉, 한국(주)가 당기에 달성한 순매출액은 ₩12,000이다. 당기에 매입한 상품은 모두 매입계정에 기록하였으므로 한국(주)가 당기에 매입한 상품의 총원가는 ₩15,000이고 이 중에서 매입할인을 통해 ₩3,000만큼 매입한 상품의 원가가 감소하였으며 또한 매입환출에 의해 매입한 상품의 원가가 ₩2,000만큼 감소하였다. 즉, 한국(주)가 당기에 매입한 상품의 순매입액은 ₩10,000이다. 마지막으로 상품계정의 ₩1,000은 무엇을 나타낼까? 회계기간 중에 상품계정에는 아무것도 기록된 것이 없으므로 수정전시산표에 나타나는 상품계정의 금액은 전기에 구입하여 당기로 이월된 상품을 의미하므로 이것은 바로 기초상품재고액을 의미한다.

따라서 앞에서 배운 매출원가 공식에서 좌변은 이미 장부에 모두 기록되어 있음을 알 수 있다. 즉, 한국(주)의 기초상품재고액은 ₩1,000이고 당기상품순매입액은 ₩10,000이므로 판매가능상품액은 ₩11,000이다.

기초상품재고액(₩1,000)+당기상품순매입액(₩10,000)

= 판매가능상품액(₩11,000)

= 매출원가+기말상품재고액

한국(주)는 결산을 하기 위해 위의 등식에서 우변항목 중 하나의 금액을 결정해야 한다.

앞에서도 설명했듯이 기업은 일반적으로 결산을 하기 위해 기말 현재 창고에 판매되지 않은 기말상품을 조사하여 기말상품재고액을 먼저 파악한다. 만일 기말재고실사를 통해 기말상품 재고액이 ₩2,000이라고 한다면 매출원가는 ₩9,000이 된다.

그러면 결산을 위해 한국(주)가 수정전시산표의 어떤 항목을 수정해야 할 것인가에 대해 살펴보자. 먼저 상품계정은 원장에 ₩1,000으로 기록되어 있으나 기말 현재 창고에 남아 있는 상품은 ₩2,000이므로 상품계정에 대한 수정이 필요하다. 당기 포괄손익계산서에 기록될 비용인 매출원가계정이 수정전시산표에 없기 때문에 매출원가계정이 ₩9,000으로 수정되어야 한다.

또한 매입계정은 처음 기록할 때는 자산이지만 이미 상품이 판매되었다면 비용이므로 자산과 비용의 양면적 성격을 가지므로 재무제표에 나타날 수 없다. 즉, 매입 및 매입관련계정의 잔액은 0으로 수정되어야 한다. 이러한 수정목록을 달성하기 위해 다양한 수정분개가 이루어져야 하며 실무에서는 다양한 방법이 존재할 수 있는데 다음에서는 아래의 두가지 방법을 중점적으로 살펴보고자 한다.

① 매출원가계정을 이용하는 방법

② 매입계정에서 매출원가를 구하는 방법

(1) 매출원가계정의 이용

매출원가계정을 이용하는 방법은 수정전시산표에 나타나지 않는 새로운 매출원가계정을 새로이 설정하여 매출원가를 도출하는 방법이다. 이 방법은 매출원가계정에서 매출원가를 구하므로 가장 합리적인 방법이라 할 수 있다. 매출원가계정을 이용하는 경우 매출원가는 이론적으로 기초상품재고액에다 당기상품순매입액을 가산하여 기말상품재고액을 차감한 금액이므로 매출원가계정 차변에 기초상품재고액과 당기상품순매입액이 기록되도록 수정분개를 하고 기말상품재고액이 매출원가의 대변에 기록되도록 수정분개를 하면 된다. 이에 대한 구체적인 수정분개를 살펴보기 위해 앞에서 사용하였던 예를 이용하자.

상 품: ₩1,000	매 입: ₩15,000	매입할인: ₩3,000
매입환출: ₩2,000	매 출: ₩17,000	매출환입: ₩5,000

<기말에 상품의 심사결과 기말상품재고액은 ₩2,000 이다.>

먼저 매출원가를 구하기 위해서는 당기상품순매입액을 알아야 하므로 매입조정항목이나 매출조정항목이 있는 경우 이를 제거하여 매입계정과 매출계정으로 환원시킨다. 즉, 한국(주)의 경우 매입할인계정과 매입환출계정을 마감하여 매입계정으로 환원시키고 매출환입계정을 마감하여 매출계정으로 환원시키기 위해 다음의 분개를 한다.

〈매입조정항목을 매입계정으로 환원〉

(차)	매입할인	3,000	(대) 매 입	5,000
	매입환출	2,000		

〈매출조정항목을 매출계정으로 환원〉

(차)	매 출	5,000	(대) 매출환입	5,000

위의 분개를 한 후 이를 원장에 전기하면 매입조정항목계정과 매출조정항목계정의 잔액은 0이 되고 이제 매입계정의 잔액은 ₩10,000이 되어 당기순매입액을 나타낸다. 한편 매출계정의 잔액은 ₩5,000이 차변에 기록되므로 이제 매출계정의 잔액은 ₩10,000이 되어 순매출액을 나타내게 된다.

다음 상품계정에 있는 기초상품재고액을 매출원가계정 차변에 보내기 위해 다음과 같은 수정분개를 한다.

① 기초상품재고액을 매출원가 계정으로 이동시키는 수정분개

(차) 매출원가	1,000	(대) 상 품	1,000

위의 분개를 한 후 이를 원장에 전기하면 상품계정의 잔액은 0이 되고 매출원가계정은 차변에 ₩1,000이 기록된다.

기초상품과 마찬가지로 다음은 매입계정의 금액을 매출원가계정 차변으로 이동시키는 분개를 다음과 같이 한다. 앞에서 매입조정항목이 매입계정으로 환원되었으므로 이제 매입계정의 잔액은 ₩15,000이 아니라 ₩10,000임을 기억하라.

② 매입계정금액을 매출원가계정으로 이동시키는 수정분개

(차) 매출원가	10,000	(대) 매 입	10,000

위의 분개를 하면 이제 매입계정의 잔액은 0이 되고 매출원가계정은 앞의 ①의 분개에서 기록된 ₩1,000원과 위의 분개에서 기록된 ₩10,000원이 합해져 차변에 ₩11,000이 기록된다.

마지막으로 상품이 현재 ₩2,000 남아 있으므로 상품계정에 ₩2,000이 기록되어야 하고 매출원가를 구하기 위해서는 기말상품재고액이 기초상품재고액과 당기상품순매입액의 합에서 차감되어야 하므로 매출원가계정 대변에 기록되도록 수정분개를 하면 된다.

③ 기말상품재고액을 상품계정과 매출원가계정에 기록하는 수정분개

(차) 상 품	2,000	(대) 매출원가	2,000

위의 분개를 한 후 원장에 전기하면 이제 상품계정은 ₩2,000으로 기말에 남아 있는 상품원가를 올바르게 나타낼 수 있으며 매출원가계정도 ₩9,000=(1,000+10,000-2,000)이 되어 올바른 금액으로 수정된다. 지금까지 수행한 수정분개를 원장에 전기하면 결과는 다음과 같다.

매출원가

차변		대변	
① 상 품	1,000	③ 상 품	2,000
② 매 입	10,000		
잔 액	9,000		

상 품

차변		대변	
기초재고	1,000	① 매출원가	1,000
③ 매출원가	3,000		
잔 액	2,000		

매 입

차변		대변	
당기매입	10,000	② 매출원가	10,000
잔 액	0		

마감분개는 손익계정의 잔액을 0으로 만들기 위한 분개이므로 서비스업의 경우나 상품매매업의 경우에 별로 차이가 없다. 단지, 상품매매업의 경우 수익계정인 매출계정과 비용계정인 매출원가계정을 집합손익계정으로 대체하면 된다. 앞의 한국(주)의 경우 마감분개는 다음을 포함한 것이다.

(차)	매 출	12,000	(대) 집합손익	12,000
(차)	집합손익	9,000	(대) 매출원가	9,000

예제2-35)

다음은 한국(주)의 20×9년 결산기말에 상품매매와 관련된 정보이다. 매출원가계정을 사용하여 수정분개를 행하고 상품매매손익을 계산하기 위한 마감분개를 행하라

기초상품재고액 : ₩150,000 총매입액 : ₩2,000,000

순매출액 : ₩2,300,000 매입환출 : ₩200,000

기말상품재고액 : ₩300,000

(풀이)

〈수정분개〉

① (차)	매출원가	150,000	(대)	상 품	150,000
② (차)	매출원가	2,000,000	(대)	매 입	2,000,000
③ (차)	매입환출	200,000	(대)	매출원가	200,000
④ (차)	상 품	300,000	(대)	매출원가	300,000

수정분개 후에 매출원가계정의 차변잔액은 ₩1,650,000 (150,000+ 2,000,000-200,000-300,000)이 된다. 따라서 마감분개는 다음과 같다.

〈마감분개〉

⑤ (차)	매 출	2,300,000	(대)	집합손익	2,300,000
⑥ (차)	집합손익	1,650,000	(대)	매출원가	1,650,000

(2) 매입계정에서 매출원가를 구하는 방법

이 방법은 매출원가계정을 새로 설정하지 않고 매입계정에서 매출원가를 구하는 방법이다.

매출원가를 구하는 공식에 따르면 기초상품재고액에다 당기상품순매입액을 가산하여 기말상품재고액을 차감하여 구하는데 당기상품매입액이 이미 원장의 매입계정에 기록되어 있으므로 기초상품재고액과 기말상품재고액만 매입계정으로 이동시키면 매입계정에서 매출원가를 구할 수 있다. 이 방법을 구체적으로 살펴보기 위해 앞에서 살펴본 예를 이용한다.

먼저 매출원가계정을 이용하는 방법과 마찬가지로 매입조정항목이나 매출조정항목을 매입계정과 매출계정에 환원시키는 분개를 한다.

〈매입조정항목을 매입계정으로 환원〉

(차)	매입할인	3,000	(대)	매　　입	5,000
	매입환출	2,000			

〈매출조정항목을 매출계정으로 환원〉

(차)	매　　출	5,000	(대)	매출환입	5,000

위의 분개를 통해 매입계정은 순매입액을 나타내고 매출계정은 순매출액을 나타내게 된다.

다음은 상품계정에 기록된 기초상품재고원가를 매출원가계정이 아닌 매입계정으로 분개시키는 수정분개를 한다.

① 기초상품재고액을 매입계정으로 이동시키는 수정분개

(차) 매　　입　　1,000　　(대) 상　　품　　1,000

위의 분개를 한 후 원장에 전기하면 상품계정의 잔액은 0이 되고 매입계정의 잔액은 이제 기초상품재고액과 당기상품순매입액의 합으로 나타난다. 따라서 매출원가를 구하기 위해서는 여기에 기말상품재고액을 차감하면 되므로 다음과 같이 수정분개를 한다.

② 기말상품재고액을 상품계정과 매입계정에 기록하는 분개

(차) 상　　품　　2,000　　(대) 매　　입　　2,000

위의 분개를 원장에 전기하면 이제 상품계정은 ₩2,000이 되고 매입계정의 잔액은 ₩9,000이 되어 매출원가를 나타내게 된다.

위에서 보는 바와 같이 매입계정에서 매출원가를 구하면 수정분개는 앞에서 살펴본 매출 원가계정을 이용하는 방법보다 간단하다. 그러나 이 방법을 사용하면 수정전시산표의 매입계정은 당기상품매입액을 나타내고 수정후시산표에는 매출원가라는 비용을 나타내게 된다.

즉, 처음에 기록될 때에는 당기에 매입한 상품이라는 자산을 나타내지만 수정후에는 매출원가라는 비용이 된다.

매입계정에서 매출원가를 구하는 방법을 사용한 경우 수정후 원장에 나타내는 매입계정의 모습은 다음과 같다.

매 입

당기매입	10,000	② 상 품(기말재고)	2,000
① 상 품(기초재고)	1,000		
잔 액	9,000		

마감분개는 포괄손익계산서항목의 잔액을 0으로 만들기 위한 분개이므로 매출원가계정을 이용하는 방법과 별로 차이가 없다. 단지, 매입계정서 매출원가를 구하는 방법에서는 매입계정이 매출원가라는 비용을 나타내므로 다음과 같이 집합손익계정으로 대체하면 된다.

③ (차) 매 출 150,000 (대) 집합손익 150,000

④ (차) 집합손익 80,000 (대) 매 입 80,000

위의 마감분개를 한 후 상품관련계정의 모습은 다음과 같다.

매 입

당기매입	10,000	②	2,000
①	1,000	④ 집합손익	9,000
합 계	11,000	합 계	11,000

매 출

③ 집합손익	12,000	당기매출	12,000
합 계	12,000	합 계	12,000

집합손익

④ 매 입	9,000	③ 매 출	12,000
매출총이익	3,000		
합 계	12,000	합 계	12,000

예제2-35)

다음은 한국(주)의 20×9년 결산기말에 상품매매와 관련된 정보이다. 매입계정을 사용하여 매출원가를 구하기 위한 수정분개를 행하고, 매매손익계산을 위한 수정 및 마감분개를 행하라

기초상품재고액	₩150,000	총매입액	₩2,000,000
매입환출	₩200,000	총매출액	₩2,300,000
기말상품재고액	₩300,000		

(풀이)

〈수정분개〉

①	(차) 매 입	150,000	(대) 상 품	150,000
②	(차) 매입환출	200,000	(대) 매 입	200,000
③	(차) 상 품	300,000	(대) 매 입	300,000

수정분개 후에 매입계정의 차변잔액(매출원가)은 ₩1,650,000 (2,000,000+150,000-200,000-300,000)이 된다. 따라서 마감분개는 다음과 같다.

〈마감분개〉

④	(차) 매 출	2,300,000	(대) 집합손익	2,300,000
⑤	(차) 집합손익	1,650,000	(대) 매 입	1,650,000

마감분개 후에 집합손익계정의 대변잔액(매출총이익)은 ₩650,000(2,300,000 - 1,650,000)이 된다. 이상의 결과를 T계정에 이용하여 확인해 보자.

매		입	
	2,000,000	②	200,000
①	150,000	③	300,000
		⑤	1,650,000
합계	2,150,000	합 계	2,150,000

집합손익			
⑤	1,650,000	④	2,300,000
매출총이익	650,000		
합 계	2,300,000	합 계	2,300,000

한국(주)의 20×9년 매출원가와 매출총이익을 산식하여 계산하면,

매출원가=기초상품재고액+당기상품순매입액-기말상품재고액

=150,000+(2,000,000-200,000)-300,000=1,650,000

매출총이익=순매출액-매출원가

=2,300,000-1,650,000=650,000

예제2-36)

다음 자료는 한국(주)의 상품매매와 관련된 자료이다. 이를 이용하여 기말 수정분개(매입계정사용) 및 마감분개를 행하고 T계정에 전기하여 마감하라.

기초상품재고액	₩20,000	당기상품순매입액	₩460,000
당기순매출액	₩680,000	기말상품재고액	₩30,000

(풀이)

〈수정분개〉

① 기초상품재고액을 매입계정에 더해주는 분개

(차) 매 입 20,000 (대) 상 품 20,000

② 기말상품재고액을 매입계정에 차감해주는 분개

(차) 상 품 30,000 (대) 매 입 30,000

〈마감분개〉

③ 매입계정잔액을 집합손익계정의 차변에 대체해주는 분개

(차) 집합손익 450,000 (대) 매 입 450,000

④ 매출계정을 집합손익계정의 대변에 대체해주는 분개

(차) 매 출 680,000 (대) 집합손익 680,000

〈T계정에 전기〉

상 품

차변		대변	
전기이월	20,000	①	20,000
②	30,000	차기이월	30,000
합 계	50,000	합 계	50,000
전기이월	30,000		

매 입

차변		대변	
당기매입	460,000	②	30,000
①	20,000	③	450,000
합 계	480,000	합 계	480,000

매 출

차변		대변	
④	680,000	당기매출	680,000
합 계	680,000	합 계	680,000

집합손익

차변		대변	
③	450,000	④	680,000
매출총이익	230,000		
합 계	680,000	합 계	680,000

제 7 절 재고자산

I 재고자산의 의의와 중요

1. 재고자산의 의의

상품매매업의 경우에 회사가 보유한 유동자산 중 대표적인 자산의 하나가 재고자산이다.

재고자산(inventories)이란 정상적인 영업과정에서 판매를 위하여 보유하거나 생산과정에 있는 자산 및 생산과정에 투입될 원재료나 영업과정에서 소비될 것으로 기대되는 소모품의 형태로 존재하는 자산을 말한다. 즉, 재고자산은 크게 다음 세 가지 범주로 구분된다.

첫째, 판매목적으로 보유하는 자산은 재고자산이다. 예를 들어, 상품매매업에서 판매목적으로 보유하는 상품이 재고자산이며 제조업의 경우 판매목적으로 생산하여 보유하고 있는 제품이 재고자산이다.

둘째, 재고자산은 생산과정 중에 있는 자산을 포함한다. 예를 들어, 현대자동차(주)가 보유하고 있는 미완성된 자동차는 재고자산이며 이를 재공품(work-in-process)이라 한다.

셋째, 생산공정에 투입하기 위해 보유하고 있는 원재료나 영업과정에 소비될 소모품이 재고자산에 속한다. 예를 들어, 현대자동차(주)가 생산에 사용하기 위해 보유하고 있는 자동자부품은 원재료에 속하며 영업과정에 사용되어 없어지는 문방구류와 같은 소모품이 재고자산에 속한다.

상품매매업의 경우 판매목적으로 구입한 상품과 영업과정에서 소비될 것으로 기대되는 소모품이 주요 재고자산이다. 제조업의 경우 제품, 반제품, 재공품, 원재료 등 다양한 재고자산이 존재한다. 따라서 상품매매업과 관련된 재고자산인 상품에 대한 회계처리를 중심으로 살펴볼 것이다.

상품매매업의 상품과 관련된 기초적인 회계처리방법은 매출원가와 기말상품재고액을 어떻게 결정하느냐에 따라 회사의 이익이 달라질 수 있고 이에 따라 납부해야 할 세금과 자금흐름도 영향을 받을 수 있다. 따라서 재고자산의 회계방법을 결정하는 것은 기업에 있어서 매우 중요한 회계 의사결정 중의 하나이다.

2. 재고자산평가의 중요성

이미 설명한 바와 같이 매출총이익을 구하기 위해서는 매출원가를 구해야 하며, 매출원가를 구하기 위해서는 반드시 기말상품재고액을 알아야만 한다. 당기의 기말상품재고액은 차기의 기초상품재고액이 되기 때문에, 차기의 매출원가를 계산하는 데도 직접적인 영향을 미치게 된다.

따라서 기말상품재고액은 당기의 손익계산은 물론이고 차기의 손익계산에까지 영향을 미치게 된다. 또한 기말상품재고액은 재무상태표에 유동자산의 항목으로 표시되기 때문에 기말의 재무상태를 표시하는 재무상태표에도 중대한 영향을 미치게 되는 것이다.

기말상품재고액이 매출원가와 매출총이익에 미치는 영향을 알아보기 위해 이미 설명한 바 있는 다음의 공식과 예제를 이용하여 살펴보기로 한다.

당기 순매출액-매출원가=매출총이익

기초상품재고액+당기상품순매입액-기말상품재고액=매출원가

예제2-37)

한국(주)의 20×9년도 상품과 관련되는 자료는 다음과 같다.

순 매 출	₩13,000,000	기초상품재고액	₩2,000,000
순매입액	₩10,000,000	기말상품재고액	₩2,500,000

한국(주)의 20×9년의 매출원가는 ₩9,500,000 (₩2,000,000 + ₩10,000,000 -₩2,500,000)이며, 매출총이익은 ₩3,500,000(₩13,000,000-₩9,500,000)이 된다. 만약 ₩2,500,000의기말상품재고액이 ₩1,500,000으로 과소평가되었을 경우 매출원가는 ₩10,500,000으로 과대계상되며, 매출총이익은 ₩2,500,000으로 과소계상된다. 반대로 기말상품재고액이 ₩3,500,000으로 과대평가되었을 경우 매출원가는 ₩8,500,000으로 과소계상되고, 매출총이익은 ₩4,500,000으로 과대계상된다. 이를 요약하면 다음 표와 같다

기말상품재고액	매출원가	매출총이익
2,500,000 (정상평가)	9,500,000 (정상계상)	3,500,000 (정상계상)
1,500,000 (1,000,000 과소평가)	10,500,000 (1,000,000 과대계상)	2,500,000 (1,000,000 과소계상)
3,500,000 (1,000,000 과대평가)	8,500,000 (1,000,000 과소계상)	4,500,000 (1,000,000 과대계상)

당기의 기말재고는 다음 회계연도의 기초재고가 되기 때문에 차기의 매출원가와 매출총이익에도 영향을 미치게 된다. 이와 같은 관계를 그림으로 표시하면 다음과 같다.

그림 2-4 기말재고평가가 매출원가 및 매출총이익에 미치는 영향

〈기말재고의 과소평가〉

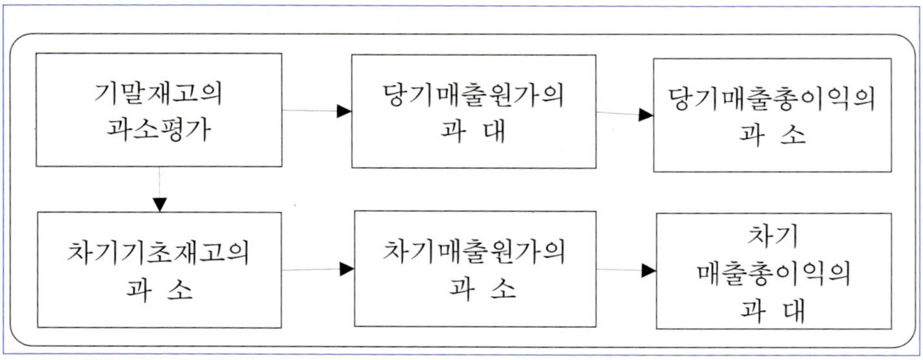

〈기말재고의 과대평가〉

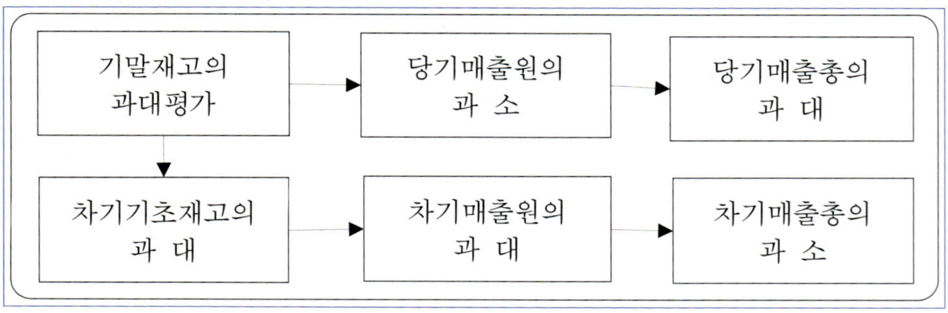

이상에서 볼 수 있는 바와 같이 기말상품재고액의 결정은 당기의 이익뿐만 아니라 차기의 이익에도 직접영향을 미친다는 것을 알 수 있다.

II 재고자산의 재고수량 결정방법

기말상품재고액을 결정하기 위해서는 기말에 기업이 보유하고 있는 재고자산의 재고수량과 단위당 가격(단가)을 알아야 한다. 기말상품재고액은 재고수량에 단가를 곱하여 계산할 수 있다. 기말재고의 재고수량을 결정하는 방법에는 실지재고조사법과 계속기록법의 두 가지가 있다.

1. 실지재고조사법

실지재고조사법(physical inventory system)은 매입 시에는 매입수량을 기록하나 매출 시에는 매출수량을 일일이 장부상에 기록하지 않고, 결산기말에 남아 있는 수량을 실제로 조사하여 기말재고수량을 결정하는 방법이다. 즉 실지재고조사법은 다음의 재고자산 등식에서 우변에 있는 기말상품재고액을 결산 시에만 결정하여 매출원가를 산정한다.

기초상품재고액+당기상품순매입액=매출원가+기말상품재고액

이 방법에 의하면 기말에 남아 있지 않은 재고자산은 전부 판매된 것으로 간주하기 때문에 도난이나 파손, 증발에 의해 없어진 상품은 기말재고자산을 조사할 때 창고에 없으므로 모두 판매된 것으로 계상되어 매출원가로 처리되게 된다. 실지재고조사법은 실사법 또는 실제재고조사법이라고도 한다.

실지재고조사법은 취급하는 재고자산의 종류와 수량이 많고 거래가 아주 빈번하게 발생하여 판매 시나 출고 시마다 일일이 장부에 기록하기 어려운 기업에서 주로 사용한다. 이 방법을 사용할 경우 회계기말에 실제로 재고조사를 해야만 매출원가와 매출총이익의 계산이 가능하다. 따라서 회계기간 중에는 상품의 매출원가나 매출총이익을 알 수가 없게 된다.

실지재고조사법을 이해하기 위하여 다음의 예제를 이용하여 살펴보기로 한다.

예제2-38)

한국(주)의 상품매매와 관된 자료가 다음과 같을 때 필요한 분개를 하라 (단, 모든 거래는 외상으로 이루어짐).

기초재고 : 100개(구입단가 : ₩1,000)
당기순매입 : 600개(구입단가 : ₩1,000)
당기순매출 : 500개(판매단가 : ₩2,000)
기말재고 : 200개(구입단가 : ₩1,000)

(풀이)

〈매입 시의 분개〉

(차) 매 입	600,000	(대) 매입채무	600,000

〈판매 시의 분개〉

(차) 매출채권	1,000,000	(대) 매 출	1,000,000

〈결산 시의 수정분개〉

① 기초상품재고액을 매출원가 계정에 보내는 분개

(차) 매출원가	100,000	(대) 상 품	100,000

② 당기순매입액을 매출원가에 보내는 분개

(차) 매출원가	600,000	(대) 매 입	600,000

③ 기말상품재고액을 매출원가에서 차감하는 분개

(차) 상 품	200,000	(대) 매출원가	200,000

위의 수정분개를 하면 매출원가는 ₩500,000으로 결정되고, 상품계정에는 기말상품재고액 ₩200,000이 남게 된다. 그리고 매출총이익은 매출액에서 매출원가를 차감한 ₩500,000으로 계산된다.

2. 계속기록법

계속기록법(perpetual inventory system)은 재고자산의 매입 시에는 물론이고 매출 시에도 입.출고 수량을 일일이 장부에 기록함으로써 어느 때라도 장부상에서 재고수량을 알 수 있는 방법이다. 즉, 상품을 매입할 때 매입계정 대신에 상품계정을 사용하고 상품을 판매할 때마다 다음의 등식에서 우변의 매출원가를 먼저 결정하므로 장부상 상품계정을 보면 현재 남아 있는 상품의 재고를 알 수 있다.

물론 이 방법을 사용하여도 회계기말에 장부상의 재고와 창고에 남아 있는 실제 재고를 대조하기 위해 실제로 재고파악을 하여야 한다.

기초상품재고액+당기상품순매입액=매출원가+기말상품재고액

이 방법을 이용할 경우 회계기간 중의 어느 때라도 상품의 재고액을 장부상에서 파악할 수 있으며, 따라서 매출원가와 매출총이익을 상품판매 시에 계산할 수 있다. 또한 기말에 실제 재고가 장부상의 재고보다 부족할 경우 이 금액을 매출원가에 포함시키지 않고 재고자산감모손실로 처리할 수 있어 정확한 매출원가의 계산이 가능하게 된다.

계속기록법은 취급상품의 종류가 많고 거래가 빈번한 기업에서는 사용하기가 힘들고, 상품의 종류가 적고 거래가 빈번하지 않은 기업에서 사용 가능한 방법이다.

계속기록법을 이해하기 위해 앞의 [예제2-38]을 이용하여 상품매매를 분개하면 다음과 같다.

〈매입 시의 분개〉

(차)	상 품	600,000	(대)	매입채무	600,000

〈매출 시의 분개〉

(차)	매출채권	1,000,000	(대)	매 출	1,000,000
	매출원가	500,000		상 품	500,000

앞에서 보는 바와 같이, 계속기록법 하에서는 매입 시에 매입계정 대신에 상품계정을 사용하며, 매출 시에도 상품계정을 차감하여 주기 때문에 상품이 증가하거나 감소하는 것이 모두 기록된다. 따라서 현재 상품계정에 남아 있는 재고자산의 금액을 알 수 있으며, 매출원가도 매출할 때마다 즉시 파악할 수 있다. 따라서 결산 시에는 매출원가를 구하기 위한 수정분개를 할 필요가 없게 된다.

3. 컴퓨터에 의한 재고관리

앞의 설명에서 취급상품의 종류나 수량이 많고 거래가 빈번히 발생하는 기업에서는 실지재고조사법이 주로 사용되고, 계속기록법은 고가의 상품을 가끔씩 거래하는 기업에서 사용하게 된다고 하였다. 그러나 요즈음은 컴퓨터의 발달로 다량의 상품을 취급하는 백화점이나 슈퍼마켓에서도 많은 비용을 들이지 않고 계속기록법의 사용이 가능하게 되었다.

판매되거나 출고되는 재고자산을 파악하는 데 컴퓨터의 입력장치를 이용할 경우 다량의 품목을 아무리 빈번하게 취급할지라도 일일이 출고수량을 파악할 수가 있다. 이때 판매나 출고되는 시점에서 재고수량 파악은 물론이고 주문시기, 주문수량, 안전재고수량 등의 재고관리를 동시에 할 수가 있다. 이와 같이 컴퓨터를 이용하여 판매시점에서 종합적으로 재고관리를 실시하는 체계를 판매시점관리 시스템(point-of-sale system : POS system)이라고 한다.

POS시스템을 갖추기 위해서는 제품마다 이를 식별할 수 있는 바코드(bar code)나 광학문자 판독레이블(optical character recognition : OCR)이 부착되어 있어야 하며, 이들을 읽을 수 있는 입력장치(input system)를 갖추어야 한다. 최근에는 백화점이나 호텔은 물론이고 조그마한 24시간 편의점에서도 판매시점관리시스템을 도입하고 있다.

따라서 재무회계목적으로는 실지재고조사법을 사용하는 기업도 재고관리나 기타 경영관리목적을 위해서는 계속기록법의 사용이 가능하게 되었다.

Ⅲ 기말재고자산의 단가결정

기말재고수량이 확정되면 재고자산의 단위당 원가(단가)를 결정하여야 기말상품재고액이 도출된다. 재고자산의 취득원가가 항상 일정한 경우에는 단가결정에 아무런 문제가 없으나. 상품매입 시의 취득원가가 서로 다른 경우에는 기말에 남아 있는 재고자산의 단가를 어느 취득원가로 할 것인가를 결정하여야 한다.

예컨대, 사과를 100개(단가 ₩500), 200개(단가 ₩600개), 300개(단가 ₩600) 합계 600개를 구입하였는데 기말에 보니 팔고 남은 사과가 120개 남았을 경우에 이 남아있는 사과는 하나에 얼마짜리인가? 남아있는 사과 120개에 일일이 사올 때의 가격이 표시되어있지 않는 한 어떻게 알 수 있는가? 1개당 매입원가를 모르면 120개의 원가(즉, 기말상품재고액)를 알 수 없고 기말상품재고액을 모르면 매출원가를 산출할 수 없다.

기말재고의 단가를 결정하는 방법에는 개별법, 선입선출법, 후입선출법, 총평균법, 이동평균법 등이 있다. 한국채택국제회계기준은 나중에 설명하겠지만 후입선출법의 사용은 허용하지 않는다.

1. 개별법

개별법(individual method)은 기말에 남아 있는 상품수량에 대해 일일이 취득원가가 얼마인지를 추적하여 기말재고자산의 단가를 결정하는 방법이다. 예를 들어 위의 사과장사의 경우 기말에 남아 있는 사과가 120개이며 이러한 120개의 구입단가를 실제로 추적하는 방법이다. 만일 기말에 남아 있는 사과의 단가를 추적한 결과 50개는 단가가 ₩500원이고 50개의 단가는 ₩600원이며 나머지 20개의 단가가 ₩550원이면 기말상품재고액은 다음과 같이 계산된다.

기말상품재고액=50개×₩500+50개×₩600+ 20개×₩550 = ₩66,000

이러한 개별법은 기말재고자산의 단가가 얼마인지 추적 가능한 경우에만 사용될 수 있는 방법으로 여러가지 상품을 취급하거나 거래량이 많은 경우 적용하기가 쉽지 않다. 따라서 모피코트나 보석과 같은 고가품을 취급하거나 거래량이 많지 않은 기업의 경우에 사용이 가능하다.

개별법의 사용이 불가능하거나 경제적이지 못한 기업의 경우에는 기말상품의 단가를 실제로 추적할 수 없으므로 일정한 가정을 기초로 단가를 결정한다. 다음에서 설명하는 선입선출법, 후입선출법 및 평균법은 단가를 실제로 추적하는 것이 아니라 원가의 흐름에 대한 일정한 가정(assumption)을 도입하여 기말상품의 단가를 결정하는 방법이다.

2. 선입선출법

선입선출법(first-in first-out : FIFO method)은 먼저 매입된 상품이 먼저 판매된다는 가정 하에 기말재고자산의 취득원가를 결정하는 방법이다. 즉, 상품이 매입된 순서대로 팔렸다고 가정하는 것이므로 기말에 남아 있는 재고는 제일 나중에 사온 상품이 남아 있다고 가정하고 기말상품재고액을 계산하는 방법이다. 다음 예제를 이용하여 기말상품재고액을 산정하여 보기로 한다.

예제2-39)

다음은 한국(주)의 20×9년 5월 중의 상품매매와 관련된 자료이다.

월 일	내 용	수 량	단가
5월 1일	전기이월	100개	800원
5일	매 입	200	900
10일	매 입	300	1,000
14일	매 출	300	
18일	매 입	200	1,100
29일	매 출	100	
31일	기말재고	400	

앞의 자료를 이용하여 선입선출법에 의한 한국(주)의 기말상품재고액을 구하여라.

(풀이)

선입선출법을 사용하여 기말상품재고액을 구할 경우, 한국(주)의 기말재고수량 400개는 5월18일에 매입한 200개(구입단가 ₩1,100)와 5월 10일에 매입한 200개(구입단가 ₩1,000)가 남아 있다고 가정하는 것이다. 따라서 기말상품재고액은 다음과 같이 계산된다.

200개×@₩1,100=₩220,000
200개×@₩1,000=₩200,000
400개 ₩420,000

위의 예제에서 우리는 실지재고조사법을 사용하는 기업의 선입선출법에 대해 살펴보았다.

계속기록법을 사용하는 기업의 경우에도 선입선출법을 사용할 수 있다. 실지재고조사법을 사용하는 경우 회계기간 말에 매출원가를 계산하기 위해 기말재고를 실사하여 기말재고실사 수량을 기초로 여기에 선입선출법을 적용하여 단가를 구하였다.

그러나 계속기록법의 경우 상품을 판매할 때마다 매출원가를 결정해야 하므로 선입선출법을 적용하는 시점이 기말이 아니라 판매시점이다. 즉, 계속기록법하에서는 판매시점 현재 이용가능한 매입자료를 이용하여 선입선출법을 적용하여 매출원가를 구한다. 계속기록법에 따른 매출원가를 구하는 과정을 살펴보기 위해 앞의 〈예제 2-38〉의 자료를 이용해 보자.

만일 한국(주)가 계속기록법에 의한 선입선출법을 적용하는 경우 첫 번째 상품 판매는 5월14일에 발생했다. 따라서 5월 14일 시점에서 선입선출법을 적용하여 매출원가를 구해야 한다. 5월 14일에 300개를 판매하였는데 이 시점에서 선입선출법을 적용하면 기초상품 100개와 5월 5일에 매입된 200개가 판매된다고 가정한다.

5월 14일 300개 매출의 매출원가
(100개×₩800) + (200개×₩900) = ₩260,000

회사는 또한 5월 29일에 100개를 판매하였는데 이 시점에 이용가능한 상품은 5월 10일에 매입된 상품 300개와 5월 18일에 매입된 200개의 상품이므로 이 시점에 선입선출법을 적용하면 5월 29일에 판매된 상품은 5월 10일에 매입된 상품 300개 중 100개가 판매되었다고 가정한다.

5월 29일 100개 매출의 매출원가
100개×₩1,000 = ₩100,000

따라서 한국(주)의 경우 5월에 매출된 상품의 매출원가는 위에서 계산된 매출원가의 합인 ₩360,000으로 계산된다. 물론 상품의 도난이나 감모가 없다면 재고자산 등식에 의해 기말상품재고액은 ₩420,000으로 계산된다. 즉, 선입선출법의 경우 상품이 들어온 순서대로 차근차근 판매된다고 가정하므로 정상적인 상황하에서는 실지재고조사법을 사용하든 계속기록법을 사용하든 동일한 결과를 얻게 된다.

선입선출법은 계산이 간결하고, 재고자산의 일반적인 물리적 흐름과 일치되며, 기말상품재고액이 최근의 원가를 반영한다는 장점이 있다. 그러나 인플레이션(inflation) 하에서는 과거의 매입가격을 기준으로 매출원가가 계산되어 매출원가가 과소계상되므로 매출총이익이 과대계상되는 경향이 있다. 이런 경우 세금이 많아지고 배당금도 과대하게 지급되어 기업의 자금흐름이 악화되는 결과를 초래할 수 있다.

3. 후입선출법

후입선출법(last-in last-out : LIFO method)은 선입선출법(FIFO method)과는 반대로 가장 최근에 매입한 상품이 먼저 판매된다는 가정아래서 기말재고단가를 결정하는 방법이다.

따라서 최근에 사온 상품이 먼저 팔리고 먼저 사온 상품이 기말재고로 남아 있다고 가정하고 기말상품재고액을 계산하는 방법이다.

후입선출법을 사용할 경우 매출원가는 최근의 단가를 반영하므로 매출액이 최근의 매출원가와 대응이 되며, 인플레이션 때에 이익이 과대하게 계상되는 것을 방지할 수 있는 장점이 있다. 그러나 기말재고의 단가는 오래된 구입가격으로 결정되므로 현재의 시가와는 동떨어진 가격으로 평가되며, 인플레이션 하에서는 기말재고가 과소계상 된다. 또한 일반적인 재고자산의 실제 흐름과 역행된다는 단점이 있다.

그러나 오늘날과 같은 지속적인 인플레이션 하에서 후입선출법을 채택하는 경우 기업은 조세부담을 지연시킬 수 있고, 배당금 지급액을 경감시켜 자금의 압박을 줄일 수 있기 때문에 이론적으로 기업에 유리한 방법이다. 뿐만 아니라 기말에 상품의 매입의사결정을 통해 쉽게 이익을 조작할 수 있기 때문에 일반적으로 인정된 회계원칙은 더 이상 이 방법을 허용하지 않는다. 여기서는 선입선출법과 비교를 위해 이 방법을 설명하였다.

[예제2-38]의 한국(주)의 자료를 이용하여 후입선출법에 의한 기말상품재고액을 구하라.

(풀이)

실지재고조사법을 사용하는 경우 후입선출법에 의해 기말상품재고액을 구할 경우 한진(주)의 기말재고수량 400개는 전기이월상품 100개(@₩800)와 5월 5일에 매입한 200개(@₩900) 및 5월 10일에 매입한 100개(@₩1,000)가 남아 있다고 가정하는 것이다. 따라서 기말상품재고액은 다음과 같이 계산된다.

계속기록법을 사용하는 경우 5월 14일 300개 매출의 매출원가는 다음과 같다.

100개×@₩ 800=	₩80,000
200개×@₩ 900=	₩180,000
100개×@₩1,000=	₩100,000
	₩360,000

계속기록법을 사용하는 경우 5월 14일 300개 매출의 매출원가는 다음과 같다

300개×₩1,000=₩300,000

5월 29일 매출된 상품의 매출원가는 다음과 같다.

100개×₩1,100=₩110,000

그러므로 5월 매출의 매출원가는 ₩410,000이 되며, 재고등식에 의해 기말상품재고액은 ₩370,000이 된다. 즉, 후입선출법의 경우에는 실지재고조사법을 적용하느냐 아니면 계속기록법을 적용하느냐에 따라 일반적으로 기말상품재고액이 동일한 금액으로 산출되지 않는다.

4. 총평균법

총평균법(total average method)은 기초재고와 회계기간 중의 매입액을 합계한 후 이를 총상품수량으로 나누어 가중평균매입단가를 산출하고, 이 단가를 기말재고의 단가로 하는 방법이다. 총평균법은 가중평균법(weighted average method)이라고도 불리우며, 기말에 남아 있는 재고자산 속에는 그 회계기간에 매입한 상품이 평균적으로 섞여 있다고 가정하고 기말상품재고액을 계산하는 방법이라고 할 수 있다. 이 방법은 실지재고조법을 사용하는 경우에 이용된다.

예제2-40)

앞의[예제 2-38]의 한국(주)의 자료를 이용하여 총평균법에 의한 기말상품재고액을 구하라.

(풀이)

총평균법에 의한 기말상품재고액을 구할 경우, 먼저 상품의 가중평균구매단가를 구해야 한다.

가중평균구매단가=[(100개×@₩800)+(200개×@₩900)+(300개×@₩1,000)+(200개×@₩1,100)]÷(100개+200개+300개+200개)=₩975

기말상품재고액=400개×@₩975=₩390,000

5. 이동평균법

이동평균법(moving average method)은 새로운 상품이 매입될 때마다 기존의 재고가액과 새로 매입된 재고가액을 합하여 가중평균단가를 산출하고 이렇게 하여 산출된 단가를 기준으로 기말상품재고액과 매출원가를 산출하는 방법이다. 즉, 새로운 재고가 입고될 때마다 가중평균단가를 계속적으로 수정해가는 방법이다.

이 방법은 계속기록법을 사용하는 기업이 평균법을 적용할 때 이용된다.

예제2-41)

앞의[예제 2-38]의 한국(주)의 자료를 이용하여 이동평균법에 의한 기말상품 재고액을 구하여라.

5월 1일	전기이월	100개×	₩800 =	₩80,000
5일	매 입	200개×	₩900 =	₩180,000
10일	매 입	300개×	₩1,000 =	₩300,000
	합 계	600개		₩560,000

(풀이)

5월 14일 : 이동평균단가 ₩560,000÷600개=₩933.3
매출원가=300개×@₩933.3=₩279,990
기말상품재고액=300개×@₩933.3=₩279,990

5월 18일 : 매입 200개×@₩1.100=₩220,000
이동평균단가(₩279,990+₩220,000)÷500개=₩1,000
기말상품재고액 500개×@₩1,000=₩500,000

5월 29일 : 매출원가=100개×@₩1,000=₩100,000
기말상품재고액=400개×@₩1,000=₩400,000

6. 단가결정방법과 매출총이익

앞에서 이미 언급한 바와 같이, 기말재고의 단가를 결정하는 방법 중에서 어느 것을 선택하느냐에 따라 매출원가가 달라지게 되고, 이에 따라 기업의 매출총이익이 달라지게 될 뿐만 아니라 기업이 부담하는 세금과 기업의 자금흐름도 달라진다.

상품의 가격이 꾸준히 오르는 인플레이션 하에서 선입선출법을 적용하면 기말상품재고액이 높게 결정되고 매출원가는 낮게 산정된다, 따라서 매출총이익이 다른 방법에 비해 커지게 된다. 반대로 평균법을 적용하면 기말상품재고액이 선입선출법에 비해 상대적으로 낮게 결정되고, 매출원가가 높게 산정되며, 이로 인하여 매출총이익은 적어지게 된다. 물론 후입선출법을 적용하면 인플레이션 상황하에서 기말상품재고액을 가장 낮게 보고하고 매출원가를 가장 높게 보고 할 수 있으나 더 이상 일반적으로 인정된 회계원칙에서 허용하지 않는다.

앞에서 예제로 사용한 한국(주)가 실지재고조사법을 사용하는 경우 각 방법에 의한 기말상품재고액과 매출원가를 비교하면 다음과 같다.

기말재고단가 결정방법	기말재고		매출원가	매출총이익
	재고액	재고의 평가		
FIFO	420,000	가장 높게 됨	가장 낮게 됨	가장 많게 됨
LIFO	360,000	가장 낮게 됨	가장 높게 됨	가장 적게 됨
총평균법	400,000	중간	중간	중간

이상은 인플레이션을 가정하였을 경우에 발생하는 현상이고, 물가가 꾸준히 하락하는 디플레이션(deflation)의 경우에는 반대의 현상이 발생한다. 다시 말해, 선입선출법의 경우가 기말재고가 가장 낮게 결정이 되고, 이에 따라 매출원가가 가장 높게 산정되며, 매출총이익은 가장 적게 산정된다.

어떠한 재고자산평가방법을 선택할 것인가 하는 것은 기업이 취급하는 재고자산의 수량, 종류, 보유기간, 경제여건 등을 감안하여 결정하게 되는데, 오늘날과 같이 지속적인 인플레이션 하에서는 당기순이익을 상대적으로 적게 계상하게 되어 법인세나 배당금 지급에 대한 부담을 낮추어 주는 방법이 선호될 것이다.

이상에서 설명한 바와 같이 회사가 어느 방법을 택하느냐에 따라 기업의 경영성과와 재무상태가 달라지게 되기 때문에 일반적으로 인정된 회계원칙에 의하면 회사가 한 번 선택한 재고자산평가방법은 특별한 경우를 제외하고는 반드시 같은 방법을 계속적으로 사용해야 한다. 이러한 회계원칙을 계속성(consistency)의 원칙이라고 한다.

Ⅳ 기말재고의 추정과 시가평가

1. 기말재고의 추정

앞에서 설명한 개별법, 선입선출법, 이동평균법, 총평균법 등은 기말재고수량을 확실하게 파악하고 있는 경우의 기말상품재고액 결정방법이다. 그러나 화재나 도난을 당하여 없어진 재고자산을 추정하거나, 실제재고조사를 하지 않고 개략적인 중간결산을 할 때에는 위의 방법을 사용할 수가 없게 된다.

기말상품재고액을 추정하는 데 사용하는 방법으로 매출총이익률법(gross margin ratio method)이 있는데, 이 방법은 미리 산정된 매출총이익률에 의해 매출원가를 추정한 후, 거꾸로 기말상품재고액을 산출하는 방법이다. 이제까지 설명한 개별법, FIFO, 총평균법, 이동평균법의 기본원리는 실제 기말재고수량을 기초로 하여 매출원가를 구하였으나, 매출총이익률법은 매출원가를 추정하여 기말상품재고액을 구하는 방법이며 이를 그림으로 표시하면 [그림 2-5]와 같다.

그림 2-5 기말재고 추정의 기본원리

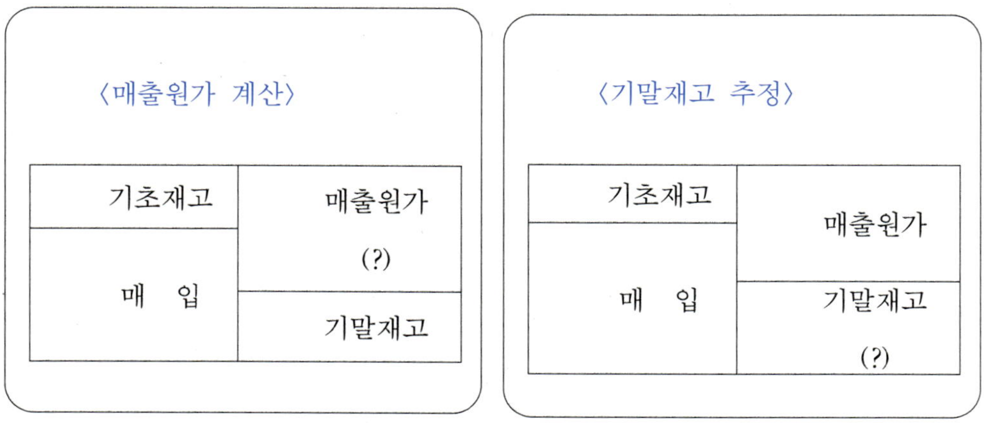

매출총이익률법에 의해 기말상품재고액을 추정하는 절차는 다음과 같다.

① 기초상품재고액, 당기상품순매입액, 당기순매출액, 매출총이익률을 파악한다.
② 순매출액에 매출총이익률을 곱하여 매출총이익을 계산한다.
③ 순매출액에서 매출총이익을 차감하여 매출원가를 계산한다.
④ 판매가능상품액(기초상품재고액+당기상품순매입액)에서 매출원가를 차감하여 기말상품재고액을 구한다.

매출총이익률법에서 기말상품재고액은 다음의 산식에 의해 추정된다.

기초상품재고액+ 단기상품순매입액 - 매출원가* = 기말상품재고액
* 매출원가 = 순매출액 - (순매출액×매출총이익률)

매출총이익률법은 기말상품재고액을 개략적으로 추정할 필요가 있을 때 사용되는 방법이기 때문에 재무상태표 및 포괄손익계산서를 작성하기 위해 재무회계 목적으로는 이 방법을 사용할 수 없다.

기말재고평가방법은 위에서 설명한 방법 외에 매출가격환원법(소매재고법)이라고도 한다.

예제2-42)

3월 말에 한국(주)는 화재를 당하여 재고자산이 모두 타버렸다. 다음 자료를 이용하여 매출총이익률법에 의해 대구(주)의 화재손실액을 추정하라.

① 기초재고 ₩4,000,000
② 3월까지 매입액 ₩20,000,000
③ 3월까지 매출액 ₩22,000,000
④ 평균 매출총이익률 20%

(풀이)

매출원가=매출액-매출총이익

=22,000,000-(22,000,000×20%)

=17,600,000

기말상품재고액=판매가능상품액-매출원가

=(4,000,000+20,000,000)-17,600,000

=6,400,000

2. 기말재고자산의 시가평가 문제

상품, 제품 및 원재료 등 재고자산의 가치는 시장의 사정에 따라 변동하는 것이 당연하다. 결산일에 있어서 재고자산의 시장가치(market value)가 장부상의 가액에 비하여 상승 또는 하락하는 경우에 어떻게 처리할 것인가? 즉, 재고자산의 장부가액을 무시하고 시가를 기준으로 평가하여야 하는가?

결산일에 재고자산의 시가를 장부가액(book value)보다 상승하면 회계에서는 일반적으로 시가를 기준으로 재고자산을 평가하지 않고 장부가액 그대로 둔다. 그 이유는 시가를 기준으로 재고자산을 평가하는 경우에는 장부가액과 시가평가액과의 차액, 즉 재고자산평가이익이 발생하는데 이는 아직 실현되지 않은 예상이익(이익은 자산을 외부에 판매하였을 때에 실현된다), 즉 미실현이익(unrealized income)이므로 이를 포괄손익계산서 상의 이익으로 인식하는 것은 실현주의 회계원칙에 위배되기 때문이다.

그러나 결산일에 재고자산의 시가가 장부가액보다 하락하는 경우에는 장부가액과 시가와의 차액, 즉 재고자산평가손실을 포괄손익계산서에 보고해야 한다. 왜냐하면 재고자산의 시가가 장부가액보다 하락하였다면 재고자산의 예상되는 수익창출능력이 감소함으로써 예상손실이 발생하였기 때문이다.

회계에서 예상되는 수익은 실현되기 전에 미리 인식하지 않으나, 예상되는 비용은 미리 인식하는데 이것을 보수주의 회계원칙(principle of conservatism)이라고 한다. 전통적으로 회계는 이 보수주의 회계원칙을 지켜오고 있으며 재고자산의 평가에 있어서도 보수주의원칙에 따라 시가가 장부가액보다 상승하면 이를 무시하거나 시가가 장부가액보다 하락하면 시가를 기준으로 평가함으로써 평가손실을 인식하는 것이다. 이것을 회계에서는 저가법 또는 저가주의(lower of cost of market)라고도 한다.

우리나라 기업회계기준서에서는 재고자산의 순실현가능가액(net re- alizable value)이 장부가액보다 하락한 경우에는 순실현가능가액으로 예상평가하도록 규정하고 있다. 여기에서 순실현가능가액이란 예상판매가액에서 판매비용을 차감한 가액을 의미한다.

재고자산을 저가법에 의하여 평가하는 경우에 장부가액과 순실현가능가액과의 차액을 재고자산평가손실계정 차변에 기입하며 대변에는 재고자산평가충당금을 설정하여 간접법으로 처리한다. 즉, 재고자산평가충당금계정은 재고자산계정의 차감계정이다. 재고자산평가손실은 일반적으로 매출원가항목에 가산시켜야 한다. 평가손실을 인식한 이후의 연도에 재고자산의 가격이 상승하는 경우 구입원가를 초과하지 않는 범위에서 가격이 상승한 부분을 재고자산평가손실환입으로 처리한다.

예제2-43)

한국물산(주)는 모피제품을 판매하는 회사이다. 최근 모피제품에 대한 인기가 하락하였을 뿐만 아니라 불경기가 계속되어 상품가격이 계속 하락하고 있다. 20×9년 12월 31일(결산일) 현재 상품의 장부가액은 ₩1,000,000이나 최근의 시가를 기준으로 순실현가능가액을 평가한 결과 다음과 같다.

① 예상판매가격 ₩800,000

② 예상판매비용 ₩50,000

③ 순실현가능가액 ₩800,000-₩50,000=₩750,000

(풀이)

(차) 재고자산평가손실	250,000*	(대) 재고자산평가충당금	250,000

* 재고자산평가손실 = 순실현가능가액 - 장부가액

제 8 절 유동자산과 유동부채

I 유동자산

1. 유동자산의 의의

회계에서 유동자산(current assets)이란 원칙적으로 1년 이내에 현금으로 전환되거나 소비될 것으로 예상되는 자산을 말한다. 이처럼 재무상태표를 작성하는 일자로부터 1년 이내에 현금화될 것으로 기대되는 모든 자산을 유동자산으로 분류하는 1년기준이 사용된다. 그러나 포도주산업과 같이 영업순환주기(operating cycle)가 1년 이상이 걸리는 산업의 경우에는 영업순환주기 내에 판매될 상품이나 현금으로 전환될 매출채권 등도 유동자산으로 분류된다. 즉, 유동자산과 비유동자산의 분류는 재무상태표일로부터 1년기준을 원칙으로 하고 영업순환주기가 1년 이상인 경우 정상적인 영업순환주기 기준도 함께 사용한다.

이러한 유동자산은 자산 중에서 유동성이 매우 높은 현금이나 단기금융자산 등을 의미하므로 기업이 단기적인 자금수요가 있을 때 유동자산은 이에 대처할 수 있는 경제적 자원을 나타낸다. 이에 유동자산은 기업의 단기적 위험에 대처할 수 있는 능력을 평가하는데 중요한 정보를 제공한다. 유동자산에 속하는 대표적인 계정들은 다음과 같다.

① 현금및현금성자산, ② 단기금융자산, ③ 매출채권, ④ 미수금, ⑤ 미수수익, ⑥ 선급금, ⑦ 선급비용, ⑧ 재고자산

2. 유동자산의 회계

유동자산은 말 그 자체로 유동성이 매우 높은 항목으로 거의 현금에 가까운 자산들이다. 대부분의 유동자산은 현금이나 즉시 혹은 1년 이내에 현금으로 실현가능한 다양한 금융상품의 형태로 기업은 보유하고 있다.

현행 일반적으로 인정된 회계원칙에 따르면 금융상품(financial instruments)이란 한쪽 거래당사자에게 금융자산을 발생시키면서 상대방에게는 금융부채(financial liabilities)나 지분상품(equity instruments)을 발생시키는 계약이다. 최근들어 파생상품을 비롯하여 환헤지상품, 혹은 이자율 스왑(swap) 등 다양한 금융상품이 개발되어 거래되고 있다. 이러한 금융상품에 대해 여유자금을 투자하거나 보유하고 있는 경우 이들은 금융자산으로 분류된다. 이러한 금융자산은 크게 몇 가지 범주로 요약될 수 있다.

첫째, 현금 자체는 금융자산이다. 현금은 모든 거래의 교환수단이기 때문에 현금을 빌려주거나 차입하는 경우 차입자에게는 금융부채가 발생하고 대여자에게는 금융자산이 발생한다. 금융기관에 예치한 정기예금이나 정기적금도 금융자산이다.

둘째, 일반적으로 자본시장에서 거래되는 주식이나 채권도 금융상품이며, 이러한 주식이나 채권을 보유하고 있는 경우 그 기업의 금융자산이다.

셋째, 매출채권이나 미수금과 같이 미래에 현금을 수취할 수 있는 계약상의 권리도 금융상품에 속하며, 이러한 현금수취권한을 가진 기업에게 금융자산이 된다. 예를 들어, 매출채권의 경우 매입자에게는 미래에 일정한 금액을 지급하기로 하는 금융부채가 발생하고 판매자에게는 미래 일정한 금액을 회수할 수 있는 금융자산이 발생한다.

일반적으로 인정된 회계원칙에 따르면 현금및현금성자산을 제외한 금융자산은 다음과 같이 네 가지로 구분된다.

첫 번째는 활성화된 시장에서 그 가격이 공시되지 않는 파생상품이 아닌 금융상품으로 미래 회수할 금액이 확정되었거나 확정될 수 있는 금융자산이다. 이 범주의 대표적인 금융자산이 매출채권이나 대여금이다,

두 번째는 단기매매목적의 금융자산이다. 단기매매(held-to-maturity) 금융자산이란 ① 주로 단기간 내에 매매를 목적으로 취득하였거나, ② 공동으로 운영되는 포트폴리오의 일부를 구성하면서 최근에 단기차익을 목적으로 거래가 있었다는 증거가 있거나, ③파생상품을 말한다.

세 번째는 단기매매목적의 금융자산이다. 단기매매(held-to-maturity) 금융자산이란 만기가 고정되어 있고 미래 지급할 금액이 확정되었거나 확정될 수 있는 파생상품이 아닌 금융상품으로서 기업이 만기까지 보유하고자 하는 의도와 능력을 가진 금융 자산을 말한다. 대표적인 만기보유금융자산은 다른 회사가 발행한 회사채를 만기까지 보유하려고 구입한 경우이다.

네 번째 매도가능금융자산이다. 매도가능(available-for-sale) 금융자산이란 현금및현금성이 아닌 금융자산으로서 위의 세 범주에 속하지 않는 금융자산을 말한다. 매도가능금융자산의 대표적인 예가 다른 회사의 주식에 대한 투자로서 단기매매를 목적으로 하지 않는 투자이다.

파생상품과 같이 복잡한 금융자산에 대한 회계처리는 고급회계과목에서 배우기를 바라고, 본 장에서는 다음과 같은 대표적인 단기금융자산에 대한 회계처리만 살펴볼 것이고 매도가능금융자산과 만기보유금융자산은 비유동자산회계에서 별도로 살펴볼 것이다.

- 현금및현금성자산
- 단기매매목적금융자산
- 매출채권, 미수금 및 미수수익

(1) 단기금융자산의 회계

1) 현금 및 현금성자산

회계학에서 현금(cash)이란 회사가 언제든지 자유롭게 거래수단으로 사용할 수 있는 자산으로 동전이나 지폐와 같은 통화뿐만 아니라 입출금이 자유로운 당좌예금이나 보통예금과 같은 은행예금 및 통화대용증권도 포함한다. 여기서 통화대용증권이란 타인발행 자기앞수표나 당좌수표, 우표환증서, 사채이자표 등과 같이 즉시 현금과 교환이 가능한 증서를 말한다.

한편 현금성자산이란 현금은 아니지만 그 특성상 현금과 동일한 현금등가(cash equivalents)를 말한다. 예를 들어 만기가 3개월 이내인 각종채권과 금융상품 등이 현금성자산이다. 이러한 현금성자산의 특징은 현금으로 전환하는데 큰 비용이 들지 않으면서 쉽게 현금으로 전환할 수 있는 특징을 갖는 점이다.

지금까지 살펴본 현금및현금성자산의 주요 특징은 제약 없이 언제든지 자유롭게 거래수단으로 사용가능하거나 현금으로 전환될 수 있는 자산을 말한다. 따라서 은행에 예치한 보통예금이라도 은행과 대출계약에 의해 예금주가 자유롭게 인출할 수 없는 금액이 있다면 이 금액은 현금및현금성자산으로 분류할 수가 없고 사용제한기간이 일 년 이상이면 투자자산으로 분류되어야 한다.

앞에서 본 바와 같이 현금도 수표나 화폐 혹은 당좌예금 및 보통예금과 같이 다양한 자산이 포함되어 있고, 현금성자산도 금융기관에 따라 다양한 자산이 포함될 수 있는데 일반적으로 기업은 이러한 다양한 자산을 기업 내부에서 별도의 계정으로 기록한 후 재무상태표를 작성하여 보고할 때는 이들 항목을 하나로 묶어서 현금및현금성자산으로 보고한다.

현금및현금성자산은 이미 현금이든지 현금에 아주 가까운 금액이므로 이들 자산을 회계처리하는데 별로 어려움은 없다. 현금및현금성자산은 자산이므로 증가할 때 차변에 기록하고 감소하면 대변에 기록하면 된다. 본 교재는 '현금및현금성자산'의 이름이 너무 길기 때문에 앞으로는 그냥 '현금'이란 간단한 계정과목을 사용한다.

예제2-44)

다음 거래를 분개하라

(1) 한국(주)는 상품 A 10개를 @1,000원에 판매하고 대금은 자기앞수표로 받았다.

(차) 현 금 10,000 (대) 매 출 10,000

(2) 한국(주)는 강남물산으로부터 상품 ₩5,000을 매입하고 대금은 당좌수표를 발행하여 지급하였다.

(차) 매 입 5,000 (대) 현 금 5,000

2) 단기금융자산

단기금융자산(short-time financial assets) 이란 회사가 단기적으로 여유자금이 있는 경우 단기적인 시세차익을 얻거나 이자수익을 얻기 위해 일시적으로 금융상품에 투자한 자산을 말한다. 예를 들어, 만기일이 1년 이내인 정기예금에 가입하거나 단기적인 시세차익을 얻기 위해 한국거래소에서 거래되는 주식에 투자한 경우 이들은 단기금융자산이다. 단기금융자산에 속하는 대표적인 계정이 단기예금, 단기매매증권, 매출채권 및 단기대여금 계정 등이다.

① 단기예금

단기예금이란 정기예금, 정기적금, 양도성예금증서, 금전신탁 등과 같이 금융기간이 취급하는 상품 중에서 만기일이 1년 이내에 도래하는 단기의 금융상품을 말한다. 만기가 1년 이상의 정기예금이나 정기적금, 기타예금증서 등은 비유동자산에 속하는 장기예금계정으로 분류되며, 입출금이 자유로운 당좌예금이나 보통예금은 현금및현금성자산에 속한다.

예제2-44)

다음 거래를 분개하라

(1) 한국(주)는 현금 ₩1,000,000을 만기 6개월의 정기예금에 예금하였다.

(차) 단기예금	1,000,000	(대) 현 금	1,000,000

(2) 한국(주)는 6개월 만기의 정기예금 ₩1,000,000이 만기가 되어 현금으로 찾아 당좌예금에 입금하였다.

(차) 현 금	1,000,000	(대) 단기예금	1,000,000

② 단기매매증권

가. 단기매매증권의 의의

단기매매증권(trading securities)은 기업이 여유자금이 있어 단기간 매매차익을 얻을 목적으로 주식이나 채권 등의 유가증권을 구입하는 경우 나타내는 금융자산 계정이다.

유가증권(securities)이라 함은 “재산권을 표상하는 증서로써 그 증서에 기재된 권리의 행사 또는 처분에는 그 증서의 소지를 절대적인 요건으로 하는 것”을 말한다. 유가증권은 그 기준에 따라 여러 가지로 분류할 수 있으나 일반적으로 다음 세 가지로 분류한다.

유가증권
- 화폐증권 : 지폐, 어음, 수표 등
- 상품증권 : 상품인환증, 선하증권
- 자본증권 : 주식, 사채, 국·공채, 수익증권 등

회계에서 말하는 유가증권은 위의 세 가지 중 자본증권을 말한다.

기업이 자금의 여유가 있으면 일시적 투자목적 또는 장기의 투자나 타회사를 지배하기 위한 목적으로 주식, 사채, 국 · 공채 등에 투자할 수 있는데, 이들 유가증권은 금융자산의 분류방법에 따라서 단기매매증권(trading securities), 매도가능증권(available-for-sale securities), 만기보유증권(held-to-maturity securities)으로 분류된다. 단기매매증권은 단기적인 매매차익을 얻기 위한 목적으로 구입한 시장성 있는 주식이나 채권으로서 그 매매거래 빈도가 매우 높은 경우의 유가증권을 지칭한다.

여기서 시장성이 있다는 의미는 투자대상주식이 증권거래소에 상장되어 보유자가 언제든지 사고 팔 수 있다는 것을 의미한다. 만기보유증권은 증권의 만기일까지 보유할 목적으로 구입한 유가증권으로 주식의 경우 만기가 없으므로 주로 채권투자를 의미한다. 유가증권 중 단기매매증권이나 만기보유증권에 해당하지 않은 유가증권이 주로 매도가능증권으로 분류된다. 만기보유증권이나 매도가능증권에 대해서는 비유동자산의 회계에서 살펴보고 여기서는 단기매매증권에 대해서 살펴본다.

단기 투자목적으로 주식, 사채 및 국 · 공채 등을 매입하는 경우에는 다른 자산과 다르게 취득원가로 기록되지 않고 공정가치인 시가로 기록된다. 따라서 매입과정에서 발생하는 매입부대비용은 모두 비용으로 처리한다. 단기매매증권을 처분할 때에 처분가액이 장부가액을 초과하는 경우에 그 초과액은 단기매매증권처분이익으로 하고, 장부가액보다 낮은 가액으로 처분하는 경우에는 그 차액을 단기매매증권처분손실로 한다. 단기매매증권처분손익은 포괄손익계산서의 당기순이익항목에 보고된다.

예제2-45)

다음 거래에 나타나는 유가증권이 모두 단기매매증권으로 분류된다고 가정하고 거래를 분개하라

(1) 한국물산(주)은 일시적 자금운용을 목적으로 대양주식회사의 주식 100주를 @₩8,000에 매입하고 매입부대비용 ₩5,000과 함께 모두 현금으로 지급하였다.

(차)	단기매매증권	800,000	(대)	현　금	805,000
	금융비용	5,000			

(2) 한국물산(주)은 보유 중인 대양주식회사의 주식 100주를 @₩10,000에 처분하고 대금은 수표로 받았다.

(차)	현　금	1,000,000	(대)	단기매매증권	800,000
				단기매매증권처분이익	200,000

(3) 위 (2)의 경우에 주식의 처분가액이 @₩5,000이었다면 분개는?

(차)	현　금	500,000	(대)	단기매매증권	800,000
	단기매매증권처분손실	300,000			

나. 단기매매증권의 시가평가

단기매매증권을 취득할 때에는 다른 자산과 달리 취득원가가 아닌 공정가치로 기록하여야 하고 증권회사 수수료와 같은 매입부대비용은 즉시 비용으로 처리한다는 것은 앞에서 설명하였다.

주식, 사채 및 국 · 공채 등 단기매매증권은 증권시장에서 매일 거래되기 때문에 여러 가지 요인에 의하여 그 시가가 계속하여 변동한다. 결산일에 기업이 보유하고 있는 단기매매증권의 시장가치(market value)가 장부가액과 서로 상이할 경우에 어떻게 평가할 것인가?

제6절에서 재고자산은 시가가 장부가액보다 높으면 시가로 평가하지 않고 취득원가 그대로 두고, 시가가 장부가액보다 낮으면 순실현가능가액(일종의 시가)을 기준으로 평가하는, 즉 저가법(lower of costs or markets)을 적용하여 평가하여야 한다는 것을 설명하였다. 그러나 단기매매증권의 경우에는 시가가 장부가액보다 높고 낮음에 관계없이 결산일의 공정가액(fair value)을 기준으로 평가하도록 규정하고 있다.

여기에서 공정가액이란 경쟁시장에서 수요자와 공급자 간에 합의에 의하여 이루어지는 교환가액을 의미한다. 그러므로 단기매매증권의 공정가액은 곧 유가증권의 시가를 의미하는 것이며, 결산일에 단기매매증권의 시가(정확하게는 결산일의 종가)가 장부가액보다 낮을 경우나, 장부가액보다 높을 경우 모든 경우에 시가를 기준으로 평가하여야 한다.

단기매매증권의 시가가 장부가액보다 낮으면 그 차액을 단기매매증권평가손실계정 차변에 기입하고, 시가가 장부가액보다 높으면 그 차액을 단기매매증권평가이익계정 대변에 기입하며, 단기매매증권평가손익은 포괄손익계산서의 당기순이익에 포함시켜야 한다. 이러한 단기매매증권의 평가손익은 미실현손익이므로 수익실현원칙의 예외사항이다.

예제2-45)

다음의 단기매매증권에 대한 거래를 분개하라.

(1) 한국물산(주)은 20×9년 10월 1일 여유자금을 활용할 목적으로 대양전기(주)의 주식1,000주를 @₩10,000에 매입하고 대금은 수표를 발행하여 지급하였다.

(차) 단기매매증권 10,000,000 (대) 현 금 10,000,000

(2) 한국물산(주)은 결산을 하기 위하여 결산일(12월 31일) 현재의 대양전기 (주) 주식의 시가를 조사하였더니 1주당 ₩8,000이었다.

(차) 단기매매증권평가손실 2,000,000 (대) 단기매매증권 2,000,000

(3) 위 (2)에서 대양전기(주) 주식의 시가가 @₩11,000이었을 경우의 분개를 하라.

(차)단기매매증권 1,000,000 (대) 단기매매증권평가이익 1,000,000

3) 매출채권

① 매출채권의 의의

매출채권(accounts receivable on trade)은 일반적 상거래에서 발생한 채권을 말한다. 일반적 상거래란 당해 회사의 사업목적을 위한 경상적 영업활동에서 발생하는 거래로서, 기업의 기본적인 영업활동인 상품, 제품 및 용역 등의 판매대금 중 미수액을 매출채권이라 한다.

매출채권은 일반적 상거래에서 발생한 매출채권을 표시하는 것이기 때문에 일반적인 상거래가 아닌 거래에서 발생한 단기의 채권은 여기에 속하지 않는다. 예컨대, 비품, 차량, 건물 등 유형자산을 매각하고 아직 받지 않은 채권은 매출채권이 아니라 미수금이라 하고, 금전대차거래에서 발생한 단기의 채권은 단기대여금이라 한다.

일반적 상거래로부터 채권이 발생하면 매출채권계정 차변에 기입하고 그 대금을 회수하여 채권이 소멸하면 매출채권계정 대변에 기입한다. 매출채권은 외상매출금(accounts receivable)과 받을어음(notes receivable)으로 구분되는데, 외상매출금은 외상으로 매출한 경우에 발생하고, 받을어음은 매출대금에 대해 지급기일을 연기한 약속어음을 받은 경우에 발생한다.

예제2-46)

다음 거래를 분개하라.

(1) 한국회사에 상품 A 100개를 @₩1,000에 판매하고 대금은 외상으로 하다.

(차) 매출채권 100,000 (대) 매 출 100,000

(2) 한국회사에 대한 매출채권 ₩100,000을 현금으로 받다.

(차) 현 금 100,000 (대) 매출채권 100,000

기업실무에서는 외상매출금과 받을어음을 별도로 기록하였다가 재무제표를 작성하여 외부에 공표할 때 매출채권으로 통합하여 기록한다.

기업이 다수의 거래처와 빈번한 신용거래를 하는 경우에는 각 거래처별로 신용거래로 인하여 발생한 채권, 채무의 금액을 알아야 할 필요가 있다. 이를 위해서 각 거래처의 고유명칭을 계정과목으로 하여 채권, 채무액을 기입할 수 있는데 이것을 인명계정(personal accounts)이라 한다. 인명계정의 기입방법은 매출채권의 기입방법과 동일하다.

즉, 매출채권이 발생하면 그 채권액을 인명계정의 차변에 기입하고 매출채권이 현금으로 회수되면 그 채권액을 인명계정의 차변에 기입하고 매출채권이 현금으로 회수되면 그 소멸액을 인명계정의 대변에 기입한다. 결산일의 각 인명계정의 차변잔액을 모두 합하면 매출채권 잔액이 된다.

인명계정만을 사용하는 경우에는 각 거래처별 외상거래관계는 쉽게 파악할 수 있는 반면에, 외상거래 전체에 대한 금액을 파악하는 데 어려움이 있다. 그러므로 일반적으로 총계정원장에는 매출채권 및 매입채무계정을 두어 모든 외상거래를 거래처 구별 없이 총괄적으로 기입하고, 보조원장(subsidiary ledger)에는 인명계정을 두어 거래처별로 기입하는 것이 보통이다.

위의 [예제2-46]을 인명계정에 기입할 경우 분개를 표시하면 다음과 같다.

(1) (차)	한국회사	100,000	(대)	매　　출	100,000
(2) (차)	현　　금	100,000	(대)	한국회사	100,000

② 대손상각

상품이나 서비스를 외상으로 판매한 경우에 매출채권 전액이 반드시 회수된다는 보장이 없다. 거래처의 파산, 행방불명, 재해, 사망 등 여러 가지 이유로 인하여 매출채권을 회수할 수 없는 경우가 발생하는데, 이와 같이 회수불능인 매출채권을 대손(bad debts)이라 하며, 대손으로 인한 손실을 회계에서는 대손상각비(bad debts expense)라 한다. 대손상각비는 포괄손익계산서의 판매비와관리비에 포함된다.

일반적으로 외상거래를 하는 경우에 매출채권의 일부가 대손이 되는 것이 보통이다. 물론 대손이 전혀 생기지 않고 매출채권 전액의 회수가 보장되어 있는 기업도 있을 수 있다. 예컨대, 정부 또는 공공기관에 외상판매를 하는 기업 같은 경우이다.

그러나 일반적으로 외상매출을 하면 금액의 대소의 차이는 있으나 대손이 일어나기 마련이다. 매출채권의 일부가 대손으로 확정되면 대손금액을 매출채권에서 차감하고, 이 금액을 대손상각비라는 비용으로 처리하여야 한다.

만일 20×9년도에 실제로 매출채권의 일부인 ₩10,000이 대손으로 확정된 경우를 살펴보자. 이처럼 대손이 확정되는 경우 다음과 같이 차변에 대손상각비를 기록함과 동시에 매출채권도 이제 회수가 불가능하므로 장부에서 제거해야 한다.

(차)	대손상각비	10,000	(대)	매출채권	10,000

4) 미수금

일반적 상거래의 대상이 되는 상품 또는 서비스 이외의 물품을 외상으로 판매하여 발생한 단기의 채권을 미수금(accounts receivable-non trade)이라 한다. 예컨대, 기업이 영업에 사용할 목적으로 보유하던 토지, 건물, 비품 등의 유형자산을 외상으로 처분한 경우에 발생한 채권을 미수금이라 한다. 미수금계정은 일반적 상거래가 아닌 거래에서 발생한다는 사실을 제외하고는 그 성격이 매출채권과 동일하므로 회계처리는 매출채권과 동일하다.

예제2-47)

(1) 한국(주)는 업무용으로 사용 중인 승용차 1대를 ₩6,000,000에 매각하고 대금 중 ₩2,000,000을 현금으로 받고 잔액은 외상으로 하다.

(차)	현 금	2,000,000	(대)	차량운반구	6,000,000
	미수금	4,000,000			

(2) 한국(주)는 건물을 ₩50,000,000에 매각하고 대금은 1개월 후에 받기로 하다.

(차)	미 수 금	50,000,000	(대)	토 지	50,000,000

*[예제2-47]에서 유형자산처분시 감가상각누계액을 고려하여 유형자산처분손익을 구하여야 하지만 여기서는 이를 생략하고 제8절에서 상세히 설명하기로 한다.

5) 미수수익

수익의 일정부분이 당기에 실현되었으나 아직 현금으로 회수되지 않은 금액을 미수수익(accrued revenue)이라 한다. 미수수익은 일반적으로 구체적인 수익의 명칭을 나타내는 계정과목을 사용하는 것이 보통이다. 예컨대, 미수이자, 미수임대료, 미수수수료 등이 있다. 이러한 미수수익계정도 그 성격이 매출채권과 동일하므로 회계처리는 매출채권과 동일하다.

예제2-48)

(1) 결산일에 은행예금에 대한 이자 ₩100,000이 발생하였으나 아직 받지 아니하였다.

(차) 미수이자 100,000 (대) 이자수익 100,000

(2) 위의 예금이자가 당사의 당좌예금계정에 입금되었음을 은행으로부터 통보한다.

(차) 현 금 100,000 (대) 미수이자 100,000

(3) 결산일에 사무실임대료 ₩300,000을 아직 받지 못하였다.

(차) 미수임대료 300,000 (대) 임대료 수익 300,000

(2) 기타 유동자산의 회계

1) 선급금

일반적 상거래의 대상이 되는 상품 또는 원재료 등의 매매거래에서 그 거래의 이행을 확실하게 하기 위하여 재화의 인도 전에 대금의 일부 또는 전부를 계약금 또는 착수금의 명목으로 선지급하는 경우에 이를 선급금(prepaid accounts)이라 한다.

예제2-49)

(1) 한국(주)는 강남물산과 ₩300,000의 상품매매계약을 체결하고 계약금으로 ₩100,000을 현금으로 지급하다.

(차) 선 급 금 100,000 (대) 현 금 100,000

(2) 위의 상품이 납기가 되어 상품을 인도받고 잔액 ₩200,000을 외상으로 하다.

(차) 매 입 300,000 (대) 선 급 금 100,000
매입채무 200,000

2) 전도금

업무수행을 위하여 또는 단순한 개인적인 사정으로 인하여 회사가 종업원에게 일시적으로 금전을 지급하여 주는 것을 전도금(advances)이라 한다. 전도금은 회사가 나중에 종업원으로부터 회수할 금액을 나타내므로 자산이다.

예컨대, 급여지급일 전에 급여의 일부를 종업원에게 전도하여 주는 경우에 이를 급여전도금(payroll advances)이라 하고, 회사가 필요한 물품을 구입하기 위해서 또는 특별한 지출을 위하여 개략적으로 계산한 금액을 종업원에게 전도하여 주는 경우에 이를 현금전도(cash advances)라 한다. 전도금은 다음에 설명할 가지급금과 매우 유사하지만 가지급금계정은 지출금액이나 명목 등이 불명확한 경우에 사용된다.

예제2-50)

(1) 종업원 김한국에게 급여 ₩100,000을 전도하여 주다.

(차)	급여전도금 (또는 김한국)	100,000	(대)	현 금	100,000

(2) 김한국의 급여 ₩500,000 중 전도금 ₩100,000을 차감하고 잔액을 지급하다.

(차)	급 여	500,000	(대)	급여전도금	100,000
				현 금	400,000

3) 가지급금

가지급금(suspense accounts)은 거래가 발생하였으나 그 거래의 내용과 금액, 거래처 등이 확실치 않을 경우에 임시로 처리하는 일종의 가계정이다.

가지급금과 같은 가계정은 가급적 사용하지 않는 것이 바람직하나 부득이 이 계정을 사용하였을 경우에는 빠른 시일 내에 그 내용을 규명하여 해당되는 계정과목으로 대체하여야 하며, 적어도 결산 전에는 반드시 해당 계정에 대체함으로써 가계정이 재무제표에 나타나지 않도록 해야 한다.

예제2-51)

(1) 사원 김한국을 일본에 출장보내기로 하고 개략적으로 계산한 여비 ₩2,000,000을 현금으로 지급하다

(차)	가지급금	2,000,000	(대)	현 금	2,000,000

(2) 사원 김한국이 출장을 마치고 돌아와 여비 잔액 ₩300,000을 현금으로 반환하다.

(차)	현 금	300,000	(대)	가지급금	2,000,000
	출 장 비	1,700,000			

4) 선급비용

아직 비용으로 발생되지 않았으나 대가를 먼저 지급한 것을 선급비용(prepaid expense)이라 한다.

선급비용은 비용의 미경과분 또는 비용의 이연부분이라 할 수 있는데, 결산시에 차기에 속할 비용을 당기의 비용으로부터 차감하고 미리 선급한 부분을 선급비용이라는 자산으로 계상하여야 한다. 미수수익과 마찬가지로 선급비용의 경우에도 선급보험료, 선급임차료 등과 같이 구체적인 계정과목을 많이 사용한다.

예제2-51)

(1) 한국(주)는 5월 1일에 남산화재해상보험(주)과 화재보험계약을 체결하고 1년간의 보험료 ₩240,000을 지급한 거래를 분개하라.

(차)	보 험 료	240,000	(대)	현 금	240,000

또는

(차) 선급보험료 240,000 (대) 현 금 240,000

(2) 12월 31일 결산을 위한 결산수정분개를 하라.

(차) 선급보험료 80,000 (대) 보 험 료 80,000

또는

(차) 보 험 료 160,000 (대) 선급보험료 160,000

Ⅱ 유동부채

부채는 자산과 마찬가지로 일반적으로 1년기준에 의해 유동부채(current liabilities)와 비유동부채(non-current liabilities)로 구분된다. 즉, 유동부채는 1년 이내에 상환하여야 할 단기의 채무를 말한다. 그러나 정상적인 영업주기 내에서 소멸할 것으로 예상되는 매입채무나 미지급비용 등은 재무상태표일로부터 1년 내에 결재되지 않더라도 유동부채로 분류한다. 또한 처음에는 비유동부채로 분류되었으나 기간이 경과하여 재무상태표일로부터 1일 이내에 만기일이 도래하는 부분도 유동부채로 분류한다.

이러한 유동부채는 그 성격상 단기에 만기가 도래하므로 기업의 단기적 위험을 나타내는 중요한 정보이다. 즉, 다음 연도에 만기가 도래하는 유동부채를 갚지 못하는 경우 회사가 부도가 날 수 있으므로 유동부채가 크면 상대적으로 단기적 위험이 크다고 말할 수 있다. 유동부채에 속하는 대표적인 계정은 다음과 같다.

① 매입채무	② 단기차입금	③ 미지급금	④ 미지급비용
⑤ 선수금	⑥ 선수수익	⑦ 예수금	⑧ 기타의 유동부채

유동자산과 마찬가지로 대부분의 유동부채는 거래상대방에게 현금 등 금융자산을 인도하기로 한 금융부채에 속한다. 매입채무, 단기차입금, 미지급금 및 미지급비용 등은 미래에 현금을 희생해야 하는 금융부채이다.

1. 매입채무

매입채무(accounts payable on trade)는 일반적 상거래에서 발생하는 채무를 말한다. 일반적 상거래란 기업의 본래 설립목적인 영업활동에서 발생하는 재화와 용역을 거래하는 것을 말한다. 상품, 제품, 원재료 등을 매입하고 그 대금을 지급하지 않았을 경우를 매입채무라고 하며, 매입채무는 외상매입금(accounts payable)과 지급어음(notes payable)을 포함한다.

외상매입금은 외상으로 매입한 경우에 발생하고, 지급어음은 매입대금을 지급할 일자를 명기한 약속어음을 발행하여 준 경우에 발생한다. 일반적으로 기업 실무에서는 외상매입금과 지급어음을 별도로 기록하였다가 외부에 공표할 때 매입채무로 통합하여 보고한다.

일반적 상거래로부터 매입채무가 발생하면 매입채무계정 대변에 기입하고 그 대금을 지급함으로써 채무가 소멸되면 매입채무계정 차변에 기입한다.

예제2-52)

다음 거래를 분개하라.

(1) 한국(주)로부터 상품 ₩20,000을 외상으로 구입하다.

(차)	매 입	20,000	(대)	매입채무 (또는 외상매입금)	20,000

(2) 한국(주)로부터 상품 ₩60,000을 구입하였는데 ₩20,000은 현금으로 지불하고 잔액은 약속어음을 발행하여 지급하다.

(차)	매 입	60,000	(대)	현 금	20,000
				매입채무 (또는 지급어음)	40,000

(3) 한국(주)에 대한 매입채무 ₩20,000을 수표를 발행하여 지급하다.

(차)	매입채무 (또는 외상매입금)	20,000	(대)	당좌예금	20,000

2. 단기차입금

단기차입금(short-term borrowings)은 1년 이내에 상환하여야 할 차입금과 은행 등의 금융기관으로부터의 당좌차월(bank overdrafts)을 의미한다. 기업이 금융기관에 당좌예금을 개설하고 있는 경우 당좌예금 잔액에 대해 당좌수표를 발행한다. 그러나 당좌수표발행 시 일일이 잔액을 확인할 수 없으므로 당좌수표 발행금액이 당좌예금을 초과할 수 있는데 이러한 초과분을 당좌차월이라 한다. 이와 같이 당좌수표발행액이 예금잔액을 초과한 당좌차월은 부채로 재무상태표에 보고해야한다.

예제2-52)

(1) 한국회사로부터 현금 ₩200,000을 3개월간 차입하다.

(차)	현 금	200,000	(대) 단기차입금	20,000

(2) 한미은행의 당좌예금 계좌에 ₩300,000의 잔액이 있는데, 상품 ₩500,000을 구입하고 당좌수표를 발행하여 지급하다.

(차)	매 입	500,000	(대) 당좌예금	300,000
			당좌차월	200,000
			(또는 단기차입금)	

3. 미지급금과 미지급비용

미지급금(accounts payable-non trade)은 일반적 상거래 대상이 아닌 물품을 구입하고 그 대가를 지급하지 아니한 채무를 말한다. 미지급금은 미수금의 상대적인 개념으로, 기계나 비품 등의 유형자산을 외상으로 구입한 경우를 기록하는 계정이다.

미지급비용(accrued expenses)은 당기의 비용으로 발생하였으나 아직 현금으로 지급하지 아니한 금액을 말한다. 미지급비용은 선급비용의 상대적인 개념으로, 일반적으로 구체적인 비용의 명칭을 나타내는 계정과목을 사용하는 것이 보통이다. 예컨대 미지급이자, 미지급임차료, 미지급수수료 등이 있다.

예제2-53)

(1) 한국상회는 업무용 승용차 1대를 ₩15,000,000에 구입하고 대금 중 ₩5,000,000은 수표를 발행하여 지급하고 나머지는 외상으로 하다.

(차)	차량운반구	15,000,000	(대)	당좌예금	5,000,000
				미지급금	10,000,000

(2) 당기분 사무실 임차료 ₩600,000을 아직 지급하지 않았다.

(차)	임 차 료	600,000	(대)	미지급비용	600,000
				(또는 미지급임차료)	

(3) 결산일 현재 12월분 급여 ₩2,000,000을 지급하지 않았다.

(차)	급 여	2,000,000	(대)	미지급비용	2,000,000
				(또는 미지급급여)	

4. 선수금과 예수금

선수금(advances from customers)이란 일반적 상거래 대상이 되는 상품, 제품, 원재료 등의 매매거래에서 재화의 인도 전에 대금의 일부를 계약금으로 미리 받은 경우에 선수한 금액을 말한다. 선수한 금액에 대해 나중에 상품이나 원재료를 제공해야 하므로 선수금은 부채이다.

예수금(advances from employees)이란 일반적 상거래 이외에서 일시적으로 현금을 예수받고 곧 지급하여야 할 금액을 말한다. 예컨대, 종업원이 지급하여야 할 근로소득세나 건강보험료 등을 종업원의 급여에서 미리 차감한 금액 등이 이에 속한다. 이러한 근로소득세예수금이나 보험료예수금은 정부해당기관에 지급해야 할 금액이므로 부채이다.

예제2-54)

(1) 한국물산은 상품 ₩500,000을 서울상회에 공급하기로 계약하고 계약금 ₩50,000을 현금으로 받다.

(차)	현 금	50,000	(대)	선 수 금	50,000

(2) 한국물산은 상품을 인도하고 잔액 ₩450,000을 수표로 받다.

(차)	현 금	450,000	(대)	매 출	500,000
	선 수 금	50,000			

(3) 4월분 종업원 급여는 ₩3,000,000인데 다음 금액을 차감하고 지급하다.

갑 근 세 : ₩150,000　　　건강보험료 : ₩100,000

주 민 세 : ₩ 15,000　　　국민연금 : ₩ 75,000

(차)	급 여	3,000,000	(대)	현 금	2,660,000
				갑근세예수금	150,000
				주민세예수금	15,000
				건강보험료예수금	100,000
				국민연금예수금	75,000

(4) 위의 예수금을 해당 기관에 지급하다.

(차)	갑근세예수금	150,000	(대)	현 금	340,000
	주민세예수금	15,000			
	건강보험료예수금	100,000			
	국민연금예수금	75,000			

5. 가수금과 선수수익

가수금(suspense accounts-credits)은 현금을 받았으나 그 거래의 내용이나 금액 등이 확실치 않은 경우에 임시로 처리하는 계정으로 가지급금의 상대적인 개념이다. 가지급금과 마찬가지로 가수금은 가능한 신속하게 그 내용을 파악하고 해당 내용에 적합한 계정과목으로 대체해야 하며 재무제표에 나타날 수 없다.

선수수익(unearned revenue)은 현금을 미리 받았으나 아직 재화나 용역을 제공하지 않은 경우에 발생하는 부채로서, 받은 수익 중 차기 이후에 속하는 금액을 말하며, 미수수익의 상대적인 개념이다. 선수금과 선수수익은 의미상 별 차이가 없으나 실무에서는 상품, 제품 등의 재화와 관련된 거래의 경우 선수금계정을 사용하고, 서비스거래인 경우 선수수익계정을 사용하는 것이 일반적이다.

예제2-55)

(1) 부산에 소재하는 지점으로부터 현금 ₩200,000이 송금되어 왔으나 금액의 내역이 불분명하다.

(차)	현 금	200,000	(대) 가 수 금	200,000

(2) 앞의 송금에 대한 내역이 다음과 같이 통보되어 오다.

매출채권회수 : ₩150,000　　　상품에 대한 선수금 : ₩50,000

(차)	가 수 금	200,000	(대) 매출채권	150,000
			선 수 금	50,000

(3) 11월 1일에 사무실을 임대하여 주고 1년간의 임대료 ₩120,000을 수표로 받다.

(차)	현 금	120,000	(대) 임대료수익	120,000

또는

(차)	현 금	120,000	(대) 선수수익	120,000

(4) 12월 31일 결산을 위한 수정분개를 하다.

(차)	임대료수익	100,000	(대) 선수수익	100,000
또는				
(차)	선수수익	20,000	(대) 임대료수익	20,000

제 9 절 비유동자산과 비유동부채

I 유형자산

일반적으로 인정된 회계원칙에 따르면 재무상태표 상에서 자산은 유동자산, 투자자산, 유형자산, 무형자산 및 기타비유동자산을 포함하는데, 투자자산, 유형자산, 무형자산 및 기타비유동자산을 총칭하여 비유동자산(non-current assets)이라 한다. 자산은 원칙적으로 1년기준에 의해 유동자산과 비유동자산으로 구분되는데, 정상적인 영업순환주기(normal operating cycle)내에 소멸할 것으로 예상되는 자산은 예외적으로 1년 이내에 현금화되거나 소멸되지 않더라도 유동자산(current assets)으로 분류한다.

비유동자산은 재무상태표일로부터 1년 혹은 정상적인 영업주기 이내에 소멸하지 않는 장기간 보유할 목적으로 회사가 가지고 있는 자산이다. 비유동자산 중 유형자산과 무형자산은 판매할 목적이 아닌 영업에 사용할 목적으로 보유한 자산으로 물리적 형태가 있는 자산은 유형자산(tangible assets)이고 물리적 형태가 없는 자산은 무형자산(intangible assets)이다.

이에 비해 투자자산(long-term investments)은 장기투자목적으로 보유한 비유동자산으로 장기적인 투자수익을 얻기 위한 목적으로 보유한 주식이나 채권, 영업 활동에 사용하지 않는 부동산 및 장기적인 이자수익을 얻기 위해 보유하고 있는 장기금융자산 등이 투자자산에 속한다. 한편 기타비유동자산(other non-current assets)은 이연법인세자산과 같이 그 성격상 비유동자산이지만 투자자산, 유형자산 및 무형자산에 속하지 않는 자산을 말한다.

1. 유형자산의 의의

유형자산(property, plants and equipments)은 영업과정에서 장기간 계속적으로 사용하기 위해 보유하는 유형의 비유동자산을 말한다. 유형자산의 특징을 요약하면 다음과 같다.

첫째, 유형자산은 장기간 사용하는 자산이다. 장기간이라 함은 원칙적으로 1년 기준(one-year rule)에 따라 결산일로부터 기산하여 1년 이상되는 기간을 말한다. 예를 들어, 토지 · 건물 · 비품 등이 1년 이상 장기간 동안 영업과정에서 사용되는 자산이다.

둘째, 유형자산은 그 보유목적이 영업에 사용하기 위한 것이다. 재고자산과 같이 단기간 내에 소비하거나 판매할 목적이 아니라 영업을 위하여 계속하여 사용할 목적으로 보유하는 자산이다. 그러므로 비록 물리적 형태가 토지나 건물이 아니라 상품 또는 제품과 같이 재고자산이 된다. 예컨대, 회사에서 업무용으로 소유하는 승용차는 유형자산인 데 반하여, 자동차판매회사가 판매목적으로 소유하는 승용차는 재고자산이 되어 유동자산에 포함된다.

셋째, 유형자산은 그 보유목적이 영업에 사용하기 위한 것이므로 영업에 사용된다는 것은 수익을 창출하는데 사용된다는 것을 의미한다. 따라서 유형자산이 영업에 사용된 부분은 비용으로 기록되어야 하는데 이를 감가상각(depreciation)이라 한다. 일반적으로 토지를 제외한 유형자산은 매 회계기간에 일정한 방법으로 감가상각을 해야 한다. 유형자산의 감가상각에 대해서는 다음에 상세히 설명할 것이다,

넷째, 유형자산은 토지, 건물, 기계장치 등과 같이 물리적인 실체(physical substance)를 가진 내구성 자산이다. 물리적 실체의 존재여부는 회계학에서 중요하지 않지만 전통적으로 물리적 실체가 있는 유형자산과 물리적 실체가 없는 무형자산을 분리해 왔다.

일반적으로 인정된 회계원칙에 따르면 유형자산은 다음과 같이 분류된다.

① 토지 ② 설비자산 ③ 건설중인 자산 ④ 기타

토지(land)는 공장부지, 주차장, 복지시설 등 회사의 정상적인 영업목적을 위해 보유하는 땅을 말하고, 설비자산은 영업에 장기간 사용할 건물, 구축물 및 기계장치 등의 설비를 말한다. 건설중인 자산(construction in process)은 회사가 영업에 사용할 목적으로 자체적으로 건설하거나 제작 중인 유형자산으로 아직 완성되지 않은 자산이다.

유형자산을 위와 같이 분류하는 목적은 그 회계방법이 다르기 때문이다. 앞에서도 말했듯이 대부분의 유형자산은 영업에 사용되므로 감가상각의 대상이다. 그러나 토지나 건설중인 자산은 유형자산이지만 감가상각의 대상이 아니다. 토지의 경우 내용연수가 무한하기 때문에 전통적으로 감가상각을 하지 않으며 건설중인 자산은 아직 완성되지 않았으므로 감가상각의 대상이 아니다. 이에 일반적으로 인정된 회계원칙은 토지나 건설중인 자산과 감가상각의 대상인 설비자산을 분리하도록 요구하고 있다. 설비자산으로 분류되는 대표적인 계정은 다음과 같다.

① 건물 ② 구축물 ③ 기계장치 ④ 차량운반구 ⑤ 선박

여기에서 구축물(structure)이란 영업활동에 필요한 교량, 굴뚝, 담장, 하수시설, 갱도 등과 같은 토목설비나 공작물을 말한다.

2. 유형자산의 취득원가 결정

유형자산을 회계적으로 인식하기 위해서는 ① 당해 자산으로부터 발생하는 미래 경제적 효익이 기업에 유입될 가능성이 매우 높으며, ② 당해 자산의 취득 원가를 신뢰성 있게 측정할 수 있어야 한다. 유형자산은 일반적으로 그 종류가 다양하고 취득하는 과정도 매우 복잡하다. 그러므로 유형자산의 취득원가를 어떻게 측정하는가 하는 것은 유형자산회계에서 매우 중요하다.

유형자산의 취득원가는 일반적으로 그 자산의 보유목적을 달성한 준비를 완료하는데 까지 들어가는 자산의 구입원가 또는 제작원가뿐만 아니라 취득과정에 지출되는 직접적인 부대비용을 가산한 금액으로 한다. 유형자산은 영업에 사용할 목적으로 보유하므로 취득원가(acquisition costs)에 포함되는 부대비용은 관세, 취득세, 등기비, 운반비, 설치비, 각종 수수료 등 그 자산이 사용가능한 상태에 이를 때까지의 합리적이고 필요한 지출(reasonable and necessary expenditure)을 말한다.

유형자산의 취득원가는 다음에 설명할 감가상각의 기초가액이 되므로 미래의 포괄손익계산서 상의 순이익에 중요한 영향을 미치게 될 뿐만 아니라 취득원가는 재무상태표에 자산으로 표시되는 가액이 되므로 유형자산의 취득원가를 올바르게 결정하는 것은 매우 중요한 문제가 된다.

(1) 토지의 취득원가

토지의 취득원가는 구입원가에 소개비, 등기비, 취득세 등과 토지의 정지비용, 조경비용, 배수로 설치비용 등 토지의 취득목적을 위하여 사용가능한 상태에 이르기까지의 모든 지출이 포함된다. 토지는 수명의 제한이 없기 때문에 감가상각의 대상이 되지 않으나, 주차장, 인도 등의 시설을 위한 원가는 수명의 제한이 있으므로 토지와 별도의 계정(구축물)으로 하여 적절한 기간에 걸쳐 감가상각을 해야 한다.

예제2-56)

(1) 신공장건설을 위하여 토지 3,300m^{2}를 ₩5,000,000에 구입하고 대금은 수표를 발행하여 지급하다.

(차) 토　지　5,000,000　(대) 당좌예금　5,000,000

(2) 위의 토지 정지를 위한 비용 ₩500,000과 소유권 등기를 위해 ₩300,000을 현금으로 지급하다.

(차) 토　지　800,000　(대) 현　금　800,000

(2) 설비자산의 취득원가

설비자산의 구입원가에 운반비, 운반도중의 보험료, 검사비, 관세, 취득세, 설치비, 시운전비 등 설비자산이 사용가능한 상태에 이르기까지의 모든 지출이 취득원가에 포함된다.

예제2-57)

(1) 신공장에 설치할 기계장치를 미국으로부터 구입하다. 이에 소요된 지출은 다음과 같다.

① 구입가격 : ₩1,000,000(FOB 샌프란시스코*)

② 보 험 료 : ₩20,000

③ 운 반 비 : ₩100,000

* "FOB 샌프란시스코"의 의미는 기계가 샌프란시스코 항구를 떠날 때 기계의 법적 소유권이 구입회사에 이전된다는 것이다.

(차) 기계장치　1,120,000　(대) 현　금　1,120,000

(2) 위의 기계장치를 설치완료 하였다. 설치완료 할 때까지의 지출은 다음과 같다.

① 부산항으로부터 공장까지의 운반비 : ₩50,000

② 관　세 : ₩100,000

③ 설치비 : ₩10,000

④ 시운전비 : ₩10,000

(차) 기계장치　170,000　(대) 현　금　170,000

(3) 유형자산을 자가건설 또는 자가제작을 하는 경우

유형자산을 외부로부터 매입한 경우에는 전술한 바와 같이 매입원가에 유형자산을 당초의 목적대로 사용할 수 있을 때까지의 모든 부대비용을 가산하여 취득원가로 한다. 유형자산을 자가건설하거나 자가제작하는 경우에도 구입하는 유형자산에 적용하는 것과 같은 기준을 적용하여 취득원가를 결정한다. 즉, 원칙적으로 자가건설에 소요된 모든 지출이 자가건설 또는 자가제작한 유형자산의 취득원가에 포함된다.

이때에 유형자산의 건설 또는 제작에 소요된 직접재료비, 직접노무비, 직접경비 등 직접적인 원가는 물론이고 감가상각비, 보험료, 간접노무비 및 기타의 각종 경비 등 간접적인 원가(indirect costs)도 적절한 원가배부방법에 따라 취득원가에 포함되어야 한다. 그러나 자가건설에 따른 내부이익과 자가건설 과정에서 발생하는 원재료, 인력 및 기타 자원의 낭비로 인한 비정상적인 원가는 취득원가에 포함되지 않는다.

(4) 건설중인 자산

유형자산을 자가건설 또는 자가제작하는 경우에 그 유형자산의 건설 또는 제작이 완료되기까지는 상당한 시일이 소요되므로 건설 또는 제작 도중에 소요되는 모든 지출은 우선 건설중인 자산(construction in progress) 계정의 차변에 기입하였다가 건설 또는 제작이 완료되면 해당 유형자산계정에 대체하여야 한다.

예제2-58)

(1) 남산물산은 사무실용 건물을 자가건설하기로 하고 다음의 지출내역을 수표를 발행하여 지급하였다

① 설계비 : ₩10,000,000

② 공사비 : 재료비 ₩50,000,000

노무비 ₩20,000,000

경　비 ₩5,000,000

계　₩75,000,000

③ 건설자금의 차입금이자 : ₩5,000,000

(차) 건설중인 자산 90,000,000　(대) 당좌예금 90,000,000

건물의 건설을 위하여 지출한 설계비, 공사비, 건설자금의 이자비용 등이 모두 건설중인 자산 계정에 계상되어야 한다.

(2) 위의 신축건물의 건축이 완료되어 취득세와 등기비를 현금으로 납부하고 등기를 완료하였다.

① 취득세 : ₩2,000,000

② 등기비 : ₩500,000

(차)	건　물	92,500,000	(대)	건설중인자산	90,000,000
				현　금	2,500,000

건설이 완료되었으므로 건설중인 자산과 추가로 지급한 취득세와 등기비도 모두 건물계정으로 대체되어야 한다.

예제2-59)

(1) 건물을 자가건설하기로 하고, 설계비 ₩2,000,000을 수표발행하여 지급한다.

(차) 건설중인 자산 2,000,000　(대) 당좌예금 2,000,000

(2) 건물의 신축을 위하여 다음의 비용을 현금으로 지출하다.

재료비 : ₩3,000,000

노무비 : ₩2,000,000

경　비 : ₩1,000,000

(차) 건설중인자산	6,000,000	(대) 현　　금	6,000,000

(3) 건물이 완성되다.

(차) 건　　물	8,000,000	(대) 건설중인 자산	8,000,000

(5) 교환 · 현물출자 · 증여 등에 의하여 취득한 유형자산

유형자산을 외부로부터 구입하거나 또는 자가건설에 의하지 않고 다른 자산과 교환(교환취득)에 의하여 출자자로부터 현물출자방법에 의하여 취득하는 경우, 또는 타인으로부터의 증여에 의하여 유형자산을 취득한 경우에는 원칙적으로 자산의 공정가액(fair value)을 취득원가로 하여야 한다.

예제2-60)

한국물산은 현물출자자로부터 출자의 목적인 토지를 취득하였는데 토지의 시가는 ₩10,000,000이며, 검사인의 검사보고가 완료되고 주당 액면가 ₩5,000, 주당 시가 ₩10,000의 주식 1,000주를 교부하다.

(차) 토 지	10,000,000	(대) 자 본 금	5,000,000
		주식발행초과금	5,000,000

(6) 장기후불조건으로 취득한 유형자산

장기후불조건(deferred payment contracts)이란 취득한 자산에 대한 대금을 계약 당시 현금으로 지급하지 않고 지급을 미래로 연기하는 조건을 말한다. 장기후불 조건으로 취득하거나 대금지급기간이 일반적인 신용기간보다 긴 경우 당해 유형자산의 취득시점의 현금구입가격으로 취득원가를 결정한다.

여기에서 취득시점의 현금구입가격이란 미래의 장기간에 지급할 현금액을 현재가치(present value)로 할인한 가액을 말한다. 따라서 장기후불조건으로 유형자산을 구입하는 경우에는 미래의 현금지급 총액과 구입시점의 현금구입가격(즉, 현재가치)과의 차이가 발생할 것이며 이 차액은 대금지급 만기까지의 기간 동안에 이자비용으로 인식하여야 한다.

3. 취득 이후의 지불 : 자본적 지출과 수익적 지출

유형자산의 취득과정이 완료되면 유형자산은 영업에 사용될 것이다. 영업에 사용되는 기간에 유형자산과 관련하여 다양한 지출이 발생할 수 있다. 예를 들어, 기존건물에 베란다를 설치하거나 차량의 엔진을 교체하는 등 다양한 지출이 발생한다. 다음에서는 이러한 사용기간에 발생하는 지출에 대한 회계처리를 살펴보고자 한다.

설비자산의 중요 부품을 교환하는 것과 같은 특정 지출을 하였는데 그 지출의 효익이 당기 이후의 장기간에 미치는 경우, 즉 미래경제적 효익을 제공하여 자산성이 있는 경우 이러한 지출은 당기의 비용이 되지 않고 유형자산의 취득원가를 구성하므로 기존의 유형자산의 취득원가를 증가시킨다. 자본적 지출(capital expenditure)이란 이와 같이 자산성이 있는 지출을 말한다. 기존의 유형자산을 개량하거나 확장하거나 대치함으로써 유형자산의 성능을 증대시키거나 수명을 연장시키는 지출(미래 경제적 효익을 증가시키는 지출)은 자산성이 있으므로 유형자산의 취득원가에 포함되어야 하는 자본적 지출에 속하는 것이다.

이에 반하여 수익적지출(revenue expenditure)이란 지출의 효익이 당기에 끝나기 때문에 당기의 비용(expense)에 포함되는 지출, 즉 비용화되는 지출을 말한다. 유형자산의 수선·유지를 위한 지출은 해당 자산으로부터 당초 예상되었던 성능 수준을 유지하기 위한 것이므로 일반적으로 발생한 기간의 비용으로 인식한다. 따라서 유형자산을 사용하는 데 있어서 경상적으로 발생하는 수선비, 유지비 등은 유형자산의 취득원가에 포함되는 것이 아니고 당기의 비용에 포함되는 수익적 지출인 것이다.

특정 지출을 자본적 지출로 처리하면 지출금액이 당기의 비용이 되지 않고 유형자산의 취득원가에 포함되기 때문에 그 취득원가는 재무상태표 상의 유형자산으로 표시되며, 유형자산은 감가상각의 대상이 되므로 그 취득원가의 감가상각비가 당기의 손익에 영향을 미치게 된다. 반면 특정 지출이 수익적 지출로 판단되면 지출금액이 당기의 포괄손익계산서 상의 비용에 포함되어 전액이 직접적으로 당기의 손익에 영향을 주게 된다. 그러므로 어떤 지출을 자본적 지출로 할 것인가 또는 수익적 지출로 할 것인가는 매우 중요한 문제이다.

일반적으로 인정된 회계원칙에 의하면 기종의 유형자산의 성능을 증대시키거나 내용연수(useful life)를 연장시키는 지출은 자본적 지출로 하고, 유형자산의 원상을 회복시키거나 현 상태를 유지시키기 위한 지출, 또는 지출금액이 상대적으로 적기 때문에 중요하지 않은 지출 등은 수익적 지출로 처리한다.

예제2-61)

(1) 한국상사는 사무실용 건물의 확장공사를 완료하고 공사대금 ₩5,000,000을 수표발행하여 지급하다.(자본적 지출).

(차) 건　물 5,000,000　(대) 현　금 5,000,000

(2) 한국상사는 또한 기존 사무실건물의 천정 및 전기시설 등을 수리하고 수리대금 ₩200,000을 현금으로 지급하다.(수익적지출).

(차) 수 리 비 200,000　(대) 현　금 200,000

4. 감가상각의 회계

(1) 감가상각의 의의

토지나 건설중인 자산을 제외한 유형자산은 대체로 취득으로부터 수년 또는 수십년 동안 영업활동을 위하여 사용된다. 이와 같이 유형자산은 그것이 사용되는 기간 중에 계속적으로 수익창출활동에 기여하게 되므로 취득원가 전액을 취득 시점에서 비용화하는 것은 수익·비용 대응의 원칙에 비추어 볼 때 불합리하다. 이에 정확한 기간손익계산을 위하여 그 자산이 수익창출에 공헌하는 각 회계기간에 배분하여 비용화시키는 것이 합리적이다.

이와 같이 정확한 기간손익계산을 위하여 유형자산의 취득원가를 해당 자산이 영업목적을 위하여 사용되는 각 회계기간에 배분하여 비용화하는 회계적인 절차를 감가상각(depreciation)이라 한다.

그러나 유형자산 중에서 토지는 영업에 사용되는 기간이 무한하기 때문에 일반적으로 감가상각의 대상이 되지 않는다. 감가상각회계의 본질과 관련하여 다음 사항에 유의하여야 한다

첫째, 감가상각비는 현금지출을 수반하지 않는 비용(non-cash expense)이라는 점이다. 감가상각비는 포괄손익계산서 상의 비용에 포함된다. 그러나 급료, 출장여비 등과 같이 현금지출이 수반되는 비용이 아니라 단순히 장부 상의 비용, 즉 현금지출이 수반되지 않는 비용인 것이다. 그러므로 포괄손익계산서에 표시된 감가상각비는 결과적으로 이 금액만큼의 자금이 회사 내에 유보(reserve)되어 있다는 것을 의미한다.

둘째, 감가상각은 유형자산의 취득원가의 배분과정(allocation of costs)이지 평가과정은 아니라는 점이다. 앞의 정의에서 보듯이 감가상각은 매년 해당 자산의 가치를 평가하는 것이 아니다. 경제학적으로 감가상각의 의미는 가치의 감소를 의미하지만 회계학에서는 가치의 감소라기보다 유형자산이 수익창출에 얼마나 사용되었는가를 측정하는 것이다. 감가상각은 유형자산의 취득원가를 기초로 그 자산이 사용된 회계기간에 합리적인 방법에 따라 원가를 배분하는 것으로 적정한 기간손익계산을 하고자 하는 것이지, 자산의 시가를 평가하여 재무상태표에 표시되는 유형자산의 가치를 정확하게 표시하고자 하는 목적이 아니다.

(2) 감가상각의 계산방법

1) 감가상각의 결정요소

감가상각비를 결정하기 위해서는 다음 3가지 요소가 결정되어야 하며 이들 요소에 따라 매기의 감가상각비가 달라짐은 물론이다.

① 추정내용연수

추정내용연수(estimated useful life)란 감가상각대상자산을 영업에 사용할 것으로 기대되는 기간을 추정한 것으로, 즉 감가상각기간을 말한다. 기업은 감가상각대상자산의 내용연수를 추정할 때 자산의 물리적인 특성뿐만 아니라 자산의 구조와 용도가 다양하기 때문에 일일이 각 자산에 대하여 객관적으로 타당한 내용연수를 결정하는 것은 매우 어려운 문제이다. 우리나라에서는 실무적으로 법인세법에서 정해 놓은 유형자산 내용연수표를 적용하는 것이 일반적이나 재무회계에서 이를 반드시 준수할 필요는 없다.

② 잔존가액

잔존가액(salvage value, scrap value)이란 내용연수가 만료되어 유형자산을 폐기처분할 때에 회수될 것으로 예상되는 처분가액을 추정한 금액을 말한다. 유형자산을 처분할 때에 철거비용 및 처분비용이 있는 경우에는 그 비용을 차감한 순수입액이 잔존가액이 되어야 한다.

③ 감가상각대상금액

감가상각대상금액(depreciation base)이란 해당 자산의 내용연수 동안 감가상각 될 수 있는 금액을 말한다. 이러한 감가상각대상금액은 해당 자산의 취득원가에서 잔존가액을 차감한 금액이다. 물론 취득 이후에 자본적 지출이 있는 경우에는 이 금액도 감가상각대상금액에 포함된다.

2) 감가상각계산방법

유형자산의 감가상각방법은 자산의 경제적 효익이 소멸되는 형태를 반영한 합리적인 방법이어야 한다. 감가상각의 계산방법은 많이 있으나 일반적으로 많이 이용되는 몇 가지 방법에 대하여 설명하기로 한다.

감가상각대상자산에 대한 자료는 다음과 같다고 가정한다.

- 유형자산의 취득원가 : ₩100,000
- 추정잔존가액 : ₩10,000
- 추정내용연수 : 5년

① 정액법

정액법(straight-line method)은 감가상각대상금액을 추정내용연수로 나눈 금액을 각 연도의 감가상각액으로 하는 방법으로서 내용연수가 완료될 때까지 매년 동일한 금액을 상각하기 때문에 균등상각법이라고도 한다.

$$감가상각액 = \frac{취득원가 - 잔존가액}{내용연수} = \frac{1000,000 - 10,000}{5} = 18,000$$

감가상각비는 매년 누적되어 감가상각이 완료되는 때에 있어서 감가상각누계액(accumulated depreciation)은 그 자산의 감가상각대상금액(취득원가 - 잔존가액)과 일치하게 된다.

정액법은 계산이 간편하고 이해하기 쉽다는 점에서 많이 이용되고 있으나 감가상각이 시간의 경과에 정비례하여 발생한다고 가정하는 것이므로 매년 동일한 금액을 상각하는 것은 기술혁신이 급속하게 이루어지거나 시장이 빨리 변화하는 자산, 또는 자산의 사용에 따라 감가가 급속히 진행되는 자산의 상각방법으로는 합리적인 방법이라고 보기 곤란하다.

표 8-1 정액법에 의한 감가상각표

연 도	매년상각액	감가상각누계액	자산의 장부가액
1차년도	18,000	18,000	82,000
2차년도	18,000	36,000	64,000
3차년도	18,000	54,000	46,000
4차년도	18,000	72,000	28,000
5차년도	18,000	90,000	10,000
합 계	90,000		잔존가액

② 가속상각법

가속상각법(accelerated depreciation method)이란 감가상각 초기에는 많은 금액을 상각하고 내용연수가 경과함에 따라 점차 적게 상각하여가는 방법이며 체감잔액법(declining balance method)이라고도 한다. 가속상각법은 오늘날과 같이 경쟁이 극심하고 기술혁신이 급속히 진행되는 경제환경 하에서 기업이 투자위험을 줄이기 위한 방법으로 이용된다. 가속상각방법을 채택함으로써 투자 초기에 감가상각을 많이 하여 조세부담을 줄일 수 있을 뿐만 아니라 투자한 자금을 빨리 회수할 수 있기 때문에다.

가속상각법의 대표적인 방법으로는 정률법과 연수합계법이 있다.

가. 정률법

정률법(fixed depreciation rate method)은 매 회계연도 초의 유형자산의 장부가액(취득원가-감가상각누계액)에 일정한 상각률을 곱하여 해당 연도의 감가상각액을 산출한다.

감가상각액=유형자산의 기초장부가액×상각률*

$$*상각률=1-\sqrt[n]{\frac{잔존가액}{취득원가}}$$

n : 내용연수

표 8-2 정률법에 의한 감가상각표

연 도	상 각 률	감가상각액	감가상각누계액	장부가액
1차년도	0.369	36,900	36,900	36,100
2차년도	0.369	23,284	60,184	39,816
3차년도	0.369	14,692	74,876	25,124
4차년도	0.369	9,271	84,147	15,853
5차년도	0.369	5,853	90,000	10,000
합 계		90,000		잔존가액

$$상각률 = 1 - \sqrt[5]{\frac{10,000}{100,000}} = 0.369$$

1차년도 상각액=100,000×0.369=36,900

2차년도 상각액=63,100×0.369=23,284

나. 연수합계법

연수합계법(sum-of-the-years'-digits method)도 가속상각방법의 일종이나 정률법보다 체감정도가 완만하다. 연수합계법에 의한 감가상각비는 다음과 같이 계산한다.

$$감가상각액 = (취득원가 - 잔존가액) \times \frac{잔여내용연수}{내용연수의 급수합계}$$

내용연수의 급수합계란 예를 들어 내용연수가 5년인 경우 1부터 5까지 급수를 더한 합계(1+2+3+4+5)를 의미한다. 물론 분자의 잔여내용연수는 회계기간의 기초에 남아 있는 내용연수를 의미한다.

표8-3 연수합계법에 의한 감가상각표

연 도	매년상각액	감가상각누계액	장부가액
1차년도	$(100,000-10,000) \times \frac{5}{15}$ =30,000	30,000	70,000
2차년도	$(100,000-10,000) \times \frac{4}{15}$ =24,000	54,000	46,000
3차년도	$(100,000-10,000) \times \frac{3}{15}$ =18,000	72,000	28,000
4차년도	$(100,000-10,000) \times \frac{2}{15}$ =12,000	84,000	16,000
5차년도	$(100,000-10,000) \times \frac{1}{15}$ = 6,000	90,000	10,000
합 계	90,000		잔존가액

③ 생산량비례법

생산량비례법(units-of-output method)은 재화의 생산량 또는 서비스의 제공단위를 기준으로 계산하는 방법이다. 광산, 유전, 산림 등 감모성자산의 상각액을 계산할 때 이 방법을 흔히 사용한다. 이 방법을 사용하기 위해서는 내용연수 동안 생산되거나 제공될 총예정생산량을 먼저 추정하여야 한다.

$$감가상각비=(취득원가 - 잔존가액) \times \frac{매기의\ 실제생산량}{예정총생산량}$$

④ 작업시간비례법

작업시간비례법(working-hours method)은 기계장치 또는 기구 중에는 예정가동 시간이 과학적으로 산출되어 있는 경우, 이러한 자산의 예정가동시간 중 실제가동시간의 비율에 따라 감가상각액을 계산하는 방법이다. 기본적으로는 생산량비례법과 같은 방법이다.

생산량비례법이나 작업시간비례법은 자산이 수익의 창출에 기여하는 정도와 감가상각비가 합리적으로 대응된다는 장점이 있으나 이와 같은 방법을 적용할 수 있는 유형자산은 상당히 제한되어 있다.

$$감가상각액=(취득원가-잔존가액) \times \frac{매기의 실제가동시간}{예정총가동시간}$$

3) 감가상각의 회계처리

감가상각비는 자산에서 직접 차감하지 않고 감가상각누계액(accumulated depreciation)계정을 설정하여 이 계정의 대변에 기입하여야 한다. 자산의 장부가액(book value)은 그 자산의 취득원가에서 감가상각누계액을 차감한 금액이 된다. 따라서 감가상각누계액계정은 자산에 대한 차감계정(contra asset account)이며 이렇게 회계처리함으로써 항상 감가상각대상자산의 취득원가와 감가상각누계액 및 장부가액을 알 수 있다.

예제2-62)

(1) 한국물산(주)는 20×9년 1월 1일에 취득한 건물에 대하여 정액법에 의하여 감가상각을 하고 있다. 건물의 취득원가는 ₩6,000,000이고, 내용연수는 20년, 잔존가액은 ₩600,000이다. 20×9년도의 건물감가상각비를 계산하고 분개하라.

(차) 건물감가상각비 270,000* (대) 건물감가상각누계액 270,000

* 감가상각비의 계산 : (₩6,000,000-₩600,000)×1/20=₩270,000

재무상태표에는 다음에서 보는 바와 같이 유형자산에서 감가상각누계액을 차감하는 방식에 의해 장부가액으로 표시한다. 20×9년 12월 31일 현재 한국물산(주)의 재무상태표 상 건물과 동자산의 감가상각누계액을 표시하면 다음과 같다.

재무상태표

20×9년 12월 31일 현재

유형자산	
토　　　지	10,000,000
건　　　물	6,000,000
(감가상각누계액)	(270,000)
	15,730,000

5. 유형자산의 처분

유형자산이 영업목적에 적합하지 않거나 내용연수가 모두 경과된 경우에는 매각처분하거나 새로운 자산과 교환하게 되는데 이 때에 자산의 처분가액이 장부가액(취득원가-감가상각누계액)보다 많은 경우에 그 초과액을 유형자산처분이익이라 하고, 처분가액이 장부가액보다 적은 경우에 그 차액을 유형자산처분손실이라 한다. 유형자산처분손익은 포괄손익계산서 상의 영업외항목으로 분류된다.

예제2-63)

(1) 취득원가가 ₩2,000,000인 기계장치를 ₩1,000,000에 매각처분하다. 처분시까지의 감가상각누계액은 ₩900,000이다.

(차)	현　　금	1,000,000	(대)	기계장치	2,000,000
	감가상각누계액	900,000			
	유형자산처분손실	100,000			

(2) 취득원가 ₩8,000,000의 승용차를 ₩2,500,000에 매각처분하다. 처분시 까

지의 감가상각누계액은 ₩6,000,000이다.

(차)	현　　금	2,500,000	(대)	차량운반구	8,000,000
	감가상각누계액	6,000,000		유형자산처분이익	500,000

6. 유형자산의 재무상태표 보고

일반적으로 인정된 회계원칙에 따르면 재무상태표에 유형자산을 보고하는 방법에는 원가모형(cost model)과 재평가모형(reevaluation model)이 있다. 기업은 유형자산의 취득시점 이후의 회계처리를 원가모형이나 재평가모형 중 하나를 선택할 수 있다.

1) 원가모형

원가모형(cost model)이란 유형자산을 취득시점에 취득원가로 기재하고 그 유형자산을 사용함에 따라 감가상각을 인식하는 모형으로 지금까지 우리가 살펴본 방법이다. 원가모형을 따르는 경우 일반적으로 기말 현재 기업이 보유하고 있는 유형자산은 취득원가와 감가상각누계액을 재무상태표에 보고한다.

그러나 유형자산의 진부화, 물리적 손상, 시장가치의 급격한 하락 등의 원인으로 당해 자산의 회수가능가액이 장부가액에 미달하고 그 미달금액이 중요한 경우에는 이를 장부가액에서 차감하여 자산의 가액을 회수가능가액(recoverable value)으로 조정하여야 한다. 예를 들어, 20×9년도 말 현재 순장부가액이 10,000원(취득원가=15,000원, 감가상각누계액=5,000원)인 기계장치를 보유하고 있고, 기술의 발전으로 인해 이 기계장치의 회수가능가액이 8,000원이라고 하자. 이 경우 장부가액 10,000원과 회수가능금액 8,000원의 차이를 유형자산의 손상차손(impairment loss)으로 인식하고 재무상태표에는 기계장치를 8,000원으로 보고하여야 한다.

(차) 유형자산손상차손 2,000　(대) 손상차손누계액 2,000

또한 감액한 자산의 회수가능가액이 미래에 장부가액을 초과한 경우 당해 자산이 감액되기 전의 장부가액에서 감가상각 후 잔액을 한도로 그 초과액을 동 자산의 손상차손환입계정에 기록하고 이를 당기손익항목으로 보고한다.

2) 재평가모형

지금까지 살펴본 유형자산회계는 원가모형에 입각한 회계방법이다. 한국채택국제회계기준에 따르면 기업은 유형자산에 대해 원가모형이나 재평가모형 중 하나를 선택할 수 있다. 이러한 재평가법을 채택하는 경우 기업은 회계기간 말에 자산의 장부금액이 공정가치와 중요하게 차이가 나지 않도록 주기적으로 재평가를 수행해야 한다.

재평가모형을 적용하는 경우 회계적 이슈는 재평가에 따른 평가이익이나 평가손실을 어떻게 재무제표에 반영해야 하는가 하는 문제이다. 일반적으로 인정된 회계원칙에 따르면 재평가결과 평가이익이 발생하는 경우, 즉 재평가잉여금이 발생하는 경우 당기손익항목으로 포함시키지 않고 기타포괄손익항목으로 보고하여야 한다.

그러나 재평가결과 평가손이 발생하는 경우 이는 손상차손과 유사한 성격을 가지므로 당기손익항목으로 보고해야 한다. 만일 이전에 해당 자산의 재평가잉여금이 있는 경우 이와 먼저 상계하고 나머지를 당기손익항목에 포함시킨다.

Ⅱ 무형자산

1. 무형자산의 의의와 종류

무형자산(intangible assets)이란 앞에서 언급했듯이 유형자산과 마찬가지로 영업에 장기간 사용할 목적으로 보유하는 비유동자산으로서 물리적 형태가 없는 자산을 말한다. 즉, 무형자산은 재화의 생산에 사용하거나 타인에게 임대할 목적과 같이 영업목적에 사용하기 위해 장기간 보유하는 자산이다. 무형자산에 속하는 대표적인 자산이 특허권이나 저작권 등과 같은 산업재산권이다.

무형자산의 특징은 물리적 형태가 없다는 특징을 제외하면 유형자산의 특징과 거의 동일하다. 즉, 보유목적이 영업에 사용할 목적이며 그 사용기간이 장기간이고 내용연수가 한정적인 무형자산은 영업에 사용되므로 사용되는 기간 동안 상각(amortization)의 대상이다. 유형자산과 마찬가지로 원가모형이나 재평가모형을 선택적으로 적용할 수 있다. 그러나 유형자산과 달리 무형자산은 기업에 제공할 미래 경제적 효익이 기술발전이나 기업환경의 변화에 민감한 특징을 갖는다.

예를 들어, 무형자산에 속하는 특허권을 가지고 있는 경우 이러한 특허권의 가치는 새로운 기술의 출현이나 생산방식의 변화로 인해 가치가 없는 자산으로 쉽게 변할 수 있다.

기업은 과학적 지식, 새로운 공정의 설계, 지적재산권, 시장에 대한 지식과 상표권(상표명 및 출판권 포함)등의 무형자원을 취득하거나 개발하는 경우가 빈번하다. 이러한 무형자원의 예에는 컴퓨터소프트웨어, 저작권, 프랜차이즈, 고객 또는 공급자와의 관계, 고객충성도, 시장점유율과 판매권 등이 있다. 이러한 무형자원이 회계에서 무형자산으로 인식되기 위해서는 다음의 3가지 조건을 모두 충족해야 한다.

① 미래 경제적 효익의 존재

② 식별가능성

③ 해당 자원에 대한 통제

무형자산도 자산이므로 자산으로 인식되기 위해서는 먼저 자산의 특징인 미래 경제적 효익이 거의 확실 시 되어야 하고 그 금액을 신뢰성 있게 측정할 수 있어야 한다. 식별가능성이란 그 자산이 기업실체나 다른 자산으로부터 분리될 수 있거나 법적 권리를 창출할 수 있는 경우 등을 의미한다.

해당 자원에 대한 통제란 그 자원으로부터 기대되는 경제적 효익에 대해 제3자의 접근을 제한할 수 있는 경우를 말한다. 예를 들어, 숙련된 종업원이나 훈련을 통해 습득된 종업원의 기술도 미래 경제적 효익을 가져다 줄 수 있으나 숙련된 종업원이나 그들의 기술로부터 창출될 미래 경제적 효익은 기업이 충분히 통제하기가 어렵기 때문에 무형자산의 정의를 충족하지 못한다.

일반적으로 인정된 회계원칙에 따르는 경우 대표적인 무형자산의 예는 영업권, 산업재산권, 개발비 등이 있다. 다음에서는 이들 무형자산에 대해서 간략히 살펴본다.

(1) 영업권

어떤 기업이 유리한 입지조건이나 제조상의 비법, 시장의 독점, 탁월한 경영능력, 효율적인 제조공정 등의 이유로 인하여 동종의 다른 기업보다 항상 많은 이익을 실현하는 경우가 있다. 영업권(goodwill)이란 이와 같이 어떤 기업이 동종유사기업에 비하여 초과수익력(excess earning power)을 가지고 있는 경우에 미래의 초과수익력을 현재가치로 평가한 가치를 말한다.

이러한 초과수익력이 기업내부에서 개발된 경우에는 그 가치를 측정할 수 없기 때문에 자산으로 인정되지 않는다. 기업회계기준서에 따르면 영업권은 주로 기업합병, 영업양수 등 매수기업결합과 같이 외부에서 구입한 경우에만 자산으로 인정한다. 앞에서 언급했듯이 무형자산의 인식조건 중 하나는 식별가능성인데 영업권의 경우 식별가능성이 없어도 예외적으로 자산으로 인정된다.

예컨대, 갑회사의 순자산가치는 ₩10,000,000이나 을회사가 갑회사의 초과수익력을 인정하여 ₩15,000,000에 합병하거나 매수하였다면 매수가액 ₩15,000,000과 갑회사의 순자산가액 ₩10,000,000과의 차액 ₩5,000,000이 영업권이 되는 것이다.

영업권은 아무런 물리적 형태도 없고 그렇다고 법률상 권리도 아니지만 회계에서는 이를 자산으로 보아 무형자산에 포함시킨다. 앞의 경우에는 을회사가 영업권을 ₩5,000,000에 매입한 셈이 된다. 영업권은 반드시 타기업으로부터 유상으로 취득한 경우에만 인정되며 회사 내부에서 스스로 개발한 초과수익력을 평가하여 영업권으로 계상할 수는 없다는 점을 유의하여야 한다. 영업권은 상각하지 않고 매년 영업권의 가치를 평가하여 손상(impairment)여부를 분석하여 가치의 손상이 있는 경우 손상차손을 인식한다.

(2) 산업재산권

산업재산권이란 법률에 의하여 일정기간 독점적·배타적으로 이용할 수 있는 권리로서 특허권, 실용신안권, 의장권 및 상표권 등이 이에 속한다. 이러한 산업재산권을 외부에서 취득하거나 자체적으로 개발하여 등록한 경우에 이 과정에서 지출된 원가만을 산업재산권이라는 무형자산으로 계상된다.

특허권은 어떤 발명이 특허법에 의하여 등록되어 일정기간 독점적·배타적으로 이용할 수 있는 권리를 말한다. 실용신안권과 의장권은 특정한 디자인이 실용신안법 또는 의장법에 의하여 등록되어 독점적으로 이용할 수 있는 권리이며, 상표권은 특정한 상표를 상표법에 따라 등록하고 이를 독점적·배타적으로 이용할 수 있는 권리를 말한다.

(3) 광업권·어업권·차지권

광업권이란 광업법에 의하여 일정한 광구에서 일정한 광물을 채굴하여 취득할 수 있는 권리로서, 광업권 취득을 위하여 지급한 대가와 부대비용을 광업권의 취득원가로 한다. 광업권의 취득원가에 광물자원의 탐사비용과 개발비 등이 포함되는가에 대하여 우리나라의 기업회계기준에 명확한 규정이 없으나 이들 비용이 취득원가에 포함된다고 보아야 할 것이다.

어업권은 수산업법에 의하여 등록된 일정한 수면에서 어업을 경영할 권리로서, 어업권 취득을 위한 대가와 부대비용을 어업권의 취득원가로 한다. 차지권이란 임차료 또는 지대를 지급하고 타인의 토지를 사용·수익할 수 있는 권리로서, 이 권리를 획득하기 위하여 지급한 직접적인 지출이 취득원가가 된다.

(4) 개발비

개발비(development costs)는 신제품 또는 신기술 등의 개발과 관련하여 발생한 지출(소프트웨어 개발과 관련한 지출을 포함)로서 내부적으로 개발된 무형자산의 하나이다. 기업회계기준서에 의하면 내부적으로 창출된 무형자산의 경우 창출과정을 연구단계와 개발단계로 구분하여, 연구단계에서 발생한 모든 지출은 기간비용으로 처리하고 개발단계에서 발생하는 지출의 경우에도 앞에서 언급된 무형자산의 인식조건을 충족하는 지출만 무형자산으로 인정하고 나머지 지출은 기간비용으로 처리하도록 규정하고 있다.

개발비나 연구비의 자산성에 대하여는 많은 논란이 있었으나 이러한 지출에 따른 미래 경제적 효익이 실현될 가능성에 불확실성이 존재하므로 현재의 추세는 보수주의 입장에서 연구비는 모두 비용으로, 개발비의 경우에는 미래 경제적 효익이 확실한 경우에만 자산으로 인정하고 있다.

예제2-64)

(1) 신제품의 개발을 위하여 연구개발팀에서 지출한 비용의 내용은 다음과 같다.

단, 이 지출은 연구단계의 지출에 속한다.

① 실험용품비 ₩1,000,000

② 실험장비사용료 ₩2,000,000

(차) 연 구 비 3,000,000 (대) 현 금 3,000,000

위의 연구비는 연구단계에서 지출된 비용으로서 미래 경제적 효익의 창출 여부에 대해 확실성이 없기 때문에 포괄손익계산서 상의 비용으로 처리한다.

(2) 회사의 판매, 구매 및 회계를 효율적으로 연결하고 정보를 신속하게 산출할 수 있는 시스템개발을 위한 용역대금 ₩10,000,000을 현금으로 지급하였다. 이러한 시스템개발비는 무형자산의 인식조건을 모두 충족한다.

(차) 개 발 비 10,000,000 (대) 현 금 10,000,000

2. 무형자산의 상각

앞에서도 설명한 바와 같이 무형자산은 대부분 일정한 존속기간 또는 유효기간을 가지고 있기 때문에 유형자산과 같이 상각대상이 된다. 따라서 무형자산의 취득원가를 존속기간 또는 유효기간에 걸쳐 비용으로 상각하여야 한다. 유형자산의 상각은 감가상각이라 하고 무형자산의 상각은 말 그대로 상각이라 한다. 영업권을 제외한 무형자산의 상각(amortization)은 유형자산의 감가상각(depreciation)과 비교할 때 다음과 같은 특징이 있다.

① 무형자산은 계약이나 관련된 법령에 정해진 경우를 제외하고는 20년 이내의 기간에 상각한다.
② 무형자산의 상각은 정액법, 연수합계법, 생산량비례법 등에 의하여 할 수 있으나, 합리적 상각방법을 정할 수 없을 때는 정액법을 적용한다.
③ 잔존가액은 원칙적으로 영(zero)으로 한다.
무형자산은 구체적인 형태가 없고 법률상의 유효기간이 만료되면 잔존가액의 회수가 곤란하므로 일반적으로 모든 무형자산의 잔존가액은 없는 것으로 간주한다.
④ 상각액의 회계처리는 해당 자산에서 직접 차감하는 직접법으로 하는 것을 원칙으로 한다.

예제2-65)

(1) 한국연구소로부터 신제품의 제조에 대한 특허권을 ₩10,000,000에 구입하고 대금은 수표발행하여 지급하고 이의 등록에 필요한 경비 ₩100,000을 현금으로 지급하다.

(차) 특 허 권	10,100,000	(대) 당좌예금	10,000,000
		현 금	100,000

(2) 결산 시에 특허권 ₩1,010,000을 상각하다. 특허권의 유효기간은 10년이다

(차) 특허권상각 1,010,000 (대) 특 허 권 1,010,000

Ⅲ 투자자산 : 장기금융자산

1. 투자자산의 의의와 종류

투자자산(long-term investments)이란 장기의 투자목적으로 보유하고 있는 비유동자산을 말한다. 즉, 장기적인 시세차익을 얻기 위한 목적이나 장기적인 이자수익 혹은 배당을 얻기 위한 목적으로 기업이 보유하는 자산이 투자자산에 속한다. 앞에서도 언급했듯이 자산의 실제 형태가 중요한 것이 아니라 자산을 보유하는 목적이 자산의 구분에 더 중요하다.

실제 형태가 건물이라 하더라도 영업에 사용하는 건물은 유형자산이며, 영업에 사용하지 않고 시세의 상승을 기대하고 보유하고 있는 건물은 투자자산에 속하게 된다. 비유동자산인 유형자산이나 무형자산과 달리 투자자산은 영업에 사용할 목적으로 보유하는 것이 아니므로 감가상각의 대상이 되지 않으며 회계가 그리 복잡하지는 않다.

투자자산은 주로 장기적인 이자수익을 얻기 위한 목적으로 장기예(적)금에 가입하거나 타인에게 대여하는 경우, 장기적인 배당수익이나 이자수익을 얻거나 다른 회사를 지배하거나 기업 간의 관계를 개선하기 위해 다른 회사의 주식이나 채권에 투자하는 경우와 같이 금융상품에 대한 투자인 금융자산과 영업에 사용하지 않는 토지나 설비자산에 투자하는 경우를 포함한다. 일반적으로 인정된 회계원칙에 따르면 투자자산에 속하는 대표적인 계정은 다음과 같다.

① 투자부동산 : 장기투자목적으로 기업이 보유하는 토지나 설비자산
② 장기대여금 : 일반적 상거래와 관계없는 회수기간이 1년 이상인 대여금
③ 장기예(적)금 : 만기가 1년 이상인 정기 예금이나 정기적금과 같이 금융기관에서 판매하는 장기의 예금이나 기금
④ 장기투자증권 : 장기적인 투자목적으로 보유한 유가증권
⑤ 특정 목적의 예금 : 단체퇴직보험예치금과 같이 기업의 특정 목적을 위해 보유하고 있는 사용이 제한된 예금

앞에 나열된 투자자산 중에서 투자부동산을 제외한 다른 계정들은 모두 금융자산에 속한다. 금융자산에 속하지 않는 투자부동산의 회계는 복잡하지 않으므로 생략하고, 다음에서는 장기금융자산, 특히 장기투자증권에 대한 회계를 중심으로 살펴보고자 한다.

2. 장기투자증권

(1) 투자증권의 분류

회사는 투자의 목적으로 타 회사의 주식, 수익증권, 사채 또는 국·공채와 같은 다양한 유가증권을 취득하는 경우가 많이 있다. 유가증권 중에서 주식(stock)과 같이 회사의 소유지분을 나타내는 유가증권을 지분증권(equity securities)이라 하고, 사채(bonds) 및 국·공채등과 같이 정기적으로 이자를 받고 만기에 원금을 상환 받는 유가증권을 채무증권(debt securities)이라 한다.

이러한 투자증권은 금융자산에 속하는데 일반적으로 인정된 회계원칙에 따르면 금융자산의 분류방법에 따라 투자증권은 다음과 같이 분류될 수 있다.

단기매매증권(trading securities)은 회사가 단기간의 매매차익을 얻을 목적으로 취득하여 사고 파는 일이 빈번하게 일어나는 지분증권 또는 채무증권을 말하며, 단기매매증권은 재무상태표 상에 유동자산으로 분류된다.

만기보유증권(held-to-maturity securities)은 정기적으로 이자를 받고 만기에는 원금을 상환받기 위하여 만기까지 보유할 의도를 가지고 보유하고 있는 사채 및 국·공채와 같은 채무증권을 말하며, 만기보유증권은 재무상태표 상에 비유동자산으로 분류된다. 만기가 없는 주식과 같은 지분증권은 만기보유증권으로 분류될 수 없음은 물론이다.

매도가능증권(available-for-sale securities)은 단기매매증권 또는 만기보유증권으로 분류되지 않은 지분증권 또는 채무증권을 말하며, 매도가능증권은 보유증권의 목적과 특성에 따라 유동자산 또는 비유동자산으로 분류될 수 있다.

지분법적용투자주식(securities for equity method 혹은 investments in securities-equity method)은 위에서 살펴본 투자증권과는 달리, 그 투자목적이 다른 회사를 지배하거나 통제할 목적으로 투자된 지분증권을 말한다. 이러한 지분법적용투자주식은 관계회사주식을 의미하는데, 예를 들어 삼성전자가 보유하고 있는 삼성계열회사의 주식을 말한다. 이러한 지분법적용투자주식은 비유동자산에 속하며, 다음에서는 매도가능증권을 중심으로 간단한 회계처리를 살펴본다.

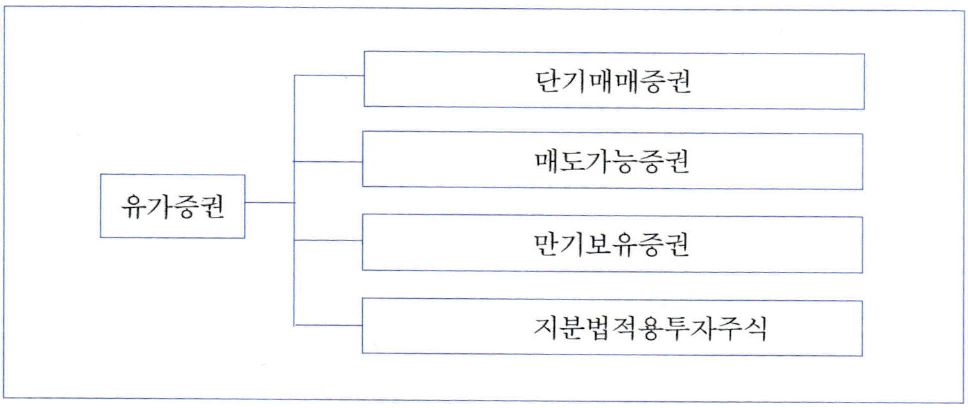

(2) 투자증권의 회계

투자증권과 관련된 복잡한 회계문제는 추후 상세하게 학습할 것이므로 여기에서는 매도가능증권의 취득, 이자나 배당금의 수령, 매도가능증권의 평가와 관련된 기초적인 회계문제만 살펴본다.

먼저 매도가능증권의 취득에 대한 회계부터 살펴보자. 원칙적으로 모든 자산은 취득 시 취득원가로 기록되므로 매도가능증권의 경우에도 취득할 때 취득원가로 기록된다. 물론 취득원가에는 구입가액을 포함해서 취득과정에 정상적으로 지출된 부대비용을 포함한다. 예를 들어, 주식이나 채권을 매입할 때 지출하는 증권거래세 등은 정상적인 부대비용으로 투자증권의 취득원가에 포함된다. 예를 들어, 한국회사가 장기적인 시세차익을 얻기 위한 목적으로 백석회사의 주식 10주를 주당 ₩6,000에 매입하고 증권거래세를 포함한 부대비용으로 ₩5,000을 지출했다면 다음과 같이 분개한다.

(차) 매도가능증권 65,000 (대) 현 금 65,000

매도가능증권을 보유하는 경우 그 증권이 지분증권의 경우 배당을 받을 수 있고 채무증권의 경우 이자수익을 수령하는 것이 일반적이다. 만일 투자대상회사인 백석회사가 주당 ₩100의 배당금을 선언하고 지급한다면 한국회사는 배당금으로 ₩1,000(=10주×₩100)을 수령할 때 다음과 같이 분개한다.

(차) 현 금 1,000 (대) 배당수익 1,000

기말결산 시 투자증권을 평가하는 방법은 단기매매증권, 매도가능증권 및 만기보유증권 등 각 분류에 따라 다양하다. 단기매매증권은 제7절에서 살펴본 바와 같이 공정가치로 평가한다. 매도가능증권의 경우에도 투자대상증권이 시장성이 있어 그 공정가치를 알 수 있는 경우에는 공정가치로 회계처리한다. 투자증권의 공정가치가 장부가액을 초과하는 경우 평가이익이 발생하고 공정가치가 장부가액에 미달하는 금액은 평가손실로 회계처리한다.

예를 들어, 위의 예에서 한국회사가 보유하고 있는 백석회사의 주식이 증권거래소에 상장되어 거래되고 결산 시 백석회사의 시가가 주당 ₩7,000이면 매도가능증권을 재무상태표에 공정가치인 ₩7,000으로 보고해야 한다. 따라서 결산 시 다음과 같은 수정분개를 해야 한다.

(차) 매도가능증권 5,000 (대) 매도가능증권평가이익 5,000*

* 매도가능증권평가이익=(₩7,000-₩6,500)×10주=₩5,000

여기에서 주의할 것은 단기매매증권의 평가에서 발생하는 평가손실 또는 평가이익은 포괄손익계산서 상의 당기순이익항목으로 처리하나, 매도가능증권의 평가에서 발생하는 평가손익은 포괄손익계산서에 기타포괄손익항목으로 보고한 후 재무상태표 상의 자본부분에서 기타포괄손익누계액으로 보고한다는 것이다.

또 한 가지 중요한 사항은 만기보유증권으로 분류된 투자증권은 결산 시에 공정가치를 기준으로 평가하지 않는다는 점이다.

투자증권을 처분하는 경우에는 처분가액과 장부가액을 비교하여 처분이익과 처분손실을 기록한다. 예를 들어, 한국회사의 경우 매도가능증권의 장부가액은 ₩70,000인데 이 매도가능증권을 ₩60,000에 처분하면 다음과 같이 분개한다.

(차)	현 금	60,000	(대)	매도가능증권	70,000
	매도가능증권처분손실	10,000			

그러나 이전에 매도가능증권평가손익이 있는 경우 회계처리는 복잡하므로 여기서는 생략한다. 매도가능증권처분손익은 평가손익과 달리 포괄손익계산서 당기손익항목으로 보고한다. 평가손익은 포괄손익계산서의 기타포괄손익항목이지만 처분손익은 포괄손익계산서의 당기손익항목이다.

예제2-66)

(1) 한국물산은 20×9년 2월 1일에 매도가능증권으로 태양건설(주)의 주식 1,000주를 시가 ₩10,000에 매입하고 매입수수료 ₩100,000은 현금으로 지급하였다.

(차) 매도가능증권 10,100,000 (대) 현 금 10,100,000

(2) 한국물산은 30×년 5월 1일에 태양건설(주)의 주식에 대한 배당금 ₩500,000을 현금으로 받았다.

(차) 현 금 500,000 (대) 배당금수익 500,000

배당금수익은 영업외수익에 포함시켜야 한다.

(3) 한국물산은 20×9년 7월 1일에 한일기업(주) 발행의 사채 ₩5,000,000(@5,000, 1000매)을 매입하고 수표를 발행하여 지급하였다. 회사는 이 사채를 만기까지 보유할 의사를 가지고 있다.

(차) 만기보유증권 5,000,000 (대) 당좌예금 5,000,000

(4) 한국물산은 한일기업으로부터 사채에 대한 이자 ₩300,000을 현금으로 받았다.

(차) 현 금 300,000 (대) 이자수익 300,000

(5) 한국물산은 보유하고 있던 태양건설 주식 1,000주를 1주당 ₩15,000에 매각처분하고 대금은 현금으로 받았다. 이 주식과 관련된 평가손익은 없다.

(차)			(대)		
현 금	15,000,000			매도가능증권	10,100,000
				매도가능증권처분이익	4,900,000

Ⅳ 비유동부채

1. 비유동부채의 의의와 종류

비유동부채(non-current liabilities)란 상환기일이 재무상태표 작성일로부터 1년 이후에 도래하는 장기의 부채를 말한다.

일반적으로 인정된 회계원칙에 따르면 비유동부채는 사채나 장기차입금과 같은 장기금융부채와 장기제품보증충당부채와 같은 충당부채 및 이연법인세부채를 포함한다.

비유동부채의 회계는 회계대상이 장기간이므로 현재가치의 계산과 같은 복잡한 과정이 요구되므로, 여기서는 비유동부채의 대표적인 계정과목인 사채에 대한 회계를 중심으로 간략히 살펴본다.

2. 사채의 의의

사채(bonds, 사채권 또는 사채)란 주식회사가 일반투자자로부터 거액의 자금을 장기간 차입하기 위하여 발행한 확정채무임을 표시하는 유가증권을 말하는데 이러한 유가증권을 구입한 회사는 투자증권이라 하고, 발행한 회사의 입장에서는 사채라 부른다. 회사는 새로운 공장을 건설하거나, 신제품을 생산하기 위하여 새로운 기계설비를 구입하거나 또는 기업의 여러 가지 전략적 목적으로 다른 회사를 인수·합병하기 위하여 거액의 자금이 필요할 경우에 회사는 어떻게 필요한 자금을 조달하는가?

물론 금융기관으로부터 자금을 차입하는 것을 생각할 수 있다. 그러나 금융기관으로부터의 차입금은 일반적으로 상환기간이 단기일 뿐만 아니라 이자율도 높은 편이며 절차도 까다로워 거액의 장기자본을 조달하는 데는 적합하지 않다.

회사가 거액의 장기자금을 조달하는 방법은 신주를 발행함으로써 주주들로부터 자금을 조달하는 직접조달방법(이를 equity financing 또는 direct financing)과, 사채를 발행함으로써 일반투자자로부터 장기의 자금을 차입하는 간접조달방법(debt financing 또는 indirect financing)이 있다. 사채는 일반대중으로부터 필요한 자금을 모집하는 점과 대량의 증권을 발행하는 점, 그리고 이 증권이 자유롭게 유통되는 점 등에서 주식과 유사하나 다음과 같은 점에서 차이가 있다.

> ① 사채는 만기가 있으며 채무자인 회사는 사채권에 표시된 만기일에 반드시 원금 또는 원금 및 이자를 상환하여야 하는 점에서 만기가 없는 주식과 다르다.
> ② 사채는 사채권에 표시된 이자율에 따라 정기적으로 확정이자를 지급해야 한다. 이 점에서 회사의 이익이 있는 경우에 배당금을 받을 수 있고 이익이 없으면 배당을 받을 수 없는 주식과 다르다.
> ③ 사채를 소유한 사람(사채권자)은 회사의 경영에 참가할 수 없으나 주식을 소유한 주주는 경영참가권을 가지는 점에서 서로 근본적으로 다르다.

지금까지 살펴본 바와 같이 사채는 주식과 마찬가지로 액면금액이 존재하며 주식에 없는 이자율과 만기일자가 증권에 인쇄되어 있다. 액면금액(face value)이란 사채의 발행회사가 만기일자에 지급하기로 약속한 금액을 말하며, 증권에 인쇄된 이자율은 표시이자율(stated interest rate) 혹은 액면이자율(coupon interest rate)이라 한다. 사채를 보유하고 있는 투자자는 발행회사로부터 액면금액에 대해 표시이자율만큼 주기적으로 이자를 수령할 권리를 갖는다.

3. 사채의 회계

(1) 사채의 발행가액 결정

일반적으로 사채는 주식과 같이 시장에서 자유롭게 유통된다. 그럼 사채의 가격은 무엇에 의해 결정될까? 회사가 발행하는 사채의 발행가액이 어떻게 결정되는지 살펴보기 위해 한국회사가 발행한 다음의 사채를 고려하자.

액면금액 : ₩1,000,000 표시이자율 : 10% 이자지급일 : 만기일까지 매년 12월 31일 발행일자 : 20×9년 1월 2일 만기일 : 2011년 12월 31일

위와 같이 만기가 3년인 사채를 한국회사가 20×9년 1월 2일에 발행했다면 한국회사는 2011년 12월 31일에 액면금액 ₩1,000,000을 상환할 의무가 있으며 또한 매년 12월 31일에 액면금액의 10%인 이자 ₩100,000을 지급해야 할 의무를 갖는다. 한편 이러한 사채를 보유한 투자자(사채권자)는 만기일에 ₩1,000,000을 받을 권리가 있고 매년 12월 31일에 이자 ₩100,000씩 3번을 받을 권리가 있는데 투자자는 이 사채를 구입하기 위해 얼마를 지급하려고 할 것인가?

투자자가 이 사채를 구입할 때 지급하려는 금액은 투자자가 사채 대신에 다른 곳에 투자했을 때 얻을 수 있는 투자자의 기회비용에 의해 영향을 받는다. 시장에 참여하는 모든 투자자의 기회비용을 반영한 이자율이 시장이자율(market rate)일 것이므로 시장에서 사채의 가격은 이러한 시장이자율에 의해 영향을 받을 것이다.

만일 시장이자율이 사채의 표시이자율 10%보다 높으면 투자자는 아무도 사채를 구입하려 하지 않을 것이므로 사채발행회사는 사채의 발행가격을 낮출 수 밖에 없고 반대로 시장이자율이 사채의 표시이자율보다 낮으면 모든 투자자가 사채를 구입하려고 할 것이므로 사채의 발행가격은 상승할 것이다. 따라서 사채의 발행가액은 이 사채를 구입했을 때 투자자의 수익률이 시장이자율과 동일하도록 가격이 형성 될 것이다. 즉, 사채를 구입한 투자자가 사채보유로부터 미래에 수령할 현금을 시장이자율로 할인한 현재가치로 사채의 가격이 결정될 것이다.

1) 액면발행

구체적인 사채의 발행가액을 계산하기 위해 먼저 시장이자율이 사채의 표시이자율과 같은 10%인 경우부터 살펴보자. 사채의 보유자는 만기일에 액면금액을 수령하고 매년 액면금액의 10%의 이자를 수령하므로 이를 현재가치로 환산하면 다음과 같다.

① 액면금액의 현재가치 = ₩1,000,000×0.75131* = ₩751,310

② 매년 수령할 이자의 현재가치 = ₩100,000×2.48685** = ₩248,685

* 현재가치표(□=3,□=10%)의 현가계수

** 정상연금의 현재가치표(□=3,□=10%)의 현가계수

사채의 발행가액=①+②

=₩751,310+₩248,685=₩1,000,000

즉, 시장이자율이 사채의 표시이자율과 같은 경우 사채의 발행가액은 액면금액과 동일하다. 투자자는 위 사채를 ₩1,000,000에 구입하면 표시이자율인 10%의 고정수익률을 얻게 되고 시장이자율로 다른 곳에 투자해도 10%의 수익률을 달성하게 되므로 사채의 발행가액은 액면금액으로 결정된다. 이처럼 사채의 표시이자율과 시장이자율이 동일할 때 사채는 액면금액으로 발행되는데 이를 사채의 액면발행(issues at par)이라 한다.

2) 할인발행

다음은 사채의 표시이자율이 10%이고 시장이자율이 12%인 경우, 즉 시장이자율이 표시이자율보다 높은 경우를 살펴보자.

① 액면금액의 현재가치 = ₩1,000,000×1.71178* = ₩711,780

② 매년 수령할 이자의 현재가치 = ₩100,000×2.40183** = ₩240,183

* 현재가치표(□=3,□=12%)의 현가계수

** 정상연금의 현재가치표(□=3,□=12%)의 현가계수

사채의 발행가액=①+②

=₩711,780+₩240,183=₩951,963

위에서 보는 바와 같이 사채의 가격을 계산할 때 표시이자율은 단지 매년 지급될 이자금액을 계산하는데 사용되고 시장이자율은 현재가치를 계산하는 할인율로 사용됨을 주목하라. 시장이자율이 사채의 표시이자율보다 높은 경우 투자자는 시장이자율로 다른 곳에 투자하기를 원하므로 사채의 가격이 하락하여 사채를 구입하더라도 시장이자율 12%의 수익률을 얻을 수 있도록 사채의 가격이 낮아져야 한다. 즉, 시장이자율이 12%인 경우 사채가격이 액면금액보다 낮은 ₩951,963으로 결정되어야 이를 구입하는 투자자가 12%의 수익률을 얻을 수 있다. 이처럼 시장이자율이 표시이자율보다 높을 경우 사채의 발행가액은 액면금액보다 낮게 되는데 이를 사채의 할인발행(issued at discount)이라 한다.

3) 할증발행

마지막으로 시장이자율이 5%로 표시이자율 10%보다 낮은 경우를 살펴보자.

① 액면금액의 현재가치 = ₩1,000,000×0.86384* = ₩863,840

② 매년 수령할 이자의 현재가치 = ₩100,000×2.72325** = ₩272,325

* 현재가치표(□=3,□=5%)의 현가계수

** 정상연금의 현재가치표(□=3,□=5%)의 현가계수

사채의 발행가액=①+②

=₩863,840+₩272,325=₩1,136,165

시장이자율이 사채의 표시이자율보다 낮은 경우 투자자는 모두 수익률 10%가 보장되는 사채를 구입하려고 할 것이므로 사채의 가격은 상승하게 된다. 사채를 구입한 투자자의 실제 수익률이 시장이자율과 동일한 수준까지 사채의 가격이 상승할 것이다. 위의 경우 사채의 발행가액이 ₩1,136,165으로 결정되면 이 사채를 구입한 투자자는 실제로 시장이자율인 5%의 수익률을 얻게 된다. 이처럼 시장이자율이 표시이자율보다 낮은 경우 사채는 액면금액보다 높은 금액으로 발행되는데 이를 사채의 할증발행(issued at premium)이라 한다.

(2) 사채의 발행과 회계처리

여기서는 장기차입부채의 대표적인 계정인 사채계정의 회계처리에 대해 살펴본다. 사채의 회계처리와 관련한 중요한 회계과정은 발행 시의 회계, 이자수령 시의 회계, 사채상환 시의 회계를 포함한다. 이자수령 시의 회계는 유효이자율법(effective interest method)을 이해하여야 하나 이에 대한 설명은 회계원리의 수준을 넘기 때문에, 여기서는 간단히 사채를 발행한 경우 발행시점의 회계처리와 사채의 상환에 대한 회계를 중심으로 간략히 살펴본다.

1) 사채의 발행

앞에서 우리는 사채가 발행될 때 사채의 발행가액이 결정되는 원리를 파악하였다. 사채는 발행될 때 액면으로 발행될 수도 있고 액면금액보다 높은 가액 혹은 낮은 가액으로 발행될 수 있었다. 즉, 시장이자율이 사채의 표시이자율보다 높고 낮음에 따라 사채의 발행가액이 사채의 액면금액과 차이가 날 수 있음을 알 수 있었다.

이와 같이 사채의 발행가액이 액면금액과 다른 경우 발행회사는 얼마의 금액으로 장기차입부채를 기록해야 할 것인가가 중요하다. 형식상으로는 액면금액이 발행회사가 상환해야 할 원금이지만 실제로 차입한 금액은 사채의 발행가액이다. 그러나 사채의 원금은 미래 만기일에 지급될 예정이다. 이러한 상황에서 발행 회사의 부채를 액면금액으로 기록할 것인가 아니면 실제로 차입한 금액인 발행가액으로 분개하여야 할 것인가? 일반적으로 인정된 회계원칙에 따르면 부채의 금액은 미래 상환할 형식적인 명목금액과 미래 상환금액의 현재가치와 차이가 중요한 경우 현재가치로 기록하여야 한다.

따라서 사채발행 시 사채는 실질적으로 발행회사가 차입한 금액으로 기록해야 한다. 구체적인 사채발행에 대한 회계를 살펴보기 위해 앞에서 살펴본 한국회사가 발행한 사채의 예를 계속 사용하자.

① 액면발행

표시이자율과 시장이자율이 일치하여 사채가 액면금액으로 발행되는 액면발행의 경우 사채의 발행가액과 사채의 액면금액이 일치하므로 발행 시 회계처리는 간단하다.

(차) 현 금 ₩1,000,000 (대) 사 채 ₩1,000,000

예제2-67)

20×9년 4월 1일에 액면 ₩1,000의 사채 ₩1,000,000을 다음과 같은 조건으로 발행하고 사채대금은 모두 당좌예금에 입금하였다.

가. 발행가액 : 액면가액

나. 이자율 : 연 12%

다. 이자지급일 : 매년 3월 31일과 9월 31일(1년에 2회)

라. 만기 : 2012년 3월 31일(3년)

1) 사채발행일자의 분개를 하라.

(차) 당좌예금 1,000,000 (대) 사 채 1,000,000

2) 20×9년 9월 30일 이자지급일의 분개를 하라.

(차) 이자비용 60,000 (대) 현 금 60,000

3) 20×9년 12월 31일(결산일)의 결산수정 분개

(차) 이자비용 30,000* (대) 미지급이자 30,000

*10월 1일부터 12월 31일까지 발생이자

$$₩1{,}000{,}000 \times 12\% \times \frac{3개월}{12개월} = ₩30{,}000$$

② 할인발행

시장이자율이 사채의 표시이자율보다 높은 경우 사채는 할인발행을 하게 되는데 앞의 한국회사의 경우 사채의 액면금액은 ₩1,000,000이지만 실제로 발행시 발행회사가 받은 금액은 ₩951,963이다. 따라서 발행회사가 실제 수령한 현금액을 기준으로 다음과 같이 기록하는 것이 논리적이다.

(차) 현　　금 951,963　　　　(대) 사　　채 951,963

위의 분개가 틀린 것은 아니지만 대부분의 기업은 사채할인발행차금계정을 이용하여 다음과 같이 분개한다.

(차)			(대)		
	현　　금	951,963		사　　채	1,000,000
	사채할인발행차금	48,037			

위의 분개에서 사채할인발행차금계정은 사채계정의 차감계정이다. 위에서 보는 바와 같이 사채계정은 액면금액으로 기록하고 액면금액과 발행가액과의 차이는 사채할인발행차금계정에 기록한다. 따라서 실제로 사채의 발행회사가 부담하는 부채는 액면금액에서 사채할인발행차금을 차감한 잔액이 되며 이를 사채의 장부가액이라 한다. 사채 할인발행차금은 시간이 경과함에 따라 점차 상각(amortization)되어 사채의 만기일에는 그 잔액이 0으로 되고 만기시점의 발행회사의 부채는 액면금액이 될 것이다.

예제2-68)

20×9년 1월 1일에 액면 ₩100,000의 사채를 만기 5년, 표시이자율 8%의 조건으로 발행하였다. 사채발행 시의 발행가액을 계산하고 사채발행에 대한 분개를 하라. 시장이자율은 0%이다.

1) 사채발행가액의 계산:

① 원금의 현재가치 = ₩100,000×0.62092*
= ₩62,092

*□:5, 이자율: 10%일 때 ₩1의 현가계수

② 이자의 현재가치 = (₩100,000×8%)×3.79079*
= ₩30,326

*□:5, 이자율: 10%일 때 정상연금의 현가계수

③ 사채발행가액= ① + ②
= ₩92,418

2) 발행 시의 분개

(차)	현　　금	92,418	(대)	사　　채	100,000
	사채할인발행차금	7,582			

위의 분개에서 보는 바와 같이 발행가액이 ₩92,418임에도 불구하고 액면가 ₩100,000을 사채계정(비유동부채)에 기록하며 액면가액과 발행가액과의 차액 ₩7,582은 사채할인발행차금계정에 기록한다. 사채할인발행차금계정은 재무상태표 상에 표시할 때에는 사채계정에서 차감하는 형식으로 표시한다. 사채에서 사채할인발행차금을 차감한 잔액이 사채의 장부가액이다.

③ 할증발행

시장이자율이 사채의 표시이자율보다 낮은 경우 사채는 액면금액보다 높은 금액으로 발행된다는 사실을 우리는 이미 살펴보았다. 이와 같은 할증발행의 경우에는 사채의 발행가액이 사채의 액면금액보다 높으므로 그 차이는 사채할증 발행차금계정에 기록된다. 이때 사채할증발행차금은 사채와 함께 대변에 기록되므로 사채계정에 대한 가산계정이다.

(차) 현 금	1,136,165	(대) 사 채	1,000,000
		사채할증발행차금	136,165

사채계정이 액면금액으로 기록되지만 사채할증발행차금계정이 가산되므로 실제로 발행회사의 부채는 사채의 발행가액인 ₩1,136,165으로 표시된다. 사채할인발행차금과 같이 사채할증발행차금도 기간이 경과함에 따라 점차 상각되어 만기일에는 그 잔액이 0이 될 것이다. 따라서 만기시점에서 발행회사의 부채는 실제로 액면금액이 된다.

예제2-69)

앞의 [예제8-13]에서 사채의 표시이자율은 8%이나 시장이자율이 6%인 경우에 사채의 발행가액을 계산하고 발행 시의 분개를 하라.

1) 사채발행가액의 계산

① 원금의 현재가치 ₩100,000×0.74726=₩74,726

*□:5, 이자율: 6%인 경우의 현가계수

② 이자의 현재가치 : (₩100,000×8%)×4.21236=₩33,699

*□:5, 이자율: 6%인 경우의 정상연금현가계수

③ 사채발행가액= ①+②= ₩108,425

2) 사채발행 시의 분개

(차) 현 금	108,425	(대) 사 채	100,000
		사채할증발행차금	8,425

이 경우에도 발행가액이 ₩108,425임에도 불구하고 사채계정은 액면가 ₩100,000으로 기록되며 액면가액과 발행가액과의 차액, ₩8,425은 사채할증발행차금계정에 기록된다. 사채할증발행차금을 재무상태표 상에서 사채계정에 부가하며 표시한다.

(3) 사채의 상환

만기일에 사채의 발행회사는 사채권자에게 사채의 액면가액을 상환하여야 한다. 이와 같이 만기일에 사채를 상환하는 것을 만기상환이라고 한다. 그러나 회사가 자금의 여유가 있거나 시중의 이자율이 하락한 경우 또는 사채의 시가가 하락한 경우에는 사채발행회사는 만기일이 도래하기 전에 사채를 미리 상환하거나 소각하려고 할 것이다.

이와 같이 사채를 만기 전에 상환하는 것을 사채의 조기상환(early extinguishment of bonds) 또는 매입상환(reacquisition of bonds)이라고 한다. 사채를 만기 전에 조기상환하는 방법은 증권시장에서 사채를 시장가격으로 매입하여 소각하는 방법 또는 사채권자에게 적절한 상환가격을 지급하고 상환하는 방법 등이 있다.

사채를 조기상환하는 경우에는 일반적으로 액면가액 이외의 가액으로 상환하게 되므로 사채의 상환시점에 있어서 사채의 순장부가액과 상환가액이 차이가 생기게 되는데, 상환가액이 순장부가액보다 크면 사채상환손실(loss on retirement of bonds)이 발생하고, 상환가액이 순장부가액보다 작으면 사채상환이익(gain on retirement of bonds)이 발생하며, 사채상환손익은 포괄손익계산서 상의 당기손익항목에 포함시켜야 한다.

예제2-70)

(1) 액면발행한 사채 ₩1,000,000이 만기가 되어 현금으로 상환하다.

(차) 사 채 1,000,000 (대) 현 금 1,000,000

(2) 사채액면 ₩1,000에 대하여 ₩960씩 할인발행한 사채 ₩1,000,000을 만기 전에 시가 ₩980씩 매입상환하다. 상환일 현재 사채할인발행차금 미상각 잔액이 ₩30,000이 있다.

(차)			(대)		
	사 채	1,000,000		현 금	980,000
	사채상환손실	10,000		사채할인발행차금	30,000

사채의 상환가액 : ₩980,000

사채의 순장부가액 : ₩970,000

(액면가액₩1,000,000-사채할인발행차금 미상각잔액 ₩30,000 = ₩970,000)

사채상환손실 = ₩980,000-₩970,000 = ₩10,000

(3) 사채액면 ₩1,000에 대하여 ₩1,060씩 발행한 사채 ₩1,000,000을 만기 전에 시가 ₩1,020씩 조기상환하다. 상환일 현재 사채할증발행차금의 미상각액이 ₩40,000 있다.

(차)			(대)		
	사 채	1,000,000		현 금	1,020,000
	사채할증발행차금	40,000		사채상환이익	20,000

제 10 절 주식회사의 자본

I 자본의 의의

재무상태표의 주요 구성항목인 자본에 대해 살펴보면 자본회계는 기업의 형태에 따라 약간의 차이가 존재한다. 즉 회사의 형태가 합명회사냐 아니면 주식회사냐에 따라 자본을 회계처리하는 방법이 조금씩 다르다. 본 절에서는 회사의 여러 형태 중에서 가장 대표적인 회사형태인 주식회사의 자본에 대한 회계를 살펴보고자 한다.

1. 자본의 개념

회계학에서 말하는 자본이란 용어는 우리가 일상생활에서 사용하는 자본개념과 구분되어야 한다. 일반적으로 자본이 없어 사업을 못한다고 말하는 경우처럼 일상생활에서 사용되는 자본은 경제학에서 말하는 생산요소인 '돈'을 의미한다. 그러나 회계학에서 말하는 자본은 회사가 보유한 자산 중에서 소유주가 그 청구권을 행사할 수 있는 부분을 나타낸다.

회계학에서 자본(shareholders' equity)이란 이미 제2절에서 설명한 바와 같이 자산에 대한 소유주의 몫을 의미한다. 회계등식에서 좌변인 회사가 보유한 총 경제적 자원인 자산에 대해 채권자의 몫을 부채라 하고 나머지는 소유주의 몫인데 이를 자본이라 한다. 이러한 의미에서 자본은 총자산에서 채권자지분을 차감한 잔여분을 의미하므로 자본을 잔여지분(residual equity)이라 하기도 하고, 자산에 부채를 차감하였다는 의미로 자본을 순자산(net assets)이라 한다.

자본은 자산에서 부채를 차감하면 회계등식에 의해 자동적으로 결정되는데 그 내용을 살펴보면 크게 두 가지 요소로 구분된다. 자본의 첫 번째 구성요소는 기업의 소유주가 출자한 금액을 나타내는 납입자본(contributed capital)이다. 즉,

납입자본은 소유주가 기업에 출자로 내놓은 금액이므로 이 금액만큼 회사 자산에 대해 소유주가 청구권을 행사할 수 있다. 자본의 두 번째 구성요소는 회사가 영업과정을 통해 벌어들인 이익으로서 아직 주주에게 배당하지 않고 회사가 유보하고 있는 벌어들인 자본(earned capital)이다. 회사가 사업을 하거나 보유한 자산의 가치가 증가하여 이익이 나는 경우 이러한 이익은 주인의 몫이다. 벌어들인 이익 중에서 소유주에게 돌려주는 부분을 배당(dividends)이라 하며, 아직 배당을 하지 않고 기업 내부에 남아 있는 이익이 바로 벌어들인 자본을 나타낸다.

회계학에서 자본이 나타내고자 하는 것은 기업의 장부가치(book value)이다. 즉, 장부상으로 기업이 얼마나 가치가 있는가를 나타낸다. 예를 들어, 자산총액이 5천만원이고 부채가 1천만원이며 자본은 4천만원이다. 이러한 4천만원이 의미하는 것은 장부상으로 이 기업의 가치가 4천만원임을 의미한다. 자본이 기업의 장부가치를 나타내는 반면, 기업의 실제가치는 주식의 시장가치에 의해 결정된다.

증권시장에서 거래되고 있는 주식의 주당 시가의 총합을 구하면 이것이 시장에서 결정된 기업의 실제가치가 된다. 투자자는 이러한 회사의 장부가치와 주식의 시가를 서로 비교함으로써 주식에 투자할 것인지 여부를 결정하는데 중요한 정보를 얻을 수 있다.

2. 주식회사와 주식

(1) 주식회사의 특징

주식회사(corporation)는 자본금이 주식(stock)이라는 소액단위의 증권으로 분할되어 있고 주주는 인수주식에 대한 출자의무만 부담할 뿐 출자액 이상의 회사 채무에 대하여 하등의 책임을 부담하지 않는 법인격의 회사형태이다. 오늘날 지구상의 자본주의 경제체제는 주식회사와 자본시장을 기초로 하여 유지·발전되고 있다고 할 수 있다. 또한 주식회사와 자본시장은 현대회계와 밀접한 관련을 가지고 있으며, 회계의 뒷받침 없는 주식회사와 자본시장은 존재할 수 없다. 결국, 주식회사와 자본시장 그리고 회계는 서로 긴밀한 관계를 가지면서 자본주의 경제체제의 기초가 된다고 볼 수 있다.

주식회사는 다음과 같은 특징이 있다.

1) 거액의 자본조달이 가능하다.

주식회사는 일반대중으로부터 사채나 주식을 모집함으로써 자금을 조달할 수 있기 때문에 거대한 자본의 조달이 가능하다. 우리나라의 SK나 미국의 IBM, 애플 등 거대한 기업들은 주식회사라는 기업형태가 있었기 때문에 존재가 가능한 것이다.

2) 자본이 증권화되어 자유로이 유통된다.

주식회사의 자본은 주식이라는 유가증권으로 분할되어 있고 이 주식은 자유롭게 유통된다. 주식을 소유한 주주(stockholders)는 이익배당청구권, 주주총회의결권, 잔여재산분배청구권 등 소위 주주권을 소유하며, 주요 기업의 주식은 증권시장을 통해 자유롭게 유통이 가능하므로 필요한 경우에 언제나 현금화할 수 있다.

3) 주주는 유한책임을 부담한다.

주주는 회사에 대하여 출자액을 한도로 위험을 부담할 뿐 출자액 이상의 회사채무에 대하여 하등의 위험을 부담하지 않는다. 따라서 회사의 채권자는 회사의 자산을 한도로 하여 채권을 보장받을 수 있는 것이다.

4) 소유와 경영이 분리된다.

위에서 언급한 바와 같이 회사의 소유주인 주주는 그 수에 있어서 무한히 확대되고 또 수시로 변동하므로 대다수의 주주는 회사의 복잡한 경영에 일일이 참여하기보다는 이익의 배당이나 주식의 시세차익을 목적으로 한 투자에만 관심을 갖게 되고 회사의 경영은 전문경영자(professional managements)가 맡아 하게 된다. 더구나 오늘날의 기업환경은 복잡하고 전문화되어 고도의 전문적인 능력의 소유자가 아니고는 경영을 담당할 수 없으므로 소유와 경영의 분리는 가속화되고 있다.

5) 기업의 계속성(going concern)

주식회사는 자본이 주식으로 분산되고 자유롭게 유통되므로 회사소유주 개인의 사망이나 파산 등과 같은 사건에 아무런 영향을 받지 않고 기업의 영구적인 존속이 가능하다. 즉, 기업실체(business entity)는 소유주와 별개의 생명력을 가지고 무한한 존속이 가능한 것이다.

6) 주식회사는 다양한 이해관계자를 갖게 되고 따라서 여러 가지 법적인 규제가 많다.

주식회사는 회사의 경영에 직접 참여하지 않는 다수의 주주, 채권자, 고객, 정부, 회사에 대한 납품업자, 종업원 등 다양한 이해관계자를 갖게 되며, 또한 기업활동의 거대화로 말미암아 경제사회에 미치는 영향이 크기 때문에 주식회사의 설립, 채무의 부담, 해산 및 회계 등에 대하여 법적인 규제가 필요한 것이다.

(2) 주식의 의의

주식회사의 자본은 주식으로 구성되어 있다. 주식회사는 이러한 주식을 일반투자자에게 발행하고 그 대금을 납입 받아 회사가 필요한 자금을 조달한다. 이러한 주식은 주식시장에서 거래되며 수요와 공급에 의해 주식의 가치가 형성된다. 주식은 채권과 마찬가지로 액면금액(face value)이 존재하며 일반적으로 액면금액은 ₩5,000, ₩1,000, ₩500, ₩100 등 다양하다. 이러한 주식의 발행을 통해 회사에 조달된 자금에 대해서는 만기일이 일반적으로 존재하지 않으며 채권과 달리 이자를 의무적으로 지급할 필요도 없다.

주식회사의 주식을 보유하면 보유자는 그 회사의 소유주가 되며 기업에 대해서 다음과 같은 다양한 권리를 행사할 수 있다.

첫째, 주식을 보유한 소유주는 주주총회에 참여하여 기업의 의사결정에 참여할 수 있는 투표권(voting right)을 갖는다. 소유주는 보유한 주식 수에 비례하여 투표권을 갖는다.

둘째, 소유주는 보유한 주식 수에 비례해서 배당을 받을 권리를 갖는다. 회사가 벌어들인 이익은 소유주의 몫이고 이러한 벌어들인 이익을 소유주에게 돌려주는 것을 배당이라 한다. 소유주는 자기가 보유한 주식비율에 따라 배당을 받을 권리가 있다.

셋째, 회사가 추가로 새로운 주식을 발행할 때 이미 보유한 주식비율에 따라 새로운 주식을 배정받을 권리를 갖는다. 예를 들어, 회사주식의 10%를 보유하고 있는 소유주는 새로운 주식 1,000주가 발행될 때 이의 10%인 100주를 우선적으로 구입할 수 있는 권리가 있다. 이러한 권리가 소유주에게 주어지지 않으면 새로운 주식이 발행됨에 따라 소유주의 주식보유비율이 낮아진다. 즉, 새로이 발행되는 주식을 기존 소유주에게 우선적으로 배정하지 않으면 총발행주식수가 증가하는 경우 기존 소유주의 주식보유비율이 낮아질 위험이 존재하게 된다.

넷째, 주식을 보유한 소유주는 기업이 청산하는 경우 잔여재산청구권을 갖는다. 즉, 기업이 청산하는 경우 기업이 보유한 총자산을 처분하여 우선적으로 부채를 상환하고 남는 부분이 있으면 이러한 잔여분에 대해 주식보유비율에 따라 청구권을 행사할 수 있다.

주식은 회사가 자금을 조달하는 주요 수단으로서 투자자의 수요를 충족시키기 위해 다양한 특성을 가진 주식이 존재한다. 앞에서 설명한 다양한 권한을 가진 일반적인 주식을 보통주(common stock)라 하고, 보통주의 투표권을 포기하는 대신에 배당을 우선적으로 받을 수 있는 주식을 우선주(preferred stock)라 한다. 본 교재는 특별한 언급이 없으면 주식은 보통주를 의미하고, 우선주인 경우에는 구체적으로 주식의 종류를 명시할 것이다.

주식과 관련하여 몇 가지 중요한 개념은 수권주식, 발행주식, 사외유통주식의 개념이다. 우리나라의 경우 주식회사를 설립할 때 회사의 정관에 회사가 발행할 주식의 총수를 미리 정해야 한다. 이와 같이 회사가 앞으로 발행할 주식의 총수를 수권주식(authorized stock)이라 한다. 회사는 이러한 수권주식의 1/4 이상을 발행하여 회사를 설립할 수 있으며 수권주식 중에서 미발행된 주식은 설립 후 이사회의 결의로 새로운 주식을 발행할 수 있다. 회사가 이미 발행한 주식을 발행주식(issued stock)이라 한다.

회사가 발행한 주식은 회사 외부에서 유통될 것인데 이와 같이 회사가 발행하여 회사 외부에서 유통되고 있는 주식을 사외유통주식(outstanding stock)이라 한다. 일반적으로 사외유통주식은 발행주식과 일치하겠지만 기업이 이미 발행한 자사주식을 다시 매입하는 경우가 있는데 이러한 경우에는 발행주식과 사외유통주식이 일치하지 않는다. 일반적으로 사외유통주식의 경우에만 위에서 살펴본 주식을 보유한 소유주로서의 권리를 행사할 수 있다. 회사가 이미 발행된 자사주식을 다시 매입하는 경우 이러한 주식을 자기주식이라 하는데 이러한 자기주식은 소유주로서의 권리를 행사할 수 없다.

(3) 자본의 분류

자본은 자산에서 부채를 차감한 잔액이므로 자산과 부채가 결정되면 자본금액은 자동적으로 결정된다. 이에 자본회계에서 화폐가치로 측정하는 문제는 간단하다. 그러나 자본의 경우 상법의 다양한 규정에 의해 영향을 받으므로 자본의 분류는 조금 복잡하고 그 용어도 어려울 수 있다. 본 절에서 학생들은 자본의 분류와 관련된 법적 용어에 친숙하도록 해야 할 것이다.

일반적으로 인정된 회계원칙에 따르면 주식회사의 자본은 자본금, 자본잉여금, 자본조정, 기타포괄손익누계액 및 이익잉여금으로 구분된다. 다음에서는 자본의 세부구성항목이 갖는 의미를 간략히 살펴보고자 한다.

1) 자본금

주식회사의 자본은 출자자본과 벌어들인 자본으로 구성되는데 여기서 말하는 자본금과 다음의 자본잉여금이 출자자본을 주로 나타낸다. 납입자본 중에서 자본금(contributed capital at par)은 발행한 주식의 총수에다 주당 액면금액을 곱한 금액이다.

자본금 = 발행주식수 × 주당액면금액

주식은 권리의 차이에 따라 보통주와 우선주가 존재하므로 자본금은 보통주자본금과 우선주자본금으로 구분된다. 따라서 자본과 자본금을 혼동하지 않도록 유의하길 바란다. 회계에서 자본은 회사의 소유주 지분전체를 나타내고 자본 중에서 발행된 주식의 액면금액만을 의미한다.

2) 자본잉여금

회사는 소유주와 다양한 주식관련거래를 수행한다. 예를 들어, 회사가 주식을 발행하는 거래, 주주로부터 주식을 매입하는 거래 등과 같이 주주와 회사 간의 거래가 발생할 수 있는데 이와 같이 주주와의 주식관련거래를 자본거래라 한다. 이러한 자본거래는 손익거래와 구분되는 것으로 일반적으로 손익거래에서 발생한 이익은 포괄손익계산서에 보고된 후 재무상태표의 이익잉여금이나 기타포괄손익누계액으로 대체되지만 자본거래에서 발생하는 금액 중 액면금액을 초과하는 부분은 자본잉여금(contributed capital in excess of par)으로 분류된다.

예를 들어, 주식을 발행하는 경우 발행가격이 액면금액을 초과하는 경우 액면금액은 자본금으로 기록되지만 발행가격이 액면금액을 초과하는 금액은 주식발행초과금이라 하며 이는 자본잉여금으로 분류된다. 또한 주주로부터 이미 발행한 회사의 주식을 매입하여 소각하는 경우에도 주식매입가격이 액면금액보다 낮다면 액면금액만큼은 자본금의 감소로 기록되지만 주식매입가격과 액면금액의 차이는 감자차익이란 자본잉여금으로 분류된다.

이처럼 주주와의 자본거래에서 발생한 금액이 액면금액과 차이가 나고 그것이 회사입장에서 유리한 차이이면 자본잉여금으로 분류된다. 자본잉여금

(contributed capital in excess of par)은 주주와의 자본거래에서 발생한 금액으로 액면금액과 차이가 나는 금액 중 회사의 자본을 증가시키는 부분을 의미한다.

재무상태표에 보고될 때 자본잉여금은 주식발행초과금과 기타자본잉여금으로 구분한다. 기타자본잉여금의 주요 계정에는 감자차익, 자기주식처분이익 등이 있다.

3) 자본조정

일반적으로 주식발행을 통한 납입자본과 관련된 금액은 지금까지 살펴본 자본금과 자본잉여금으로 분류된다. 그러나 거래의 성격상 자본거래에 해당하나 아직 최종 납입된 자본으로 확정되지 않은 임시적인 항목이나 자본거래에서 발생한 금액 중에서 액면금액과 차이가 나는 항목으로 회사에 불리한 영향을 미치는 금액은 자본잉여금으로 기록할 수 없다.

예를 들어, 주식을 발행할 때 액면금액보다 낮은 금액으로 발행되는 경우 발행주식의 액면가액과 발행가액의 차이를 나타내는 주식할인발행차금이나 주주로부터 주식을 매입하여 소각하는 과정에서 발생하는 감자차손 등은 자본조정항목으로 분류된다. 즉, 자본조정(capital adjustments)이란 당해 항목의 성격상 자본거래에 해당하나 최종 납입된 자본으로 볼 수 없거나 자본의 차감성격으로 자본금이나 자본잉여금으로 분류할 수 없는 항목을 말한다. 예를 들면, 주식할인발행차금, 자기주식, 주식매수선택권, 감자차손 및 자기주식처분손실 등이 포함된다.

4) 기타포괄손익누계액

포괄손익(comprehensive income)은 기말자본에서 기초자본을 차감한 금액 중에서 추가출자나 배당과 같은 자본거래를 조정한 후의 금액을 의미한다. 즉, 포괄손익은 자본거래 이외에서 발생한 모든 손익을 의미한다.

포괄손익은 크게 당기순이익과 기타포괄손익으로 구분되며, 당기순이익은 포괄손익계산서에서 계산된 후 재무상태표 상의 이익잉여금으로 보고되고 기타포괄손익은 포괄손익계산서를 거쳐 재무상태표 상의 기타포괄손익누계액 부분으로 대체된다.

일반적으로 인정된 회계원칙에 따르면 기타포괄손익누계액의 구성항목은 매도가능증권평가손익, 재평가잉여금 등이 있다. 예를 들어, 투자자산인 매도가능증권의 시가가 기초보다 증가하여 평가이익이 있는 경우 이러한 매도가능증권평가이익은 포괄손익계산서에 기타포괄손익항목으로 보고함과 동시에 재무상태표에 기타포괄손익누계액의 항목으로 보고된다.

5) 이익잉여금

회사의 주주와의 거래인 자본거래가 아닌 손익거래, 즉 영업을 수행하는 과정에서 발생한 거래에서 발생한 손익은 포괄손익계산서에 당기순손익으로 요약된 후 재무상태표의 이익잉여금으로 대체된다. 이익잉여금(retained earnings)이란 영업과정을 통한 손익거래에서 발생한 손익으로서 소유주에게 배당을 하지 않고 기업이 보유하고 있는 금액을 의미한다. 즉, 기업이 설립된 이후로 창출한 순손익의 총액 중에서 배당을 통해 소유주에게 돌려주지 않고 회사가 보유하고 있는 누적이익금액을 나타낸다.

일반적으로 인정된 회계원칙에 따르면 이익잉여금은 법정적립금, 임의적립금 및 미처분이익잉여금으로 구분한다.

지금까지 살펴본 주식회사의 자본을 분류하면 [그림 2-9]과 같이 요약될 수 있다.

그림 2-9 주식회사의 자본

Ⅱ 납입자본

1. 회사설립에 대한 거래

주식회사의 설립은 정관의 작성으로부터 시작하여 발행할 주식수의 결정 및 주당 액면금액의 결정 등의 과정을 통해 주식을 발행하고 그 대금을 납입 받아 완성된다. 주식회사의 설립은 발기설립과 모집설립으로 구분되며 그 구체적인 절차는 매우 복잡한데 이에 대해서는 상법을 통해 학습하기를 바란다. 여기서는 회사설립과 관련된 주요 회계과정을 간략히 살펴보고자 한다.

주식회사의 설립은 법적으로 발기설립과 모집설립으로 구분되는데, 발기설립은 회사의 발기인이 설립 시 발행될 주식 모두를 인수함으로써 회사를 설립하는 것이고, 모집설립은 발기인이 발행될 주식의 일부만을 인수하고 나머지 주식은 일반투자자에게 발행하여 회사를 설립하는 방식이다. 어느 방식으로 회사가 설립되든 회사설립의 핵심은 주식의 발행을 통해 자금을 조달한다는 것이다.

발기설립의 형태로 회사가 설립하면 발행될 주식의 전부를 발기인이 인수하고 그 대금을 회사에 납입하므로 다음과 같이 간단하게 현금의 증가와 자본금의 증가로 회계처리하면 된다.

(차) 현 금 ××× (대) 자 본 금 ×××

물론 회사설립 시 발기인이 주식을 인수하는 대신에 건물이나 토지와 같은 현물을 납입하는 경우에는 이들을 어떻게 평가하느냐에 따라 복잡한 문제가 발생할 수 있다. 예를 들어, 납입한 건물의 가치가 공정가치보다 높게 평가되거나 낮게 평가되면 실제 자본이 과대 혹은 과소로 기록될 수 있다.

예제2-71)

한국(주)는 수권주식수 10,000주, 설립 시에 발행하는 보통주식수 5,000주, 액면 ₩5,000으로 하고, 발기인이 발행주식 5,000주를 인수함으로써 회사를 설립하다. 출자는 전액 현금으로 납입 받아 당좌예금하다.

(차) 당좌예금 25,000,000 (대) 자 본 금 25,000,000

한편 모집설립의 경우에는 발기인이 발행주식의 일부를 인수하고 나머지에 대해서는 모집공고를 통해 일반투자자를 모집한다. 해당 회사의 주식을 구입하고 싶은 일반투자자는 구입할 주식의 발행가격 중 일부를 주식청약증거금으로 납부하고 주식청약이 완료되면 회사는 주식을 배정하고 나머지 대금을 납입 받는다.

회사가 주식에 대한 청약증거금을 일반투자자로부터 수령한 경우에는 회사가 받은 금액만큼 다음과 같이 분개한다.

(차) 현 금 ××× (대) 주식청약증거금 ×××

주식청약절차가 완료되고 주식을 실제로 일반투자자에게 주식을 교부하고 나머지 주식대금을 받은 경우 다음과 같이 분개한다.

(차)	현　　금	×××	(대) 자 본 금	×××
	주식청약증거금	×××		

예제2-72)

한국(주)는 다음과 같이 설립되다. 회사가 발행할 주식의 수는 5,000주이고, 1주의 액면금액은 ₩5,000이다. 회사설립 시에 발행하는 주식의 수는 3,000주이다.

① 발기인은 500주의 주식을 인수하고 전액 현금으로 납입하다.

(차)	현　　금	2,500,000	(대) 자 본 금	2,500,000

② 주식의 모집공고를 하였던 바, 주주로부터 주식청약증거금으로 ₩1,000,000을 현금으로 받다.

(차)	현　　금	1,000,000	(대) 주식청약증거금	1,000,000

③ 주식모집이 완료되어 주식금액이 전액 납입되었으므로 주식을 교부하다.

(차)	현　　금	11,500,000	(대) 자 본 금	12,500,000
	주식청약증거금	1,000,000		

2. 납입자본의 증가

(1) 실질적 증자

회사의 설립 후에 사업의 확장이나 부채의 상환 등을 위하여 거액의 자금이 필요한 경우 회사는 주식을 추가로 발행하여 자금을 조달할 수 있다. 이러한 신주발행은 수권주식 중에서 미발행주식의 범위 내에서 이사회의 결의로 발행된다.

이와 같이 주식을 발행하고 그 대금을 납입 받는 형태의 신주발행을 유상증자 혹은 실질적 증자라 한다. 유상증자라 하는 이유는 주식의 발생이 무상으로 이루어지는 것이 아니고 주식대금을 받는다는 측면을 나타내고 실질적 증자라 하는 이유는 유상증자를 통해 주식을 발행하는 경우 회사의 총자본이 증가함과 동시에 납입 받은 금액만큼 총자산이 증가하여 실질적으로 자본이 증가하기 때문이다.

1) 주식의 할증발행

회사가 영업 성적이 우수하고 재무구조가 건실하거나 또는 증권시장에서 주식의 시가가 액면가액을 초과하면 주식을 액면가액 이상으로 발행할 수 있는데, 이것을 할증발행이라고 한다. 주식을 할증발행 한 경우에 발행가액과 액면가액과의 차액은 주식발행초과금(paid in capital in exces of par value)계정의 대변에 기입하고 자본금계정에는 액면가액만 기입하여야 한다. 주식발행초과금은 기업의 영업활동에서 얻어진 이익이 아니고 주주가 자본의 일부로서 납입한 것이므로 납입자본의 일부인 자본잉여금에 포함시켜야 한다.

예제2-73)

한국(주)는 액면 ₩5,000의 주식 1,000주를 주당 ₩8,000에 발행하고 대금은 당좌예금하다.

(차)	당좌예금	8,000,000	(대)	자 본 금	5,000,000
				주식발행초과금	3,000,000

예제2-74)

한국(주)는 액면 ₩5,000의 보통주식 1,000주를 주당 ₩6,000으로 발행하고 금액은 전액 당좌예금하다. 신주발행에 따른 비용 ₩100,000을 현금으로 지급하다.

(차)	당좌예금	6,000,000	(대)	자 본 금	5,000,000
	주식발행초과금	100,000		주식발행초과금	1,000,000
				현 금	100,000

2) 주식의 할인발행

주식의 할인발행이란 발행주식의 액면가액보다 낮은 가액으로 주식을 모집하는 것을 말한다. 우리나라 상법은 원칙적으로 주식의 할인발행을 금지하고 있다. 주식의 할인발행을 자유롭게 허용하면 자본유지원칙을 저해할 우려가 있다. 왜냐하면 회사의 자본금은 액면가액으로 표시되나 실제로 주식대금 납입으로 인한 순자산의 증가액은 자본금보다 작은 금액이기 때문이다.

그러나 회사가 자금이 긴급하게 필요한데 증권시장의 사정으로 보아 할인발행이 불가피한 경우에 자금의 조달을 가능하게 하기 위하여 일정한 조건이 충족되면 예외적으로 주식의 할인발행이 허용된다.

주식을 할인 발행한 경우 발행가액과 액면가액과의 차액을 주식할인발행차금이라고 하며, 이 금액은 자본에서 차감하는 형식으로 표시해야 하는 소위 자본조정항목이다. 주식할인발행차금은 주식발행년도부터 3년 내에 균등액 이상을 상각(이익잉여금과 상계처리)하여야 하는데, 여기에서 주의해야 할 사항은 주식할인발행차금의 상각액은 영업외비용이 아니고 이익잉여금에서 차감되어야 할 이익잉여금 처분사항이라는 것이다.

신주발행과정에서 발생하는 주식인쇄비나 법률수수료 등의 주식발행비용이 발생한다. 이러한 주식발행비용은 주식발행초과금에서 차감한다.

예제2-75)

(1) 한국(주)는 액면 ₩5,000의 주식 1,000주를 ₩4,000에 할인발행하고 주금납입액은 당좌예금하다.

(차)	당좌예금	4,000,000	(대)	자 본 금	5,000,0000
	주식할인발행차금	1,000,000			

(2) 주주총회에서 주식할인발행차금 ₩300,000을 상각하기로 결의하다.

(차)	미처분이익잉여금	300,000	(대)	주식할인발행차금	300,000

(2) 형식적 증자

주식대금을 납입 받고 주식을 추가로 발행하여 실제적으로 총자본을 증가시키는 것을 실질적 증자라 하였다. 실질적 증자와는 달리, 회사가 주식대금을 납입 받지 않고 주식을 추가로 발행하는 것을 무상증자 혹은 형식적 증자라 한다. 주식대금을 받지 않고 주식을 교부하므로 이는 무상증자이고 주식이 발행된 후에도 실제로 총자본이 증가하지 않으므로 형식적인 증자라 한다. 즉 형식적 증자는 총자본을 증가시키지 않고 자본금만을 증가시키는 주식의 발행을 의미한다.

형식적 증자는 총자본을 증가시키지 않으므로 자본의 구성항목이 변동하는 거래이다. 즉 자본에는 자본금 이외에도 자본잉여금이나 이익잉여금이 있는데 이러한 잉여금을 감소시키는 동시에 자본금을 증가시키면 총자본은 변하지 않고 주식이 추가로 발행된다.

이러한 형식적 증자의 대표적인 유형은 자본잉여금의 일부를 자본금으로 전입시키는 경우와 이익잉여금의 일부를 자본금화하는 경우가 있다. 특히 후자의 대표적인 형태가 주식배당이다. 주식배당에 대해서는 나중에 상세하게 살펴보고 여기서는 잉여금의 일부를 자본으로 전입하는 경우의 회계처리를 간략히 살펴본다.

회사가 자본잉여금이나 이익준비금을 자본금으로 전환하기 위하여 신주를 발행하는 경우에는 자본금이 증가하고 잉여금이 감소한다. 이것을 잉여금의 자본전입이라고 한다. 이 경우에 회사의 순자산과 주주지분에는 아무런 변동을 가져오지 않으며 해당 잉여금이 감소하고 자본금이 동일한 금액만큼 증가한다.

예를 들면, 회사의 주식발행초과금을 자본금으로 전입하는 경우에 주식발행초과금이 감소하고 자본금이 증가하나 순자산에는 변동이 없다. 다만 자본의 구성내용이 변동될 뿐이다. 이때에 자본전입액에 해당하는 주식을 발행하여 기존주주에게 소유주식의 비율에 따라 무상으로 교부하게 되는데, 주식의 대가를 받지 않고 주주에게 주식을 준다는 의미에서 이를 무상주교부 또는 무상증자라고 한다.

예제2-76)

주식발행초과금 ₩2,000,000을 자본전입하고 액면 ₩5,000의 신주 400주를 발행하여 교부하다. 자본전입 직전의 재무상태표는 다음과 같다.

재무상태표

현 금	2,000,000	부 채	2,000,000
기타자산	8,000,000	자 본 금	5,000,000
		주식발행초과금	2,000,000
		이익잉여금	1,000,000
자산합계	10,000,000	부채와 자본합계	10,000,000

① 자본전입에 따른 분개

(차) 주식발행초과금 2,000,000 (대) 자 본 금 2,000,000

② 자본전입 후의 재무상태표

재무상태표

현 금	2,000,000	부 채	2,000,000
기타자산	8,000,000	자 본 금	7,000,000
		이익잉여금	1,000,000
자산합계	10,000,000	부채와 자본합계	10,000,000

주식발행초과금을 자본전입한 후에도 자산합계액은 자본전입 이전과 동일하다. 다만, 주식발행초과금 ₩2,000,000이 없어지고 자본금이 ₩5,000,000에서 ₩7,000,000으로 증가하였을 뿐이다.

3. 납입자본의 감소

(1) 실질적 감자

회사가 자본금을 감소시키고 이 자본금 감소액을 주주에게 환급하여 주는 경우가 있는데 이를 유상감자라고 한다. 이 경우에는 자본금이 감소하고 동시에 같은 금액만큼의 자산도 감소하여 회사의 규모가 축소되기 때문에 실질적 감자라고도 한다.

이와 같은 실직적인 감자조치는 흔히 있을 수 없는 일이나 회사의 당초 사업계획의 취소 또는 축소 등으로 인해 자본금이 과잉하여 이를 주주에게 반환하고자 할 때에 있을 수 있는 조치이다. 실질적 감자는 순자산의 감소를 초래하여 채권자에게 피해를 줄 수도 있으므로 그 절차를 엄격하게 하고 있다. 즉, 유상감자를 위해서는 주주총회의 특별결의와 채권자보호절차를 취하여야 한다.

주식을 매입하여 소각할 때에 만일 액면가액 이상 또는 이하로 매입하면 자본금의 감소액과 실제 현금지급액과의 차액이 생기게 되는데 자본금의 감소액보다 실제현금지급액(주식의 매입가액)이 적은 경우에 그 차액을 감자차익이라고 하며, 이 감자차익은 자본잉여금으로 분류된다. 만일 실제지급액이 자본금 감소액보다 큰 경우에 그 차액을 감자차손이라고 하며, 이 금액은 감자차익이 존재하는 경우 감자차익에서 먼저 차감하고 나머지는 이익잉여금에서 차감하여야 한다.

예제2-77)

한국(주)는 자본금이 과대하여 자본금 ₩10,000,000 중 ₩1,000,000을 감소하기로 결의하고 이에 해당하는 주식을 액면가액대로 매입소각하다.

(차) 자 본 금	1,000,000	(대) 현 금	1,000,000

예제2-78)

자본금을 감소시키기 위하여 액면가액 ₩2,000,000의 주식을 시가 ₩1,800,000으로 매입 소각하였다.

(차) 자 본 금	2,000,000	(대) 현 금	1,800,000
		감자차익	200,000

(2) 형식적 감자

회사의 결손금이 누적되어 있고 또한 가까운 장래에 영업 성적이 크게 호전되어 누적된 결손금을 메꾸게 될 전망이 없는 경우에 누적된 이월결손금을 없애주기 위하여 회사의 자본금을 감소시켜 이 금액으로 이월결손금을 전보하는 경우가 있다.

이때에는 자본금은 감소하나 이에 해당하는 금액은 주주에게 지급하지 않고 이월결손금을 없애주기(이월결손금과 상계하기) 때문에 회사의 순자산액에는 변동이 없다. 이것을 무상감자 또는 형식적 감자라고 한다.

예제2-79)

다음은 한국(주)의 재무상태표를 요약한 것이다. 이 회사는 이월결손금 ₩2,000,000을 없애주기 위하여 자본금 ₩2,000,000을 감소조치 하였다. 자본감소에 따른 분개와 감자 후의 재무상태표를 작성하라.

재무상태표(감자 전)

차변	금액	대변	금액
현 금	2,000,000	부 채	5,000,000
기타자산	6,000,000	자 본 금	5,000,000
		이월결손금	(2,000,000)
자산합계	8,000,000	부채와 자본합계	8,000,000

가. 감자에 따른 분개

(차) 자 본 금 2,000,000 (대) 이월결손금 2,000,000

나. 감자 후 재무상태표

재무상태표(감자 후)

차변	금액	대변	금액
현 금	2,000,000	부 채	5,000,000
유형자산	6,000,000	자 본 금	3,000,000
자산합계	8,000,000	부채와 자본합계	8,000,000

즉, 감자 전후의 자산 ₩8,000,000은 변동이 없으나, 다만 이월결손금을 없애는 대신 자본금이 감소하였을 뿐이다.

4. 자기주식

주식의 발행을 통해 주식회사가 설립된다. 회사가 설립된 이후 회사가 이미 발행된 주식을 다시 시장에서 매입하는 경우가 있는데, 이와 같이 자기가 발행한 후 다시 매입한 주식을 자기주식(treasury stock)이라 한다. 회사의 이러한 자기주식 거래는 일종의 내부자거래이므로 일반투자자를 희생시킬 수 있는 위험한 거래이므로 원칙적으로 상법에서 금지하고 있다. 그러나 회사 주식의 가격을 유지하기 위한 목적과 같이 특정 목적으로 자기주식을 매입하는 경우가 발생할 수 있다.

회사가 자기주식을 매입해서 이를 소각하면 앞에서 살펴본 납입자본의 감소인 감자거래가 된다. 그러나 자기주식을 소각하지 않고 회사가 보유하고 있는 주식은 자기주식이 된다. 자기주식은 사외유통주식에 포함되지 않기 때문에 주주로서 갖는 권리를 행사하지 못한다.

회계학에서 이러한 자기주식을 어떻게 해석할 것인가에 대해서는 현재 논란이 많다. 첫째, 자기주식을 취득하는 것은 주식의 발행을 취소하는 경제적 사건이므로 자기주식을 취득할 때 납입자본을 직접적으로 감소시켜야 한다는 견해와 둘째, 자기주식은 다시 발행될 수 있으므로 납입자본을 직접적으로 감소시키지 말고 간접적인 방법으로 자기주식을 회계처리 해야 한다는 견해가 대립되고 있다.

우리나라의 경우 후자의 방법을 채택하여 자기주식을 취득할 때 직접적으로 자본금을 감소시키지 않고 자기주식이란 계정과목으로 간접적으로 자본의 감소를 기록한다.

에를 들어, 한국회사가 자기 회사의 주식 200주(주당 액면금액: ₩500)를 주당 ₩1,000에 매입한 경우 다음과 같이 분개한다.

(차)	자기주식	200,000	(대) 현　　금	200,000

위의 분개에서 보듯이 자기주식계정은 마치 자산계정인 것처럼 차변에 기록되고 취득원가로 분개된다. 그러나 차변의 자기주식계정은 자산이 아니고 이미 발행된 주식을 통해 조달된 자본의 감소를 나타내므로 자본의 차감계정이다. 일반적으로 인정된 회계원칙에 따르면 자기주식계정은 자본의 분류 중에서 자본조정의 항목으로 보고된다.

(차)	현　　금	120,000	(대) 자기주식	100,000
			자기주식처분이익	20,000

위의 분개에서 기록된 자기주식처분이익은 주주와의 거래인 자본거래에서 발생한 것이므로 포괄손익계산서에 보고하지 않고 재무상태표의 자본잉여금 항목으로 보고한다.

만일 자기주식 취득가격보다 낮은 가액으로 자기주식이 재 발행되는 경우에는 자기주식처분손실이 발생할 수 있는데 이 경우 이미 자기주식처분이익이 있으면 이를 먼저 상계하고 나머지는 이익잉여금에서 차감하여야 한다.

Ⅲ 이익잉여금

1. 이익잉여금의 의의 및 분류

이익잉여금(retained earnings)은 회사 내부에 유보되어 있는 잉여금으로 회사가 지금까지 벌어들인 총이익 중에서 배당이나 다른 용도로 사용하지 않고 기업이 보유하고 있는 금액을 말한다.

이익잉여금을 증가시키는 요인은 주로 회사가 당기순이익을 창출하는 경우이며, 이익잉여금을 감소시키는 요인은 회사가 당기순손실을 입은 경우나 배당을 통해 이익잉여금의 일부를 소유주에게 돌려주는 거래이다. 물론 배당 이외에도 이익잉여금은 주식할인발행차금의 상각 등에 의해서도 감소할 수 있다. 따라서 이익잉여금의 변동은 기본적으로 다음과 같은 식으로 표현할 수 있다.

기말이익잉여금= 기초이익잉여금 +(-) 당기순이익(당기순손실) - 배당

위의 식에서 보는 바와 같이 회사가 당기순이익을 창출하지 못하고 거대한 당기순손실을 입는 경우 기말이익잉여금이 음(-)수가 될 수 있는데, 즉 이익잉여금계정이 대변이 아닌 차변에 잔액이 있을 수 있는데 이러한 경우에는 이익잉여금이라 하지 않고 결손금(deficits)이라 한다.

이익잉여금의 분류는 크게 법정적립금, 임의적립금, 미처분이익잉여금으로 분류된다. 여기서 법정적립금(legal reserve)은 상법이나 상장회사재무관리규정 등

법규에 의해 강제적으로 적립되는 이익잉여금을 말하는데 여기에는 이익준비금, 기업합리화적립금, 재무구조개선적립금 등이 있다. 이익준비금은 상법에 의해 의무적으로 유보하는 잉여금으로 자본금의 1/2에 달할 때까지 매 결산기의 금전배당액의 1/10 이상의 금액을 적립해야 한다.

기업합리화적립금은 조세특례제한법에 의해 강제되며, 재무구조개선적립금은 상장회사재무관리규정에 의해 강제되는 적립금이다. 한편 임의적립금(voluntary reserve)은 사채의 상환에 필요한 자금을 마련하기 위한 목적이나 재해 손실에 대비하기 위한 목적 등과 같이 미래의 특별한 목적을 위하여 임의적으로 회사 내부에 유보하는 잉여금을 말한다. 임의적립금의 예는 감채적립금, 신축적립금, 배당평균적립금 등 다양하다.

이와 같이 법정적립금이나 임의적립금은 잉여금의 사용목적을 이미 명시한 것으로 이를 처분이익잉여금(appropriated retained earnings)이라 한다. 즉, 처분이익잉여금이란 이익잉여금의 일부에 대해 어느 목적에 사용될 수 있는지 이름표를 달아놓은 이익잉여금을 말한다. 이처럼 이익잉여금의 일부에 대해 각종 적립금으로 처분하는 것은 직접적으로 자금을 마련한다는 것이 아니라 단지 배당을 통해 회사 외부로 자산이 유출되는 것을 방지하기 위한 것이다.

위에서 살펴본 바와 같이 특정 목적으로 사용할 용도가 정해진 잉여금과 대조적으로 아직 그 용도가 결정되지 않은 이익잉여금을 미처분이익잉여금(unappropriated retained earnings)이라 하며 이를 이월미처분이익잉여금이라 부르기도 한다. 일반적으로 기업이 배당을 하기 위해서는 이러한 미처분이익잉여금의 잔액이 양수이어야 한다.

2. 미처분이익잉여금의 처분

미처분이익잉여금은 그 사용목적이 명시되지 않은 이익잉여금으로 그 일부를 법정적립금이나 임의적립금으로 처분하고 배당에 사용할 수도 있다. 여기서는 이러한 미처분이익잉여금의 처분에 대한 회계를 살펴보고자 한다.

일반적으로 각종 적립금과 배당으로 미처분이익잉여금을 처분하는 것은 주주총회에서 동시에 결정되는데 여기서는 설명의 편의를 위해 각종 적립금의 처분과 배당을 분리하여 설명한다.

(1) 법정적립금이나 임의적립금으로 처분

미처분이익잉여금의 일부를 이익준비금이나 사업확장적립금과 같은 법정적립금이나 감채적립금과 같은 임의적립금으로 처분하기로 주주총회에서 결정된 경우 미처분이익잉여금은 감소하고 관련 적립금계정은 증가한다. 예를 들어 한국회사가 주주총회에서 미처분이익잉여금을 다음과 같이 처분하기로 결정한 경우를 살펴보자.

이익준비금 ₩1,000,000
사업확장적립금 ₩500,000
감채적립금 ₩300,000

위에 대한 분개는 다음과 같다.

(차) 미처분이익잉여금	1,800,000	(대)	이익준비금	1,000,000
			사업확장적립금	500,000
			감채적립금	300,000

위의 분개에서 볼 수 있듯이 미처분이익잉여금이 감소하고 처분이익잉여금인 이익준비금, 사업확장적립금 및 감채적립금이 증가한다. 여기서 유의할 것은 이러한 미처분이익잉여금의 처분으로 인해 이익잉여금 총액이 감소하는 것은 아니라는 사실이다. 단지, 이익잉여금 항목 중에서 미처분이익잉여금이 감소하고 처분이익잉여금이 증가할 뿐이므로 이익잉여금 총액은 변하지 않는다.

예제2-80)

(1) 한국물산은 정기주주총회를 개최하고 처분전이익잉여금 ₩30,000,000의 처분을 다음과 같이 결의하다.

이익준비금 ₩2,500,000

주주배당금 ₩25,000,000

시설확장적립금 ₩2,500,000

(차)	미처분이익잉여금	30,000,000	(대)	이익준비금	2,500,000
				미지급배당금	25,000,000
				시설확장적립금 (임의적립금)	2,500,000

(2) 주주에 대한 배당금을 수표로 발행하여 지급하다.

(차)	미지급배당금	25,000,000	(대)	당좌예금	25,000,000

(2) 배 당

주주에 대한 배당(dividends)은 이익잉여금의 일부를 주주에게 돌려주는 것으로 특히 미처분이익잉여금이 있는 경우 배당이 가능하다. 회사의 주식을 보유한 주주는 자기가 보유한 주식비율에 따라 배당을 받을 권리를 가지며 사외유통주식에 한하여 배당권이 주어진다.

일반적으로 주주에 대한 배당은 주주총회에서 결정되며 배당의 형태는 현금배당, 주식배당, 현물배당 등 다양하다. 현금배당(cash dividends)은 주당 ₩10의 배당과 같이 사외유통주식을 보유한 주주에게 주당 일정한 금액을 현금으로 지급하는 것이며, 주식배당(stock dividends)은 현금 대신에 주식을 추가로 발행하여 주주에게 전달하는 것이다. 현물배당은 현금 이외의 자산을 주주에게 배당하는 것을 말한다.

현금배당의 경우 회사 외부로 현금이 빠져나가기 때문에 회사의 규모가 실제로 축소된다. 즉, 현금배당을 하면 실제로 회사의 자본이 감소한다. 현금배당에 대한 회계는 다음과 같이 간단하다.

① 현금배당의 결정일

(차) 미처분이익잉여금 ×××　(대) 미지급배당금 ×××

② 배당의 실제 지급일

(차) 미지급배당금 ×××　(대) 현　　금 ×××

위 분개에서 미지급배당금(dividends payable)은 회사가 상환해야 할 부채를 나타내는 계정이다.

배당은 현금으로 하는 것이 원칙이나 배당총액의 1/2 한도 내에서 주식배당도 가능하다. 주식배당의 경우 현금배당과는 달리 회사의 자산이 외부로 유출되지 않으며 단지 주식이 추가로 발행될 뿐이다. 즉, 주식배당을 하더라도 실제로 회사의 자본이 감소하지 않는다. 이러한 주식배당은 주식이 무상으로 발행되는 것이므로 일종의 무상증자(형식적 증자)에 속한다. 주식배당은 총자본의 구성항목인 이익잉여금의 감소와 동시에 자본금을 증가시켜 총자본에는 영향을 주지 않는다.

주식배당은 현금지출을 수반하지 않으므로 현금이 부족한 회사나 미래 현금이 많이 필요할 것 같은 고성장기업의 경우 현금배당 대신에 주식배당을 많이 활용한다. 주식배당에 대한 회계는 배당결정일과 실제 주식발행일에 다음과 같이 각각 분개한다.

① 주식배당의 결정일

(차) 미처분이익잉여금 ×××　(대) 미교부주식배당금 ×××

② 주식의 실제 발행일

(차) 미교부주식배당금 ×××　(대) 자 본 금 ×××

여기서 주의할 점은 미교부주식배당금계정의 성격이다. 현금배당의 경우 미지급배당금은 회사가 상환해야 할 부채를 나타내지만 주식배당의 경우 미교부주식배당금은 회사가 상환해야 할 부채가 아니라 미래에 주식이 실제로 발행이 되면 자본으로 변환될 계정이다. 따라서 미교부주식배금은 자본에 가산되어야 할 자본항목이므로 자본조정항목으로 보고되어야 한다

예제2-81)

(1) 한국회사는 미처분이익잉여금 ₩3,000,000 중 ₩2,000,000은 현금배당, 나머지 ₩1,000,000은 주식으로 배당할 것을 결의하다.

(차)	이익잉여금	3,000,000	(대)	미지급현금배당금	2,000,000
				미교부주식배당금	1,000,000

미지급현금배당금은 유동부채에 속하나 미교부주식배당금은 자본조정항목에 포함된다.

(2) 앞의 미지급배당금을 현금과 주식으로 배당하다.

(차)	미지급현금배당금	2,000,000	(대)	현　　금	2,000,000
	미교부주식배당금	1,000,000		자 본 금	1,000,000

(3) 결손금의 처리

당기에 거대한 당기순손실이 발생하는 경우 이익잉여금 총액이 음수가 될 수 있다. 이와 같이 이익잉여금 잔액이 차변에 있으면 이를 결손금이라 한다는 것을 이미 설명하였다. 회사가 이러한 결손금을 갖는 경우 금융시장에서 다양한 제한을 받으므로 결손금을 가능한 빨리 처리하여야 한다.

결손금이 있는 경우 이익잉여금 중 임의적립금, 법정적립금 순으로 보전하며 법적적립금 중에서도 기타법정적립금으로 먼저 보전하고 이익준비금으로 보전한

다. 그래도 결손금이 존재하는 경우 자본잉여금으로 보전한다. 이러한 이월결손금 보전을 위한 자본금의 감소에 대해서는 형식적 감자에서 이미 살펴본 문제이다.

예제2-82)

(1) 한국회사는 정기주주총회를 개최하고 전기이월미처분이익잉여금 ₩20,000,000을 당기의 결손금 ₩30,000,000을 보전하는 데 충당하기로 결의하다. 또한 결손금 잔액 ₩10,000,000은 임의적립금 ₩5,000,000과 이익준비금 ₩5,000,000으로 보전하기로 결의하다.

(차)	미처분이익잉여금	20,000,000	(대)	이월결손금	30,000,000
	이익준비금	5,000,000			
	임의적립금	5,000,000			

(2) 한국상사는 정기주주총회에서 미처분이익잉여금 ₩20,000,000을 다음과 같이 처분할 것을 결의하다

이익준비금의 설정 : ₩2,000,000

현금배당금 : ₩18,000,000

(차)	미처분이익잉여금	20,000,000	(대)	이익준비금	2,000,000
				미지급배당금	18,000,000

3. 이익잉여금처분계산서

이익잉여금처분계산서(statement of retained earnings)는 이익잉여금의 변동을 나타내는 표이지만 실제로는 이익잉여금 전체의 변동을 나타내는 것이 아니라 이

익잉여금 중 미처분이익잉여금의 변동을 나타내고 있다. 이러한 이익잉여금처분계산서는 과거에 재무상태표, 포괄손익계산서, 현금흐름표와 같은 주요 재무제표의 하나였으나 지금은 다음에 설명할 자본변동표가 주요 재무제표에 추가됨으로써 주요 재무제표에 더 이상 포함되지 않고 자본변동표의 부속명세서에 불과하다.

그러나 이익잉여금의 변동내역을 이해하는 것은 재무제표를 해석하는데 도움이 되므로 여기서 간단히 이익잉여금처분계산서를 소개한다. 이익잉여금 중에서 미처분이익잉여금의 변동내역은 다음과 같다.

기초 미처분이익잉여금
+(-) 당기순이익(손실)
+임의적립금이입액
- 각종적립금으로 처분
- 배당
기말 미처분이익잉여금

위에서 보듯이 기초 미처분이익잉여금은 전기로부터 이월된 미처분이익잉여금을 말하며, 이 금액으로 당기를 시작한 후 당기의 순손익 결과에 의해 미처분이익잉여금의 증감이 발생한다. 위에서 임의적립금이입액이란 기업이 특정 목적으로 임의적립금을 설정할 수 있는데 설정목적이 달성된 경우에 이를 다시 미처분이익잉여금으로 환원시키는 금액을 말한다.

예를 들어, 회사가 사채를 상환하는 자금에 대비하기 위해 감채적립금을 임의로 설정한 경우 사채를 상환하면 더 이상 감채적립금이 필요하지 않으므로 다음과 같이 이를 미처분이익잉여금으로 환원시키는데 이를 임의적립금이입액이라 한다.

이러한 임의적립금이입액이 있는 경우 미처분이익잉여금이 증가할 것이다. 앞에서와 같이 기초미처분이익잉여금에 당기순손익을 조정하고 임의적립금이입액을 가산하면 그 합계는 미처분이익잉여금의 처분에 이용가능한 총미처분이익잉여금이 된다. 이러한 미처분이익잉여금 총액을 각종 적립금이나 배당으로 처분하고 남은 미처분이익잉여금은 다음 회계기간으로 이전될 기말 미처분이익잉여금이 된다.

예제2-83)

20×8년 12월 31일 한국(주)의 재무상태표에 표시된 이익잉여금의 내역은 다음과 같다.

이익잉여금(20×8. 12. 31. 현재)

법정적립금	
이익준비금	25,000
기업합리화적립금	12,000
재무구조개선적립금	10,000
임의적립금	
감채적립금	30,000
시설확장적립금	13,000
차기이월이익잉여금	60,000
이익잉여금 합계	150,000

20×9년의 이익잉여금처분 내용은 다음과 같다.

① 채무를 상환하기 위하여 감채적립금 중 ₩15,000을 사용하였다.

② 이익준비금 ₩500을 적립하였다.

③ 재무구조개선적립금 ₩1,200을 적립하였다.

④ 시설확장적립금 ₩1,000을 적립하였다.

⑤ 현금배당액 ₩5,000을 지급하기로 선언하였다. 지급예정일은 20×9년 3월 31일이다.

⑥ 20×9년도 당기순이익은 ₩12,000원이다.

이상의 자료에 의하여 20×9년도의 이익잉여금처분계산서를 작성하면 다음과 같다.

(풀이)

이익잉여금처분계산서

20×9년 1월 1일부터 20×9년 12월 31일까지

I. 미처분이익잉여금		
1. 전기이월미처분이익잉여금	60,000	
2. 당기순이익	12,000	72,000
II. 임의적립금이입액		
1. 감채적립금	15,000	15,000
처분가능이익잉여금 합계		87,000
III. 이익잉여금처분액		
1. 이익준비금	500	
2. 재무구조개선적립금	1,200	
3. 시설확장적립금	1,000	
4. 배당금	5,000	(7,700)
IV. 차기이월미처분이익잉여금		79,300

결과적으로 20×9년 12월 31일 한국(주)의 재무상태표 상의 이익잉여금 내역은 다음과 같다.

재무상태표의 이익잉여금 내역

20×9년 12월 31일 현재

법정적립금	
이익준비금	25,500
기업합리화적립금	12,000
재무구조개선적립금	11,200
임의적립금	
감채적립금	15,000
시설확장적립금	14,000
차기이월미처분이익잉여금	79,300

Ⅳ 자본변동표

1. 자본변동표의 의의

자본변동표(statement of changes in equity)란 회계기간 동안 주주지분, 즉 자본의 변동을 자본의 구성항목인 자본금, 자본잉여금, 자본조정, 기타포괄손익누계액 및 이익잉여금의 변동을 종합적으로 보고하는 기본 재무제표의 하나이다.

자본변동표는 이익잉여금의 변동뿐만 아니라 자본의 포괄적인 변동내역을 보고하는 장점이 있다. 또한 자본변동표는 재무제표 간의 연계성을 제고시키며 재무제표의 이해가능성을 높인다. 자본변동표에는 자본의 기초잔액과 기말잔액이 모두 보고하므로 재무상태표와 연계되고 자본변동 중에서 경영성과에 따른 자본의 변동은 포괄손익계산서와 연계되고 추가출자나 현금배당에 관한 정보는 현금흐름표와 연계성을 갖는다.

2. 자본변동표의 구조와 작성

자본변동표는 지금까지 살펴본 자본거래를 종합적으로 요약하는 재무제표이므로 자본의 각 구성항목이 기초잔액으로부터 기말까지 어떻게 변화했는지를 보여주면 된다. 따라서 자본을 구성하는 항목별로 회계기간 동안 변동원인을 관계식으로 표시하면 다음과 같다.

① 자본금의 변동

기초자본금 +(-) 증자(감자) = 기말자본금

자본금을 변화시키는 주요 거래는 앞에서 살펴본 증자 및 감자 거래이다. 당기의 증자거래를 통해 주식이 추가로 발행되면 발행된 주식의 액면가액 만큼 자본

금이 증가하고 당기에 감자거래가 발생하면 발생이 취소된 주식의 액면금액만큼 자본금이 감소한다.

② 자본잉여금의 변동

기초자본잉여금+주식발행초과금+자본거래에서 발생한 차익 = 기말자본잉여금

자본잉여금의 변동은 자본금의 변동원인과 거의 동일하다. 증자나 감자거래에서 발생하는 금액 중에서 액면금액과 차이가 나는 차익, 즉 주식발행초과금이나 감자차익 등이 발생하면 자본잉여금이 증가한다. 또한 증자 및 감자거래 이외의 자본거래, 즉 자기주식거래에서 자기주식처분이익이 발생하면 자본잉여금이 증가할 것이다.

③ 자본조정의 변동

기초자본조정-(+) 자기주식매입(처분)+미교부주식배당금증가 = 기말자본조정

위에서 살펴본 바와 같이 자본조정항목을 변동시키는 주요 원인은 자기주식거래이다. 당기에 자기주식을 취득하면 자본을 조정할 차감항목이 증가하고 자기주식을 재발행하면 자본의 차감항목이 감소한다. 이외에도 주식배당에서 발생할 수 있는 미교부주식배당금도 자본조정항목이므로 여기에 변동이 발생하면 자본조정의 변동으로 보고한다.

④ 기타포괄손익누계액의 변동

기초기타포괄손익누계액 +(-) 매도가능증권평가손익 등 = 기말기타포괄손익누계액

기타포괄손익누계액의 주요 변동은 매도가능증권의 공정가액이 변동함에 따라 발생하는 평가손익항목이다. 이외에도 해외사업을 수행하는 기업의 경우 환율변동으로 인한 해외사업환산손익 등이 발생하는 경우 여기에 보고한다.

⑤ 이익잉여금의 변동

기초이익잉여금 +(-) 당기순이익(당기순손실) - 배당 = 기말이익잉여금

이익잉여금의 주요 변동원인은 당기순손익이 발생하는 경우와 배당을 통해 이익잉여금이 처분되는 경우이다. 즉, 결산 시 당기순이익이 발생하면 이익잉여금이 증가하고, 배당을 결정하여 지급하면 이익잉여금이 감소한다.

지금까지 살펴본 자본의 변동내역을 하나의 표로 요약한 것이 자본변동표이며 이의 구체적 양식은 다음과 같다.

자본변동표

제×기 20×9년 1월 1일부터 20×9년 12월 31일까지

회사명 (단위 : 원)

구 분	자본금	자본잉여금	자본조정	기타포괄손익누계액	이익잉여금	총 계
20× 9. 1. 1(보고금액)	×××	×××	×××	×××	×××	×××
연차배당					(×××)	(×××)
기타이익잉여금처분액					(×××)	(×××)
처분후 이월이익잉여금					×××	×××
회계정책변경 누적효과					×××	×××
전기오류수정손익					×××	×××
수정후 이월이익잉여금					×××	×××
중간배당					(×××)	(×××)
유상 증자(감자)	×××	×××				×××
당기순이익(손실)					×××	×××
자기주식취득			(×××)			(×××)
해외사업환산손익				(×××)		(×××)
20×9. 12. 31	×××	×××	×××	×××	×××	×××

예제2-84)

한국회사의 20×9년 말 재무상태표의 자본에 보고된 항목의 금액은 다음과 같다.

자본금 : ₩1,000,000

자본잉여금 : 주식발행초과금 ₩500,000

자본조정 : 자기주식 ₩200,000

기타포괄손익누계액 : 매도가능증권평가이익 ₩100,000

이익잉여금 : ₩1,000,000

고려회사는 20×9년 다음의 거래가 발생하였다.

(1) 보통주 100주(주당 액면금액 : ₩1,000원)를 주당 ₩1,500에 발행

(2) 위 자기주식의 반을 ₩150,000에 재발행

(3) 20×9년 3월 주주총회에서 현금배당 ₩300,000을 선언하고 지급

(4) 20×9년도 당기순이익=₩200,000

(5) 20×9년도 말 현재 매도가능증권평가손실 ₩50,000 발생

위의 정보를 이용하여 고려회사의 20×9년도 자본변동표를 작성하면 다음과 같다.

(풀이)

자본변동표

20×9년 1월 1일부터 20×9년 12월 31일까지

한국회사 (단위 : 원)

구 분	자 본 금	자본 잉여금	자본조정	기타포괄 손익누계액	이익 잉여금	총 계
20× 9년 1월 1일	1,000,000	550,000	(200,000)	100,000	1,000,000	2,400,000
(3) 연차배당					(300,000)	(300,000)
처분 후 이익잉여금					700,000	2,100,000
(4) 당기순이익					200,000	200,000
(2) 자기주식 처분*		50,000	100,000			150,000
(5)매도가능증권평가 손실				(50,000)		(50,00)
20× 9년 12월 31일	1,000,000	600,000	(100,000)	50,000	900,000	2,400,000

* 자기주식처분의 경우 자본잉여금인 자기주식처분이익이 ₩50,000 발생했고 자기주식이 ₩100,000감소했으므로 총자본은 ₩150,000이 증가한다. 자기주식은 자본이 차감항목이므로 차감항목이 감소하면 그만큼 자본이 증가할 것이고 자기주식처분이익도 자본을 증가시킨다.

제 11 절 재무제표 분석

I 재무제표분석의 의의와 방법

1. 재무제표분석의 의의

(1) 재무제표분석의 의의

재무제표분석(financial statements analysis)이란 재무제표에 포함된 회계정보나 기타의 재무정보를 비교분석하거나 추세를 분석하여 여러 가지 의사결정에 이용하는 것을 말한다. 재무제표분석을 위하여 주요 재무제표인 재무상태표, 포괄손익계산서, 현금흐름표, 자동변동표 외에 보충정보로 보고되는 여러 가지 회계자료가 이용된다. 여기에서는 이들 중 주로 재무상태표와 포괄손익계산서를 이용한 재무분석에 대하여 설명하기로 한다.

(2) 재무제표분석의 목적

재무제표분석의 기본적인 목적은 기업의 재무상태와 경영성과를 보다 심층적으로 평가함으로써 문제점을 명확히 파악하고 이를 기초로 미래를 예측하여 의사결정과정에 이를 반영하려는 것이라 할 수 있다. 재무제표분석은 기업의 경영자는 물론이고, 주식투자자, 전문적인 신용평가기관, 금융기관 또는 각종 정책을 입안하는 연구기관들에 의하여 실시된다. 기업의 경영자들은 기업의 경영성과나 경영효율성을 판단하기 위해 필요하며, 주식투자자들은 주식투자 대상을 선택하기 위해 이를 필요로 한다. 금융기관을 비롯한 대출기관에서는 대출을 신청한 기업의 신용도를 측정하기 위해 재무제표분석결과가 필요하며, 정부기관에서는 경제정책의 운용을 위해 필요하게 된다.

이상에서 보는 바와 같이 재무제표분석의 목적은 정보이용자의 의사결정 목적에 따라 달라진다고 할 수 있다. 따라서 재무제표의 분석도 이용목적이나 동기에 따라 신축적으로 적용되어야 할 것이다.

(3) 재무분석과 경영분석

재무제표분석과 유사한 용어로 재무분석과 경영분석이 있다. 이들 세 가지 용어는 서로 유사하게 사용되기도 하나, 엄밀한 의미에서는 차이가 있다. 이들을 구분하는 기준은 분석대상인 정보나 자료의 범위에 있다고 볼 수 있다.

재무분석(financial analysis)은 기업의 재무정보를 분석하는 것으로, 회계정보를 포함하여 기업경영과 관련이 있는 기타의 재무정보를 분석대상으로 하는 것이다. 다시 말해서, 재무제표분석이 주로 재무제표에 관련된 회계정보를 이용하여 분석을 하는 데 반해, 재무분석에서는 재무제표 이외에도 자본시장에서 산출되는 주가자료와 자금의 조달과 관리, 투자분석, 자본비용 등 모든 재무정보를 대상으로 한다. 또한 분석방법에 있어서도 재무제표분석이 재무배율을 계산하여 분석하는 비율분석을 주로 하는 데 반해, 재무분석의 경우에는 회귀분석(regression analysis)이나 시계열분석(time-series analysis)등의 여러 가지 통계적 분석방법도 사용한다.

경영분석(business analysis)이란 재무적인 자료는 물론이고 비재무적인 자료도 수집·분석하여 경영실태를 파악하고 경영성과를 측정하는 것을 말한다. 따라서 경영분석에서는 재무분석 이외에 마케팅, 생산관리, 인사관리 등의 비재무적인 자료의 분석도 포함하고 있다. 경영진단이라는 용어는 특정 기업에 대해 이러한 경영분석을 수행함으로써 그 기업의 경영의 모든 분야를 분석하여 개선책을 제시하는 것을 의미한다.

재무제표분석, 재무분석, 경영분석의 관계를 그림으로 표시하면 다음과 같다.

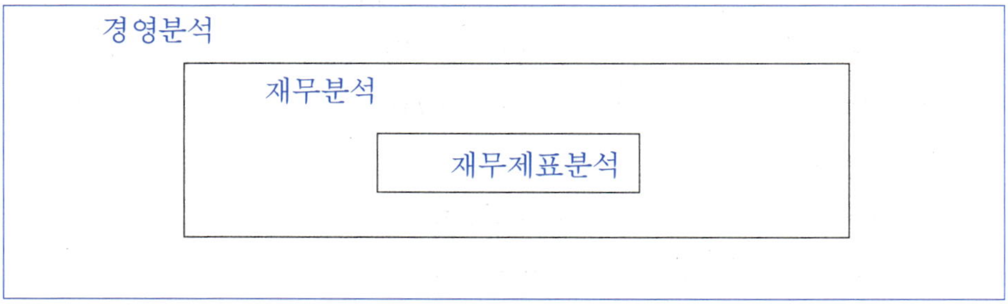

2. 재무제표분석의 방법

재무제표분석의 방법으로는 재무비율분석, 추세분석(수평적 분석), 구성비율분석(수직적 분석)의 세 가지가 있다. 이들 세 가지 방법 중 가장 흔히 이용되는 방법이 재무비율분석이며, 가장 기본적인 방법이라고 할 수 있다. 제3절에서는 재무비율분석에 사용되는 중요한 비율에 대해 상세히 설명한다.

(1) 재무비율분석

1) 재무비율분석의 의의

재무비율분석(financial ratio analysis)은 비율분석(ratio analysis)이라고도 하는데, 주로 재무제표의 자료를 이용하는 재무비율을 계산하고 이 재무비율을 표준과 비교하여 기업의 재무상태와 경영성과를 평가하는 것이다.

비율분석은 분석목적에 따라 일반적으로 유동성비율, 안정성비율, 수익성비율, 활동성비율과 주가관련비율 등으로 분류할 수 있다. 이들 비율을 측정하기 위해서는 여러 가지 세부비율이 있다. 각 비율의 의의와 세부비율을 요약하면 앞의 〈표 2-10〉과 같다.

표 2-10 재무비율의 종류와 의의

비율의 종류	목 적	세 부 비 율
유동성비율	기업의 단기 지급능력 평가	유동비율, 당좌비율
안정성비율	기업의 장기 지급능력 평가	부채비율, 자기자본비율, 고정비율
수익성비율	수익성의 평가	매출액이익률, 총자산이익률, 주당 순이익
활동성비율	자산운용과 영업활동의 효율성 평가	매출채권회전율,재고자산회율, 총자산회전율
주가관련비율	주가의 평가	주가수익률, 배당수익률

2) 표준비율

기업의 재무상태나 경영성과를 평가하기 위해 특정 기업의 재무비율을 계산한 후에는 이 재무비율을 비교할 표준이 필요하게 된다. 이와 같이 특정 기업의 재무비율을 비교분석하기 위해 사용되는 표준을 표준비율(standard ratio)이라고 하는데, 표준비율은 이론적 표준비율 또는 동종산업의 평균비율(industry average) 등을 표준비율로 이용한다.

동종 산업의 평균비율은 산업평균비율이라고도 하며, 동종산업에 속한 전체기업의 평균을 사용할 수도 있고, 그 중의 일부기업을 선정하여 평균을 사용할 수도 있다. 동종 산업 중 일부를 선정할 경우 비교대상기업과 규모나 활동 면에서 당해 기업과 유사하거나 경쟁상대가 되는 기업을 선정하여 그 기업들의 평균을 이용하게 된다.

이때 주의하여야 할 것은 기업 간의 회계처리방법에 있어 큰 차이가 없어야 한다는 것이다. 회계처리방법에 차이가 있는 경우 회계자료나 수치를 알맞게 수정하여 비율계산을 한 후 분석을 하여야 의미 있는 분석이 될 것이다.

재무비율을 비교함에 있어 표준비율로서 동종 산업의 평균비율 외에 당해 기업의 과거비율을 사용하기도 한다. 당해 기업의 과거비율과 비교를 함으로써 특정 기업의 성과나 재무상태가 개선되고 있는지의 여부를 평가할 수 있게 된다. 이때에도 회계처리방법에 변경이 있었는지의 여부를 고려하여야 한다. 만약 비교대상기간 중에 회계처리방법의 변경이 있었다면 이를 감안하여 비교를 하여야 할 것이다.

동종 산업의 평균비율이나 특정 기업의 과거비율과 관계없이 경영자가 당해기업의 이상적인 표준비율을 설정하여 경영관리의 목표로 이용할 수도 잇다. 이상적인 표준비율을 설정할 때에는 동종 산업 중에서 초우량기업의 비율과 그 기업의 경영환경, 그리고 기업의 경영목표 등을 고려하여 결정하는 것이 일반적이다.

(2) 추세분석

추세분석(trend analysis)은 수평적 분석(horizontal analysis)이라고도 하며, 두 개 이상의 연속된 회계기간에서 재무제표의 각 항목이 어떻게 변동하고 있는가에 대한 추세를 파악하기 위해 사용되는 방법이다. 추세분석은 주로 기업의 성장성을 측정하기 위해 이용된다.

추세분석의 방법은 여러 가지 형태로 이루어질 수 있는데, 전기와 당기의 회계연도에 대해 금액이나 비율을 비교할 수도 있고, 여러 해의 자료에 대해 비율을 비교할 수도 있다. 후자의 경우 기준년도를 설정하고 기준년도의 금액을 비교할 수도 있다. 후자의 경우 기준년도를 설정하고 기준년도의 금액을 100%로 보고 각 연도의 금액을 백분위비율로 나타내어 비교하는 것이 일반적이다.

다음의 자료를 이용하여 한국상사의 추세분석을 해보기로 한다.

표 2-11 한국상사의 재무자료

(단위 : 백만원)

연 도	순매출액	영업이익	당기순이익
20×5	12,525	950	355
20×6	13,770	1,065	395
20×7	15,250	1,120	420
20×8	19,550	1,354	495
20×9	23,855	1,546	562

먼저 전년도 대비 금액 증가액을 분석하면 〈표 2-12〉와 같다.

표 2-12 전년도 대비 금액증가 추세분석

(단위 : 백만원)

연 도	순매출액	영업이익	당기순이익
20×5	-	-	-
20×6	1,245	115	40
20×7	1,480	55	25
20×8	4,300	234	75
20×9	4,305	196	68

다음으로 전년도 대비 상승률을 분석하면 〈표 2-13〉과 같다.

표 2-13 전년도 대비 상승률 추세분석

(단위 : %)

연 도	순매출액	영업이익	당기순이익
20× 5	–	–	–
20× 6	9.94	12.10	11.27
20× 7	10.75	5.16	6.33
20× 8	28.20	20.89	17.86
20× 9	22.02	14.48	13.74

기준년도를 20×5년으로 하여 각 연도의 금액을 백분비율로 나타내면 〈표 2-14〉와 같다

표 2-14 기준년도 대비 상승률 추세분석

(단위 : %)

연 도	순매출액	영업이익	당기순이익
20× 5	100.00	100.00	100.00
20× 6	109.94	112.10	111.27
20× 7	121.76	117.89	118.31
20× 8	156.09	142.53	139.44
20× 9	190.46	162.74	158.31

위의 추세분석을 통해서 한국상사는 20×7년까지 매출액이나 순이익이 꾸준히 증가하다가 20×8년부터 급격히 증가하는 추세를 보이고 있다는 것을 알 수 있다. 이러한 추세분석을 재무제표의 주요 항목에 대해서 계속적으로 실시하게 되면 경영관리에 유용한 정보를 얻을 수 있으며 기업의 미래가치를 예측하는 데도 커다란 도움이 된다.

추세분석의 또 다른 방법으로 추세재무상태표(trend balance sheet)나 추세포괄손익계산서(trend income statement) 등의 추세재무제표를 작성하여 각 항목의 변동추세를 분석하는 방법이 있다. 추세포괄손익계산서의 작성 예를 표시하면 다음의 〈표 2-15〉과 같다.

표 2-15 추세포괄손익계산서

(단위 : %)

	20×5	20×6	20×7	20×8	20×9
수 익					
매출액	100.00	109.94	121.76	156.09	190.46
임대료수익	100.00	108.25	120.51	129.98	140.52
기타수익	100.00	98.72	109.52	116.42	125.74
비 용					
매출원가	100.00	108.62	119.54	143.86	170.54
판매비와관리비	100.00	110.54	121.32	144.72	179.32
이자비용	100.00	109.02	119.36	127.33	140.92
기타비용	100.00	98.92	106.54	139.86	150.52
당기순이익	100.00	111.27	118.31	139.44	158.31

(3) 구성비율분석

구성비율분석(component percentage analysis)은 수직적 분석(vertical analysis)이라고도 하며, 재무제표를 구성하고 있는 각 항목의 기준금액에 대한 구성비율로 나타내어 분석한다

구성비율분석을 할 때, 공통형 재무제표(common-size financial statements)를 작성하여 비교분석하게 되는데, 공통형 재무제표란 재무제표의 특정 항목을 공통항목으로 하여 이 공통항목의 금액에 대해 개별 항목의 금액을 백분비로 표시하여 재무제표를 작성한 것이다. 공통항목은 재무상태표의 경우 총자산이 되고, 포괄손익계산서의 경우에는 매출액이 된다. 공통형 재무제표는 동일기업의 계정과목에 대해서 기간별로 비율을 비교해 볼 수도 있고, 동일한 시기에 여러 기업의 비율을 분석하여 기업 간의 비교도 해볼 수 있다.

동일기업 내에서 공통형 재무상태표를 작성하여 기간별 구성비율분석을 한 예를 나타내면 〈표 2-16〉과 같다.

〈표 2-16〉의 공통형 재무상태표를 분석해보면 20×9년 결산기말과 2010년 결산일에 있어 자산의 구성(asset mix)에는 큰 변동에 없으나, 부채에 있어서는 비유동부채로부터 유동부채로의 이전이 있어 부채의 구성이 좋아지지 않고 있음을 나타내주고 있다. 자본의 구성비에도 별다른 큰 변화가 없음을 알 수 있다.

표 2-16 공통형 재무상태표

(단위 : %)

계 정 과 목	2010. 12. 31.	20×9. 12. 31.
자　　산		
유동자산		
당좌자산	18.8	18.4
재고자신	40.2	40.2
비유동자산		
투자자산	9.2	9.4
유형자산	24.6	25.3
무형자산	7.2	6.7
자 산 총 계	100.0	100.0
부　　채		
유동부채	39.3	37.2
비유동부채	23.3	25.1

부 채 총 계	62.6	62.3
자 본		
자본금	18.5	19.0
자본잉여금	4.4	4.4
이익잉여금	14.5	14.3
자 본 총 계	37.4	37.7
부채와 자본총계	100.0	100.0

동일기업 내에서 공통형 포괄손익계산서를 작성하여 구성비율을 분석해보면 다음의 〈표 2-17〉와 같다.

〈표 2-17〉의 공통형 포괄손익계산서를 분석해 보면 2010년을 20×9년에 비해 매출원가가 증가하여 영업이익이 감소하였음에도 불구하고 영업외수익이 증가하고 영업외비용이 감소하여 당기순이익의 증가가 나타나게 되었음을 알 수 있다. 이와 같은 현상은 별로 바람직하지 못한 것이라 할 수 있다. 공통형 포괄손익 계산서를 통해 매출원가나 기타 비용의 항목이 매출액에서 차지하는 비율을 알 수 있어 수익성분석이나 경영관리에 도움이 되는 자료를 제공하고 있다.

표 2-17 공통형 포괄손익계산서

(단위 : %)

계 정 과 목	2010	20×9
Ⅰ. 매 출 액	100.0	100.0
Ⅱ. 매 출 원 가	66.4	65.2
Ⅲ. 매출총이익	33.6	34.8
Ⅳ. 판매비와 관리비	15.9	16.2
Ⅴ. 영 업 이 익	17.7	18.6
Ⅵ. 영업외수익	5.8	4.6
Ⅶ. 영업외비용	15.0	16.2
Ⅷ. 당기순이익	8.5	7.0

Ⅱ 재무비율의 분류와 분석

재무비율은 여러 가지로 분류된다. 재무비율은 〈표 2-10〉에 표시된 것 이외에도 여러 가지가 있을 수 있으나, 본 교재에서는 재무비율분석 시 사용되는 가장 기본적인 비율에 대해서만 설명하기로 한다.

재무비율을 구체적으로 계산해보기 위하여 다음 〈표 2-18〉과 〈표 2-19〉의 (주)XYZ의 비교재무상태표와 비교포괄손익계산서를 이용하기로 한다.

표 2-18 (주)XYZ의 비교재무상태표

(단위 : %)

계 정 과 목	20×9. 12. 31.		20×8. 12. 31.	
자　　산				
Ⅰ. 유동자산		904,000		764,000
(1) 당좌자산		429,000		384,000
현금및현금성자산	7,000		8,000	
매출채권	410,000		362,000	
기타당좌자산	12,000		1 4,000	
(2) 재고자산		475,000		380,000
상　품	170,000		120,000	
제　품	250,000		220,000	
기타재고자산	55,000		40,000	
Ⅱ. 비유동자산				
(1) 투자자산		166,000		131,000
(2) 유형자산		650,000		620,000
토　지	210,000		210,000	
건　물	235,000		250,000	
기계장치	160,000		130,000	
차량운반구	45,000		30,000	
(3) 무형자산		40,000		45,000
자 산 총 계		1,760,000		1,560,000
부　　채				
Ⅰ. 유동부채		690,000		710,000
매입채무	390,000		380,000	
미지급금	120,000		150,000	
기타유동부채	180,000		180,000	
Ⅱ. 비유동부채		600,000		400,000
사　채	400,000		200,000	
장기차입금	200,000		200,000	

부 채 총 계		1,290,000		1,110,000
자 본				
Ⅰ. 자 본 금		150,000		150,000
Ⅱ. 자본잉여금				175,000
주식발행초과금	120,000	175,000	120,000	
기타자본잉여금	55,000		55,000	
Ⅲ. 이익잉여금				
이익준비금	62,000	145,000	60,000	125,000
기타적립금	23,000		20,000	
미처분이익잉여금	60,000		45,000	
자 본 총 계		470,000		450,000
부채와 자본총계		1,760,000		1,560,000

표 2-19 (주)XYZ의 비교포괄손익계산서

계 정 과 목	20×9		20×8	
Ⅰ. 매출액		1,256,000		1,145,000
Ⅱ. 매출원가		1,045,000		965,000
Ⅲ. 매출총이익		211,000		180,000
Ⅳ. 판매비와관리비		131,000		116,000
급여 및 임금	48,000		44,000	
감가상각비	21,000		18,000	
기 타	62,000		54,000	
Ⅴ. 영업이익		80,000		64,000
Ⅵ. 영업외수익		15,000		13,000
이자수익	2,000			
기 타	13,000			
Ⅶ. 영업외비용		20,000		18,000
이자비용	12,000			
기 타	8,000			
Ⅷ. 당기순이익		75,000		59,000

1. 유동성비율

유동성(liquidity)이란 기업이 채무를 지급하기 위한 현금을 동원할 수 있는 능력을 의미한다. 유동성비율은 일반적으로 단기유동성(short-term liquidity), 즉 기업의 단기채무 변제능력을 평가하는 비율로서, 재무상태표에서 유동자산항목과 유동부채항목을 비교하는 구조가 된다.

유동성비율은 신용으로 제품이나 상품을 공급한 공급자와, 기업에 단기자금을 대출한 금융기관과 같은 단기채권자들의 주요 관심사가 되는 비율이다. 유동성을 측정하는 비율에는 유동비율(current ratio), 당좌비율(quick ratio) 등이 있다.

(1) 유동비율

유동비율(current ratio)은 기업의 단기채무에 대하여 이를 갚기 위하여 사용될 수 있는 유동자산의 상대적인 크기로 측정된다. 유동비율은 단기간에 갚아야 할 지급의무에 기업이 얼마나 잘 대처할 수 있는가를 평가하는 것이기 때문에 단기채권자들이 가장 큰 관심을 가지고 보는 비율이다.

유동비율이 높으면 단기채무를 갚고도 운영자금에 여유가 있다는 것을 의미하여, 이 비율이 낮으면 기업운영자금이 여의치 못하다는 것을 의미한다.

$$\text{유동비율} = \frac{\text{유동자산}}{\text{유동부채}}$$

유동비율은 유동자산을 유동부채로 나누어 계산하며 일반적으로 2:1 또는 200% 이상이면 양호하다고 본다. 그러나 현실적으로 유동비율을 2:1로 유지하는 기업은 많지 않다. (주)XYZ의 20×9년 말의 유동비율을 계산해보면 다음과 같다.

$$\text{유동비율} = \frac{\text{유동자산}}{\text{유동부채}} = \frac{904{,}000}{690{,}000} = 1{,}31 \text{ 또는 } 131\%$$

(주) XYZ의 유동비율은 131%로 이상적 표준비율인 200%에는 상당히 낮은 수준이다. 그러나 재무비율을 분석하는 데 있어 이상적 표준비율보다는 동종 산업의 평균비율이나 경쟁기업의 비율과 비교하는 것이 합리적이다. 아울러 유동비율을 해석하는 데 있어서는 다음과 같은 사항을 유의해야 한다.

① 불경기나 판매부진으로 재고를 과다하게 보유하게 되면 유동비율이 커지게 된다. 따라서 유동비율이 높다고 반드시 좋은 것은 아니며, 유동비율의 계산에 사용되는 항목의 내용도 함께 고려하여 비율을 해석하여야 한다.

② 유동비율이 높으면 단기채권자에게는 좋은 신호이나, 경영자나 주주의 입장에서는 유동자산을 비효율적으로 보유하고 있다는 의미가 된다. 동종 산업의 다른 기업에 비해 유동자산이 과다할 경우 낮은 수익을 초래할 수도 있다.

③ 영업활동에 계절적 변동이 심한 기업의 경우, 기말재무상태표에 나타난 유동비율은 그 기업의 연간 유동성을 잘 나타낸다고 볼 수 없다.

(2) 당좌비율

당좌비율(quick ratio)은 유동자산 중에서 재고자산을 제외한 당좌자산을 유동부채로 나누는 것이다. 이는 유동자산 중에서 가장 단기간에 현금화가 가능한 당좌자산과, 상환해야 할 유동부채의 상대적인 규모를 비교하는 것으로, 기업이 재고자산을 처분하지 않고서도 단기채무를 이행할 수 있는가를 평가하는 비율이다.

$$\text{당좌비율} = \frac{\text{당좌자산}}{\text{유동부채}}$$

당좌비율은 기업의 단기지급능력을 유동비율보다 엄격히 측정하는 비율이며, 이 비율의 이상적 표준비율은 100%로 알려지고 있다. (주)XYZ의 20×9년도 말의 당좌비율을 계산해보면 다음과 같다.

$$\text{당좌비율} = \frac{\text{당좌자산}}{\text{유동부채}} = \frac{429,000}{690000} = 0.62 \text{ 또는 } 62\%$$

2. 안정성비율

안정성비율(stability)은 레버리지비율(leverage ratios)이라고도 하며, 기업의 장기지급능력을 측정하는 데 사용되는 비율이다. 이 비율은 채권자에게 장기 채무에 대한 원금과 이자를 원만하게 지급할 수 있는 기업의 능력을 평가하게 하며, 기업의 경영자에게는 자본조달에 관한 의사결정을 효율적으로 하는 데 이용될 수 있다.

안정성비율과 기업의 장기적 채무에 대한 지급능력을 측정하는 비율인 반면, 유동성비율은 기업의 단기적 채무에 대한 지급능력을 측정하는 비율이라는 점에서 구별된다. 따라서 안정성비율도 유동성비율과 같이 재무상태표 상의 항목들을 비교하는 과정이지만 안정성비율은 부채, 자본 및 자산 또는 비유동자산 등을 상호 비교하는 구조가 된다. 안정성비율에는 부채비율과 자기자본비율, 고정비율 등이 있다.

(1) 부채비율

부채비율(debt-equity ratio)은 채권자지분인 부채가 소유주지분인 자본의 몇 배가 되는가를 나타내는 비율이다. 자본(순자산)에 대한 부채의 상대적인 크기는 기업의 장기지급능력을 평가하는 데 이용되는 매우 중요한 비율이라고 할 수 있다.

우리나라에서 기업의 재무비율 중 가장 중요시되는 비율이 부채비율이며, 이 비율은 재무구조의 양호 여부를 평가하는 데 중요한 역할을 한다.

$$부채비율 = \frac{부채}{자본}$$

우리나라 대부분의 기업이 부채의존도가 커서 부채비율이 높은 편이며, 1997년 IMF구제금융사태 후에 우리나라 기업의 높은 부채비율이 크게 문제가 되었던 것이다.

(주)XYZ의 20×9년도 말의 부채비율을 계산해보면 다음과 같다.

$$부채비율 = \frac{부채}{자본} = \frac{1,290,000}{470,000} = 2,74 \text{ 또는 } 274\%$$

부채비율이 지나치게 높으면 이자부담 때문에 운영자금의 압박을 받거나, 기업이 부채를 상환하지 못하여 도산의 위험에 이를 수 있기 때문에 일반적으로 부채비율이 낮은 것이 바람직하다고 여겨진다. 그러나 경기가 호황일 때는 높은 부채비율이 기업 소유주의 입장에서는 유리할 수도 있는데, 이는 이익확대효과를 가져와 소유주에게 돌아가는 이익이 더 커지기 때문이다.

경기가 활황일 때, 타인자본에 대한 이자비용보다 높은 이익을 얻을 수 있는 투자대안이 있다면 기업은 타인자본을 많이 조달해서 사용함으로써 이익확대효과를 가져올 수 있고, 기업에 대한 지배권도 침해받지 않기 때문에 소유주에게는 유리하게 된다. 이러한 효과를 레버리지(leverage)효과라고 한다. 그러나 타인자본의 비중이 높아지면 불경기에 기업의 위험이 그만큼 커진다는 것을 고려하여야 한다.

(2) 자기자본비율

자기자본비율(owner's equity ratio)은 기업의 총자산(total assets) 중에서 소유주의 몫이 얼마인가를 나타내주는 비율이다. 소유주의 몫인 자기자본을 계산할 때에는 소유주가 출자한 자본금뿐만 아니라 잉여금을 포함한 자본총계를 구해야 한다.

$$\text{자기자본비율} = \frac{\text{자본}}{\text{자산}}$$

(주)XYZ의 20×9년도 말의 자기자본비율을 계산해보면 다음과 같다.

$$\text{자기자본비율} = \frac{\text{자본}}{\text{자산}} = \frac{470{,}000}{1{,}760{,}000} = 0.27 \text{ 또는 } 27\%$$

자기자본비율이 높은 경우 원금이나 이자보상에 대한 안전도가 높다는 것을 의미하므로, 부채비율과 함께 기업의 재무구조를 측정하는 데 중요한 역할을 하는 비율이라 하겠다.

(3) 고정비율

고정비율(fixed asset ratio)은 비유동자산을 자본으로 나누어 산출하며, 자본이 비유동자산에 어느 정도 투입되어 운용되고 있는가를 보여주는 비율이다.

$$\text{고정비율} = \frac{\text{비유동자산}}{\text{자본}}$$

(주) XYZ의 20×9년도 말의 고정비율을 계산해보면 다음과 같다.

$$\text{고정비율} = \frac{\text{비유동자산}}{\text{자본}} = \frac{856,000}{470,000} = 1.81 \text{ 또는 } 182\%$$

고정비율이 낮으면 비유동자산의 자본화 정도가 낮다는 것을 의미하는데, 이는 기업의 장기적인 안정성이 높다는 것을 의미하기도 하지만 반면에 기업에 잠재적 생산능력이 낮다는 것을 의미한다. 고정비율이 낮은 기업의 장기적인 안전성이 높다고 해석하는 이유는 비유동자산은 자기자본으로 조달하여 충당하는 것이 장기적인 측면에서 바람직하다는 관점 때문이다.

3. 수익성비율

수익성비율(profitability ratios)은 회계기간 중에 어느 정도의 경영성과를 거두었는가를 측정하는 비율이다. 수익성은 경영자는 물론이고, 기업의 소유주와 채권자들에게 기업의 미래가치에 대한 정보를 제공해주기 때문에 중요한 정보가 된다. 특히, 기업의 소유주나 주식투자자들은 기업의 현재 재산상태보다는 경영성과에 더 많은 관심을 갖게 되는데, 이는 경영성과가 지속적으로 양호한 기업은 미래가치가 증대할 것이라고 보기 때문이다.

앞에서 살펴본 유동성과 안정성비율이 재무상태표항목들의 상호비교라면 수익성비율은 주로 포괄손익계산서항목들을 상호 비교하는 구조가 된다. 수익성을 측정하는 비율에는 매출액이익률, 총자산이익률, 주당순이익 등이 있다.

(1) 매출액이익률

매출액이익률(profit margin ratio)은 당기순이익을 매출액으로 나누어 산출되는 비율로서, 영업활동을 통해 달성된 매출액에 대하여 실현된 순이익을 나타내는 비율이다.

$$\text{매출액이익률} = \frac{\text{당기순이익}}{\text{매출액}}$$

여기서 매출액은 순매출액(net sales)으로서 총매출액에서 매출환입 및 에누리를 차감한 금액이다.

(주)XYZ의 매출액이익률을 계산해보면 다음과 같다.

$$\text{매출액이익률(20×9년도)} = \frac{75,000}{1,256,000} = 0.0597 \text{ 또는 } 5.97\%$$

$$\text{매출액이익률(20×8년도)} = \frac{59,000}{1,145,000} = 0.0515 \text{ 또는 } 5.15\%$$

매출액이익률은 매출액에 비하여 원가를 절감하면 높아지게 되므로 원가관리(cost control)의 면에서도 중요한 비율이다. 그러나 기업의 수익성을 판단하는데 있어서, 이 비율만으로는 정확한 정보를 얻을 수 없다. 왜냐하면 매출액이익률이 낮다 하더라도 투자한 자본에 비해 매출액규모가 크다면 투자한 금액에 대한 수익성(이익률)은 높아지기 때문이다.

(2) 총자산이익률

총자산이익률(ratio of return on assets)은 당기순이익을 평균총자산으로 나누어 산출하는 비율로서, 기업이 영업활동을 수행하기 위하여 자산을 어떻게 효율적으로 사용하였는가를 측정하는 지표이다.

$$\text{총자산이익률} = \frac{\text{당기순이익}}{\text{평균총자산}}$$

총자산이익률은 투자수익률(return of investments : ROI)이라고도 하며 재무비율 중에서 매우 중요시되는 비율 중의 하나이다. 평균총자산을 계산할 때에는 원칙적으로 가중평균한 자산을 구해야 하지만, 일반적으로 기초자산총액과 기말자산총액을 합한 금액을 2로 나누어 계산한다.

(주)XYZ의 20×9년의 총자산이익률을 계산해보면 다음과 같다.

$$총자산이익률 = \frac{당기순이익}{평균총자산} = \frac{75,000}{(1,560,000+1,760,000)\div 2}$$

$$= 0.045 \text{ 또는 } 4.5\%$$

총자산이익률은 높을수록 좋다. 그러나 기업이 장래에 더 많은 이익을 얻기 위해서는 시설투자가 필요한데, 시설투자가 많은 회계연도에는 이로 인하여 총자산이익률이 내려간다. 따라서 총자산이익률을 해석하는 데 있어서는 지나치게 단기적인 관점을 갖지 않도록 해야 한다.

(3) 주당순이익

주당순이익(earnings per shard : EPS)은 보통주 1주에 귀속되는 순이익을 표시한 것으로 당기순이익과 함께 기업의 경영성과를 측정하는 데 있어 중요한 역할을 하는 지표이며, 특히 주당순이익은 앞에서 설명한 주가수익률과 함께 증권시장에서 기업의 주가를 평가하고 예측하는 데 널리 이용되는 중요한 비율이다.

$$주당순이익 = \frac{당기순이익}{보통주식총수}$$

주당순이익은 보통주 1주에 할당될 수 있는 당기순이익을 표시하기 때문에, 우선주가 있는 경우 당기순이익에서 우선주에 대한 배당금을 제외하여야 한다.

(주)XYZ의 20×9년도 보통주 발행주식 총수가 200,000주라고 한다면 (주)XYZ의 20×9년도 주당순이익은 다음과 같다.

$$주당순이익 = \frac{당기순이익}{보통주식총수} = \frac{75,000,000}{200,000주} = 375원$$

4. 활동성비율

활동성비율(activity ratios)이란 기업이 보유하고 있는 자산을 얼마나 효율적으로 운용하고 있는가를 측정하는 비율로서, 매출액에 대한 각 중요 자산의 비율로서 계산된다. 따라서 유동성과 안정성비율이 재무상태표항목들 간의 비교, 수익성비율은 주로 포괄손익계산서항목들 간의 비교가 되는 반면에 활동성비율은 보다 종합적인 기업의 활동에 대한 분석이라는 점에서 재무상태표항목과 포괄손익계산서항목을 상호 비교하는 구조가 된다. 주요 활동성비율에는 매출채권회전율, 재고자산회전율, 총자산회전율 등이 있으며 수익성평가에 관련된 비율로 분류한다.

(1) 매출채권회전율

매출채권회전율(accounts receivable turnover ratio)은 매출액을 평균매출채권잔액으로 나누어 산출하며, 매출채권의 회수가 얼마나 잘되고 있는가를 나타내주는 비율이다. 분자인 매출액은 이론적으로 외상매출만을 의미하지만 현금매출의 비중이 미미한 경우 매출액을 그대로 사용하며, 분모인 평균매출채권잔액에는 매출채권 외에 받을어음도 포함시켜야 한다.

$$\text{매출채권회전율} = \frac{\text{매출액}}{\text{평균매출채권잔액}}$$

(주)XYZ의 20×9년의 매출채권회전율을 계산해보면 다음과 같다.

$$\text{매출채권회전율} = \frac{\text{매출액}}{\text{평균매출채권잔액}} = \frac{1,256,000}{(362,000 + 410,000) \div 2}$$

$$= 3.25\text{회}$$

매출채권회전율은 기업이 매출채권을 회수하는 데 있어서 얼마나 성공적인가를 표시한다. 여기서 회전율이란 매출채권이 현금화되는 속도를 의미한다. 그러므로 매출채권회전율을 이용하여 매출채권 평균회수기간을 구할 수가 있는데, 이는 365일을 매출채권회전율로 나누어 계산한다. 매출채권 평균회수기간은 매출채권을 회수하는데 소요되는 기간을 나타낸다.

(주)XYZ의 20×9년의 매출채권 평균회수기간을 계산해보면 다음과 같다.

$$\text{매출채권 평균회수기간} = \frac{365\text{일}}{\text{매출채권회전율}} = \frac{365\text{일}}{3.25}$$

$$= 112\text{일}$$

(주)XYZ의 경우 연간 매출채권의 회전속도가 3.25회 정도이며, 판매 후 평균 112일이 경과해야 매출채권이 회수된다는 것을 의미한다. 매출채권회전율이 높을수록 매출채권의 관리가 잘되고 있음을 의미한다.

(2) 재고자산회전율

재고자산회전율(inventory turnover ratio)은 매출원가를 평균재고자산으로 나누어 산출하며, 재고자산이 현금화되는 속도를 측정하는 비율이다.

$$\text{재고자산회전율} = \frac{\text{매출원가}}{\text{평균재고자산잔액}}$$

(주)XYZ의 20×9년의 재고자산회전율을 계산해보면 다음과 같다.

$$\text{재고자산회전율} = \frac{\text{매출원가}}{\text{평균재고자산잔액}} = \frac{1,045,000}{(380,000 + 475,000) \div 2}$$

$$= 2.44\text{회}$$

재고자산회전율을 이용하여 재고자산의 평균보유기간을 계산할 수 있는데, 이는 365일을 재고자산회전율로 나누어 계산한다. 재고자산 평균보유기간을 계산해보면 다음과 같다. 여기서 회전율(turnover ratio)이란 현금이 재고자산으로 전환되었다가 다시 현금으로 전환되는 속도를 의미한다.

$$\text{재고자산 평균보유기간} = \frac{365\text{일}}{\text{재고자산회전율}} = \frac{365\text{일}}{2.44}$$

$$= 150\text{일}$$

(주)XYZ의 경우 재고자산은 1년에 2.44회 정도 회전하고, 평균재고기간은 150일 정도 된다. 이와 같은 수치는 동종 산업의 평균치와 비교를 하여, 재고자산의 효율적으로 관리되고 있는지를 판단하여야 한다. 재고자산회전율이 높을수록 평균재고기간이 짧을수록 재고자산이 잘 관리되고 있음을 의미한다.

(3) 총자산회전율과 자기자본회전율

총자산회전율(total asset turnover ratio)은 매출액을 평균총자산으로 나누어 산출되며, 기업이 보유하고 있는 자산이 수익을 창출하는 데 얼마나 효율적으로 이용되고 있는가를 측정하는 비율이다.

$$자기자본회전율 = \frac{매출액}{평균자기자본}$$

(주) XYZ의 20×9년도의 총자산회전율을 계산해보면 다음과 같다.

$$총자산회전율 = \frac{매출액}{평균총자산} = \frac{1,256,000}{(1,560,000 + 1,760,000) \div 2}$$

$$= 0.76회$$

총자산회전율이 높으면 기업은 영업활동에서 자산을 효율적으로 이용하였음을 나타내고, 반대로 낮으면 자산이 효율적으로 이용되지 못하고 있음을 의미한다. 그러나 구입한 지 오래되어 감가상각이 거의 끝난 자산을 많이 보유하고 있으면 총자산회전율이 높게 나타나게 되는데, 이는 오래된 자산의 경우 장부가액이 낮아지기 때문이다.

자기자본회전율(owner's equity turnover ratio)은 자기자본 한 단위에 대한 매출액의 크기를 측정하여 자기자본의 효율성을 나타내는 비율이다.

$$총자산회전율 = \frac{매출액}{평균총자산}$$

(주)XYZ의 20×9년의 자기자본회전율을 계산해보면 다음과 같다.

$$자기자본회전율 = \frac{매출액}{평균자기자본} = \frac{1,256,000}{(450,000 + 470,000) \div 2}$$

$$= 2.73회$$

5. 주식시세 관련 재무비율

주가관련 비율은 현재 유통되고 있는 보통주식의 시가와 관련되는 비율로서, 보통주 1주당 시가에 대한 순이익이나 배당액을 측정하는 것이다. 주가관련 비율은 증권시장에서 투자자가 매입할 주식을 선택할 때 많이 이용되며, 주가수익률과 배당수익률 등의 비율이 있다.

(1) 주가수익률

주가수익률(price-earning ratio : PER)은 보통주 1주당 시가를 보통주 1주당 순이익(주가순이익)으로 나누어 계산한다. 주가수익률은 흔히 「PER」로 통용되고 있으며 주식투자자가 주식매입 품목을 선택할 때에 많이 이용하는 매우 중요한 비율이다.

$$\text{주가수익율} = \frac{\text{보통주1주당시가}}{\text{주당순이익}}$$

20×9년 말 현재 한국(주)의 보통주 1주당 시가가 ₩9,000이고 주당순이익이 ₩375일 경우 주가수익률은 다음과 같다.

$$\text{주가수익률} = \frac{\text{보통주1주당시가}}{\text{주당순이익}} = \frac{9{,}000}{375} = 24.0$$

주가수익률을 계산할 때에 분자에 사용하는 주식시가는 다른 재무비율과 달리 재무제표에는 나타나지 않는 주식시장의 정보를 이용하게 된다. 또 하나 유의해야 할 것은 이 비율은 과거의 기업이익과 현재의 주식가격을 대응시킨 비율이기 때문에 분자와 분모의 자료가 동일시점에서 서로 대응되지 못한다는 것이다.

주가수익률이 높다는 것은 1주당 순이익에 비하여 시장에서 형성되고 있는 주식의 시가가 상대적으로 높다는 것을 의미하고, 반대로 주가수익률이 낮다는 것은 주당 순이익에 비하여 주식시가가 낮게 형성되고 있다는 것을 의미한다. 따라서 주가수익률이 낮은 소위 "저PER"주식의 시가가 상대적으로 낮게 형성되어 있으므로 장래에 가격이 상승할 가능성이 크다고 볼 수 있다.

(2) 배당수익률

배당수익률(dividend yield)은 배당금 대 주가비율로서, 보통주 1주당 배당액을 보통주 1주당 시장가격으로 나눈 비율이다.

$$배당수익률 = \frac{보통주 1주당 현금배당액}{보통주 1주당 시가}$$

배당수익률은 주식투자자가 현금배당을 받음으로써 얻은 투자수익률을 나타낸다. 이 비율도 분자는 지난 기간의 배당실적이 사용되고 분모는 현재의 주식시장에서의 가격이기 때문에 시간적으로 정확히 대응되지는 않는다. 그러나 개략적으로 주식투자에 대한 수익률을 나타내주는 지표라 할 수 있다.

배당수익률은 주주총회에서 배당금이 확정되기 전까지는 구할 수가 없다. 따라서 결산일로부터 3개월 이내에 주주총회가 열리기 때문에 배당수익률을 계산하기 위해서는 배당금이 확정되는 주주총회까지 기다려야 한다.

배당수익률과 유사한 재무비율로서 배당성향(dividend payout ratio)이 있다. 이는 총현금배당액을 당기순이익으로 나누어 계산한다. 이 비율은 기업의 특정 회계연도의 당기순이익에서 현금배당으로 지급되는 금액의 비중을 표시한다.

Ⅲ 재무제표분석의 활용

재무재표분석을 통해 기업의 경제적 상황을 평가하고 미래를 예측하기 위해서는 재무비율을 종합적으로 사용하는 방법을 고려하여야 한다. 왜냐하면 여러 가지 재무비율들은 상호 밀접한 관계를 가지고 있기 때문에 개별적인 재무비율만 가지고 분석하기에는 한계가 있기 때문이다.

여러 가지 재무비율을 동시에 고려하여 종합적인 평가를 하는 방법을 지수법이라 한다. 여기서는 지수법에 의한 기업의 종합적인 평가방법과 우리나라 한국은행에서 기업의 신용평가를 위해 사용하는 종합평가표를 소개하기로 한다.

1. 지수법에 의한 기업의 종합평가

지수법은 여러 가지 재무비율 중에서 중요하다고 여겨지는 비율을 선정하여 일정한 가중치를 부여하여 종합적인 지수를 구하고, 그 지수의 크기로 기업의 성과를 종합적으로 평가하는 방법이다. 지수법에는 월(A. Wall)이라는 사람이 고안한 지수법이 있는데 가장 고전적인 종합평가법이라고 할 수 있다.

월의 지수법은 기업의 성과를 평가하기 위해 유동비율, 부채비율, 고정비율과 매출채권회전율, 재고자산회전율, 총자산회전율, 자기자본회전율 등 일곱 가지 재무비율을 선정하여 각 비율에 일정한 가중치를 부여하여 동종 산업평균과 비교하여 기업의 성과를 평가하는 방법이다.

표 10-12 Wall의 지수법을 이용한 종합평가

재 무 비 율	가중치 a	(주)XYZ b	산업평균 c	지수 d=b/c×100	평점 e=a×d
유 동 비 율	0.25	131%	108%	12123	30.33
부 채 비 율	0.25	274%	255%	107.5	26.88
고 정 비 율	0.15	182%	186%	97.8	14.67
매출채권회전율	0.10	3.25회	7.2회	45.1	4.51
재고자산회전율	0.10	2.44회	5.2회	46.9	4.69
총자산 회전율	0.10	0.76회	0.9회	84.4	8.44
자기자본회전율	0.05	2.73회	3.6회	75.8	3.79
합 계					93.31

(주)XYZ의 20×9년의 평가를 월의 지수법을 이용하여 평가해 보면 〈표 10-12〉와 같다.

(주)XYZ의 평점합계는 93.31점으로 동종산업평균을 100점으로 하였을 때, 산업평균에 못 미치는 수준이다.

2. 한국은행의 종합평가표

금융기관이나 기업의 신용을 전문적으로 평가하는 기관에서는 기업의 신용을 평가하기 위하여 주요 재무비율 이외에 여러 가지 변수를 사용하여 종합적인 평가를 하고 있다. 기업체의 종합평가를 위해 사용되는 변수와 가중치는 평가기관이 자체에서 개발하여 사용하기 때문에 평가기관마다 같지 않다. 예컨대, 우리나라의 한국은행에서 대기업의 신용평가를 위해 사용하는 종합평가표를 소개하면 다음 〈표 10-13〉과 같다.

표 10-13 기업체 종합평가표의 예

<table>
<tr><td colspan="3">업체명 :</td><td colspan="6">업 종 :</td></tr>
<tr><td colspan="2" rowspan="2">평 가 항 목</td><td rowspan="2">배 점</td><td colspan="5">평 점 등 급</td><td rowspan="2">평 점</td></tr>
<tr><td>A</td><td>B</td><td>C</td><td>D</td><td>E</td></tr>
<tr><td rowspan="4">재무상태</td><td>자본구성</td><td>15</td><td></td><td></td><td></td><td></td><td></td><td></td></tr>
<tr><td>유 동 성</td><td>15</td><td></td><td></td><td></td><td></td><td></td><td></td></tr>
<tr><td>수 익 성</td><td>15</td><td></td><td></td><td></td><td></td><td></td><td></td></tr>
<tr><td>안 정 성</td><td>5</td><td></td><td></td><td></td><td></td><td></td><td></td></tr>
<tr><td rowspan="4">사업현황 및 전망</td><td>활 동 성</td><td>5</td><td></td><td></td><td></td><td></td><td></td><td></td></tr>
<tr><td>성 장 성</td><td>5</td><td></td><td></td><td></td><td></td><td></td><td></td></tr>
<tr><td>생 산 성</td><td>10</td><td></td><td></td><td></td><td></td><td></td><td></td></tr>
<tr><td>사업전망</td><td>10</td><td></td><td></td><td></td><td></td><td></td><td></td></tr>
<tr><td rowspan="3">은행과의 관계</td><td>거래신뢰도</td><td>5</td><td></td><td></td><td></td><td></td><td></td><td></td></tr>
<tr><td>채무상환능력</td><td>2.5</td><td></td><td></td><td></td><td></td><td></td><td></td></tr>
<tr><td>기업경영상담</td><td>2.5</td><td></td><td></td><td></td><td></td><td></td><td></td></tr>
<tr><td rowspan="3">경영형태 및 인적사항</td><td>경영방식</td><td>2.5</td><td></td><td></td><td></td><td></td><td></td><td></td></tr>
<tr><td>경영능력</td><td>2.5</td><td></td><td></td><td></td><td></td><td></td><td></td></tr>
<tr><td>경영자인격 및 종업원관계</td><td>5</td><td></td><td></td><td></td><td></td><td></td><td></td></tr>
<tr><td colspan="8">종 합 평 점</td><td></td></tr>
</table>

3. 재무제표분석의 한계

재무제표분석은 기업의 경제적 상황이나 미래를 예측하는 데 있어 자주 쓰이는 분석방법의 하나이다. 그러나 그 분석결과를 해석하는 데 있어 다음과 같은 여러 가지를 주의해야 할 점이 있다는 것을 이해하고 사용해야 의사결정에 실질적인 도움을 주게 된다.

① 특정 기업의 재무비율이 양호한지의 여부를 판단하기 위해서는 비교대상이 되는 표준비율이 필요한데, 현실적으로 표준비율을 합리적으로 선정하기가 쉽지 않다. 따라서 동종 산업의 평균비율이나 경쟁기업의 비율 등과 비교하는 것이 일반적인 방법이다.

② 재무비율의 기초자료가 되는 것은 기업의 재무제표인데, 재무제표에 나타나는 회계자료는 여러 가지 한계점을 지니고 있다는 것이다. 예를 들어, 역사적 원가주의(취득원가주의)에 입각해서 작성된 재무제표는 현재가치를 나타내지 못한다든지, 기업에 따라 다양한 회계처리방법을 채택하기 때문에 기업 간의 재무비율 결과를 분석하는 데 제약이 있게 된다.

CHAPTER 03

K-IFRS 와 현행 기업회계기준과의 비교

◆ 제1절 재무제표의 작성과 표시를 위한 개념체계

Chapter 03 K-IFRS 와 현행 기업회계기준과의 비교

제 1 절 재무제표의 작성과 표시를 위한 개념체계

1. 한국채택국제회계기준의 '재무제표의 작성과 표시를 위한 개념체계' 와 '현행의 재무회계개념체계' 와의 비교

이 비교는 '재무제표의 작성과 표시를 위한 개념체계'의 일부를 구성하는 것은 아니다. 이 비교는 한국채택국제회계기준의 '재무제표의 작성과 표시를 위한 개념체계'와 '현행의 재무회계개념체계'와의 모든 차이점을 기술하고 있는 것은 아니다.

1) 개념체계의 범위

현행 개념체계는 개념체계의 범위를 재무회계 전반으로 하고 재무보고에 초점을 맞추었으나 한국채택국제회계기준 개념체계는 국제회계기준의 개념체계에 따라 재무제표의 작성과 표시를 위한 개념체계를 제시하고 있다. 따라서 현행 개념체계는 재무제표 외의 재무보고 수단을 통한 재무보고를 강조하고 있으나, 한국채택국제회계기준 개념체계의 경우 재무제표에 더 초점을 맞추어 기술하고 있다.

표 1-1 개념체계의 범위

구분	K-IFRS 개념체계	현행 개념체계
개념체계의 범위	5. 이 개념체계의 주요 내용은 다음과 같다. (1) 재무제표의 목적 (2) 재무제표의 정보 유용성을 결정하는 질적 특성 (3) 재무제표를 구성하는 요소의 정의, 인식 및 측정 (4) 자본과 자본유지의 개념	4. 본 개념체계의 주요 내용은 다음과 같다. (가) 재무보고의 목적 (나) 회계정보의 질적특성 (다) 재무제표 (라) 재무제표의 기본요소 (마) 재무제표 기본요소의 인식 (바) 재무제표 기본요소의 측정

2) 재무제표의 기본가정

현행 개념체계는 기업실체, 계속기업, 기간별보고를 기본가정으로 하고 있으나, 한국채택국제회계기준 개념체계는 발생기준과 계속기업을 기본가정으로 하고 있다. 현행 개념체계는 발생기준을 재무제표의 기본가정에 포함하지 않고 발생주의 회계를 재무제표 작성에 적용되는 별도의 원칙으로 제시하고 발생과 이연의 개념을 정의하고 있다.

표 1-2 재무제표의 기본가정

구분	K-IFRS 개념체계	현행 개념체계
	-발생기준 -계속기업	-기업실체 -계속기업 -기간별보고

3) 질적 특성 및 제약요인

현행 개념체계에 기초한 질적 특성은 계층구조로 표현될 수 있다. 주요 질적 특성 즉 목적적합성과 신뢰성을 정점으로 하여 이 특성의 구성요소로 예측가치와 피드백가치, 적시성, 표현의 충실성, 중립성, 검증가능성을 두고 2차적 질적 특성으로 비교가능성을 두고 있다. 한국채택국제회계기준 개념체계는 질적 특성을 계층구조로 표현하지 않는다.

표 1-2 주요 질적특성

구분	K-IFRS 개념체계	현행 개념체계
	·이해가능성 ·목적적합성 ·신뢰성 ·비교가능성	·목적적합성 ·신뢰성
제약조건	·적시성 ·효익과 비용의 균형 ·질적 특성간의 비교	·효익과 비용의 균형 ·중요성
전반적인 사항	진실하고 공정한 보고에 초점	이해가능성은 질적특성이 아닌 유용성 제고를 위한 전제조건으로 봄

4) 재무제표의 구성요소

재무상태표의 구성요소(자산, 부채, 자본)에 대해서는 현행 개념체계와 한국채택국제회계기준 개념체계 간에 큰 차이가 없다. 다만, 현행 개념체계는 수익(revenue)에서 차익(gains)을, 비용(expenses)에서 차손(losses)을 분리하여 표시할 가능성만을 언급하여 차익과 차손을 별도의 재무제표 요소로 볼 수 있었다. 반면, 한국채택국제회계기준 개념체계는 광의의 수익(income)에 차익(gains)을 포함하고 비용(expenses)에 차손(losses)을 포함하여 개념을 정의함으로써, 차익과 차손을 포괄손익계산서에 구분하여 표시하더라도 별개의 재무제표 요소로 볼 수 없다. 현행 개념체계는 자본변동표와 현금흐름표의 구성요소도 정의하고 있으나 한국채택국제회계기준 개념체계는 재무상태변동표(현금흐름표, 자금흐름표 등 여러 가지 형태로 작성될 수 있음)의 구성요소를 언급하고 있지 않다.

2. 기업회계기준서 제1001호와 '현행의 기업회계기준'과의 비교

이 비교는 기업회계기준서 제1001호의 일부를 구성하는 것은 아니다. 이 비교는 기업회계기준서 제1001호 '재무제표 표시'와 '현행의 기업회계기준'의 모든 차이점을 기술하고 있는 것은 아니다.

1)재무제표의구성(포괄손익계산서와 이익잉여금처리계산서)

현행의 기업회계기준서 제21호에서는 재무제표는 대차대조표, 손익계산서, 이익잉여금처분계산서(또는 결손금처리계산서), 현금흐름표, 자본변동표로 구성되며 주석을 포함하나, 이 기준서에서 재무제표는 재무상태표, 별개의 손익계산서(표시하는 경우), 포괄손익계산서, 현금흐름표, 자본변동표 및 주석으로 구성되며 회계정책을 소급하여 적용하거나 재무제표의 항목을 소급하여 재작성하는 경우에 가장 이른 비교기간의 기초 재무상태표를 작성해야 한다. 이 기준서에서는 재무제표에 포괄손익계산서를 포함하며 이익잉여금처분계산서(또는 결손금처리계산서)를 포함하지 않고 있다.

표 2-1 재무제표의 명칭 및 구성의 변경

구분	K-IFRS 제1001호	현행 기준서 제21호
재무제표의 명칭 및 구성의 변경	·재무상태보고서, 손익보고서(표시하는 경우), 포괄손익보고서, 자본변동보고서, 현금흐름보고서, 주석(문단 10) ·회계정책을 소급하여 적용하거나 재무제표의 항목을 소급하여 재작성 또는 재분류하는 경우에 가장 이른 비교기간의 기초 재무상태보고서(문단 10)	·재무제표는 대차대조표, 손익계산서, 이익잉여금처분계산서(또는 결손금처리계산서), 현금흐름표, 자본변동표로 구성되며 주석을 포함함(문단 9).

2) 유동성/비유동성 구분법과 유동성 순서에 따른 표시방법

현행의 기업회계기준서 제21호에서는 유동성/비유동성 구분법과 유동성 순서에 따른 표시방법의 두 가지 방법을 함께 고려하여 재무제표를 표시하도록 하고 있으나, 이 기준서에서는 유동성/비유동성 구분법과 유동성 순서에 따른 표시방법을 구분하여 두 가지의 다른 재무상태표 표시방법으로 보고 있다.

3) 재무상태표와 자산 부채 항목의 표시

현행의 기업회계기준서 제21호에서는 대차대조표 개별 항목에 대해 상세하게 예시하고 있으나, 이 기준서에서는 재무상태표에 포함할 최소한의 항목을 대분류 수준에서 예시하고 있으며 재무상태표 또는 주석에 표시하는 더욱 세부적인 항목들을 예시하고 있다.

4) 재무상태표 자본 항목의 표시

현행의 기업회계기준서 제21호에서는 자본의 대분류로서 자본금, 자본잉여금, 자본조정, 기타포괄손익누계액, 이익잉여금(또는 결손금)의 다섯 가지 구성요소로 구분하고 그 세분류 항목의 구분 및 통합표시에 대해서도 구체적으로 규정하고 있으나, 이 기준서에서는 크게 자본금, 이익잉여금 및 기타자본구성요소의 3가지로 분류하고 있고 자본의 개별항목에 대해서는 구체적으로 예시하지 않고 있다

5) 포괄손익계산서의 구조

현행의 기업회계기준서 제21호에서는 손익계산서를 단계별로 매출총손익, 영업손익, 계속사업손익, 당기순손익 등으로 구분하여 표시하도록 하고 있으나, 이 기준서에서는 수익, 금융비용, 지분법관련손익, 법인세비용, 중단영업관련손익, 당기순손익의 최소한의 항목들을 포괄손익계산서에 포함하도록 하고 있다. 또한 포

괄손익계산서에서 비용에 대한 분석을 표시할 때 성격별 또는 기능별 분류기준 중 하나를 선택가능하도록 하고 있으며 이러한 표시방법은 포괄손익계산서에 표시하도록 권장하고 있다.

표 2-2 포괄손익보고서의 공시

구분	K-IFRS 제1001호	현행 기업회계기준서 제21호
포괄손익보고서의 공시	·총포괄이익은 거래나 기타사건으로 인한 자본의 변동(소유주로서의 자격을 행사하는 소유주와의 거래로 인한 자본의 변동 제외)을 말하며, '당기순손익' 과 '기타포괄이익' 의 모든 구성요소를 포함함(문단 7). ·당기에 인식한 모든 수익과 비용항목은 두 가지 방법으로 표시함. 즉 ①단일 포괄손익보고서나 ②당기순손익의 구성요소를 배열하는 보고서(별개의 손익보고서)와 당기순손익으로 시작하여 기타포괄이익의 구성요소를 배열하는 보고서(포괄손익보고서)에 표시함(문단 81). ·기타포괄이익의 구성요소와 관련한 법인세비용은 관련 법인세효과를 차감한 순액이나 반영전 금액으로 포괄손익보고서나 주석에 공시함(문단 91, 92).	· '포괄손익' 은 일정 기간 동안 주주와의 자본거래를 제외한 모든 거래나 사건에서 인식한 자본의 변동을 말하며, 포괄손익에는 주주의 투자 및 주주에 대한 분배 등 자본거래를 제외한 모든 원천에서 인식된 자본의 변동이 포함됨(문단 5). ·당기순손익은 계속사업손익에 중단사업손익을 가감하여 산출하며, 당기순손익에 기타포괄손익을 가감하여 산출한 포괄손익의 내용을 주석으로 기재함. 이 경우 기타포괄손익의 각 항목은 관련된 법인세효과가 있다면 그 금액을 차감한 후의 금액으로 표시하고 법인세효과에 대한 내용을 별도로 기재함(문단 76).

6) 법적적립금의 적립, 이익잉여금처분에 의한 상각

현행의 기업회계기준서 제21호에서는 이익잉여금의 처분은 이익준비금, 기타법정적립금, 이익잉여금처분에 의한 상각, 배당금, 임의적립금으로 구분하여 표시하도록 하고 있으나, 이 기준서에서는 이익잉여금처분계산서를 기본재무제표에 포함하지 않고 있으며, 배당 이외에는 이익잉여금의 처분의 유형에 대해 별도로 언급하지 않고 있다.

7) 중간재무제표에의 적용

현행의 기업회계기준서 제21호에서는 중간재무제표 작성시 연차재무제표와 동일한 양식으로 하되 계정과목의 요약 등 특별한 사항을 기준서 제2호에서 정하고 있으나, 이 기준서에서는 전체 재무제표와 요약중간재무제표 둘 중 하나를 선택하도록 하고 있다.

8) 공정한 표시

이 기준서에서는 현행의 기업회계기준서 제21호와 달리 한국채택국제회계기준의 요구사항을 준수하는 것이 오히려 개념체계에서 정하고 있는 재무제표의 목적과 상충되어 재무제표 이용자의 오해를 유발할 수 있다고 경영진이 결론을 내린 극히 드문 상황에 대한 처리방법을 규정하고 있다.

3, 기업회계기준서 제1002호와 '현행의 기업회계기준' 과의 비교

이 비교는 기업회계기준서 제1002호의 일부를 구성하는 것은 아니다. 이 비교는 기업회계기준서 제1002호 '재고자산'과 '현행의 기업회계기준'의 모든 차이점을 기술하고 있는 것은 아니다

1) 적용범위

(1) 현행의 기업회계기준서 제10호는 적용범위에서 농업, 임업, 축산업 및 광업의 재고자산을 제외하고 있으며 결론도출근거 A1에서 그 이유를 '이러한 업종에 대해서는 별도의 회계기준서에서 다루어야 하기 때문'이라고 설명하고 있다. 그러나 현재 농림어업 등에 적용될 별도의 기준서가 없는 상황이다. 기업들은 기준서 제10호를 준용하여 재고자산을 평가하여 왔을 가능성이 있다.

(2) 기업회계기준서 제1002호는 기준서 전체의 적용제외와 측정부분의 적용제외를 구분하여 규정하고 있다. (문단 2와 3 참조)

−즉 문단 2(3)에 따라, a) 생물자산과 b) 수확시점의 수확물에 대해서는 기업회계기준서 제1002호를 적용하지 않으며,− 문단 3에 따라, 농림어업 및 광업의 관련 분야에서 순실현가능가치나 순공정가치로 측정하는 경우에는 기업회계기준서 제1002호의 측정부분만을 적용배제하고 있다.

(3) 기업회계기준서 제1002호가 적용되는 경우, 기업들은 기업회계기준서 제1041호 '농림어업'의 측정규정에 따라 순실현가능가치나 순공정가치로 측정하면서, 변동분을 당기손익에 반영하게 된다. 따라서 손익의 변동성이 커질 수 있다.

2) 표준원가법 허용

(1) 현행의 기업회계기준서 제10호는 표준원가제도를 채택한 기업도 실제원가로 보고하도록 요구하고 있으나, 기업회계기준서 제1002호는 표준원가법의 적용결과인 표준원가가 실제원가와 '유사한 경우' 표준원가법을 사용하여 재고자산을 측정할 수 있어 원가관리회계 차원에서 표준원가법을 사용하는 기업이 공표용 재무제표를 작성하면서 조정하여야 하는 부담이 줄어들 수 있다.

(2) 그러나 '유사한 경우'에 대한 판단기준이 없으며 원가차이의 회계처리방법이 제시되지 않고 있고, 표준원가법을 사용하는 경우에도 표준원가가 실제원가를 반영하고 있는지에 대하여 정기적으로 검토하고 조정하여야 하므로, 실제원가를 사용하여 재고자산을 측정해 온 현재의 회계실무와 큰 차이는 나타나지 않아 재무제표의 기간별 비교가능성에 미치는 영향은 적을 것으로 사료된다.

표 3-1 표준원가법 허용

구분	K-IFRS 제1002호	현행 기업회계기준서 제10호
표준원가법 허용	·표준원가법이나 소매재고법 등의 원가측정방법은 그러한 방법으로 평가한 결과가 실제 원가와 유사한 경우에 사용할 수 있음. ·표준원가는 정기적으로 검토하여야 하며, 필요한 경우 현재 상황에 맞게 조정하여야 함. [문단 21]	·표준원가제도를 채택하고 있는 경우에도 재고자산의 대차대조표가액은 실제원가로 보고하여야 함. [문단 20]

3) 후입선출법 불인정

현행의 기업회계기준서 제10호는 후입선출법을 허용하고 있으나 기업회계기준서 제1002호는 2003년 개정 당시 재고자산 평가방법에서 후입선출법을 제외하였다.

4) 비용으로 인식하는 재고자산 원가의 분류표시

(1) 현행의 기업회계기준서 제10호는 손익계산서에서 매출원가로 분류되는 항목과 영업외비용으로 분류되는 항목을 세분화하여 제시하고 있다.

-매출원가 계정 : 모든 재고자산평가손실과 환입, 정상적으로 발생한 감모손실

-영업외비용 계정 : 비정상적으로 발생한 감모손실

(2) 기업회계기준서 제1002호는 재고자산 원가를 비용으로 인식하는 시점은 제시하지만 분류표시에 대해서는 일반적으로 매출원가로 부른다고 기술하면서 분류표시를 상세히 제시하지는 않고 있다.

표 3-2 재고자산 원가의 분류표시

구분	K-IFRS 제1002호	현행 기업회계기준서 제10호
재고자산 원가의 분류표시	재고자산 원가를 비용으로 인식하는 시점은 제시하지만 분류표시에 대해서는 일반적으로 매출원가로 부른다고 기술하면서, 분류표시를 상세히 제시하지는 않음. [문단 34, 38]	매출원가로 분류되는 항목과 영업외비용으로 분류되는 항목을 세분화하여 제시하고 있음. ·매출원가 계정 : 모든 재고자산평가손실과 환입, 정상적으로 발생한 감모손실 ·영업외비용 계정 : 비정상적으로 발생한 감모손실 [문단 28, 29]

4. 기업회계기준서 제1007호와 '현행의 기업회계기준'과의 비교

이 비교는 기업회계기준서 제1007호의 일부를 구성하는 것은 아니다. 이 비교는 기업회계기준서 제1007호 '현금흐름표'와 '현행의 기업회계기준'의 모든 차이점을 기술하고 있는 것은 아니다.

1) 당좌차월의 분류

이 기준서에서는 금융회사의 요구에 따라 즉시 상환하여야 하는 당좌차월의 경우 이를 현금및현금성자산의 구성요소에 포함하도록 하고 있으나, 현행의 기업회계기준에서는 그러한 규정을 하고 있지 않다.

2) 단기매매목적으로 보유하는 유가증권 및 대출채권

현행의 기업회계기준에서는 유가증권의 취득 및 처분에 따른 현금흐름을 투자활동으로 인한 현금흐름에 포함하고 있으나, 이 기준서에서는 단기매매목적으로 보유하는 유가증권에서 발생하는 현금유입과 현금유출의 경우 이를 영업활동 현금흐름으로 분류하도록 하고 있다. 또한, 현행의 기업회계기준에서는 금융회사의 대출채권 등의 분류에 대하여 규정한 바가 없으나 이 기준서에서는 이를 영업활동 현금흐름으로 분류하도록 하고 있다.

표 4-1 단기매매 목적으로 보유하는 유가증권 및 대출채권

구분	K-IFRS 제1007호	현행 기업회계기준 제6장
단기매매 목적으로 보유하는 유가증권 및 대출채권	·단기매매목적으로 보유하는 계약에서 발생하는 현금유입과 현금유출을 영업활동 현금흐름에 포함. ·기업은 단기매매목적으로 유가증권이나 대출채권을 보유할 수 있으며, 이 때 유가증권이나 대출채권은 판매를 목적으로 취득한 재고자산과 유사함. 따라서 단기매매목적으로 보유하는 유가증권의 취득과 판매에 따른 현금흐름은 영업활동으로 분류함. 마찬가지로 금융회사의 당좌대월이나 대출채권은 주요 수익창출활동과 관련되어 있으므로 일반적으로 영업활동으로 분류함. [문단 14~15]	유가증권의 취득 및 처분에 따른 현금흐름은 투자활동으로 인한 현금흐름에 포함됨.

3) 파생상품계약에 따른 현금흐름

이 기준서에서는 파생상품계약에 따른 현금흐름을 투자활동으로 분류하고, 파생상품계약에 대하여 위험회피회계를 적용하는 경우 그 계약과 관련된 현금흐름은 위험회피대상 거래의 현금흐름과 동일하게 분류하도록 하고 있으나, 현행의 기업회계기준에서는 그러한 규정을 하고 있지 않다.

4) 외화현금흐름

이 기준서에서는 외화거래에서 발생하는 현금흐름은 현금흐름 발생일의 기능통화와 외화 사이의 환율을 외화 금액에 적용하여 환산한 기능통화 금액으로 기록하고, 외화로 표시된 현금및현금성자산의 환율변동효과를 영업활동, 투자활동 및 재무활동 현금흐름과 구분하여 표시하도록 하고 있으나, 현행의 기업회계기준에서는 그러한 규정을 하고 있지 않다.

5) 이자와 배당금

현행의 기업회계기준에서는 이자수익, 배당금수익 및 이자비용은 영업활동, 배당금의 지급은 재무활동으로 분류하도록 하고 있으나, 이 기준서에서는 이자와 배당금의 수취 및 지급에 따른 현금흐름의 분류를 기업이 선택할 수 있도록 하되, 매 기간 일관성 있게 각 현금흐름을 분류하도록 하고 있다.

6) 법인세와 관련된 현금흐름

현행의 기업회계기준에서는 법인세 현금흐름을 영업활동으로 분류하지 않는 예외사항으로서 유형자산의 처분에 따른 특별부가세만을 언급하고 있으나, 이 기준서에서는 투자활동이나 재무활동과 명백히 관련되는 경우라고 하여 예외사항을 보다 포괄적으로 규정하고 있다.

표 4-2 법인세와 관련된 현금흐름

구분	K-IFRS 제1007호	현행 기업회계기준 제6장
법인세와 관련된 현금흐름	법인세의 지급은 일반적으로 영업활동 현금흐름으로 분류하나, 그 법인세 현금흐름이 투자활동이나 재무활동에 명백히 관련되는 경우에는 투자활동이나 재무활동으로 분류함. [문단 35~36]	유형자산의 처분에 따른 특별부가세를 제외하고는, 미지급법인세의 지급은 영업활동 현금흐름으로 분류함.

7. 종속기업 등에 대한 투자자의 현금흐름

이 기준서에서는 종속기업, 관계기업 및 조인트벤처에 투자한 경우 투자자의 현금흐름표에 투자자와 피투자자 사이의 현금흐름만을 보고하도록 하고 있으나, 현행의 기업회계기준에서는 그러한 규정을 하고 있지 않다.

8. 종속기업과 기타 사업부문의 취득과 처분

이 기준서에서는 종속기업과 기타 사업부문의 취득과 처분에 따른 총현금흐름을 별도로 표시하여 투자활동으로 분류하고, 총매수대가 또는 총처분대가 등 관련 사항을 주석으로 공시하도록 하고 있으나, 현행의 기업회계기준에서는 그러한 규정을 하고 있지 않다.

9. 현금및현금성자산의 구성요소

이 기준서에서는 현금및현금성자산의 구성요소, 구성요소를 결정함에 있어 채택한 정책 및 이러한 정책의 변경에 따른 효과를 공시하도록 하고 있으나, 현행의 기업회계기준에서는 그러한 규정을 하고 있지 않다.

표 4-3 현금및 현금성자산의 구성요소

구분	K-IFRS 제1007호	현행 기업회계기준 제6장
현금및현금성자산의 구성요소	현금및현금성자산의 구성요소를 공시하고, 현금흐름표상의 금액과 대차대조표에 보고된 해당 항목의 조정내용을 공시함. 또한 현금및현금성자산의 구성요소를 결정함에 있어 채택한 정책을 공시하고, 이러한 정책에 변경이 있는 경우 변경에 따른 효과는 기업회계기준서 제1008호 '회계정책, 회계추정의 변경과 오류'에 따라 보고함. [문단 45~47]	해당 규정 없음.

10) 주석공시사항

현행의 기업회계기준에서는 영업활동으로 인한 현금흐름을 직접법으로 작성한 경우 당기순손익과 당기순손익에 가감할 항목에 관한 사항을 공시하도록 요구하고 있으나, 이 기준서에서는 그러한 규정을 하고 있지 않다. 반면, 이 기준서에서는 둘 이상의 활동에 배분되는 법인세의 총지급액, 연결실체가 사용할 수 없는 당해 기업의 현금및현금성자산의 금액 등을 추가로 공시하도록 요구하고, 영업능력의 증대를 나타내는 현금흐름이나 부문별 현금흐름 등의 공시를 권장하고 있다.

5. 기업회계기준서 제1008호와 '현행의 기업회계기준'과의 비교

이 비교는 기업회계기준서 제1008호의 일부를 구성하는 것은 아니다. 이 비교는 기업회계기준서 제1008호 '회계정책, 회계추정의 변경 및 오류'와 '현행의 기업회계기준'과의 모든 차이점을 기술하고 있는 것은 아니다.

1) 한국채택국제회계기준에서 회계처리방법을 구체적으로 정하지 않은 거래나 회계사건에 대한 회계정책을 개발하는 경우 고려사항

기업회계기준서 제1008호에서는 한국채택국제회계기준에서 회계처리방법을 명시하지 않은 거래나 회계사건에 대하여 경영진이 판단에 따라 회계정책을 개발하여 적용하도록 규정한다. 회계정책 개발시 한국회계기준원 회계기준위원회가 제정한 회계기준 이외의 다른 회계기준제정기구가 발표한 회계기준도 고려할 수 있도록 되어 있어 한국채택국제회계기준이 명시적으로 규정하지 않는 거래 등에 대하여 다른 기준을 적용하였을 경우의 정당성을 부여한다. 반면에 현행의 기업회계기준에는 이러한 내용을 명시적으로 규정하지 않는다.

특정 거래 등에 대한 기업회계기준이 없는 경우에 현행의 기업회계기준서 제21호는 회계관습 및 회계실무를 기업회계기준 및 재무회계개념체계와 동일한 수준으로 고려하는 것으로 명시하였으나, 기업회계기준서 제1008호에서는 유사한 기업회계기준서 및 재무회계개념체계를 우선 고려사항으로 명시하고, 회계관습 및 회계실무는 기업회계기준서 및 재무회계개념체계의 내용에 위배되지 않는 정도로 고려하도록 한다.

2) 중대한 오류 개념의 삭제와 오류수정 회계처리의 원칙변경

현행의 기업회계기준서 제1호에서의 전기의 중대한 오류(fundamental error)에 대해서만 소급법을 적용하도록 하였다. 중대한 오류는 일반적인 중요성에 대한 판단기준보다 엄격한 개념으로서 재무제표의 신뢰성을 심각하게 손상하는 경우의 오류를 말한다. 반면, 기업회계기준서 제1008호에서는 중요한 오류(material error)에 대하여 소급법을 적용하도록 하였는데 이 경우의 중요성의 개념은 재무제표이용자의 의사결정에 영향을 미칠 수 있는지에 따라 판단하도록 한다.

3) 회계정책변경의 회계처리

현행의 기업회계기준서 제1호에서는 예외적인 전진법의 적용을 당기와 당기 이후의 기간으로 한정하였으나, 기업회계기준서 제1008호에서는 소급적용의 누적효과를 실무적으로 적용가능한 가장 이른 회계기간까지 소급하도록 한다.

표 5-1 회계정책변경의 회계처리

구분	K-IFRS 제1008호	현행 기업회계기준서 제1호
회계정책 변경의 회계처리	·비교표시되는 하나 이상의 과거기간의 비교정보에 대해 특정기간에 미치는 회계정책 변경의 영향을 실무적으로 결정할 수 없는 경우, 실무적으로 소급적용할 수 있는 가장 빠른 회계기간의 자산 및 부채의 기초장부금액에 새로운 회계정책을 적용하고, 그에 따라 변동하는 자본 구성요소의 기초금액을 조정한다. 실무적으로 적용할 수 있는	·회계정책 변경에 따른 누적효과를 합리적으로 결정하기 어려운 경우에 회계변경을 전진적으로 처리하여 그 효과가 당기와 당기 이후의 기간에 반영한다(문단 12). ·회계정책 변경을 전진적으로 처리하는 경우에는 그 변경의 효과를 당해회계연도 개시일부터 적용한다(문단 13).

구분	K-IFRS 제1008호	현행 기업회계기준서 제1호
	가장 빠른 회계기간은 당기일 수도 있다(문단 24). ·당기 기초시점에 과거기간 전체에 대한 새로운 회계정책 적용의 누적효과를 실무적으로 결정할 수 없는 경우, 실무적으로 적용할 수 있는 가장 빠른 날부터 새로운 회계정책을 전진적으로 적용하여 비교정보를 재작성한다(문단25).	

4) 회계추정의 변경이 재무상태표 항목에만 영향을 주는 경우의 명시적 문구 삽입

기업회계기준서 제1008호에서는 회계추정변경이 자산 및 부채에 영향을 미치는 경우 즉, 재무상태표 항목에만 영향을 주는 경우, 회계추정을 변경한 기간에 관련 자산, 부채 또는 자본 구성요소의 장부금액을 조정하여 회계추정의 변경 효과를 인식하도록 명시적으로 규정하고 있다. 반면에 현행의 기업회계기준에는 이러한 내용을 명시적으로 규정하고 있지 않다.

5) 오류의 누적영향을 결정할 수 없는 경우의 회계처리

기업회계기준서 제1008호에서는 회계정책 변경의 소급적용의 경우와 마찬가지로 전기오류의 누적효과를 결정할 수 없는 경우가 있을 수 있으므로 이러한 경우에 대한 회계처리를 제시한다. 현행의 기업회계기준서 제1호에서는 이러한 구체적인 회계처리를 명시적으로 규정하고 있지 않다.

6) 회계정책의 변경의 공시사항

현행의 기업회계기준서 제1호에서는 회계정책의 변경이 발생하였을 때 직전 3년간의 주당이익 등의 변동항목에 대한 공시를 명시하고 있으나, 기업회계기준서 제1008호에서는 실무적으로 가능한 경우, 당기 및 비교표시된 각 과거기간에 대한 주당이익 등의 조정금액을 공시하도록 규정한다.

6, 기업회계기준서 제1010호와 '현행의 기업회계기준'과의 비교

이 비교는 기업회계기준서 제1010호의 일부를 구성하는 것은 아니다. 이 비교는 기업회계기준서 제1010호 '보고기간후사건'과 '현행의 기업회계기준'의 모든 차이점을 기술하고 있는 것은 아니다.

1) 재무제표 발행승인일

현행의 기업회계기준서 제6호에 의하면 보고기간후사건을 보고기간말과 재무제표가 사실상 확정된 날 사이에 발생한 기업 재무상태에 영향을 미치는 사건으로 규정한 반면, 이 기준서에서는 보고기간말과 재무제표 발행승인일 사이에 발생한 유리하거나 불리한 사건으로 규정하고 있다. 재무제표가 주주총회에서 수정·승인된 경우, 현행의 기업회계기준서에서는 이를 재무제표에 반영하도록 하고 있으나 이 기준서에서는 이를 명확히 언급하고 있지 않다.

표 6-1 보고기간후 사건의 기준일

구분	K-IFRS 제1010호	현행 기업회계기준서 제6호
보고기간후 사건의 기준일	발행승인일	재무제표가 사실상 확정된 날 -원칙: 주총 제출용 재무제표가 이사회에서 최종 승인된 날(문단 3 ㈏) -예외: 재무제표가 주주총회에서 수정·승인된 경우에는 주주총회일

7, 기업회계기준서 제1011호와 '현행의 기업회계기준'과의 비교

이 비교는 기업회계기준서 제1011호의 일부를 구성하는 것은 아니다. 이 비교는 기업회계기준서 제1011호 '건설계약'과 '현행의 기업회계기준'과의 모든 차이점을 기술하고 있는 것은 아니다.

1) 주거용 부동산의 완성전 판매에 대한 진행기준 적용여부

기업회계기준서 제1011호에서는 아파트 등 예약매출에 의한 건설공사계약을 명시적으로 적용범위에 포함시키고 있지 않다. 반면 현행의 기업회계기준서 제12호에서는 이를 명시적으로 적용범위에 포함시키고 있다(문단 7).

표 7-1 주거용 부동산의 완성전 판매에 대한 진행기준 적용여부

구분	K-IFRS 제1011호	현행 기업회계기준서 제12호
주거용 부동산의 완성전 판매에 대한 진행기준 적용여부	건설계약: 단일 자산이나 설계, 기술 및 기능 또는 그 최종적 목적이나 용도에 있어서 밀접하게 상호연관되거나 상호의존적인 복수자산을 건설하기 위해 구체적으로 협의된 계약(문단 3)	이 기준서의 목적상 건설형 공사계약에는 다음과 같은 유형의 계약 등을 포함한다. (중략) ㈐ 청약을 받아 분양하는 아파트 등 예약매출에 의한 건설공사계약(문단 7)

2) 계약수익과 계약원가의 인식에 있어 진행기준의 적용

기업회계기준서 제1011호에서는 계약수익뿐만 아니라 계약원가도 보고기간말 현재 계약활동의 진행률을 기준으로 각각 수익과 비용으로 인식하도록 하고 있다(문단 22). 반면 현행의 기업회계기준서 제12호에서는 당기공사수익은 공사계약금액에 보고기간말 현재의 공사진행률을 적용하여 인식한 누적공사수익에서 전기말까지 계상한 누적공사수익을 차감하여 산출하도록 하면서도, 당기공사원가는 당기에 실제로 발생한 총공사비용(공사손실충당부채전입액과 환입액 가감)으로 하도록 하고 있다(문단 25, 26).

표 7-2 계약수익과 계약원가의 인식에 있어 진행기준의 적용

구분	K-IFRS 제1011호	현행 기업회계기준서 제12호
계약수익과 계약원가의 인식에 있어 진행기준의 적용	건설계약의 결과를 신뢰성 있게 추정할 수 있는 경우, 건설계약과 관련한 계약수익과 계약원가는 대차대조표일 현재 계약활동의 진행률을 기준으로 각각 수익과 비용으로 인식한다(문단 22).	공사결과를 신뢰성 있게 추정할 수 있을 때는 진행기준을 적용하여 공사수익을 인식한다. 당기공사수익은 공사계약금액에 대차대조표일 현재의 공사진행률을 적용하여 인식한 누적공사수익에서 전기말까지 계상한 누적공사수익을 차감하여 산출한다.(문단 25) 당기공사원가는 당기에 실제로 발생한 총공사비용에 공사손실충당부채전입액(추정공사손실)을 가산하고 공사손실충당부채환입액을 차감하며 다른 공사와 관련된 타계정대체액을 가감하여 산출한다(문단 26).

3) 미청구공사와 초과청구공사의 재무보고서상 표시

기업회계기준서 제1011호에 따르면, 미청구공사는 (누적발생원가 + 인식한 이익) - (인식한 손실 + 진행청구액)으로 결정하여 재무보고서상 자산으로 표시하고, 초과청구공사는 (인식한 손실 +진행청구액) - (누적발생원가 + 인식한 이익)으로 결정하여 재무보고서상 부채로 표시한다(문단 42~44). 반면 현행의 기업회계기준서 제12호에서는 이러한 규정을 두고 있지 않다.

4) 추정공사손실의 회계처리

기업회계기준서 제1011호에서는, 추정공사손실이 있을 때 별도의 충당부채(provision)를 인식하지는 않고 '미성공사'계정에서 직접 차감하도록 하고 있다(문단 43, 44). 즉, '미청구공사'나 '초과청구공사'를 구할 때 함께 상계한다. 반면 현행의 기업회계기준서 제12호에서는 별도의 '공사손실충당부채'를 인식하도록 하고 있다(문단 40).

표 7-3 추정공사 손실의 회계처리

구분	K-IFRS 제1011호	현행 기업회계기준서 제12호
추정공사 손실의 회계처리	공통) 즉시 당기 비용으로 인식(문단 36) (차이) 별도의 충당부채(provision)를 인식하지는 않고 '미성공사'계정에서 직접 차감(문단 43, 44) ☞ 즉, '미청구공사'나 '초과청구공사'를 결정할 때 함께 상계됨.	(공통) 즉시 당기 비용으로 인식(문단 40(가)) (차이) '공사손실충당부채'를 인식(문단 40)

5) 주석사항

현행의 기업회계기준서 제12호에서는 기업회계기준서 제1011호에서 요구하고 있는 주석사항 외에도 계약잔액, 계약결과를 신뢰성 있게 추정할 수 없다는 계약, 공사손실, 특정 장기채권 등을 추가로 요구하고 있다.

8. 기업회계기준서 제1012호와 '현행의 기업회계기준'과의 비교

이 비교는 기업회계기준서 제1012호의 일부를 구성하는 것은 아니다. 이 비교는 기업회계기준서 제1012호 '법인세'와 '현행의 기업회계기준'의 모든 차이점을 기술하고 있는 것은 아니다.

1) 세무가액의 정의 도입

(1) 현행의 기업회계기준서 제16호에서 자산·부채의 세무가액은 세무회계상 자산·부채의 가액(문단 4)을 말하며, 이는 세무상 자산 또는 부채로 인정되는 금액(문단 5와 6)을 의미함.

(2) 기업회계기준서 제1012호에서 자산·부채의 세무가액은 세무목적상 당해 자산 또는 부채에 귀속되는 금액(문단 5)임. 자산의 세무가액은 자산의 장부금액이 회수될 때 기업에 유입될 과세대상 경제적 효익에서 차감될 금액(문단 7)이며 부채

의 세무가액은 부채의 장부금액에서 미래 회계기간에 당해부채와 관련하여 세무목적상 공제될 금액을 차감한 금액(문단 8)임.

2) 타 기준서 개정(예: 사업결합, 주식기준보상)으로 인한 법인세 부분 반영

기업회계기준서 제1012호에서 영업권 상각을 고려한 문단(문단 15(1), 21A, 21B 등)을 수정하였음. 또한 부의 영업권과 관련된 문단(문단 18(3), 22(1), 24, 66, 67, 68 등)을 삭제 및 수정하였으며 주식기준 보상 거래로부터 발생한 이연법인세를 문단 68A, 68B, 68C에서 새로 추가하였음.

3) 이연법인세자산의 인식조건 완화

현행의 기업회계기준서 제16호에서 이연법인세자산은 향후 과세소득의 발생이 거의 확실하여, 미래 법인세 절감효과가 실현될 수 있을 것으로 기대되는 경우(문단 20)에 인식되었으나, 기업회계기준서 제1012호에서는 사용될 차감할 일시적차이에 대응할 수 있는 미래 과세이익이 발생할 가능성이 높은 경우(문단 24)에 인식함.

표 8-1 이연법인세자산의 인식조건 완화

구분	K-IFRS 제1012호	현행 기업회계기준서 제16호
이연법인세자산의 인식조건 완화	사용될 차감할 일시적차이에 대응할 수 있는 미래 과세이익이 발생할 가능성이 높은 경우(문단 24)	향후 과세소득의 발생이 거의 확실하여, 미래 법인세 절감효과가 실현될 수 있을 것으로 기대되는 경우(문단 20)

4) 종속기업, 지점 및 관계기업에 대한 투자자산과 조인트벤처에 대한 지분과 관련한 일시적차이의 인식 예외조건 변경

(1) 현행의 기업회계기준서 제16호에서는 가, 나의 조건이 모두 충족하는 경우에 이연법인세부채를 미인식함.

가. 소멸시점 통제가능하고

나. 예측가능한 미래에 가산할 일시적차이가 소멸하지 않을 가능성이 거의 확실한 경우(문단 36)

(2) 현행의 기업회계기준서 제16호에서는 예측가능한 미래에 가산할 일시적차이가 소멸할 가능성이 거의 확실한 경우(문단 40) 이연법인세자산을 미인식함.

(3) 기업회계기준서 제1012호에서는 가, 나의 조건이 모두 충족하는 경우에 이연법인세부채를 미인식함.

가. 소멸시점 통제가능하고

나. 예측가능한 미래에 가산할 일시적차이가 소멸하지 않을 가능성이 높은 경우(문단 39)

(4) 기업회계기준서 제1012호에서는 가, 나의 조건이 모두 충족하는 경우에 이연법인세자산을 미인식함.

가. 예측가능한 미래에 가산할 일시적차이가 소멸할 가능성이 높고

나. 사용될 가산할 일시적차이에 대응할 수 있는 미래 과세이익이 발생할 가능성이 높은 경우(문단44)

5) 평균세율을 적용하여 측정

현행의 기업회계기준서 제16호에서는 이연법인세 자산 또는 부채의 측정시 일시적차이에 한계세율을 적용하여 측정(문단 43)하지만, 기업회계기준서 제1012호에서는 평균세율을 적용하여 측정(문단 49)함.

표 8-2 평균세율을 적용하여 측정

구분	K-IFRS 제1012호	현행 기업회계기준서 제16호
평균세율을 적용하여 측정	이연법인세 자산 또는 부채의 측정시 일시적차이에 평균세율을 적용하여 측정 (문단 49)	이연법인세 자산 또는 부채의 측정시 일시적차이에 한계세율을 적용하여 측정 (문단 43)

6) 사업결합의 결과 취득자의 이연법인세자산 인식

현행의 기업회계기준서 제16호에서는 인식 조건을 충족하지 못했던 취득자의 이연법인세자산이 사업결합의 결과로 인식가능하게 된 경우, 영업권 또는 부의 영업권을 조정(문단 57)하지만, 기업회계기준서 제1012호에서는 사업결합 회계처리로 보지 않음(문단 67).

표 8-3 사업결합의 결과 취득자의 이연법인세자산 인식

구분	K-IFRS 제1012호	현행 기업회계기준서 제16호
사업결합의 결과 취득자의 이연법인세자산 인식	인식 조건을 충족하지 못했던 취득자의 이연법인세자산이 사업결합의 결과로 인식가능하게 된 경우, 사업결합 회계처리로 보지 않음(문단 67).	인식 조건을 충족하지 못했던 취득자의 이연법인세자산이 사업결합의 결과로 인식가능하게 된 경우, 영업권 또는 부의 영업권을 조정함(문단 57).

7) 사업결합 이후 실현된 피취득자의 이연법인세자산

현행의 기업회계기준서 제16호의 별도인식 조건을 충족하지 못했던 피취득자의 이연법인세자산을 발생가능성이 높아짐에 따라 인식하는 경우(문단 58)가 기업회계기준서 제1012호에서 별도인식 조건을 충족하지 못했던 피취득자의 이연법인세자산이 향후 실현된 경우 회계처리(문단 68)로 변경되었음. 그러나 관련 사례는 수정되지 아니하였음.

8) 이연법인세 자산이나 부채의 표시와 상계

현행의 기업회계기준서 제16호의 유동성·비유동성 구분 표시 요구(문단 60)에 대한 규정이 기업회계기준서 제1012호에는 생략되었으며, 현행의 기업회계기준서 제16호에서는 동일 과세당국과 관련된 이연법인세 자산과 부채를 상계(문단 61)하지만 기업회계기준서 제1012호에서는 상계의 법적 권한이 있고 순액결제(실현과 동시에 상환) 의도가 있을 경우에 상계함.

표 8-4 이연법인세 자산이나 부채의 표시와 상계

구분	K-IFRS 제1012호	현행 기업회계기준서 제16호
이연법인세 자산이나 부채의 표시와 상계	·규정 없음. ·상계의 법적 권한 & 순액결제(실현과 동시에 상환) 의도 있을 경우 상계함.	·유동성/비유동성 구분 표시 요구(문단 60) ·동일 과세당국과 관련된 이연법인세자산과 부채를 상계함(문단 61).

9) 연결재무제표 관련 규정 삭제

현행의 기업회계기준서 제16호에서는 미실현손익제거 등 연결재무제표 작성시 고려할 내용을 문단 63~66에서 규정하였으나, 기업회계기준서 제1012호에서는 별도로 규정하지 아니하였음. 다만, 기준서 제16호 문단 64에 해당하는 내용은 부록 A의 B-11에 있음.

10) 주석공시 사항의 추가

기업회계기준서 제1012호에서는 현행의 기업회계기준서 제16호에는 규정이 없는 다음과 같은 주석공시 사항을 규정하였음.

- 회계이익과 법인세비용의 관계(문단 81(3))
- 직전회계기간 대비 적용세율 변경(문단 81(4))
- 배당지급과 관련한 법인세 결과(문단 81(9), 82A, 87A, 87B, 87C)
- 이연법인세자산의 활용여부가 미래 과세소득의 발생에 영향을 받는 경우 등(문단 82)
- 법인세와 관련된 우발부채 및 우발자산(문단 88)

9. 기업회계기준서 제1016호와 '현행의 기업회계기준'과의 비교

이 비교는 기업회계기준서 제1016호의 일부를 구성하는 것은 아니다. 이 비교는 기업회계기준서 제1016호 '유형자산'과 '현행의 기업회계기준'의 모든 차이점을 기술하고 있는 것은 아니다.

1) 사후적인 원가의 자산인식조건

기업회계기준서 제1016호에서는 별도의 용어를 사용하지 않으며, 최초 취득시 원가를 자산으로 인식하는 경우와 동일한 인식기준을 적용하도록 하고 있다. 반면 현행의 기업회계기준서 제5호에서는 '자본적 지출'이라는 별도의 용어를 사용하고 있으며, 최초 취득시 원가를 자산으로 인식하는 경우와는 다른 인식기준을 규정하고 있다.

표 9-1 사후적인 원가의 자산인식조건

구분	K-IFRS 제1016호	현행 기업회계기준서 제5호
사후적인 원가의 자산인식 조건	별도의 용어를 사용하지 않으며, 최초 취득시 원가를 자산으로 인식하는 경우와 동일한 인식조건을 적용함(문단 10, 12). ① 미래경제적효익이 기업에 유입될 가능성이 높을 것 ② 원가를 신뢰성 있게 측정할 수 있을 것	'자본적 지출' 이라는 별도의 용어를 사용하고 있으며, 최초 취득시 원가를 자산으로 인식하는 경우와는 다른 인식조건을 적용함(문단 22). ☞ 가장 최근에 평가된 성능수준을 초과하여 미래경제적효익을 증가시키는 경우 자본적 지출(자산)로 처리

2) 유형자산의 일부를 대체하면서 대체원가를 자산으로 인식할 때 대체되는 부분의 회계처리

기업회계기준서 제1016호에 따르면 대체되는 부분이 별도의 인식단위나 감가상각단위로 식별되었는지 여부에 관계없이 당해 장부금액을 결정하여 제거한다. 반면 현행의 기업회계기준서 제5호에 따르면 유형자산의 일부를 별도의 자산으로 인식한 경우 당해 자산을 교체할 때 교체된 자산을 제거하는데, 유형자산의 일부를 별도의 자산으로 인식하지 않은 경우의 자산대체에 대해서는 명시적 규정이 없다.

3) 정기적인 종합검사 원가의 회계처리

기업회계기준서 제1016호에 따르면 인식기준을 충족하는 경우 유형자산의 일부가 대체되는 것으로 보아 해당 유형자산의 장부금액에 포함시킨다. 이 경우 직전에 이루어진 종합검사에서 발생한 원가와 관련되어 남아 있는 장부금액(물리적 부분의 장부금액과는 구별됨)을 제거한다. 현행의 기업회계기준서 제5호에 따르면 별개의 감가상각대상자산으로 인식할 수 있으며, 유형자산의 일반적인 인식기준을 충족할 때 자본적 지출로 처리한다. 그러나 유형자산의 장부금액에 포함된 직전 종합검사 관련 장부금액의 회계처리에 대해서는 명시적 규정이 없다.

4) 복구원가의 범위와 인식

기업회계기준서 제1016호에서는 복구의무를 다음과 같이 두 가지 요소로 나누고, 두 가지 각각에 관련된 복구원가를 모두 유형자산의 원가에 포함시킨다.

(1) 유형자산 취득 또는 설치의 결과로서 부담하게 되는 복구의무

(2) 유형자산을 특정기간 동안 사용한 결과로서 발생하는 복구의무

다만, 위 (2)가 제품생산과 관련된 경우에는 제조원가로 회계처리한다. 현행의 기업회계기준서 제5호에서는 취득의 결과로 발생하는 복구의무와 관련된 복구원가만을 유형자산의 원가에 포함시킨다. 사용의 결과로 발생하는 복구의무와 관련된 복구원가(자산의 내용연수에 걸쳐 발생하는 복구원가)는 해당기간의 비용 또는 제조원가로 처리한다.

기업회계기준서 제1016호에서는 법규의 신설 등으로 인하여 복구책임을 부담하게 되는 경우의 회계처리에 대해서 언급하지 않고 있다. 반면 현행의 기업회계기준서 제5호에 따르면 법규의 신설, 계약조항의 변경 등으로 인하여 자산을 사용하는 도중에 책임을 부담하게 되는 경우에는 당해 복구비용에 대한 충당부채를 인식하는 시점에서 해당 유형자산의 장부금액에 반영한다.

표 9-2 복구원가의 범위와 인식

구분	K-IFRS 제1016호	현행 기업회계기준서 제5호
복구원가의 범위와 인식	–복구의무를 다음과 같이 두 가지 요소로 나누고, 두 가지 각각에 관련된 복구원가를 모두 유형자산의 원가에 포함시킴(문단 16 (3)). ① 유형자산 취득 또는 설치의 결과로서 부담하게 되는 복구의무 ② 유형자산을 특정 기간동안 사용한 결과로서 발생하는 복구의무 다만, 위 ②가 제품생산과 관련된 경우에는 제조원가로 회계처리함(문단 18). –법규의 신설 등으로 인하여 복구책임을 부담하게 되는 경우의 회계처리에 대해서 언급하지 않고 있음.	–복구원가를 유형자산의 원가에 포함시킴. 그러나 취득의 결과로 발생하는 복구의무와 관련된 복구원가만 해당됨(문단 12 (아), 13). 사용의 결과로 발생하는 복구의무와 관련된 복구원가(자산의 내용연수에 걸쳐 발생하는 복구원가)는 해당 기간의 비용 또는 제조원가로 처리함(문단 13). –법규의 신설, 계약조항의 변경 등으로 인하여 자산을 사용하는 도중에 책임을 부담하게 되는 경우에는 당해 복구비용에 대한 충당부채를 인식하는 시점에서 해당 유형자산의 장부금액에 반영함(문단13).

5) 교환거래의 회계처리

기업회계기준서 제1016호에서는 교환거래에 다음과 같이 원칙과 예외의 방식으로 규정하고 있다.

(1) 원칙: 취득한 자산의 원가는 공정가치로 측정한다.

(2) 예외: 교환거래에 상업적 실질이 결여되어 있거나, 교환대상 자산의 공정가치를 모두 신뢰성 있게 측정할 수 없는 경우, 취득한 자산의 원가는 제공한 자산의 장부금액으로 측정한다.

현행의 기업회계기준서 제5호에 따르면 교환거래를 동종자산간 교환거래와 이종자산간 교환거래로 나누고 각각 다음과 같이 회계처리한다.

(1) 이종교환: 취득한 자산의 원가는 제공한 자산의 공정가치로 측정한다. 다만, 제공한 자산의 공정가치가 불확실할 경우 취득한 자산의 공정가치로 측정할 수 있다.

(2) 동종교환: 취득한 자산의 원가는 제공한 자산의 장부금액으로 측정한다.

기업회계기준서 제1016호에서는 교환거래가 상업적 실질이 갖기 위한 요건을 규정하고 있다. 반면 현행의 기업회계기준서 제5호에서는 교환거래가 동종교환으로 인정되기 위한 요건과 이종교환으로 간주되는 요건을 규정하고 있다.

표 9-3 교환거래의 회계처리

구분	K-IFRS 제1016호	현행 기업회계기준서 제5호
교환거래의 회계처리	-교환거래에 다음과 같이 원칙과 예외의 방식으로 규정함(문단 24). ① 원칙: 취득한 자산의 원가는 제공한 자산의 공정가치로 측정함(문단 24, 26). 다만, 취득한 자산의 공정가치가 더 명확한 경우 취득한 자산의 공정가치로 측정함(문단 26). ② 예외: 교환거래에 상업적 실질이 결여되어 있거나, 교환대상 자산의 공정가치를 모두 신뢰성 있게 측정할 수 없는 경우, 취득한 자산의 원가는 제공한 자산의 장부금액으로 측정함(문단 24). -교환거래가 상업적 실질이 갖기 위한 요건을 규정함(문단 25).	-교환거래를 동종자산간 교환거래와 이종자산간 교환거래로 나누고 각각 다음과 같이 회계처리함. ① 이종교환: 취득한 자산의 원가는 제공한 자산의 공정가치로 측정함. 다만, 제공한 자산의 공정가치가 불확실할 경우 취득한 자산의 공정가치로 측정할 수 있음(문단 19). ② 동종교환: 취득한 자산의 원가는 제공한 자산의 장부금액으로 측정함(문단 21). -교환거래가 동종교환으로 인정되기 위한 요건과 이종교환으로 간주되는 요건을 규정함(문단 21).

6) 유형자산의 평가방법

기업회계기준서 제1016호에 따르면 원가모형이나 재평가모형 중 하나를 회계정책으로 선택하여 유형자산 분류별로 동일하게 적용한다. 반면 현행의 기업회계기준서 제5호에서는 원가모형(원가에서 감가상각누계액과 손상차손누계액을 차감) 만 인정된다.

7) 유형자산의 감가상각단위

기업회계기준서 제1016호에 따르면 유형자산 일부의 원가가 전체 원가에 비교하여 중요할 경우 별도로 감가상각하여야 한다. 반면 현행의 기업회계기준서 제5호에서는 유형자산 일부의 내용연수나 상각방법이 달리 적용될 필요가 있는 경우 개별 유형자산으로 인식하도록 하면서, 중요성에 따른 감가상각단위 구분에 대해서는 명시적 규정이 없다.

8) 잔존가치의 정의 및 회계처리

기업회계기준서 제1016호에 따르면 잔존가치와 내용연수는 적어도 매 회계연도말에 재검토하여 회계추정의 변경으로 처리한다. 반면 현행의 기업회계기준서 제5호에서는 잔존가치와 내용연수의 주기적인 재검토에 대한 명시적 규정이 없다.

9) 감가상각방법 변경의 회계처리

기업회계기준서 제1016호에 따르면 감가상각방법은 적어도 매 회계연도말에 재검토하고, 변경되는 경우 회계추정의 변경으로 회계처리한다. 반면 현행의 기업회계기준서 제5호에 따르면 감가상각방법에 대한 주기적인 재검토의무는 없으며, 감가상각방법의 변경은 회계정책의 변경으로 회계처리한다.

10) 자산손상에 대한 보상의 회계처리

기업회계기준서 제1016호에 따르면 다음과 같이 관련 거래를 모두 분리하여 각각 회계처리한다.

(1) 자산손상

(2) 폐기·처분되는 유형자산의 제거

(3) 손상, 소실 또는 포기된 유형자산에 대해 제3자로부터 받는 보상금
(4) 대체 목적으로 복구, 매입 또는 건설된 유형자산의 원가
반면 현행의 기업회계기준서 제5호에는 이러한 명시적 규정이 없다.

10, 기업회계기준서 제1017호와 '현행의 기업회계기준' 과의 비교

이 비교는 기업회계기준서 제1017호의 일부를 구성하는 것은 아니다. 이 비교는 기업회계기준서 제1017호 '리스'와 '현행의 기업회계기준'과의 모든 차이점을 기술하고 있는 것은 아니다.

1) 적용범위

현행의 기업회계기준서 제19호의 제정 당시에는 기업회계기준서 제1040호 '투자부동산'과 기업회계기준서 제1041호 '농림어업'에 해당하는 기업회계기준이 제정되지 않은 상황이었다. 따라서 기업회계기준서 제1017호의 적용범위 문단에서 적용배제 대상으로 규정한 내용을 수용할 수 없었다. 기업회계기준서 제1017호에서는 IAS 제17호의 적용범위를 그대로 수용하게 됨에 따라 두 기준서 사이에 적용범위에서 차이가 존재한다.

2) 용어 및 개념

(1) 리스약정일과 리스기간개시일 vs. 리스실행일

(가) 기업회계기준서 제1017호는 리스약정일(the inception of the lease)과 리스기간개시일(the commencement of the lease term)이라는 용어를 사용하고 있다. 리스약정일은 리스계약일과 리스의 주요 사항에 대한 계약당사자들의 합의일 중 빠른 날로 정의되면서, 리스의 분류 결정일이며 금융리스의 경우 채권·채무액의 결정기준일(공정가액 산정기준일)이 된다. 한편 리스기간개시일은 리스이용자가 리스자산의 사용권을 행사할 수 있는 날로서, 리스의 최초 인식일이 된다. 즉, 리

스에 따른 자산, 부채, 수익 및 비용을 최초로 인식하는 날이며 감가상각 개시일이 된다.

(나) 현행의 기업회계기준서 제19호를 제정할 때, 국내의 리스는 일반적으로 리스이용자가 먼저 결정되고 나중에 리스자산이 취득되는 형태로 보았다. 따라서 리스약정일과 리스기간개시일의 구분이 별 의미가 없다고 판단하였고, 이에 따라 기존의 개념인 리스실행일로 단일화 하였다. 이 경우, 리스실행일은 리스분류, 리스자산공정가액 결정일, 리스료 기산일, 감가상각의 개시일 등으로 사용한다.

표 10-1 리스약정일과 리스기간 개시일 vs 리스실행일

구분	K-IFRS 제1017호	현행 기업회계기준서 제19호
리스약정일과 리스기간 개시일 vs 리스실행일	-리스약정일과 리스기간개시일이라는 용어를 사용함. -리스약정일 : 리스계약일과 리스의 주요사항에 대한 계약당사자들의 합의일 중 빠른 날 => 리스의 분류 결정일, 금융리스의 경우 채권·채무액의 결정기준일(공정가액 산정기준일). -리스기간개시일 : 리스이용자가 리스한 자산의 사용권을 행사할 수 있게 된 날 => 리스의 최초 인식일 즉, 리스에 따른 자산, 부채, 수익, 비용을 최초로 인식하는 날, 감가상각 개시일. [문단 4]	-국내의 리스는 일반적으로 리스이용자가 먼저 결정되고 나중에 리스자산이 취득되는 형태로 보았음. -따라서, 리스약정일과 리스기간개시일의 구분이 별 의미가 없다고 판단하였고, 이에 따라 기존의 개념인 리스실행일로 단일화 하였음. -리스실행일은 리스분류, 리스자산공정가액 결정일, 리스료 기산일, 감가상각의 개시일 등으로 사용함. -그런데 실무에서 리스약정일과 리스기간개시일의 구분이 의미가 있을 수 있는 상황에 대한 문의가 있었음. [제1017호 문단5 참조]

(2) 경제적내용연수와 내용연수 vs. 내용연수

(가) 기업회계기준서 제1017호는 경제적내용연수(economic life)와 내용연수(useful life)를 구분하여 용어를 정의하고 있다. 경제적내용연수는 여러 이용자에 의한 리스자산의 일반적인 경제적 사용가능기간을 의미하며, 리스분류에서만 사용된다. 한편 내용연수는 리스제공자 또는 리스이용자에 의한 예상사용기간의 의미를 가지며, 리스자산의 감가상각기간으로 사용된다.

(나) 현행의 기업회계기준서 제19호를 제정할 때, 기업회계기준서 제1017호의 기본적인 입장은 수용하였다. 다만, 기준서에서 사용하는 용어는 내용연수로 한정하면서, 리스의 분류에서는 경제적내용연수의 의미로 사용되도록 하였고, 감가상각기간으로는 '리스제공자의 내용연수' 또는 '리스이용자의 내용연수' 등의 표현을 사용하였다.

표 10-2 경제적내용연수와 내용연수 vs 내용연수

구분	K-IFRS 제1017호	현행 기업회계기준서 제19호
경제적내용연수와 내용연수 vs 내용연수	-경제적내용연수와 내용연수를 구분하여 용어정의함. -경제적내용연수 : 여러 이용자에 의한 리스자산의 일반적인 경제적 사용가능기간 =〉 리스분류에서만 사용됨. -내용연수 : 리스제공자 또는 리스이용자에 의한 예상사용기간 =〉 리스자산의 감가상각기간으로 사용됨. [문단 4]	-IAS17의 입장은 수용하였음. -내용연수라는 용어만을 사용하되, 리스분류에서는 그대로 사용하고 -감가상각기간 목적으로는 '리스제공자의 내용연수' 또는 '리스이용자의 내용연수' 등의 표현을 사용하였음 -실무적으로 리스분류와 관련하여 논란이 있는 사항임.

(3) 미실현이자수익

(가) 기업회계기준서 제1017호는 리스총투자와 리스순투자의 차이를 미실현이자수익(Unearned finance income)으로 용어를 정의하고 있다.

(나) 현행의 기업회계기준서 제19호를 제정할 때, 이러한 용어의 정의는 너무 당연하며 3개의 용어가 서로 순환적으로 정의를 가질 수 있다는 점을 고려하여 'Unearned finance income'이라는 용어는 별도의 용어정의 대상으로 하지 않았다.

(4) 염가매수선택권, 염가갱신선택권 및 전대리스 용어의 정의

(가) 기업회계기준서 제1017호는 위의 3가지 용어에 대하여 용어정의 하지 않고 있으며, 그 중 전대리스(sublease)라는 용어는 본문에서 사용하고 있다. 염가매수선택권이나 염가갱신선택권에 대해서는 용어를 정의하지 않고 본문의 문단에서 그러한 의미를 문장의 형식으로 풀어서 규정하고 있다.

(나) 현행의 기업회계기준서 제19호를 제정할 때, 이러한 용어들은 과거 리스준칙에서 사용하던 용어이며, 기업회계기준서 제1017호의 문장표현을 보다 간결하게 할 수 있다는 점을 고려하여 용어를 정의 하였다.

3) 측정

(1) 기업회계기준서 제1017호는 리스이용자가 기간별 금융리스의 금융원가를 계산할 때, 계산의 단순화를 위하여, 일정한 형태의 개산방식(approxi mation)을 사용할 수 있도록 허용하고 있다.

(2) 현행의 기업회계기준서 제19호를 제정할 때, 국내의 리스거래에서는 일반적으로 리스제공자가 기간별 금융리스의 금융원가를 계산한 상각표를 제공하고 있음을 고려하여 상기한 계산 방식을 규정하지 않았다.

표 10-3 리스이용자의 금융리스 이자비용 산정방법

구분	K-IFRS 제1017호	현행 기업회계기준서 제19호
리스이용자의 금융리스 이자비용 산정방법	금융리스 이자비용의 기간 배분시 계산의 단순화를 위하여 일정형태의 개산방식을 사용할 수 있도록 함. [문단 26]	없음

4) 해석 [56-90]과의 차이

(1) 현행의 기업회계기준서 제19호 제정 당시에는 리스회계처리의 일반 원리에서 벗어나는 회계처리를 허용하고 있는 해석[56-90] '임대주택건설사업자의 임대후분양주택에 관한 회계처리'를 대체하려 하였다. 그러나 업계와 정부기관 등의 요청에 따라 추후에 폐지하기로 하였다.

(2) 기업회계기준서 제1017호가 적용되게 되면, 현행의 기업회계기준 체제하에서 적용되던 해석[56-90]은 더 이상 적용될 수 없게 된다.

11. 기업회계기준서 제1018호와 '현행의 기업회계기준' 과의 비교

이 비교는 기업회계기준서 제1018호의 일부를 구성하는 것은 아니다. 이 비교는 기업회계기준서 제1018호 '수익'과 '현행의 기업회계기준'과의 모든 차이점을 기술하고 있는 것은 아니다.

1) 적용배제 항목의 추가

(1) 현행의 기업회계기준서 제4호에서는 농산물, 임산물 및 가축의 '자연적 가치증가'에 대해서만 적용을 배제하고 있으나 기업회계기준서 제1018호에서는 생물자산과 수확물의 '최초인식'도 적용을 배제하고 있다.

(2) 기업회계기준서 제1041호의 적용범위에 해당하지 않는 어로어업이나 벌목업 등의 수익인식은 기업회계기준서 제1018호를 적용한다. 참고로 양식어업이나 영림업은 기업회계기준서 제1041호의 적용대상에 해당한다.

표 11-1 적용배제 항목

구분	K-IFRS 제1018호	현행 기업회계기준서 제4호
적용배제 항목	6. 다음 항목을 적용배제 •농림어업활동과 관련된 생물자산의 최초인식과 공정가치 변동 •수확물의 최초인식	3. 다음 항목을 적용배제 •농산물, 임산물, 가축의 자연적 가치 증가

2) 거래의 주목적 식별기준 - 재화와 용역을 함께 제공하는 경우

현행의 기업회계기준서 제4호에서는 거래의 식별에 대한 원칙과 함께 거래의 주목적을 식별하기 위한 기준을 세 가지 경우로 나누어 사례와 함께 제시하고 있지만 기업회계기준서 제1018호에서는 거래의 식별에 대한 원칙만을 규정하고 있다. 다만 기업회계기준서 제1018호의 부록 문단 10, 문단 11에 현행의 기업회계기준서 제4호의 사례와 유사한 내용이 있다.

3) 수익인식 조건인 '경제적효익의 유입가능성'에 대한 판단기준

현행의 기업회계기준서 제4호에서는 수익인식 조건의 하나인 '경제적효익의 유입가능성'에 대한 판단기준으로 '매우 높은 가능성'을 제시하고 있지만 기업회계기준서 제1018호에서는 '높은 가능성'을 제시하고 있다.

표 11-2 경제적효익의 유입가능성에 대한 판단기준

구분	K-IFRS 제1018호	현행 기업회계기준서 제4호
경제적효익의 유입가능성에 대한 판단기준	14. 거래와 관련된 경제적효익의 유입가능성이 '높은' 경우로 규정	12. 경제적효익의 유입가능성이 '매우 높은' 경우로 규정

4) 용역제공거래 전체에서 손실이 나는 경우

현행의 기업회계기준서 제4호에서는 총원가의 합계액이 총수익을 초과하는 경우에는 그 초과액과 이미 인식한 이익의 합계액을 전액 당기손실로 인식한다는 규정이 있지만 기업회계기준서 제1018호에는 이러한 명문 규정이 없다. 다만 기업회계기준서 제1011호 '건설계약'의 문단 36에 기업회계기준서 제4호와 동일한 규정이 있으며 기업회계기준서 제1018호의 문단 21에 따라 이 규정이 적용될 여지가 있다.

5) 주요 수익항목에 대한 공시

기업회계기준서 제1018호에서는 '주요 수익항목별 금액'과 '주요 수익항목별 금액 중 교환으로 발생한 수익금액'의 공시를 직접적으로 요구하고 있다. 그러나 현행의 기업회계기준서 제4호에서는 이러한 공시를 직접적으로 언급하고 있지는 않다.

6) 지분증권 취득 전 순이익에서 결의된 배당금의 처리

기업회계기준서 제1018호에서는 지분증권의 취득 전 순이익과 관련하여 결의된 배당금은 지분증권의 취득원가에서 차감하고, 임의적 기준을 적용하지 않고는 지분증권의 취득 전 순이익에서 결의된 배당금을 구분하기 어려운 경우에는 해당 배당금이 지분증권취득원가의 일부 회수라는 사실이 명백하지 않은 한 수익으로 인식한다고 규정하고 있다. 그러나 현행의 기업회계기준서 제4호에서는 이러한 내용을 직접 언급하고 있지는 않다.

표 11-3 지분증권 취득 전 순이익에서 결의된 배당금의 처리

구분	K-IFRS 제1018호	현행 기업회계기준서 제4호
지분증권 취득 전 순이익에서 결의된 배당금의 처리	32. 지분증권의 취득 전 순이익과 관련하여 결의된 배당금은 지분증권의 취득원가에서 차감한다. 임의적 기준이 아니고서는 지분증권의 취득전 순이익에서 결의된 배당금을 구분하기 어려운 경우에는, 해당 배당금이 지분증권취득원가의 일부 회수라는 사실이 명백하지 않은 한 수익으로 인식한다.	명문 규정 없음

12. 기업회계기준서 제1019호와 '현행의 기업회계기준'과의 비교

이 비교는 기업회계기준서 제1019호의 일부를 구성하는 것은 아니다. 이 비교는 기업회계기준서 제1019호 '종업원급여'와 '현행의 기업회계기준'의 모든 차이점을 기술하고 있는 것은 아니다.

1) 퇴직급여채무의 측정

기업회계기준서 제1019호에서는 예측급여채무의 개념을 채택하여 보험수리적 방법으로 측정하도록 하고 있다. 즉, 미래의 퇴직급여를 추정할 때 미래의 임금상승률 등을 고려하며, 시장수익률에 기초한 이자율을 적용하여 할인한다. 반면 현행의 기업회계기준 제27조에서는 청산가치 개념을 채택하고 있다. 즉, 회계연

도말 현재 전임직원이 일시에 퇴직할 경우 지급하여야 할 퇴직금에 상당하는 금액으로 측정한다.

표 12-1 퇴직급여 채무의 측정

구분	K-IFRS 제1019호	현행 기업회계기준 제27조
퇴직급여 채무의 측정	예측급여채무의 개념을 채택하여, 보험수리적 방법으로 측정함. 즉, 미래의 퇴직급여를 추정할 때 미래의 임금상승률 등을 고려하며, 시장수익률에 기초한 이자율을 적용하여 할인함(문단 63~91).	청산가치 개념을 채택함. 즉, 회계연도 말 현재 전임직원이 일시에 퇴직할 경우 지급하여야 할 퇴직금에 상당하는 금액으로 측정함.

2) 1년 미만 근속자에 대한 퇴직급여채무

기업회계기준서 제1019호에 따르면 1년 미만 근속자에 대해서도 퇴직급여채무를 인식한다. 반면 현행의 기업회계기준 제27조에 따르면, 기업의 퇴직금지급규정에서 별도로 정하지 않는 한, 1년 미만 근속자는 근로자퇴직급여보장법에 의해 퇴직급여 수급권이 없으므로 관련 채무를 인식하지 않는다.

3) 퇴직급여채무와 관련된 새로운 용어와 개념

기업회계기준서 제1019호에서는 퇴직급여제도 변경에 따른 퇴직급여채무의 변동액을 '과거근무원가'로, 보험수리적가정의 변경 및 실제치와의 차이로 인한 퇴직급여채무의 변동액을 '보험수리적손익'으로 정의하고 있다. 과거근무원가와 보험수리적손익은 일정한 기준에 따라 이연상각한다. 반면 현행의 기업회계기준(해석 13-27)에 따르면 과거근무원가와 같은 별도의 용어는 사용되지 않지만, 실질적으로는 과거근무원가가 당기에 일괄반영된다. 한편 청산가치로 측정하기 때문에 보험수리적손익과 같은 별도의 용어나 개념은 존재하지 않는다.

4) 사외적립자산의 측정기준

기업회계기준서 제1019호에 따르면 사외적립자산은 공정가치로 측정한다. 반면 현행의 기업회계기준에서는 퇴직보험예치금이나 단체퇴직보험예치금의 측정기준에 대해서 명문의 규정을 두고 있지 않다.

표 12-2 사외적립 자산의 측정기준

구분	K-IFRS 제1019호	현행 기업회계기준 제27조 해석 13-27
사외적립 자산의 측정기준	공정가치(문단 54, 56, 102)	퇴직보험예치금이나 단체퇴직보험예치금의 측정기준에 대해서는 명문의 구정을 두고 있지 않음.

5) 사외적립자산 수익의 회계처리

기업회계기준서 제1019호에 따르면 사외적립자산의 기대수익을 퇴직급여원가에서 차감한다. 반면 현행의 기업회계기준(해석 13-27)에 따르면 퇴직보험예치금이나 단체퇴직보험예치금에서 발생하는 이자수익과 특별배당금은 별도의 영업외수익으로 회계처리한다.

표 12-3 사외적립 자산 수익의 회계처리

구분	K-IFRS 제1019호	현행 기업회계기준 제27조 해석 13-27
사외적립 자산 수익의 회계처리	기대수익을 퇴직급여원가(비용)에서 차감함(문단 61, 105~107).	이자수익과 특별배당금은 별도의 영업외수익으로 회계처리함(해석 13-27의 2.다).

6) 해고급여의 회계처리

기업회계기준서 제1019호에서는 해고급여에 대해 명시적 용어정의를 두고 있으며, 인식과 측정기준을 별도로 규정하고 있다. 반면 현행의 기업회계기준에는 해고급여에 대해 명시적 용어정의나 인식과 측정기준이 없다. 다만, 현행의 기업회계기준서 제21호와 제24호의 실무지침에서 판매비와관리비에 포함되는 항목의 하나로만 제시하고 있다.

13. 기업회계기준서 제1020호와 '현행의 기업회계기준' 과의 비교

이 비교는 기업회계기준서 제1020호의 일부를 구성하는 것은 아니다. 이 비교는 기업회계기준서 제1020호 '정부보조금의 회계처리와 정부지원의 공시'와 '현행의 기업회계기준'의 모든 차이점을 기술하고 있는 것은 아니다.

1) 비화폐성 정부보조금의 측정

기업회계기준서 제1020호에서는 일반적으로 비화폐성자산의 공정가치를 평가하여 보조금과 자산을 '공정가치'로 회계처리하도록 하고, 경우에 따라서는 대체적인 방법으로 '명목금액'도 인정하고 있다(문단 23). 반면 현행의 기업회계기준에서는 공정가치만 인정하고 있다(현행의 기업회계기준서 제3호 문단 31, 제5호 문단 18).

표 13-1 비화폐성 정부보조금의 측정

구분	K-IFRS 제1020호	현행 기업회계기준
비화폐성 정부보조금의 측정	① 일반적으로, 비화폐성자산의 공정가치를 평가하여 보조금과 자산을 '공정가치'로 회계처리 ② 경우에 따라서는 대체적인 방법으로 '명목금액'도 가능(문단 23)	공정가치만 인정(기업회계기준서 제3호 문단 31, 제5호 문단 18)

2) 자산관련보조금의 표시

기업회계기준서 제1020호에서는 재무상태표에 이연수익(부채)으로 표시하거나, 해당 자산의 원가에서 차감하여 표시하도록 하고 있다(문단 24). 반면 현행의 기업회계기준에서는 관련 자산의 차감계정으로 표시하는 방법만 인정하고 있다(현행의 기업회계기준서 제3호 문단 31, 제5호 문단 18).

표 13-2 자산관련 보조금의 표시

구분	K-IFRS 제1020호	현행 기업회계기준
자산관련 보조금의 표시	① 일반적으로, 비화폐성자산의 공정가치를 평가하여 보조금과 자산을 '공정가치'로 회계처리 ② 경우에 따라서는 대체적인 방법으로 '명목금액'도 가능(문단 23)	공정가치만 인정(기업회계기준서 제3호 문단 31, 제5호 문단 18)

3) 수익관련보조금의 표시

기업회계기준서 제1020호에서는 별도의 계정으로 또는 '기타수익'과 같은 일반계정에 포함시켜 표시하거나, 관련비용에서 보조금을 차감하여 표시하도록 하고 있다(문단 29~31). 반면 현행의 기업회계기준에서는 대응되는 비용이 없는 경우에는 영업수익 또는 영업외수익으로 회계처리하고, 특정의 비용을 보전할 목적으로 받는 국고보조금은 특정의 비용과 상계 처리하도록 하고 있다(해석 61-71 문단 6).

표 13-3 수익관련 보조금의 표시

구분	K-IFRS 제1020호	현행 기업회계기준
수익관련 보조금의 표시	① 별도의 계정으로, 또는 '기타수익'과 같은 일반계정에 포함시켜 표시 ② 관련비용에서 보조금을 차감하여 표시하는 방법도 가능 (문단 29~31)	① 대응되는 비용이 없는 경우에는 영업수익 또는 영업외수익으로 회계처리 ② 특정의 비용을 보전할 목적으로 받는 국고보조금은 특정의 비용과 상계 처리(해석 61-71 문단 6)

4) 상환의무가 발생하게 된 국고보조금

기업회계기준서 제1020호에서는 회계추정의 변경으로 회계처리하도록 하고 있다(문단 32). 반면 현행의 기업회계기준에서는 명시적 규정을 두고 있지 않다.

5) 정부지원의 공시

기업회계기준서 제1020호에서는 인식된 정부지원에 부수되는 미이행 조건과 기타 우발상황을 주석으로 공시하도록 하고 있다(문단 39). 반면 현행의 기업회계기준에서는 명시적 규정을 두고 있지 않다.

14. 기업회계기준서 제1021호와 '현행의 기업회계기준'과의 비교

이 비교는 기업회계기준서 제1021호의 일부를 구성하는 것은 아니다. 이 비교는 기업회계기준서 제1021호 '환율변동효과'와 '현행의 기업회계기준'과의 모든 차이점을 기술하고 있는 것은 아니다.

1) 은행업에 대한 예외 인정여부

현행의 기업회계기준 제90조는 은행업의 경우 일반기업과 상이한 환산방법을 적용할 수 있도록 하였다. 또한 은행업회계처리준칙 30 가에 의하면 외화자산 및 외화부채는 보고기간말 현재의 적절한 환율로 환산한 가액을 재무상태표 가액으로 하고 해외지점 등의 외화표시 재무제표를 원화로 환산하는 경우는 보고기간말일 현재의 적절한 환율을 적용한다고 은행업회계처리준칙 31 가에서 규정한다. 반면 이 기준서는 모든 업종에 동일한 방법을 적용하고 화폐성항목은 마감환율로 환산하고, 역사적원가로 측정하는 비화폐성항목은 거래일의 환율, 공정가치로 측정하는 비화폐성항목은 공정가치가 결정된 날의 환율로 환산한다. 해외사업장 등의 재무제표를 표시통화로 환산하는 방법은 재무상태표의 자산과 부채는 해당 보고기간말의 마감환율로 환산하며 포괄손익계산서의 수익과 비용은 해당 거래일의 환율로 환산한다. 그리고 위와 같은 환산에서 생기는 외환차이는 기타포괄손익으로 인식하고 별도의 자본항목으로 누계하도록 규정하고 있다.

표 14-1 은행업에 대한 예외 인정여부

구분	K-IFRS 제1021호	현행 기업회계기준
은행업에 대한 예외 인정여부	모든 업종에 동일한 방법을 적용함. 화폐성항목은 결산환율로 환산하고, 역사적원가로 측정하는 비화폐성항목은 거래일의 환율, 공정가치로 측정하는 비화폐성항목은 공정가치가 결정된 날의 환율로 환산(문단 23) 해외사업장 등의 재무제표를 보고통화로 환산하는 방법은 대차대조표의 자산과 부채는 해당 대차대조표일의 결산환율로 환산하며 손익계산서의 수익과 비용은 해당 거래일의 환율로 환산. 그리고 위와 같은 환산에서 생기는 외환차이는 별도의 자본항목으로 인식(문단 39)	은행업의 경우 일반기업과 상이한 환산방법을 적용(기업회계기준 제90조) 외화자산 및 외화부채는 대차대조표일 현재의 적절한 환율로 환산한 가액을 대차대조표 가액으로 함(은행업회계처리준칙 30가). 해외지점 등의 외화표시 재무제표를 원화로 환산하는 경우는 대차대조표일 현재의 적절한 환율을 적용함(은행업회계처리준칙 31가).

2) 기능통화 개념의 도입

이 기준서는 기능통화와 표시통화 개념을 구분하여 사용하고 있으며 기능통화의 결정과 관련된 구체적인 지침을 제시하고 있으나 현행의 기업회계기준은 기능통화의 개념이 존재하지 않는다.

3) 해외사업장에 대한 순투자의 일부인 화폐성항목의 회계처리

이 기준서는 해외사업장에 대한 순투자의 일부인 화폐성항목을 기타포괄손익으로 인식하도록 하고 있으나 현행의 기업회계기준은 당기손익으로 인식하도록 한다.

4) 해외사업장의 일부 처분시 외환차이 누계액의 처리

이 기준서의 경우 해외사업장의 일부를 처분한 경우에는 관련 외환차이의 누계액 중 처분한 부분에 비례하는 금액을 당기손익으로 인식하도록 하고 있으나 현행의 기업회계기준은 해외사업장의 전부 처분의 경우에는 관련 외환차이를 당기손익으로 처리하도록 하고 있으나 일부 처분에 대해서는 규정하고 있지 않다.

표 14-2 해외사업장의 일부 처분시 외환차이 누계액의 처리

구분	K-IFRS 제1021호	현행 기업회계기준
해외사업장의 일부 처분시 외환차이 누계액의 처리	해외사업장의 일부를 처분한 경우에는 관련 외환차이의 누계액 중 처분한 부분에 비례하는 금액을 당기손익으로 인식(문단 49)	해외사업장의 전부 처분의 경우에는 관련 외환차이를 당기손익으로 처리하도록 하고 있으나(기업회계기준 제69조 제3항) 일부 처분에 대해서는 규정하고 있지 않음.

5) 해외사업장의 취득으로 발생하는 영업권과 자산·부채의 공정가치 조정액

이 기준서는 해외사업장의 취득으로 발생하는 영업권과 자산 · 부채의 장부금액에 대한 공정가치 조정액은 해외사업장의 자산 · 부채로 보고 해외사업장의 기능통화로 표시하여 마감환율로 환산하도록 규정하고 있으나 현행의 기업회계기준은 명시된 규정이 없다.

6) 기능통화의 변경효과 및 표시

이 기준서는 기능통화의 변경한 경우 전진적용하여 회계처리한다. 즉 기능통화를 변경한 날의 환율을 사용하여 모든 항목을 새로운 기능통화로 환산한다. 현행의 기업회계기준은 명시된 규정이 없다.

7) 초인플레이션 경제의 통화일 경우 재무제표의 작성방법

현행의 기업회계기준에는 초인플레이션에 대한 규정이 없으나 이 기준서는 초인플레이션에 대한 규정을 가지고 있다.

8) 보고기업과 해외사업장의 보고기간말이 다른 경우의 환율적용

이 기준서는 해외사업장의 자산과 부채는 해외사업장의 보고기간말 현재의 환율로 환산하나 보고기업의 보고기간말까지 환율이 중요하게 변동된 경우에는 그 영향을 반영하도록 규정하고 있으나, 현행의 기업회계기준은 원칙적으로 투자회사의 보고기간말 현재의 환율을 사용하고 환율의 차이가 중요하지 않은 경우에 지분법피투자회사의 보고기간말 현재의 환율을 사용할 수 있도록 규정하고 있다.

표 14-3 보고기업과 해외사업장의 보고기간말이 다른 경우의 환율적용

구분	K-IFRS 제1021호	현행 기업회계기준
보고기업과 해외사업장의 보고기간말이 다른 경우의 환율적용	해외사업장의 자산과 부채는 해외사업장의 대차대조표일 현재의 환율로 환산하나 보고기업의 대차대조표일까지 환율이 중요하게 변동된 경우에는 그 영향을 반영하도록 규정(문단 46)	원칙적으로 투자회사의 대차대조표일 현재의 환율을 사용하고, 환율의 차이가 중요하지 않은 경우에 지분법피투자회사의 대차대조표일 현재의 환율을 사용할 수 있도록 규정(기업회계기준서 제25호 '연결재무제표' 문단34)

9) 환율이 일시적으로 발표되지 않을 경우 적용하는 환율

이 기준서는 일시적으로 두 통화의 교환이 불가능한 경우에는 그 이후에 처음으로 교환이 이루어지는 때의 환율을 사용한다. 현행의 기업회계기준서에는 명시된 규정은 없으나 재무보고에 관한 실무의견서에는 계속성원칙을 준수하여 이전 회계연도에 적용한 환율을 계속하여 적용하도록 하고 있다.

표 14-4 환율이 일시적으로 발표되지 않을 경우 적용하는 환율

구분	K-IFRS 제1021호	현행 기업회계기준
환율이 일시적으로 발표되지 않을 경우 적용하는 환율	일시적으로 두 통화의 교환이 불가능한 경우에는 그 이후에 처음으로 교환이 이루어지는 때의 환율을 사용(문단 26)	현행 기업회계기준서에는 명시된 규정은 없음. 그러나 재무보고에 관한 실무의견서에는 계속성원칙을 준수하여 이전 회계연도에 적용한 환율을 계속하여 적용하도록 하고 있음(재무보고에 관한 실무의견서 [2003-2] 금융기관이 휴무하는 경우의 결산환율 적용).

10) 외화환산손익과 외환차손익의 계정과목 구분

이 기준서는 구분하고 있지 않으나 현행의 기업회계기준은 외화자산의 회수나 외화부채의 상환시에 발생하는 손익은 외환차손익의 계정과목으로 표시하며 화폐성외화자산(또는 화폐성외화부채)의 보고기간말 현재의 적절한 환율로 환산하는 경우에 발생하는 손익은 외화환산손익의 과목으로 하여 표시한다.

15, 기업회계기준서 제1023호와 '현행의 기업회계기준' 과의 비교

이 비교는 기업회계기준서 제1023호의 일부를 구성하는 것은 아니다. 이 비교는 기업회계기준서 제1023호 '차입원가'와 '현행의 기업회계기준'의 모든 차이점을 기술하고 있는 것은 아니다.

1) 차입원가의 즉시비용화 삭제

이 기준서에서는 현행의 기업회계기준에서 원칙적 회계처리방법으로 인정하고 있는 차입원가의 즉시비용화를 더 이상 인정하지 않고 대체적인 회계처리방법으로 허용해오던 자본화(capitalization)만을 인정하고 있다.

표 15-1 차입원가의 즉시 비용화 삭제

구분	K-IFRS 제1023호	현행 기업회계기준 제7호
차입원가의 즉시 비용화 삭제	8. 적격자산의 취득, 건설 또는 제조와 직접 관련된 차입원가는 당해 자산 원가의 일부로 자본화하여야 한다. 기타 차입원가는 발생기간에 비용으로 인식하여야 한다.	6. 금융비용은 기간비용으로 처리함을 원칙으로 한다. 다만, 자본화대상자산의 취득을 위한 자금에 차입금이 포함된다면 이러한 차입금에 대한 금융비용은 자본화대상자산의 취득에 소요되는 비용으로 볼 수 있다. [후략]

2) 적용범위

이 기준서에서는 자본의 실제원가 또는 내재원가(actual or imputed cost of equity)는 적용범위에 해당되지 않는다는 사실을 명문화하고 있으나, 현행의 기업회계기준에서는 그러한 규정을 두고 있지 않다.

3) 적격자산(자본화대상자산)

이 기준서에서는 적격자산을 의도된 용도로 사용할 수 있거나 판매가능한 상태에 이르게 하는 데 상당한 기간을 필요로 하는 자산으로 정의하고 있는 반면, 현행의 기업회계기준에서는 제조, 매입, 건설, 또는 개발이 개시된 날로부터 의도된 용도로 사용하거나 판매할 수 있는 상태가 될 때까지 1년 이상의 기간이 소요되는 재고자산과 유형자산, 무형자산 및 투자자산으로 정의하고 있다.

표 15-2 적격자산(자본화대상자산)

구분	K-IFRS 제1023호	현행 기업회계기준 제7호
적격자산 (자본화대상자산)	의도된 용도로 사용할 수 있거나 판매할 수 있을 때까지 상당한 기간을 필요로 하는 자산으로 정의됨. [문단 5]	제조, 매입, 건설, 또는 개발이 개시된 날로부터 의도된 용도로 사용하거나 판매할 수 있는 상태가 될 때까지 1년 이상의 기간이 소요되는 재고자산과 유형자산, 무형자산 및 투자자산으로 정의되어 있음. [문단 3(나)]

4) 외환차이(환율변동손익)

이 기준서에서는 외화차입금과 관련되는 외환차이(환율변동손익) 중 이자원가의 조정으로 볼 수 있는 부분이 차입원가에 해당할 수 있다는 내용만 규정하고 있으나, 현행의 기업회계기준에서는 외환차이(환율변동손익)에 대한 용어정의 및 외화차입금과 관련된 외환차이(환율변동손익) 중 이자비용의 조정으로 볼 수 있는 부분에 대한 산정기준을 규정하고 있다.

표 15-3 외환차이(환율변동손익)

구분	K-IFRS 제1023호	현행 기업회계기준 제7호
외환차이(환율변동손익)	외화차입금과 관련되는 외환차이(환율변동손익) 중 이자원가의 조정으로 볼 수 있는 부분이 차입원가에 해당할 수 있다는 내용만 규정됨. [문단 6⑸]	외환차이(환율변동손익)에 대한 용어정의 및 외화차입금과 관련된 외환차이(환율변동손익) 중 이자비용의 조정으로 볼 수 있는 부분에 대한 산정기준이 규정되어 있음. [문단 3㈐, 5]

5) 차입원가 해당 항목

현행의 기업회계기준에서는 채권 · 채무의 현재가치평가 및 채권 · 채무조정에 따른 현재가치할인차금상각액과 차입금 등에 이자율위험회피회계가 적용되는 경우 위험회피수단의 평가손익과 거래손익을 차입원가에 해당하는 예시에 포함하고 있으나, 이 기준서에서는 그러한 예시를 제시하고 있지 않다.

6) 공시사항

현행의 기업회계기준에서는 금융비용을 자본화한 경우 기간비용으로 회계처리했을 때와 비교하여 포괄손익계산서와 재무상태표의 주요 항목에 미치게 될 영향에 대한 주석공시를 요구하고 있으나, 이 기준서에서는 자본화만을 허용하고 있으므로 그러한 비교내용의 주석공시를 요구하지 않는다.

16. 기업회계기준서 제1024호와 '현행의 기업회계기준' 과의 비교

이 비교는 기업회계기준서 제1024호의 일부를 구성하는 것은 아니다. 이 비교는 기업회계기준서 제1024호 '특수관계자 공시'와 '현행의 기업회계기준'의 모든 차이점을 기술하고 있는 것은 아니다.

1) 중대한 영향력과 관련된 특수관계자의 범위

기업회계기준서 제1028호 '관계기업 투자'와 지분법에 관한 현행의 기업회계기준은 중대한 영향력의 판단 기준에 차이가 있다. 따라서 관련 기준서의 규정에 따라 결정되는 관계기업과 직·간접으로 중대한 영향력을 행사할 수 있는 지분 소유자로 분류하는 특수관계자의 범위가 달라질 수 있다.

표 16-1 중대한 영향력과 관련된 특수관계자의 범위

구분	K-IFRS 제1024호	현행 기업회계기준 제20호
중대한 영향력과 관련된 특수관계자의 범위	관계기업의 범위(기업회계기준서 제1028호에서 정의하고 있는 관계기업)(문단 9(2))	지분법피투자회사의 범위(기업회계기준서 제15호에서 정의하고 있는 지분법피투자회사)(문단 9(2))

2) 종속기업으로 분류하는 특수관계자의 범위

기업회계기준서 제1027호 '연결재무제표와 별도재무제표'와 연결재무제표 작성에 관한 현행의 기업회계기준(주식회사의 외부감사에 관한 법률 시행령에 따름)에서 규정하는 종속기업의 범위가 일치하지 않으므로 종속기업으로 분류하는 특수관계자의 범위가 달라질 수 있다.

표 16-2 종속기업으로 분류하는 특수관계자의 범위

구분	K-IFRS 제1024호	현행 기업회계기준 제20호
종속기업으로 분류하는 특수관계자의 범위	지배의 정의만 제시(문단 9)	지배여부는 연결재무제표 작성에 관한 기업회계기준에 따라 결정(문단 9(마))

3) 지배·종속관계의 공시

(1) 현행의 기업회계기준에서는 최상위지배기업의 명칭을 공시하도록 하고 있으나 이 기준서에서는 최상위 지배자가 개인인 경우 그 개인의 명칭을 공시하도록 하고 있다.

(2) 현행의 기업회계기준에서는 지배기업과 최상위지배기업이 일반 목적의 연결재무제표를 작성하지 않는 경우 이를 작성하는 차상위지배기업의 명칭을 공시하도록 하고 있으나 이 기준서에서는 지배기업과 최상위 지배자가 일반 목적의 연결재무제표를 작성하지 않는 경우 일반 목적의 연결재무제표를 작성하는 가장 가까운 상위의 지배기업의 명칭을 공시하도록 하고 있다.

표 16-3 지배·종속관계의 공시

구분	K-IFRS 제1024호	현행 기업회계기준 제20호
지배·종속관계의 공시	최상위 지배자와 지배기업이 다른 경우에는 최상위 지배자의 명칭 공시, 지배기업과 최상위 지배자가 일반이용자가 이용할 수 있는 연결재무제표를 작성하지 않는 경우에는 일반이용자가 이용할 수 있는 연결재무제표를 작성하는 가장 가까운 상위에 있는 지배기업의 명칭 공시(문단 12, 15)	최상위지배회사가 지배회사와 다른 경우에는 최상위지배회사의 명칭 공시, 지배회사와 최상위지배회사가 외부공표용 연결재무제표를 작성하지 않는 경우에는 이를 작성하는 차상위지배회사의 명칭 공시(문단 12)

4) 주요 경영진 보상에 대한 주석공시 의무 면제 여부

현행의 기업회계기준에 따르면 주권을 상장하고 있는 기업이 아닌 경우에는 주요 경영진 보상에 대한 공시를 생략할 수 있으나 이 기준서에서는 주요 경영진 보상에 대한 공시 의무에 예외사항을 두지 아니한다.

5) 특수관계자에 투자한 주식, 채권에 관한 공시

(1) 현행의 기업회계기준에 따르면 기업은 특수관계자에 투자한 주식 및 채권에 대하여 금액, 소유비율 등을 공시해야 하나 이 기준서에서는 특수관계자거래에 대한 공시 사항의 예시에서 자세한 내역을 포함하고 있지 아니하다.

(2) 종속기업이나 관계기업, 공동지배기업에 투자한 경우 관련 기준서(기업회계기준서 제1027호 '연결재무제표와 별도재무제표', 기업회계기준서 제1028호 '관계기업 투자', 기업회계기준서 제1031호 '조인트벤처 투자지분')에 따라 현행의 기업회계기준에서 요구하는 공시사항 중 일부를 공시해야 하지만 종속기업, 관계기업, 공동지배기업 이외의 특수관계자가 발행한 주식이나 채권에 투자한 경우에는 명시적인 공시 요구가 없으므로 공시부담이 일부 감소될 수 있다.

표 16-4 특수관계자에 투자한 주식, 채권에 관한 공시

구분	K-IFRS 제1024호	현행 기업회계기준서 제20호
특수관계자에 투자한 주식, 채권에 관한 공시	공시 대상인 특수관계자 거래의 예시(문단 20)	기업이 특수관계자에 투자한 주식(출자금 포함)의 수, 주식소유비율, 취득원가, 시가 또는 순자산가액 및 장부금액과 특수관계자에 투자한 채권의 장부금액 공시 추가(문단 19)

6) 연결실체에 속하는 복수의 기업이 위험을 공유하는 확정급여제도에의 참여

이 기준서에서는 연결실체에 속하는 복수의 기업이 위험을 공유하는 확정급여제도에 지배기업이나 종속기업이 참여하는 것은 특수관계자거래에 해당한다는 점을 명시하고 있다.

17. 기업회계기준서 제1027호와 '현행의 기업회계기준'과의 비교

이 비교는 기업회계기준서 제1027호의 일부를 구성하는 것은 아니다. 이 비교는 기업회계기준서 제1027호 '연결재무제표와 별도재무제표'와 '현행의 기업회계기준'의 모든 차이점을 기술하고 있는 것은 아니다.

1) 연결재무제표 작성자

기업회계기준서 제25호는 연결재무제표 작성자를 외감법 시행령에서 정하는 바에 따른다. 외감법 시행령에서는 연결재무제표 작성자를 최상위지배회사로 규정하고 있으며 중간지배회사가 상장 또는 금융기관일 경우 중간지배회사도 연결재무제표 작성자로 규정하고 있다. 이 기준서는 모든 지배기업(최상위 지배기업, 중간지배기업)은 원칙적으로 연결재무제표 표시 의무가 있으며, 별도 조건을 충족하는 경우에만 예외적으로 면제규정을 두고 있다. 외감법 시행령에서는 의결권 있는 주식 등의 30% 초과소유 최다출자자를 지배기업으로 하며 이 경우 지배기업이 2 이상이 발생할 수 있어 연결재무제표 작성자에 관한 규정을 별도로 두어야 하였으나, 이 기준서는 의결권의 50% 초과 소유 규정이므로 지배회사가 2 이상이 있는 경우가 발생하지 않는다. 또한 외감법 시행령에서는 지배·종속관계가 순환적으로 발생하는 경우 연결재무제표 작성자에 관한 규정을 별도로 두고 있으나, 지배·종속관계는 사업결합 시점에 결정되므로 이 기준서는 이에 대한 규정이 없다.

표 17-1 연결재무제표 작성자

구분	K-IFRS 제1027호	현행 기업회계기준서 제25호
연결재무제표 작성자	지배기업. 단, 문단 10에서 정한 조건을 모두 충족하는 지배기업은 연결재무제표를 작성하지 아니할 수 있음(문단 9, 10).	최상위지배회사(문단 5(1), 7). 단, 지배·종속관계가 연속적으로 발생하는 경우에는 외감규정 제6조에서 정하는 중간 지배회사(주권상장법인, 금융회사 등)도 연결재무제표 작성(외감법 시행령 제1조의 3 제3항)

2) 연결대상 종속기업의 범위

기업회계기준서 제25호는 연결대상 종속회사의 범위를 외감법 시행령에서 정하는 바에 따른다. 외감법 시행령에 따르면 외부감사대상 해당여부에 따라 연결대상 종속회사의 포함여부를 결정하고 있으나, 이 기준서는 자산규모 등을 고려하지 않으며 지배기업이 피투자기업에 지배력이 있으면 해당 피투자기업은 연결대상 종속기업이 된다.

표 17-2 연결대상 종속기업의 범위

구분	K-IFRS 제1027호	현행 기업회계기준서 제25호
연결대상 종속기업의 범위	모든 종속기업. 단, 기업회계기준서 제1105호에 따라 매각예정으로 분류되는 종속기업은 당해 기준서에 따라 회계처리(문단 12)	외감법 시행령 제1조의 3 제1항과 제2항에 따라 결정

3) 별도재무제표(Separate Financial Statements)

기업회계기준서 제25호는 별도재무제표의 작성에 대한 규정이 없다. 이 기준서는 법규 등에서 별도재무제표를 작성하도록 규정하고 있거나, 연결재무제표 표시기업 또는 면제기업이 별도재무제표를 작성하기로 선택한 경우에 작성할 수 있도록 하였다.

4) 소수주주지분이 '영(0)' 이하가 될 경우

기업회계기준서 제25호는 소수주주지분에 해당하는 손실은 (-)소수주주지분으로 표시하도록 하였으나, 이 기준서는 이러한 손실을 지배기업지분에서 차감하여 표시하도록 하였다.

표 17-3 소수주주지분이 '영(0)' 이하가 될 경우

구분	K-IFRS 제1027호	현행 기업회계기준서 제25호
소수주주지분이 '영(0)' 이하가 될 경우	소수주주에게 구속력 있는 의무가 있고 손실을 부담하기 위하여 소수주주가 추가로 출자를 할 수 있는 경우가 아니라면, 지배기업지분에 배분(문단 35)	'영(0)' 이하의 부분을 부(-)의 소수주주지분으로 하여 자본에서 차감하는 형식으로 표시(문단 25)

5) 공시

기업회계기준서 제25호는 연결실체를 구성하는 별도의 법적실체에 대한 정보도 연결재무제표에 공시하도록 요구하고 있으나, 이 기준서는 연결실체를 구성하는 별도의 법적실체에 대한 정보를 연결재무제표에서 공시하도록 요구하지 않는다.

18. 기업회계기준서 제1028호와 '현행의 기업회계기준'과의 비교

이 비교는 기업회계기준서 제1028호의 일부를 구성하는 것은 아니다. 이 비교는 기업회계기준서 제1028호 '관계기업 투자'와 '현행의 기업회계기준'의 모든 차이점을 기술하고 있는 것은 아니다.

1) 종속기업에 대한 지분법 적용 여부

현행 기준에서는 개별재무제표가 주 재무제표이므로 지배기업 개별재무제표에 종속기업 투자를 지분법으로 평가하기 위한 별도의 규정이 존재하였다. 그러나 한국채택국제회계기준 하에서는 종속기업이 있을 경우, 지배기업은 연결재무제표를 작성하며 별도재무제표 작성시에도 기업회계기준서 제1039호에 따라 평가하므로, 지배기업이 종속기업에 대하여 지분법을 적용하는 경우가 발생하지 않는다. 따라서 기업회계기준서 제1028호에서는 종속기업에 대한 지분법 적용규정이 없다.

2) 의결권 있는 주식의 20% 산정시 합산 대상 (간접보유 범위)

현행 기준에서는 투자기업이 직접으로 또는 자신의 지배기업과 종속기업을 통하여 간접으로 투자한 경우 모두 합산하도록 하고 있으나, 기업회계기준서 제1028호에서는 투자기업이 직접으로 또는 자신의 종속기업을 통하여 간접으로 투자한 경우만 합산하도록 하고 있다.

표 18-1 의결권 있는 주식의 20% 산정시 합산 대상

구분	K-IFRS 제1028호	현행 기업회계기준서 제15호
의결권 있는 주식의 20% 산정시 합산 대상	투자자가 직접 또는 간접(예: 종속기업을 통하여)으로 피투자자의 의결권 있는 주식의 20% 이상을 소유	투자회사가 직접 또는 지배·종속회사를 통하여 간접으로 피투자회사의 의결권 있는 주식의 20% 이상을 보유

3) 단계적 취득으로 중대한 영향력 획득시 투자차액(영업권) 산정

현행 기준에서는 일괄법을 사용하여 투자차액(영업권)을 산정하나, 기업회계기준서 제1028호에서는 종속기업을 단계적으로 취득할 때 사용한 회계처리 절차의 기본 개념을 적용하도록 하고 있어 단계법을 사용하여야 한다.

19. 기업회계기준서 제1031호과 '현행의 기업회계기준' 과의 비교

이 비교는 기업회계기준서 제1031호의 일부를 구성하는 것은 아니다. 이 비교는 기업회계기준서 제1031호 '조인트벤처 투자지분'과 현행의 기업회계기준의 모든 차이점을 기술하고 있는 것은 아니다.

1) 공동지배기업에 대한 참여자의 회계처리

공동지배기업 투자지분에 대하여 기업회계기준서 제18호는 지분법만 허용하고 있으나, 기업회계기준서 제1031호는 원칙적으로 비례연결(propor tionate consolidation)을 채택하였으며 선택적으로 지분법의 사용도 허용하였다.

2) 공동지배기업에 대한 비화폐성자산의 출자 관련 손익인식

기업회계기준서 제18호 문단 29에 의하면, 공동지배대상기업에 비화폐성자산을 출자한 경우에 발생하는 손익 중 당해 참여자의 지분을 제외한 부분은 당기손익으로 인식하도록 하고 있다. 결론도출근거의 관련 문단 A10에 의하면 참여자가 출자 후에도 이전된 자산에 대하여 계속하여 관리적 참여를 하고 있다는 사실에 근거하여 회계처리하도록 하고 있다. 그리고 문단 A21에 의하면 비화폐성자산을 출자한 대가로 투자지분 외에 추가적으로 화폐성자산 또는 다른 비화폐성자산을 받았는지 여부에 관계없이 비화폐성자산의 출자로 발생한 손익 중 당해 참여자의 지분을 제외한 부분만을 실현된 것으로 보아 당기손익에 반영한다. 그러나 기업회계기준서 제1031호와 기업회계기준해석서 제2013호에 의하면 투자지분 외에 현금 또는 출자된 자산과 다른 비화폐성자산을 추가로 받는 경우, 추가로 받은 자산은 조인트벤처의 미래 현금흐름과 관계없으므로 실현된 것으로 보고 있다. 따라서 추가로 받은 자산에 해당되는 이익은 전액을 인식하고 투자지분에 해당되는 이익은 당해 참여자의 지분을 제외한 부분만을 인식하게 된다.

표 19-1 공동지배기업에 대한 비화폐성 자산의 출자 관련 손익인식

구분	K-IFRS 제1031호	현행 기업회계기준서 제18호
공동지배 기업에 대한 비화폐성 자산의 출자 관련 손익인식	48. 참여자가 조인트벤처에 자산을 출자하거나 매각하는 경우에, 거래에서 발생하는 손익은 거래의 실질을 반영하여 인식한다. 조인트벤처가 자산을 보유하고 참여자가 소유에 따르는 중요한 위험과 보상을 이전하였다면, 참여자는 손익 중 다른 참여자의 지분에 해당되는 금액만큼만 인식한다. 출자나 매각거래가 자산의 순실현가능가치 감소나 자산손상의 증거를 제공하는 경우에는 참여자는 손실을 전액 인식한다.	29. 참여자가 공동지배대상기업에 비화폐성자산을 출자한 경우, 이로부터 발생하는 손익 중 당해 참여자의 지분을 제외한 부분은 당기손익으로 인식한다. 다만, 참여자의 비화폐성자산의 출자가 다음 중 하나에 해당하는 경우 손익은 발생되지 않은 것으로 보아 인식하지 아니한다. (A9, 10, 11, 20, 21) ㈎ 출자된 비화폐성자산의 소유에 따른 중대한 위험과 효익이 공동지배대상기업에 이전되지 않은 경우 ㈏ 비화폐성자산의 출자와 관련된 손익을 신뢰성 있게 측정할 수 없는 경우 ㈐ 비화폐성자산의 출자거래에 상업적 실질이 결여되어 있는 경우

20. 기업회계기준서 제1032호와 '현행의 기업회계기준'과의 비교

이 비교는 기업회계기준서 제1032호의 일부를 구성하는 것은 아니다. 이 비교는 기업회계기준서 제1032호 '금융상품: 표시'와 '현행의 기업회계기준'과의 모든 차이점을 기술하고 있는 것은 아니다.

1) 상환우선주의 회계처리

(1) 이 기준서에서는 계약의 법적 형식보다는 계약 내용의 실질에 따라 분류한다.

(2) 상환우선주의 경우 발행자가 의무적으로 상환하여야 하는 계약상 의무를 부담하거나 보유자가 상환을 청구할 수 있는 권리를 보유한다면, 이 기준서에 따라 발행자의 지분상품으로 분류할 수 없으며, 금융부채로 분류하여야 하며, 금융부채로 분류되는 상환우선주의 배당은 포괄손익계산서상 손익항목으로 표시하여야 한다.

표 20-1 상환우선주의 회계처리

구분	K-IFRS 제1032호	현행 기업회계기준
상환우선주의 회계처리	·자본항목(발행자의 지분상품)으로 분류하려면 발행자가 계약상의 의무를 부담하지 않아야 함(문단 16). ·의무적으로 상환하여야 하거나 보유자가 상환을 청구할 수 있는 권리를 보유하는 우선주는 금융부채로 분류함(문단 18(1)). ·비용으로 분류하는 배당은 손익계산서의 손익항목으로 표시(문단 40)	·이익소각의 경우 자본금이 발행주식의 액면총액과 일치하지 아니하는 사유를 주석으로 공시함(해석 32-77). ·현행 상법 제451조는 발행주식의 액면총액을 자본금으로 보고 있으며, 자본감소의 절차가 아닌 이익으로 상환이 이루어지는 경우에만 예외적으로 액면총액과 자본금의 금액이 달라진다는 것이 상법상의 해석임.

2) 풋가능 금융상품(puttable instrument)의 분류

개방형 뮤추얼펀드, 단위형 투자신탁 등 금융상품의 보유자가 발행자에게 당해 금융상품의 환매를 요구하여 현금 등 금융상품을 수취할 권리가 부여된 금융상품('풋가능 금융상품')은 금융부채이다.

3) 기업 자신의 지분상품을 통한 결제가 요구되는 금융상품

기업 자신의 주식 등의 수량과 교환되는 대가의 금액이 모두 확정되는 경우에만 지분상품으로 분류하고, 그 밖의 경우에는 기업 자신의 주식 등을 결제수단으로 사용하는 것이므로 금융부채로 분류한다.

4) 결제방법이 미래의 상황 등에 따라 결정되는 금융상품의 회계처리

현행의 기업회계기준서 제9호 '전환증권'에 따라 외화표시 전환사채는 원칙적으로 전환청구기간 만료시까지 비화폐성 외화부채로 간주하되, 전환권의 행사가 이루어지지 않을 것이 거의 확실한 외화표시 전환사채는 화폐성 외화부채로 간주하였으나, 이 기준서에 따라 지분상품으로 전환되기 전의 전환사채는 전환가능성의 정도에 관계없이 외화환산 대상이다.

표 20-2 결제방법이 미래의 상황 등에 따라 결정되는 금융상품의 회계처리

구분	K-IFRS 제1032호	현행 기업회계기준
결제방법이 미래의 상황 등에 따라 결정되는 금융상품의 회계처리	·불확실한 미래의 사건의 발생여부나 불확실한 상황의 결과에 따라 결제방법이 결정되는 경우에도 현금 등의 금융자산의 인도를 회피할 수 있는 무조건적 권리를 보유하지 않는다면 금융부채라는 성격이 변동하지 않음(문단 31).	·외화표시 전환사채는 원칙적으로 전환청구기간 만료시까지 비화폐성 외화부채로 간주 ·다만, 전환권의 행사가 이루어지지 않을 것이 거의 확실한 외화표시 전환사채는 화폐성 외화부채로 간주 ·기업회계기준서 제9호 '전환증권' 문단 15가 관련 규정임.

5) 상계

인식한 자산과 부채에 대해 법적으로 집행가능한 상계권리를 보유하고 있으며, 순액으로 결제하거나 자산을 실현하는 동시에 부채를 결제할 의도가 있는 경우, 단일의 현금흐름을 창출하는 하나의 금융상품으로 간주하여 금융자산과 금융부채를 상계하고 재무상태표에 순액으로 표시한다.

21. 기업회계기준서 제1033호와 '현행의 기업회계기준'과의 비교

이 비교는 기업회계기준서 제1033호의 일부를 구성하는 것은 아니다. 이 비교는 기업회계기준서 제1033호 '주당이익'과 '현행의 기업회계기준'의 모든 차이점을 기술하고 있는 것은 아니다.

※ 현행의 기업회계기준서 제23호 '주당이익'이 IAS 33의 내용을 거의 대부분 반영하고 있기 때문에 기본적으로 기업회계기준서 제1033호와 내용의 큰 차이는 없다.

1) 우선주에 대한 주식할인발행차금 상각의 처리방법

현행의 기업회계기준서 제23호의 문단 9에서는 우선주에 대한 주식할인발행차금을 이익잉여금의 처분에 의하여 상각하는 경우 상각금액을 당기순이익에서 차감할 우선주배당금 항목의 하나로 규정하고 있다. 그러나 이 기준서에는 이러한 내용을 반영하고 있지 않다.

2) 할증배당우선주의 처리방법

이 기준서의 문단 15에서는 할증배당우선주(increasing rate preference shares)의 당초 할인발행차금이나 할증발행차금은 유효이자율법을 사용하여 상각하여 이익잉여금에 가감하고 주당이익을 계산할 때 우선주 배당금으로 처리한다고 규정하고 있다. 그러나 현행의 기업회계기준서 제23호 '주당이익'에는 할증배당우선주에 대한 내용이 없다.

3) 현금납입의 경우 유통주식수 기산일

이 기준서의 문단 21에서는 현금납입의 경우 유통주식수 기산일을 현금을 받을 권리가 발생하는 시점으로 규정하고 있다. 그러나 현행의 기업회계기준서 제23호 '주당이익'의 문단 15에서는 현금납입의 경우 유통주식수 기산일을 납입기일로 규정하고 있다. 다만, '현금을 받을 권리가 발생하는 시점'(when cash is receivable)과 '납입기일'은 실질적으로 동일한 개념으로 볼 수 있다.

표 21-1 현금납입의 경우 유통주식수 기산일

구분	K-IFRS 제1033호	현행 기업회계기준서 제23호
현금납입의 경우 유통주식수 기산일	현금을 받을 권리가 발생하는 시점으로 규정하고 있음. 관련문단: 문단21	현금납입의 경우에는 납입기일로 규정(문단15)

4) 발행조건상 전환간주일이 있는 경우의 유통주식수 기산일

현행의 기업회계기준서 제23호 '주당이익'의 문단 29에서는 전환사채, 전환우선주의 발행조건상 전환간주일이 있는 경우의 유통주식수 기산일에 대한 처리방법을 규정하고 있다. 그러나 이 기준서에는 이러한 내용을 반영하고 있지 않다.

표 21-2 발행조건상 전환간주일이 있는 경우의 유통주식수 기산일

구분	K-IFRS 제1033호	현행 기업회계기준서 제23호
발행조건상 전환간주일이 있는 경우의 유통주식수 기산일	IAS 33에는 규정이 없으므로 반영하지 않음. 관련문단: 문단38	전환사채, 전환우선주의 발행조건상 전환간주일이 있는 경우의 유통주식수 기산일에 대한 처리방법을 규정함(문단29, B1-B4).

5) 주권을 상장하고 있지 않은 종속기업 등이 자기 회사의 보통주로 전환할 수 있는 잠재적보통주를 발행한 경우의 처리방법

현행의 기업회계기준서 제23호 '주당이익'의 문단 31에서는 주권을 상장하고 있지 않은 종속기업 등이 자기 회사의 보통주로 전환할 수 있는 잠재적보통주를 발행한 경우에는 지배기업 등의 희석주당이익을 계산할 때 그 효과를 고려하지 아니한다는 내용을 규정하고 있다. 그러나 이 기준서에는 이러한 내용을 반영하고 있지 않다.

22, 기업회계기준서 제1034호와 '현행의 기업회계기준' 과의 비교

이 비교는 기업회계기준서 제1034호의 일부를 구성하는 것은 아니다. 이 비교는 기업회계기준서 제1034호 '중간재무보고'와 '현행의 기업회계기준'의 모든 차이점을 기술하고 있는 것은 아니다.

1) 연결기준의 중간재무보고

현행의 기업회계기준서 제2호 '중간재무제표'에서는 관련 규정이 없으나, 이 기준서에서는 연차재무제표가 연결기준으로 작성되었다면 중간재무보고도 연결기준으로 작성한다.

2) 계절성이 높은 사업에 대한 추가 공시

현행의 기업회계기준서 제2호에서는 관련 규정이 없으나, 이 기준서에서는 계절성이 높은 사업을 영위하는 기업의 경우, 중간보고기간말까지 12개월 기간 및 직전 회계연도의 동일기간에 대한 재무정보를 공시하는 것을 권장한다.

3) 최종 중간기간에 대한 공시

현행의 기업회계기준서 제2호에서는 중간재무제표를 정기적으로 작성하는 기업이 최종 중간기간의 재무제표를 별도로 작성하지 않는 경우에는 연차재무제표에 당 회계연도 최종 중간기간의 매출액, 당기순이익 및 주당순이익 등 주요 경영성과와 최종 중간기간에 회계추정의 변경이 있는 경우 그 내용과 영향을 주석으로 공시하지만, 이 기준서에서는 중간기간에 보고된 추정금액이 최종 중간기간에 중요하게 변동하였지만 최종 중간기간에 대하여 별도의 재무보고를 하지 않는 경우, 추정의 변동 내용과 금액을 해당 회계연도의 연차재무제표에 주석으로 공시하여야 한다.

표 22-1 최종 중간기간에 대한 공시

구분	K-IFRS 제1034호	현행 기업회계기준서 제2호
최종 중간기간에 대한 공시	26. 중간재무보고에서 보고된 추정이 최종 중간기간에 중요하게 변동하였지만 최종 중간기간에 대하여 별도의 재무보고를 하지 않는 경우, 추정의 내용과 금액을 해당 회계연도의 연차재무제표에 주석으로 공시함.	12. 중간재무제표를 정기적으로 작성하는 기업이 최종 중간기간의 재무제표를 별도로 작성하지 않는 경우 다음 사항을 주석으로 기재 ㈎ 당 회계연도 최종 중간기간의 매출액, 당기순이익 및 주당순이익 등 주요 경영성과 ㈏ 최종 중간기간에 회계추정의 변경이 있는 경우 그 내용과 영향

4) 회계변경의 누적효과 반영 방법

현행의 기업회계기준서 제2호에서는 회계정책의 변경에 따른 전기이월이익잉여금의 수정금액을 합리적으로 결정하기 어려운 경우에 전진적으로 처리하여 그 효과를 당기와 당기이후의 기간에 반영하지만, 이 기준서에서는 회계변경의 누적효과를 이전의 전체 회계기간에 적용하는 것이 실무상 어려울 경우에는 실무적으로 적용할 수 있는 최초일부터 새로운 회계정책을 전진적으로 적용하여 당해 회계연도의 이전 중간기간과 비교표시되는 과거 회계연도의 중간기간에 대한 재무제표를 조정한다.

표 22-2 회계변경의 누적효과 반영 방법

구분	K-IFRS 제1034호	현행 기업회계기준서 제2호
회계변경의 누적효과 반영 방법	43. 회계변경의 누적효과를 이전의 전체 회계기간에 적용하는 것이 실무상 어려울 경우에는 실무적으로 적용가능한 최근일부터 새로운 회계정책을 전진적으로 적용하여 동일 회계연도의 이전 중간기간과 비교표시되는 이전 회계연도의 중간기간에 대한 재무제표를 조정함.	23. 회계정책의 변경에 따른 전기이월이익잉여금의 수정금액을 합리적으로 결정하기 어려운 경우에는 전진적으로 처리하여 그 효과가 당기와 당기이후의 기간에 반영함.

23, 기업회계기준서 제1036호와 '현행의 기업회계기준'과의 비교

이 비교는 기업회계기준서 제1036호의 일부를 구성하는 것은 아니다. 이 비교는 기업회계기준서 제1036호 '자산손상'과 '현행의 기업회계기준'의 모든 차이점을 기술하고 있는 것은 아니다.

1) 자산손상의 지표

기업회계기준서 제1036호에서는 기업의 순자산 장부금액이 시가총액보다 큰 경우를 자산손상의 지표의 하나로 규정하고 있다. 반면 현행의 기업회계기준에는 그러한 명시적 규정이 없다.

2) 손상차손 측정방법

기업회계기준서 제1036호에서는 적용대상이 되는 모든 자산에 대해서 인식단계와 측정단계를 구분하지 않으며, 손상차손은 장부금액이 회수가능액을 초과할 때 그 초과액만큼 인식하도록 하고 있다. 반면 현행의 기업회계기준서 제5호에서는 유형자산 손상차손에 대해 다음과 같이 인식단계와 측정단계를 구분하고 있다.

(1) 인식단계: 장부금액이 '할인되지 않은 미래현금흐름총액'을 초과할 때 인식한다.

(2) 측정단계: 인식단계에서 손상차손이 인식된다면 그 측정금액은 장부금액이 회수가능액을 초과하는 금액으로 한다.

그러나, 다른 자산에 대해서는 현행의 기업회계기준에 따르더라도 위와 같이 인식단계와 측정단계가 구분되지 않는다.

표 23-1 손상차손 측정방법

구분	K-IFRS 제1036호	현행 기업회계기준서
손상차손 측정방법	적용대상이 되는 모든 자산에 대해서 인식단계와 측정단계를 구분하지 않음. 따라서 손상차손은 회수가능액이 장부금액에 미달할 때 그 미달액만큼 손상차손이 인식됨.	·유형자산손상차손에 대해서는 다음과 같이 인식단계와 측정단계를 구분하고 있음(기준서 제5호 문단 36). ① 인식단계: 장부금액이 '할인되지 않은 미래현금흐름총액'을 초과할 때 인식함. ② 측정단계: 인식단계에서 손상차손이 인식된다면 그 측정금액은 회수가능액이 장부금액에 미달하는 금액으로 함. ·다른 자산에 대해서는 위와 같이 인식단계와 측정단계가 구분되지 않음.

3) 현금창출단위 개념

기업회계기준서 제1036호에서는 현금창출단위의 개념을 채택하고 있다. 반면 현행의 기업회계기준에서는 기업회계기준서 제11호에만 현금창출단위의 개념이 규정되어 있을 뿐, 자산손상과 관련된 기준에는 현금창출단위의 개념이 명시되어 있지 않다.

4) 영업권손상검사의 특례

기업회계기준서 제1036호에서는 영업권을 손상검사 목적상 현금창출단위나 현금창출단위집단에 배분하고, 그 현금창출단위(또는 현금창출단위집단)에 대해서는 영업권을 포함한 현금창출단위(또는 현금창출단위집단)의 장부금액과 회수가능액을 매년 비교하여 손상검사를 하도록 요구하는 등 다른 자산과 별도로 상세한 규정과 특례를 두고 있다. 반면 현행의 기업회계기준에는 그러한 상세한 규정과 특례가 없다.

표 23-2 영업권손상검사의 특례

구분	K-IFRS 제1036호	현행 기업회계기준서
영업권손상검사의 특례	·영업권은 손상검사 목적상 현금창출단위나 현금창출단위집단에 배분함(문단 80~99). ·영업권이 배분된 현금창출단위에 대해서는 영업권을 포함한 현금창출단위의 장부금액과 회수가능액을 비교하여 손상검사를 함. ·영업권이 배분된 현금창출단위에 대해서는 매년 손상검사를 함. 손상검사는 회계연도 중 어느 때라도 할 수 있으며 매년 같은 시기에 실시함. 다만, 당해 회계연도 중에 일어난 사업결합에서 취득한 영업권을 포함하는 현금창출단위는 당해 회계연도 말 이전에 최초로 손상검사를 하고, 그 이후에는 회계연도 중 어느 때라도 할 수 있으며 매년 같은 시기에 실시함. 서로 다른 현금창출단위에 대해서는 회계연도 중 상이한 시점에서 손상검사를 할 수 있음.	·별도 규정 없음.

5) 공시의 강화

기업회계기준서 제1036호에서는 영업권 손상검사에 관한 상세한 공시를 포함하여 현행의 기업회계기준보다 훨씬 방대한 공시를 요구하고 있다.

24. 기업회계기준서 제1037호와 '현행의 기업회계기준'과의 비교

이 비교는 기업회계기준서 제1037호의 일부를 구성하는 것은 아니다. 이 비교는 기업회계기준서 제1037호 '충당부채, 우발부채 및 우발자산'과 '현행의 기업회계기준'의 모든 차이점을 기술하고 있는 것은 아니다.

1) 충당부채 인식요건 중 자원의 유출가능성의 정도

이 기준서는 충당부채의 인식요건으로 미래 자원의 유출가능성이 높을(probable) 것을 요구하고 있다. 즉, 확률적으로 발생확률이 50%를 초과할 경우 충당부채로 인식한다. 한편 현행의 기업회계기준서 제17호는 발생가능성이 '매우 높은' 경우에 충당부채를 인식하도록 하고 있다.

2) 충당부채 후속 측정시 적용 할인율

현행의 기업회계기준서 제17호는 후속 측정시 당해 충당부채의 현재가치 평가에 사용한 할인율은 변동되지 않는 것으로 보고 당초에 사용한 할인율을 계속 적용하도록 규정하고 있다. 한편 이 기준서는 할인율 변동효과를 주석공시 항목으로 규정하고 있는데, 이는 충당부채 평가시 현행 할인율을 적용하도록 규정하는 것으로 판단된다.

표 24-1 충당부채 후속 측정시 적용 할인율

구분	K-IFRS 제1037호	현행 기업회계기준서 제17호
충당부채 후속 측정시 적용 할인율	59. 대차대조표일마다 충당부채의 잔액을 검토하고, 대차대조표일 현재 최선의 추정치를 반영하여 조정한다. 의무이행을 위하여 경제적효익이 내재된 자원의 유출가능성이 더 이상 높지 아니한 경우에는 관련 충당부채를 환입한다.	40. 충당부채는 대차대조표일마다 그 잔액을 검토하고, 대차대조표일 현재 최선의 추정치를 반영하여 증감조정하며, 이 경우 당해 충당부채의 현재가치 평가에 사용한 할인율은 변동되지 않는 것으로 보고 당초에 사용한 할인율을 계속 적용한다고 규정함.

25. 기업회계기준서 제1038호와 '현행의 기업회계기준' 과의 비교

이 비교는 기업회계기준서 제1038호의 일부를 구성하는 것은 아니다. 이 비교는 기업회계기준서 제1038호 '무형자산'과 '현행의 기업회계기준'의 모든 차이점을 기술하고 있는 것은 아니다.

1) 기준서의 적용범위에서 광업권의 제외

(1) 현행의 기업회계기준서 제3호는 적용범위에 대한 구체적인 언급이 없었으며 불분명하였다. 그 이유는 현행의 기업회계기준서 제3호 제정 당시 다른 기업회계기준서의 제정이 미비하여 국제회계기준과 같이 적용범위를 구체적으로 언급하기 어려웠기 때문이다.

(2) 우리나라의 경우에는 추출산업의 비중이 낮으므로 현행의 기업회계기준서 제3호에서는 광업권을 무형자산에 포함시키고 있었다.

(3) 이 기준서에서는 국제회계기준과 동일한 체계를 가지게 되므로 국제회계기준(IAS) 제38호와 동일한 적용범위를 가지게 되었다. 따라서 이 기준서는 광업권을 적용범위에서 제외하고 있다. 광업권을 범위에서 제외한 이유는 그 활동이 전문화되어 추출산업의 탐사·개발 등에 대하여 별도의 한국채택국제회계기준서(기업회계기준서 제1106호)에서 규정할 필요가 있기 때문이다.

(4) 그러나 기업회계기준서 제1106호에서 국제회계기준을 채택하기 전의 회계정책을 적용하는 것을 허용하고 있기 때문에 종전과 마찬가지로 광업권을 무형자산으로 인식할 수는 있다.

2) 무형자산의 정의 개정

(1) 무형자산의 특성은 다음과 같다.

(가) 무형자산은 기업이 통제하고 있으며 미래경제적효익이 기업에 유입되리라고 기대되는 자산이다.

(나) 무형자산은 물리적 형체가 없다.

(다) 무형자산은 식별가능하다.

(2) 현행의 기업회계기준서 제3호에서는 보유하려는 목적이 무형자산의 정의에 포함되어 있었다. 그러나 이 기준서에서는 기업이 상기의 특성을 지닌 항목을 보유하려는 목적(예: 재화의 생산이나 용역의 제공, 타인에 대한 임대 또는 관리 등)이 그러한 항목을 무형자산으로 분류하는 것과는 관련이 없다고 보아 무형자산의 정의에서 보유 목적을 삭제하였다.

표 25-1 무형자산의 정의

구분	K-IFRS 제1038호	현행 기업회계기준서 제3호
무형자산의 정의	물리적 실체는 없지만 식별가능한 비화폐성자산	재화의 생산이나 용역의 제공, 타인에 대한 임대 또는 관리에 사용할 목적으로 기업이 보유하고 있으며, 물리적 형체가 없지만 식별가능하고, 기업이 통제하고 있으며, 미래 경제적 효익이 있는 비화폐성자산

3) 식별가능성' 개념의 명확화

기존의 사업결합에 관한 기업회계기준인 '기업인수·합병 등에 관한 회계처리준칙'의 요구사항과 현행의 기업회계기준서 제3호에도 불구하고 실무적으로 사업결합에서 취득하는 식별가능한 무형자산이 자주 영업권에 포함되었다. 영업권은 더 이상 상각대상 자산이 아니라 자산손상평가 대상이 됨에 따라 사업결합으로 취득하는 무형자산을 명확히 식별하지 않을 경우 상각대상이 되는 무형자산이 영업권에 포함되어 상각되지 않을 위험성이 있다. 따라서 식별가능성에 대한 개념을 명확히 하여 식별가능한 무형자산을 영업권에 포함하지 않도록 하였다.

4) 무형자산으로 인식하는 계약에 의하지 않은 고객과의 관계

(1) 현행의 기업회계기준서 제3호에서는 '계약에 의하지 않은 고객관계'가 식별가능한지 즉, 분리가능한지에 대하여 명시적으로 언급하지 않았으며 단지 통제가 어렵기 때문에 무형자산의 정의를 충족하지 못한다고 보고 있다. 즉, '계약에 의하지 않은 고객관계'에 대한 식별가능성과 통제와의 관계가 불분명하였다.

(2) 이 기준서 문단 16에서는 동일하거나 유사한 '계약에 의하지 않은 고객관계'에 대한 교환취득거래는 그러한 항목이 분리가능하다는 것뿐만 아니라 기업이 그러한 고객관계로부터 유입되는 미래경제적효익을 통제할 수 있다는 증거를 제공한다고 보았다. 이와 마찬가지로, 만약 기업이 '계약에 의하지 않은 고객관계'를 개별 취득한다면 '계약에 의하지 않은 고객관계'에 대한 교환취득거래는 그러한

항목이 분리가능하고 그러한 '계약에 의하지 않은 고객관계'로부터 유입되는 미래 경제적효익을 통제할 수 있다는 증거를 제공한다고 보았다. 그러므로 그러한 '계약에 의하지 않은 고객관계'는 무형자산 정의를 충족하므로 고객 관련 무형자산(customer- related intangible assets)으로 인식될 것이다.

5) 무형자산의 인식기준

(1) 사업결합에 의하여 무형자산을 취득하는 경우 그 무형자산의 공정가액은 무형자산과 관련된 미래경제적효익이 매수자에게 유입될 가능성에 대한 기대를 반영한다고 본다. 즉, 미래경제적효익의 유입 가능성은 무형자산의 공정가액 측정에 반영된다. 그러므로 사업결합으로 취득하는 무형자산은 '자산으로부터 발생하는 미래경제적효익이 유입될 가능성이 높아야 한다'는 인식기준을 항상 충족하는 것으로 본다.

(2) 사업결합에 의하여 취득하는 무형자산의 인식기준과 일관성이 있게 개별적으로 취득하는 무형자산도 '자산으로부터 발생하는 미래경제적효익이 유입될 가능성이 높아야 한다'는 인식기준은 항상 충족하는 것으로 본다.

표 25-2 무형자산의 인식기준

구분	K-IFRS 제1038호	현행 기업회계기준서 제3호
무형자산의 인식기준	21. 다음의 조건을 모두 충족하는 경우에만 무형자산을 인식한다. (1) 자산에서 발생하는 미래경제적효익이 기업에 유입될 가능성이 높다. (2) 자산의 취득원가를 신뢰성 있게 측정할 수 있다.	16. 무형자산으로 인식하기 위해서는 문단5 ㈎의 정의와 다음의 인식조건을 모두 충족하여야 한다. ㈎ 자산으로부터 발생하는 미래 경제적효익이 기업에 유입될 가능성이 매우 높다. ㈏ 자산의 취득원가를 신뢰성 있게 측정할 수 있다.

6) 내용연수가 비한정(indefinite)인 무형자산

(1) 현행의 기업회계기준서 제3호 문단 54에서는 '무형자산의 상각기간은 독점적·배타적인 권리를 부여하고 있는 관계 법령이나 계약에 정해진 경우를 제외하고는 20년을 초과할 수 없다'고 하였다. 이러한 입장은 모든 무형자산의 내용연수는 유한(finite)한 것으로 보는 것이다.

(2) 이 기준서에서는 표현의 충실성을 위하여 무형자산의 상각기간은 일반적으로 내용연수와 더 나아가 당해 자산과 관련된 현금흐름을 반영하여야 한다고 본다. 따라서 모든 관련 요소(예: 법적, 규정적, 계약적, 경쟁적, 경제적 또는 기타 요소)를 분석한 결과, 특정 무형자산에 대해서는 순현금유입을 발생할 것으로 기대되는 기간에 대한 '예측가능한 제한(foreseeable limit)'이 없다는 결론에 도달할 수 있다고 본다. 이러한 경우에는 무형자산의 내용연수가 비한정(indefinite)이라고 본다.

(3) 자산에 내재된 미래경제적효익이 소비되리라고 기대되는 기간에 대한 '예측가능한 제한'이 없다면 임의적으로 결정된 최대기간동안의 자산의 상각은 표현의 충실성을 훼손할 것이다. 따라서 내용연수가 비한정인 무형자산은 상각하지 않고 정기적인 손상평가(impairment test)를 하여야 한다.

7) 내용연수가 유한한 무형자산의 손상평가

(1) 장기 기간동안 상각되는 무형자산의 회수가능액이 유사한 기간동안 상각되는 다른 자산보다 더 정기적으로 평가되어야 한다는 개념적인 근거를 발견할 수 없었다.

(2) 그러므로 20년을 초과하는 기간동안 상각되는 내용연수가 유한한 무형자산의 회수가능액은 자산손상에 관한 기업회계기준에 따라 그 자산이 손상되었다는 징후가 있는 경우에만 평가해야 한다고 보았다. 결과적으로, 추정내용연수가 20년을 초과하는 무형자산의 회수가능액을 최소한 매 회계연도 말에 추정하도록 한 현행의 기업회계기준서 제3호 문단 69(나)의 요구사항을 삭제하기로 하였다.

(3) 무형자산의 자산손상과 관련된 모든 요구사항을 이 기준서보다 자산손상에 관한 기업회계기준서에 포함하여야 할 것이다. 그러므로 매 회계연도 말에 손상

의 징후가 있는지에 관계없이 아직 사용가능하지 않은 무형자산의 회수가능액을 추정하여야 한다는 기업회계기준서 제3호 문단 69(가)의 요구사항을 자산손상에 관한 기업회계기준서(기업회계기준서 제1036호)에 재배치하였다.

표 25-3 내용연수가 비한정인 무형자산

구분	K-IFRS 제1038호	현행 기업회계기준서 제3호
내용연수가 비한정인 무형자산	88. 무형자산의 내용연수가 유한한지 또는 비한정인지를 평가하고, 만약 내용연수가 유한하다면 자산의 내용연수 기간이나 내용연수를 구성하는 생산량이나 이와 유사한 단위를 평가한다. 관련된 모든 요소의 분석에 근거하여, 그 자산이 순현금유입을 창출할 것으로 기대되는 기간에 대하여 예측가능한 제한이 없을 경우, 무형자산의 내용연수는 비한정인 것으로 본다.	54. 무형자산의 상각대상금액은 그 자산의 추정내용연수 동안 체계적인 방법에 의하여 비용으로 배분한다. 무형자산의 상각기간은 독점적·배타적인 권리를 부여하고 있는 관계 법령이나 계약에 정해진 경우를 제외하고는 20년을 초과할 수 없다. 상각은 자산이 사용 가능한 때부터 시작한다.

표 25-4 내용연수가 유한한 무형자산의 손상평가

구분	K-IFRS 제1038호	현행 기업회계기준서 제3호
	111. 무형자산의 손상여부를 결정하기 위해서는 기업회계기준서 제1036호 '자산손상'을 적용한다. 기업회계기준서 제1036호는 자산의 장부금액의 검토시기와 방법, 자산의 회수가능액의 결정방법과 손상차손과 손상차손환입의 인식시기를 설명하고 있다.	69. 다음 중 하나에 해당하는 무형자산은 최소한 매 회계연도말에 회수가능액을 반드시 추정하여야 한다. ㈎ 아직 사용가능하지 않은 무형자산 ㈏ 추정내용연수가 20년을 초과하는 무형자산

8) 사업결합으로 취득한 진행 중인 연구·개발 프로젝트에 대한 취득 후의 지출에 대한 회계처리

(1) 현행의 기업회계기준서 제3호에서는 사업결합으로 취득하고 영업권과 분리하여 자산으로 인식한 진행 중인 연구·개발 프로젝트에 대한 후속지출에 대한 요구사항이 불분명하였다. 즉, 다음과 같은 두 가지의 주장이 있었다.

(가) 연구, 개발 또는 내부적인 프로젝트 단계의 연구개발에 대한 지출과 관련된 요구사항이 적용되어야 한다는 입장.

(나) 일반적인 무형자산에 대한 취득이나 완성 후의 지출에 대한 요구사항이 적용되어야 한다는 입장(즉, 관련 지출이 무형자산의 미래경제적효익을 실질적으로 증가할 가능성이 높고 관련된 지출을 신뢰성 있게 측정할 수 있으며 무형자산과 직접 관련되는 경우 자산화 하여야 한다는 주장)

(2) 이 기준서에서는 진행 중인 연구·개발 프로젝트에 대한 취득 후의 지출에 대하여 연구, 개발 또는 내부적인 프로젝트 단계의 연구개발에 대한 지출과 관련된 요구사항이 적용되어야 한다는 입장이다. 이것은 프로젝트를 외부에서 취득하였는지 아니면 내부적으로 시작하였는지에 따라 연구개발 지출이 다르게 회계처리되는 것을 막고 모든 연구개발 지출이 일관성 있게 회계처리 되어야 한다는 것이다.

9) 무형자산의 교환거래

(1) 현행의 기업회계기준서 제3호에서는 교환거래로 취득한 자산이 제공한 자산과 성격과 가치가 다른 경우에 공정가치로 측정하고 교환거래에 따른 손익을 인식하도록 하였다.

(2) 이 기준서에서는 교환거래의 결과로 취득한 무형자산의 취득원가를 공정가치로 측정할 것인지 여부, 즉 교환거래의 손익을 인식할 것인지 여부를 결정할 때 교환되는 자산의 성격과 가치의 이질성이 아니라 교환거래로 인하여 기업에 유입될 미래 현금 흐름의 구성이 변동하는 정도를 파악하는데 초점을 둔다면 교환거래의 경제적 결과를 재무제표에 충실하게 표현할 수 있을 것이라고 판단하였다.

10) 상각방법의 변경

(1) 현행의 기업회계기준서 제1호에서는 유형자산과 무형자산의 상각방법 변경은 회계정책의 변경으로 회계처리하도록 하고 있다.

(2) 이 기준서에서는 무형자산의 상각방법 변경은 회계추정의 변경으로 회계처리하도록 한다.

표 25-5 상각방법의 변경

구분	K-IFRS 제1038호	현행 기업회계기준서 제3호
상각방법의 변경	104. 내용연수가 유한한 무형자산의 상각기간과 상각방법은 적어도 매 회계연도 말에 검토한다. 자산의 예상 내용연수가 과거의 추정치와 다르다면 상각기간을 변경한다. 자산에 내재된 미래경제적효익의 예상되는 소비형태가 변동된다면, 변동된 소비형태를 반영하기 위하여 상각방법을 변경한다. 그러한 변경은 기업회계기준서 제1008호에 따라 회계추정의 변경으로 회계처리한다.	65. 상각기간과 상각방법은 매기 계속하여 적용하고 정당한 사유 없이 이를 변경할 수 없다. 상각기간과 상각방법의 변경에 따른 회계처리는 기업회계기준서 제1호 '회계변경과 오류수정'을 적용한다.

26, 기업회계기준서 제1039호와 '현행의 기업회계기준'과의 비교

이 비교는 기업회계기준서 제1039호의 일부를 구성하는 것은 아니다. 이 비교는 기업회계기준서 제1039호 '금융상품: 인식과 측정'과 '현행의 기업회계기준'의 모든 차이점을 기술하고 있는 것은 아니다.

1) 적용범위

(1) 이 기준서는 원칙적으로 모든 금융상품을 적용범위로 하고 있으며, 다른 기업회계기준서의 적용범위에 해당하는 사항들을 명시적으로 열거하여 다른 기업회계기준서와의 관계를 명확하게 규정하고 있다.

(2) 이 기준서는 다음의 계약도 적용범위에 포함한다.

(가) 특정 조건을 충족하는 물리적 변수를 기초변수로 하는 계약

(나) 금융보증계약

(다) 기업회계기준서 제1037호 '충당부채, 우발부채 및 우발자산'의 적용이 배제되는 특정 대출약정

2) 용어의 정의 및 분류

(1) 금융자산을 당기손익인식금융자산, 매도가능금융자산, 대여금 및 수취채권 및 만기보유금융자산의 4가지 범주로 분류하고, 금융부채는 당기손익인식금융부채와 그 밖의 부채로 분류한다.

(2) 이 기준서에서는 특정 금융상품을 당기손익인식금융자산이나 당기손익인식금융부채 또는 매도가능금융자산으로 지정할 수 있다. 2 가지 경우[1] 중 하나를 충족하여 더 목적적합한 정보를 제공하는 경우에만 당기손익인식금융상품(당기손익인식금융자산 또는 당기손익인식금융부채)으로 지정할 수 있다. 한편, 매도가능금융자산으로의 지정은 특별한 조건 없이 가능하다.

(3) 파생상품을 정의하는 조건으로 '차액결제 가능조건' 대신 '미래결제 조건'을 요구함으로써 총액결제 조건이 포함되며, 공정가치를 신뢰성있게 측정할 수 없는 지분상품과 연계되어 있으며 그 지분상품의 인도로 결제되어야 하는 금융상품도 파생상품의 정의를 충족한다.

1) (1) 지정을 통하여 인식과 측정상의 불일치를 제거하거나 상당히 감소시킬 수 있는 경우
(2) 문서화된 위험관리 또는 투자전략에 따라 금융상품집합을 관리하고 그 성과를 공정가치기준으로 평가하며, 그 정보를 주요경영진에게 내부적으로 제공하는 경우

표 26-1 금융자산과 금융부채의 분류

구분	K-IFRS 제1039호	현행 기업회계기준
금융자산과 금융부채의 분류	·당기손익인식금융자산 -당기손익인식으로 지정한 경우 -단기매매금융자산 ·매도가능금융자산 ·대여금 및 수취채권 ·만기보유금융자산 ·당기손익인식금융부채 -당기손익인식으로 지정한 경우 -단기매매금융부채 ·기타 부채	<기준서 제8호> ·단기매매증권 ·매도가능증권 ·만기보유증권 <기업회계기준> ·매출채권, 대여금 등(기업회계기준) ·신설(명시적 규정 없음) ·파생상품부채를 제외하고 공정가치변동분을 당기손익에 반영하는 금융부채는 없음.

3) 최초인식과 측정

(1) 금융자산의 정형화된 매입의 경우 매매일 회계처리방법 외에 결제일 회계처리방법에 따라 회계처리할 수 있다.

(2) 금융자산이나 금융부채는 공정가치로 최초 인식하도록 명시적인 규정을 두었으며, 당기손익인식금융상품의 취득을 위한 거래원가는 당기비용으로 회계처리한다.

표 26-2 최초인식과 측정

구분	K-IFRS 제1039호	현행 기업회계기준
최초인식과 측정	·매매일 인식방법과 결제일 인식방법 중 하나를 선택 적용할 수 있음. ·금융자산 또는 금융부채는 최초인식시 공정가치로 측정함. ·다만, 당기손익인식금융자산이나 당기손익인식금융부채가 아닌 경우 당해 금융자산의 취득이나 당해 금융부채 발행과 직접 관련되는 거래비용을 포함함.	·매매일 인식방법만을 규정함. ·유가증권의 취득원가는 제공한 대가의 시장가격에 취득부대비용을 포함한 가액으로 측정 ·유가증권의 취득원가는 당해 유가증권 취득시점의 유가증권 공정가액과 취득부대비용의 합계 금액을 초과할 수 없음. ·유가증권 발행자는 발행가액(거래비용 차감)을 부채로 인식함.

4) 금융자산과 금융부채의 제거

(1) 제거여부를 고려하는 대상(금융상품의 전체 또는 일부)을 판단하기 위한 기준을 제시하였으며, 제거시점, 제거조건 및 적용방법을 명확하게 규정하기 위하여 위험과보상접근법, 통제접근법 및 지속적관여접근법의 개념을 구분하고, 그 적용순서와 회계처리방법을 명확하게 규정하고 있다.

(2) 매각거래를 간주하는 규정은 적용할 수 없다.

(3) 채무자의 재무적 어려움으로 인한 채권·채무조정에서 발생한 계약조건변경의 경우 역사적 유효이자율을 적용하여 변경된 미래현금흐름을 할인하도록 하였으나(기업회계기준서 제13호 '채권·채무조정'), 이 기준서에서는 채무자의 재무적 어려움 여부에 관계없이 역사적 유효이자율을 적용하여 변경된 미래현금흐름을 할인하여 계약조건의 실질적 변경여부를 판단하고, 실질적 변경이 있는 경우에는 기존 부채를 제거하여 관련 손익을 인식하고, 새로운 부채를 조건변경시점의 유효이자율에 의하여 인식한다.

(4) 금융부채의 일부를 재매입하는 경우, 재매입일 현재 계속 인식되는 부분과 제거되는 부분의 공정가치에 비례하여 금융부채의 장부금액을 계속 인식되는 부분과 제거되는 부분에 배분한다.

5) 후속측정

(1) 금융자산의 후속측정과 관련하여 이 기준서는 매도가능금융자산으로 분류한 화폐성외화금융자산의 외환손익을 기타포괄손익이 아닌 당기손익으로 인식한다.

(2) 모든 금융부채를 상각후원가로 평가하는 원칙에는 차이가 없으나, 이 기준서에서는 다음의 예외항목과 그 측정기준을 명시하고 있다.

㈎ 당기손익인식금융부채

㈏ 금융자산의 양도가 제거 조건을 충족하지 못하거나 지속적관여접근법이 적용될 때 발생하는 금융부채

㈐ 금융보증계약

㈑ 시장이자율보다 낮은 이자율로 대출하기로 한 약정

6) 금융자산의 손상과 대손

(1) 상각후원가로 평가하는 대여금 및 수취채권(예: 매출채권)의 경우 인식단계에서 손상사건이 발생된 경우에만 관련되는 금융자산에 대하여 손상차손 또는 대손(expected losses)을 인식할 수 있으며, 손상사건이 발생되지 않은 경우에는 손상차손 또는 대손을 인식할 수 없다.

(2) 모든 매도가능금융자산에 대한 손상차손의 환입이 가능한 것은 아니며, 매도가능채무상품의 손상차손환입은 가능하지만, 원가로 평가하는 금융자산(지분상품과 파생상품자산)과 매도가능지분상품의 손상차손은 환입할 수 없다.

표 26-3 금융자산의 손상과 대손

구분	K-IFRS 제1039호	현행 기업회계기준
금융자산의 손상과 대손	·인식단계(손상사건 발생)와 측정단계를 구분하여 손상사건이 발생한 경우에 한하여 손상차손을 인식함. ·상각후원가로 평가하는 채권에서 손상이 발생하였다는 객관적 증거가 있는 경우, 손상차손은 당해 자산의 장부금액과 최초의 유효이자율로 할인한 미래예상현금흐름의 현재가치의 차이로 측정함.	·인식단계(손상사건 발생)와 측정단계의 구분 없음. 따라서 손상사건이 발생하지 않는 경우에도 손상차손을 인식할 수 있음. ·회수가 불확실한 채권은 합리적이고 객관적인 기준에 따라 산출한 대손추산액을 대손충당금으로 설정함.
	·정상거래시장에서 공시되는 가격이 없고, 공정가치를 신뢰성 있게 측정할 수 없어서 공정가치로 평가하지 아니한 지분상품 또는 이러한 지분상품과 연계되어 있으며 당해 지분상품의 인도로 결제되어야 하는 파생상품자산에 대하여 손상차손환입을 인정하지 않음. ·매도가능지분상품에 대하여 손상차손환입을 인정하지 않음. ·매도가능채무상품에 대하여는 손상차손환입을 인정함.	·매도가능증권 중 시장성이 없고 공정가액을 신뢰성있게 측정할 수 없어서 취득원가로 평가한 지분증권에 대하여 그 손상차손환입을 인정함. ·공정가치로 평가하는 모든 매도가능증권에 대하여 손상차손환입을 인정함.

7) 내재파생상품

(1) 분리형 신주인수권부사채를 제외하고는 전환권이나 신주인수권을 분리하여 인식하지 않았던 전환증권의 경우, 이 기준서에 따라 모든 전환증권의 보유자는 원칙적으로 전환권과 신주인수권이 분리요건을 충족하면 그 권리를 전환사채나 신주인수권부사채에서 분리하여 인식하여야 한다.

(2) 2 가지 예외[1]를 제외하고는 하나 이상의 내재파생상품을 포함하는 복합계약 전체를 당기손익인식금융자산이나 당기손익인식금융부채로 지정할 수 있다.

8) 위험회피회계

(1) 위험회피대상항목의 잠재적 가치변동 이익보다 잠재적 손실이 상당히 클 수 있는 매도옵션은 위험회피수단으로 지정할 수 없다.

(2) 해석 [53-70]에 의하면, 공정가치위험회피회계에서 이자율스왑 계약금액과 위험회피대상항목의 원금 및 만기가 일치하고 최초 스왑계약체결시 스왑의 공정가치가 영(0)이라면 위험회피가 완전한 것으로 보는 '간편법'의 적용이 가능하나, 이 기준서에 의하면, 이러한 간편법은 사용할 수 없으며, 금융상품의 일부(예: 이자율위험이나 신용위험)에 대해서 위험회피회계를 적용할 수 있으므로, 금융상품의 일부 위험은 위험회피대상항목과 위험회피수단의 주요 조건이 동일하다면 효과적인 위험회피가 되고 비효과적인 부분은 없을 가능성이 높을 것이다.

(3) 현금흐름위험회피회계에서 장부금액조정법(Basis Adjustment)을 적용할 수 있는 범위가 축소되어 예상거래의 결과 비금융자산이나 비금융부채가 인식되거나, 비금융자산이나 비금융부채에 대한 예상거래가 공정가치위험회피회계가 적용되는 확정계약이 되는 경우에만 대체적 회계처리로서 선택할 수 있다.

---

1) 2 가지 예외는 다음과 같음
 (1) 내재파생상품으로 인하여 변경되는 복합계약의 현금흐름의 변동이 중요하지 않음
 (2) 유사한 복합계약을 고려할 때, 별도로 상세하게 분석하지 않아도 내재파생상품의 분리가 금지된 것을 명백하게 알 수 있음

(4) 이자율위험을 공유하는 금융상품집합의 포트폴리오에 대한 공정가치위험회피의 경우 특정 통화의 금액을 위험회피대상항목으로 지정할 수 있다.

27. 기업회계기준서 제1040호와 '현행의 기업회계기준'과의 비교

이 비교는 기업회계기준서 제1040호의 일부를 구성하는 것은 아니다. 이 비교는 기업회계기준서 제1040호 '투자부동산'과 현행의 기업회계기준의 모든 차이점을 기술하고 있는 것은 아니다.

1) 투자부동산의 범위

현행 기업회계기준은 임대부동산에 대하여 유형자산 또는 투자부동산(보험업)으로 분류하나, 기업회계기준서 제1040호에서는 업종과 무관하게 투자부동산으로 분류한다.

<투자부동산의 범위>

<table>
<tr><th rowspan="2">보유목적</th><th rowspan="2">기업회계기준서 제1040호</th><th colspan="2">현행 기업회계기준</th></tr>
<tr><th>기업회계기준</th><th>보험업준칙</th></tr>
<tr><td>임대</td><td rowspan="2">투자부동산</td><td>유형자산</td><td rowspan="2">투자부동산</td></tr>
<tr><td>시세차익</td><td>투자부동산</td></tr>
</table>

2) 투자부동산의 평가

현행 기업회계기준은 임대수익을 얻기 위한 목적으로 보유한 부동산에 대하여는 상각후원가로, 시세차익 목적으로 보유하고 있는 부동산에 대해서는 취득원가로 평가한다. 반면, 기업회계기준서 제1040호에서는 임대수익이나 시세차익의 목적으로 보유하고 있는 부동산에 대하여 원가모형 또는 공정가치모형 중 선택하여 보유한 투자부동산 모두 동일한 방법으로 평가한다.

<투자부동산의 평가>

보유목적	기업회계기준서 제1040호	현행 기업회계기준	
		기업회계기준	보험업준칙
임대	원가(상각후원가) 또는 공정가치	원가(상각후원가)	원가(상각후원가)
시세차익		취득원가	취득원가

3) 리스이용자의 운용리스 부동산에 대한 권리의 회계처리

(1) 현행 기업회계기준에 따르면 운용리스이용자는 운용리스 부동산을 자산으로 인식할 수 없으며, 부동산에 대한 사용 권리를 얻기 위하여 지급한 선급리스료만을 자산으로 인식할 수 있다.

(2) 기업회계기준서 제1040호에서는 다음의 ①과 ②의 요건을 충족하면 리스이용자도 운용리스 부동산에 대한 권리를 자산으로 인식할 수 있도록 규정한다.

(가) 당해 운용리스 부동산에 대한 권리가 투자부동산의 정의(임대수익·시세차익 획득 목적)에 부합

(나) 당해 운용리스 부동산에 대한 권리를 포함하여 보유하고 있는 모든 투자부동산을 공정가치*로 평가

* 운용리스 부동산에 대한 권리 중 하나라도 공정가치로 인식하는 경우 보유한 다른 모든 투자부동산에 대하여 공정가치 평가만 허용된다. 평가방법을 선택할 수 없다.

표 27-1 리스이용자의 회계처리

구분	K-IFRS 제1040호	현행 기업회계기준서 제19호
리스이용자의 회계처리	공정가치로 평가하여 자산으로 인식한다면 허용	-자산으로 인식하지 않음 -선급리스료가 있는 경우 당해 금액만 자산으로 인식

4) 주석공시의 차이

현행 기업회계기준에서는 토지(유형자산의 토지, 투자자산의 투자부동산)에 대하여 공시지가를 공시(기업회계기준서 제5호 참조)하도록 되어 있으나, 기업회계기준서 제1040호에서는 공정가치로 평가하여 인식하지 않은 투자부동산(토지, 건물)에 대하여 공정가치를 주석으로 공시하도록 요구하고 있다.

표 27-2 주석공시

구분	K-IFRS 제1040호	현행 기업회계기준서 제19호
주석공시	공정가치로 평가하여 인식하지 않은 투자부동산(토지, 건물)에 대하여 공정가치 주석공시	토지(유형자산의 토지, 투자자산의 투자부동산)에 대하여 공시지가 공시

28. 기업회계기준서 제1041호와 '현행의 기업회계기준'과의 비교

이 비교는 기업회계기준서 제1041호의 일부를 구성하는 것은 아니다. 이 비교는 기업회계기준서 제1041호 '농림어업'과 '현행의 기업회계기준'의 모든 차이점을 기술하고 있는 것은 아니다.

1) 수익인식 시점

현행의 기업회계기준에서는 생물자산의 자연적 가치증가 등을 수익으로 인식하도록 하는 별도의 규정은 없으나 이 기준서에서는 생물자산과 수확물을 판매하기 전에도 취득하거나 자연적으로 증가한 가치에 대하여 발생한 기간의 당기손익에 반영하도록 하고 있다.

2) 생산용 생물자산

현행의 기업회계기준에 따르면 생산용 생물자산은 상각후원가로 측정할 수 있으나 이 기준서에서는 생산용 생물자산도 원칙적으로 순공정가치로 측정하도록 하고 있다.

3) 소비용 생물자산과 수확시점의 수확물

현행의 기업회계기준에서는 농업, 임업, 축산업의 재고자산을 적용범위에서 배제하고 있으나 관련 재고자산에 적용되는 별도의 회계기준이 존재하지 않는다. 이 기준서에 따르면 수확시점의 수확물과 소비용 생물자산도 원칙적으로는 순공정가치로 측정하여야 한다.

4) 생물자산과 수확시점 수확물의 측정과 평가손익

(1) 이 기준서에 따르면 원칙적으로 생물자산과 수확시점의 수확물에 대하여 판매 전인 재화의 보유 및 생산 과정에서도 당기손익을 인식하여야 한다. 현행의 기업회계기준에 따르면 생산용 생물자산을 상각후원가로 평가하고 있으므로 이 기준서가 요구하는 순공정가치의 변동에 대해 평가손익을 인식하도록 하는 것과는 차이가 발생한다. 다만 이 기준서에서는 공정가치를 신뢰성 있게 측정할 수 없다면 생산용 생물자산을 상각후원가로 측정할 수 있도록 허용하고 있으므로 이러한 경우에는 현행의 기업회계기준에 따른 회계처리와 유사할 수 있다.

(2) 현행의 기업회계기준에 따르면 재고자산의 평가시 저가법을 적용하도록 하고 있다. 이 기준서에서는 소비용 생물자산의 순공정가치의 변동을 당기손익에 반영하도록 하고 있으므로 공정가치가 증가하는 경우에는 현행 회계처리와 차이가 발생한다. 또한 이 기준서에서는 수확시점의 수확물도 최초인식 시점에 순공정가치로 인식하고 평가손익을 당기손익에 인식하도록 하고 있으므로 취득원가로 인식하는 현행 실무와는 차이가 있다.

5) 정부보조금

기업회계기준 등에 관한 해석 61~71에 따르면 자산취득에 사용될 정부보조금을 받은 경우에는 자산 취득 시점에 관련 자산의 차감계정으로 처리하고 상환의무가 없는 정부보조금을 받은 경우에는 당기손익에 반영하도록 하고 있다. 이 기준서에 따르면 순공정가치로 측정하는 생물자산과 관련된 정부보조금 중에서 다른 조건이 없는 경우는 수취할 수 있게 되는 시점에만, 조건이 있는 경우에는 그 조건을 충족하는 시점에만 수익으로 인식하도록 하고 있다.

표 28-1 정부보조금

구분	K-IFRS 제1041호	해석 61-71
정부보조금	-순공정가치로 측정하는 생물자산과 관련된 국고보조금 중 다른 조건이 없는 경우는 받을 수 있게 되는 시점에만, 조건이 있는 경우에는 그 조건을 충족하는 시점에만 이익으로 인식(문단 34, 38) -상각후원가로 측정하는 생물자산과 관련된 국고보조금은 기업회계기준서 제1020호를 적용(문단 38)	-자산취득에 사용될 국고보조금을 받은 경우에는 자산을 취득하는 시점에 관련 자산의 차감계정으로 처리 -자산취득과 무관한 상환의무가 없는 국고보조금을 받은 경우에는 당기손익에 반영

29. 기업회계기준서 제1102호와 '현행의 기업회계기준'과의 비교

이 비교는 기업회계기준서 제1102호의 일부를 구성하는 것은 아니다. 이 비교는 기업회계기준서 제1102호 '주식기준보상'과 '현행의 기업회계기준'의 모든 차이점을 기술하고 있는 것은 아니다.

1) 주식결제형 주식기준보상거래 - 비상장기업의 측정기준

기업회계기준서 제1102호에서는 비상장기업의 기대주가변동성을 구할 때 비슷한 상장기업의 과거 주가변동성을 사용할 수 있는 근거규정을 두고 있으나 당해 비상장기업이 속하는 산업주가지수의 역사적 변동성을 사용할 수 있는지에 대해서는 명문의 규정을 두고 있지 않다. 반면 현행의 기업회계기준서 제22호에서는 비상장기업의 기대주가변동성을 구할 때 비슷한 상장기업의 과거 주가변동성은 물론이고 당해 비상장기업이 속하는 산업주가지수의 역사적 변동성도 사용할 수 있도록 근거규정을 두고 있다.

표 29-1 주식결제형 주식기준 보상거래

구분	K-IFRS 제1102호	현행 기업회계기준서 제22호
주식결제형 주식기준 보상거래	비상장기업의 기대 주가변동성을 구할 때 비슷한 상장기업의 과거 주가변동성을 사용할 수 있는 근거규정을 두고 있으나 당해 비상장기업이 속하는 산업주가지수의 역사적 변동성을 사용할 수 있는지에 대해서는 명문의 규정을 두고 있지 않음(문단 B29).	비상장기업의 기대 주가변동성을 구할 때 비슷한 상장기업의 과거 주가변동성은 물론이고 당해 비상장기업이 속하는 산업주가지수의 역사적 변동성도 사용할 수 있도록 근거규정을 두고 있음(문단 B30, B31).

2) 현금결제형 주식기준보상거래 - 비상장기업의 측정기준

기업회계기준서 제1102호에서는 공정가치만을 인정하고 있다. 반면 현행의 기업회계기준서 제22호에 따르면 공정가치가 원칙이지만 비상장기업은 내재가치를 선택할 수도 있다.

표 29-2 주식결제형 주식기준 보상거래

구분	K-IFRS 제1102호	현행 기업회계기준서 제22호
현금결제형 주식기준 보상거래	공정가치(문단 30)	공정가치가 원칙이지만, 비상장기업은 내재가치를 선택할 수도 있음(문단 30, 34).

3) 주식기준보상약정에 희석화방지조항이 있는 경우의 회계처리

기업회계기준서 제1102호에서는 명문 규정을 두고 있지 않다. 반면 현행의 기업회계기준서 제22호에 따르면 희석화방지조항에 따른 조정이 일정한 요건을 충족할 경우 회계처리목적상 조건변경으로 보지 않는다.

4) 재부여주식선택권

기업회계기준서 제1102호에서는 본문에 규정을 두고 있다. 반면 현행의 기업회계기준서 제22호에서는 본문에 규정을 두지 않고 결론도출근거에서만 언급하고 있다.

5) 공시

기업회계기준서 제1102호에서는 주가차액보상권에 대해 주식선택권과 같은 공시사항을 요구하고 있지 않다. 반면 현행의 기업회계기준서 제22호에서는 주가차액보상권에 대해서도 원칙적으로 주식선택권과 동일한 공시사항을 요구하고 있다.

30, 기업회계기준서 제1103호와 '현행의 기업회계기준' 과의 비교

이 비교는 기업회계기준서 제1103호의 일부를 구성하는 것은 아니다. 이 비교는 기업회계기준서 제1103호 '사업결합'과 '현행의 기업회계기준'의 모든 차이점을 기술하고 있는 것은 아니다.

1) 동일지배하에 있는 기업간 사업결합의 식별

이 기준서의 문단 10에서는 동일지배 하에 있는 기업간 사업결합을 정의하였다. '기업인수·합병 등에 관한 회계처리준칙'에서는 이를 별도로 정의하지 아니 하였다.

2) 지분통합법의 폐지

이 기준서의 문단 14에서는 모든 사업결합에 대하여 매수법으로 회계처리하도록 하였다. '기업인수·합병 등에 관한 회계처리준칙'에서는 매수법과 지분통합법을 모두 허용하고 일정요건을 충족하는 사업결합의 경우에 지분통합법을 사용하도록 하였다.

3) 지배개념에 근거한 취득자의 식별

이 기준서의 문단 21에서는 결합참여기업 중 한 기업이 다른 기업의 활동으로부터 효익을 얻기 위하여 다른 기업의 재무정책과 영업정책을 결정할 수 있는지를 판단하기 위해서는 상황을 적절히 고려하여 지배력 개념에 근거하여 취득자를 식별하도록 하였다. '기업인수·합병 등에 관한 회계처리준칙'에서는 법적으로는 주식을 발행한 회사가 매수회사이지만 실질적인 매수회사는 의결권 등을 행사하여 결합된 실체를 현재 지배하고 있는 주주가 속한 회사라고 명시하여 결합된 회사의 주주관점에서 취득자를 식별할 것을 규정하고 있었다.

4) 단계적으로 이루어진 사업결합

이 기준서의 문단 25에서는 둘 이상의 교환거래로 사업결합을 하는 경우에 사업결합원가는 각 개별 거래 원가의 총합으로 계산하도록 하였다. 또한 문단 58에 따라 각 교환거래일의 각 개별 투자 원가와 피취득자의 식별가능한 자산, 부채 및 우발부채의 공정가치에 대한 취득자 지분을 비교하여 각 단계마다 영업권을 결정하고 이들의 합을 취득일 현재 영업권 금액으로 결정하는 단계법을 사용하도록 하고 있다. '기업인수·합병 등에 관한 회계처리준칙'에서는 사업결합원가를 취득일 직전 취득자의 재무제표에 계상된 투자주식의 장부가액과 취득일에 지급된 사업결합대가의 공정가치의 합으로 측정하고 취득일 현재 피취득자 순자산의 공정가액 중 취득자 지분 해당액과 비교하여 영업권 또는 부의 영업권 가액을 결정하는 일괄취득법을 사용하고 있었다.

표 30-1 단계적으로 이루어진 사업결합

구분	K-IFRS 제1103호	인수·합병 준칙
단계적으로 이루어진 사업결합	각 단계마다 개별 투자 원가와 피취득자의 식별가능한 자산, 부채 및 우발부채의 공정가치에 대한 취득자 지분을 단계적으로 비교	일괄취득법 사용

5) 대가로 발행한 지분상품의 공정가치

이 기준서의 문단 27에서는 지배력을 획득하기 위한 대가로 상장된 지분상품을 발행한 경우 예외적인 경우가 아니라면 교환일의 공표가격을 공정가치로 하도록 하였다. '기업인수·합병 등에 관한 회계처리준칙'에서는 발행한 시장성있는 주식은 발행일의 종가로 하여 매수대가를 측정하도록 하였다.

6) 사업폐쇄나 축소 및 기타 구조조정계획과 관련한 비용의 회계처리

이 기준서의 문단 41에서는 취득자가 취득일 현재 피취득자가 기업회계기준서 제1037호에 따라 구조조정에 관한 부채를 인식한 경우에만 취득자가 사업결합원가 배분의 일부로서 피취득자의 영업을 폐쇄하거나 감축하는데 따른 부채를 인식하는 것으로 하였다. '기업인수·합병 등에 관한 회계처리준칙'에서는 피취득자가 부채로 인식하지 않았으나 사업결합 후 피취득자의 영업을 폐쇄하거나 감축하는데 드는 일정 조건을 만족하는 비용을 부채로 인식하도록 하고 있었다.

7) 영업권의 회계처리 방법

이 기준서의 문단 51에서는 사업결합으로 취득한 영업권은 상각하지 않고 기업회계기준서 제1036호에 따라 최소한 매 회계연도마다 손상검사를 하도록 하였다. 또한 손상이 발생하였다고 판단할 만한 사건이나 그 밖의 상황 등의 변화가 있을 경우에도 그 시점에 손상검사를 하도록 하였다. '기업인수·합병 등에 관한 회계처리준칙'에서는 20년 이내의 기간 동안 정액법으로 상각하도록 하였다.

표 30-2 영업권의 회계처리 방법

구분	K-IFRS 제1103호	인수 ·합병 준칙
영업권의 회계처리 방법	영업권 51. 취득일에 취득자는 (1) 사업결합으로 취득한 영업권을 자산으로 인식하고 (2) 사업결합원가가 문단 36에 따라 최초에 인식한 피취득자의 식별가능한 자산, 부채 및 우발부채의 공정가치 중 취득자 지분을 초과하는 금액을 원가로 측정한다. 54. 최초인식 후 사업결합으로 취득한 영업권은 원가에서 손상차손누계액을 차감하여 측정한다.	10. 영업권 가. 매수원가중 매수일 현재 피매수회사로부터 취득한 식별가능한 자산·부채(순자산)의 공정가액에 대한 매수회사의 지분을 초과하는 부분은 영업권으로 인식한다. 나. 영업권은 그 내용연수에 걸쳐 정액법으로 상각한다. 다. 영업권의 내용연수는 미래에 경제적효익이 유입될 것으로 기대되는 기간으로 하며 20년을 초과하지 못한다. 라. 매수일에 자산으로 인식된 영업권에 대하여 매결산기에 회수가능가액으로 평가한다. 이 경우 영업권의 회수가능가액이 장부가액에 미달하고 그 미달액이 중요한 경우에는 이를 영업권감액손실로 하여 당기비용으로 처리한다. 감액된 영업권은 추후에 회복할 수 없다.

8) 초과분의 회계처리 방법

이 기준서의 문단 56에서는 피취득자의 식별가능한 자산, 부채 및 우발부채의 공정가치에 대한 취득자의 지분이 사업결합원가를 초과하는 경우 피취득자의 식별가능한 자산, 부채 및 우발부채의 공정가치에 대한 식별 및 측정, 그리고 사업결합원가에 대한 측정을 다시 평가하고 이러한 재평가 이후에도 계속해서 남는 초과분은 즉시 당기손익으로 인식하도록 하였다. '기업인수·합병 등에 관한 회계처리준칙'에서는 이러한 금액의 발생원인에 따라 발생시점에서 이익으로 인식하거나 상각가능한 자산의 가중평균내용연수에 걸쳐 정액법으로 환입하도록 하였고 이를 초과하는 금액을 손익으로 인식하도록 하였다.

9) 잠정적으로 결정된 최초회계처리 완료

이 기준서의 문단 62에서는 피취득자의 식별가능한 자산, 부채 및 우발부채의 공정가치 또는 사업결합원가가 잠정적으로 결정되어 사업결합이 일어난 회계기간 말까지 이를 잠정적으로 회계처리한 경우 취득일부터 12개월 이내 조정하도록 하였다. '기업인수·합병 등에 관한 회계처리준칙'에서는 취득일 이후 최초로 개시하는 회계연도 말까지 최초회계처리를 수정하도록 하였다.

31. 기업회계기준서 제1104호와 '현행의 기업회계기준' 과의 비교

이 비교는 기업회계기준서 제1104호의 일부를 구성하는 것은 아니다. 이 비교는 기업회계기준서 제1104호 '보험계약'과 '현행의 기업회계기준'과의 모든 차이점을 기술하고 있는 것은 아니다.

1) 기준서의 적용범위

현행 보험업회계처리준칙에서는 보험회사를 그 적용대상으로 하고 있으나, 기업회계기준서 제1104호에서는 기준서의 적용대상을 '보험계약'으로 정하고 보험계약으로 분류되기 위한 조건을 충족시키지 못한 경우에는 이를 투자계약으로 분류하여 기준서의 적용범위에서 제외하고 있다.

표 31-1 기준서의 적용범위

구분	K-IFRS 제1104호	보험준칙
기준서의 적용범위	기준서의 적용범위 [문단 2] (1) 보험자가 발행한 보험계약(재보험계약 포함) 및 보유하고 있는 재보험계약 (2) 보험자가 발행한 임의배당요소를 가지고 있는 금융상품	보험업을 영위하는 보험회사에 적용함. 보험업법에 의해 설립된 보험회사와 유사한 영업을 영위하는 회사에도 준용할 수 있음.

2) 내재파생상품의 평가

기업회계기준서 제1104호에서는 내재파생상품이 기업회계기준서 제1039호에서 정한 특정 조건을 충족하는 경우, 내재파생상품을 주계약에서 분리하여 공정가치로 측정하고 공정가치의 변동액을 당기손익에 반영할 것을 규정하고 있으나, 현행 보험업회계처리준칙에서는 그러한 규정을 하고 있지 않다.

3) 저축요소의 분리

기업회계기준서 제1104호에서는 보험요소와 저축요소를 모두 포함하고 있는 보험계약과 관련하여 두 요소의 분리 여부를 결정하는 기준을 제시하고 특정 조건을 충족하는 경우 반드시 두 요소를 분리할 것을 요구하고 있으나, 현행 보험업회계처리준칙에서는 그러한 규정을 하고 있지 않다.

4) 비상위험준비금 등의 인식 금지

현행 보험업회계처리준칙에서는 보험료 중 비상위험에 대비할 목적으로 산정된 금액을 비상위험준비금으로 적립하도록 하고 있으나, 기업회계기준서 제1104호에서는 보고기간말에 계약의 존재유무와 관계없이 누적하여 적립하고 있는 비상위험준비금 등의 충당부채를 인식할 수 없도록 규정하고 있다.

5) 재보험 회계처리

현행 보험업회계처리준칙에서는 재보험계약으로 인하여 재보험사로부터 회수가능한 금액은 출재보험준비금의 과목으로 하여 책임준비금에서 차감하는 방식으로 표시하도록 하고 있다. 그러나 기업회계기준서 제1104호에서는 당초 보험계약상 의무가 면제, 취소 또는 소멸된 경우가 아니라면 보험부채와 관련 재보험자산을 상계하여 표시할 수 없도록 규정하고 있다.

표 31-2 재보험 회계처리

구분	K-IFRS 제1104호	보험준칙
재보험 회계처리	·재보험자산과 관련 보험부채, 재보험계약에서 발생한 손익과 관련 보험계약에서 발생한 손익은 상계하지 않음. [문단 14] ·재보험계약자의 재보험자산이 손상되면 당해 자산의 장부금액을 감소시키고, 손상차손을 당기손익으로 인식함. [문단 20]	재보험계약으로 인하여 재보험사로부터 회수가능한 금액은 출재보험준비금의 과목으로 하여 책임준비금에서 차감하는 방식으로 표시함.

6) 보험부채 평가

(1) 현행 보험업회계처리준칙에서는 보험계약에 대하여 순보험료 방식으로 보험료적립금을 적립할 것과 보험료결손이 발생하는 경우의 처리방법을 규정하고 있다. 반면, 기업회계기준서 제1104호에서는 부채적정성평가를 수행할 때 관련된 모든 현금흐름을 고려하고 부적정하다고 판단되는 보험부채에 대하여 차액을 모두 당기손익으로 인식하도록 하고 있다. 또한 회계정책이 최소한의 요구사항을 충족하는 부채적정성평가를 채택하고 있지 않은 경우에는 보험부채가 기업회계기준서 제1037호에 따라 산정된 금액에 미달하는지의 여부를 판단하여 차액을 당기손익으로 인식하도록 하고 있다.

(2) 현행 보험업회계처리준칙에서는 보험료결손이 예상되는 경우를 제외하고는 보험계약시점에 적용한 예정이익률 등의 가정을 매기 계속적으로 적용하도록 하고 있다. 반면, 기업회계기준서 제1104호에서는 기존에 보험부채를 현재가치 할

인이 되지 않은 금액으로 측정하였다면 계속 적용이 가능하고 현행시장이자율을 반영하여 지정된 보험부채를 재측정하는 회계정책을 도입할 수 있도록 허용하나, 보험계약 측정시 미래투자수익을 반영하는 회계정책을 도입하는 데에는 제한을 두고 있다.

7) 그림자회계

기업회계기준서 제1104호에서는 미실현손익이 실현손익과 동일하게 보험부채(이연신계약비, 무형자산)의 측정에 영향을 미칠 수 있도록 하는 회계정책(즉, 그림자회계)으로 변경할 수 있음을 규정하고 있으나, 현행 보험업회계처리준칙에서는 그러한 규정을 하고 있지 않다.

8) 임의배당요소

현행 보험업회계처리준칙에서는 모든 보험계약의 보험료수입은 수익으로 인식하고, 보고기간말에 계약자에게 배당할 금액은 계약자배당준비금이나 계약자이익배당준비금과 같은 부채로 계상하도록 규정하고 있다. 반면, 기업회계기준서 제1104호에서는 임의배당요소를 보장요소와 분리하여 부채나 자본으로 분류할 수 있도록 하고, 자본으로 분류하는 경우 자본항목에 귀속되는 손익은 수익이나 비용이 아닌 당기손익의 배분으로 인식하도록 규정하고 있다.

표 31-3 임의배당요소

구분	K-IFRS 제1104호	보험준칙
임의배당요소	보험계약에서 임의배당요소는 보장요소와 분리하여 인식할 수 있으며, 분리하는 경우 보장요소만 부채로 분류하고 분리하지 않는 경우 전체 계약을 부채로 분류함. 임의배당요소는 일관되게 부채 또는 별도의 자본항목으로	모든 보험계약의 보험료수입은 수익으로 인식하고, 대차대조표일 현재 보험계약자에게 배당할 금액은 계약자배당준비금이나 계약자이익배당준비금과 같은 부채로 계상하도록 규정하고 있음.

	분류하고, 자본으로 분류된 요소에 귀속되는 손익은 수익이나 비용이 아닌 당기손익의 배분으로 인식함. [문단 34]	

9) 수익 인식

현행 보험업회계처리준칙에서는 보험료의 회수기일이 도래한 때 수익으로 인식하고 미경과보험료 상당액은 책임준비금으로 계상하되, 보험료 연체 등의 사유로 보험료의 납입이 유예되는 등의 경우에는 회수기일이 도래하더라도 수익으로 인식하지 아니한다고 규정하고 있으나, 기업회계기준서 제1104호에서는 그러한 규정을 하고 있지 않다.

10) 공시

현행 보험업회계처리준칙에는 중요한 회계처리방침과 보험종류별 책임준비금, 신계약비, 보험료수익의 세부내역 등과 같이 재무제표에 반영된 금액과 관련된 공시사항이 대부분이나, 기업회계기준서 제1104호에는 과거의 거래결과보다는 미래의 위험과 관련된 공시 정보가 많이 추가되었으며 구체적인 요구사항을 제시하지 않아 기업의 판단에 따라 세부내용을 결정하도록 하고 있다.

32. 기업회계기준서 제1105호와 '현행의 기업회계기준' 과의 비교

이 비교는 기업회계기준서 제1105호의 일부를 구성하는 것은 아니다. 기업회계기준서 제1105호 '매각예정비유동자산과 중단영업'과 '현행의 기업회계기준'의 모든 차이점을 기술하고 있는 것은 아니다.

1) 매각예정비유동자산의 정의

기업회계기준서 제1105호에서는 중단사업과 처분할 비유동자산에 대해 규정하고 있으나 현행의 기업회계기준서 제11호 '중단사업'은 중단사업의 회계처리만을 다루고 있다. 대신에 개별 기업회계기준서(제3호와 제5호 등)에 처분예정인 자산에 대한 규정을 하고 있다.

2) 매각예정비유동자산의 분류

기업회계기준서 제1105호에서는 매각예정분류기준을 충족하는 경우에만 유동자산으로 분류하여야 하나, 현행의 기업회계기준서 제21호 '재무제표의 작성과 표시 I'에 따르면 12개월 이내에 비유동자산을 처분할 의도를 가지고 있다면 당해 자산을 유동자산으로 분류하여야 한다. 따라서 두 기준을 적용한 결과는 서로 다를 수 있다. 현행의 기업회계기준서에서의 유동자산의 정의는 다음과 같다.

(1) 사용의 제한이 없는 현금 및 현금성자산

(2) 기업의 정상적인 영업주기 내에 실현될 것으로 예상되거나 판매목적 또는 소비목적으로 보유하고 있는 자산

(3) 단기매매 목적으로 보유하는 자산

(4) (1) 내지 (3) 외에 보고기간 후부터 1년 이내에 현금화 또는 실현될 것으로 예상되는 자산

기업회계기준서 제21호 '재무제표의 작성과 표시 I'에 따르면 12개월 이내에 비유동자산을 처분할 의도를 가지고 있다면 당해 자산을 유동자산으로 분류하여야 한다. 그러나 기업회계기준서 제21호에서는 비유동자산을 유동자산으로 재분류할 수 있는 상황을 식별하는 구체적인 지침이 없기 때문에 두 기준을 적용한 결과는 서로 다를 수 있다.

3) 매각예정 비유동자산의 측정

기업회계기준서 제1105호에서는 매각예정비유동자산으로 분류되면 감가상각을 중단하며 순공정가치와 장부금액 중 작은 금액으로 측정하고 있으며, 현행의 기

업회계기준인 기업회계기준서 제3호와 제5호에서는 중단한 시점의 장부금액으로 측정하며 감액손실 여부를 판단하여 감액손실을 인식한다.

4) 매각예정비유동자산의 재무상태표 표시

기업회계기준서 제1105호의 문단 38에서는 매각예정비유동자산과 처분자산집단의 자산과 부채를 재무상태표에 별도로 표시하도록 하고 있으며, 당해 자산과 부채의 주요 유형을 재무상태표나 주석에 공시하도록 하고 있다. 기업회계기준서 제11호는 매각예정분류에 대한 별도 규정이 없으므로 이러한 공시를 요구하지 않고 있다.

5) 중단영업 분류시점

기업회계기준서 제1105호의 문단 32에서는 영업이 매각예정분류기준을 충족하거나 실제 처분된 시점에 중단영업으로 분류하도록 하고 있다. 기업회계기준서 제11호 '중단사업'에서는 최초공시사건 발생시점, 즉 특정사업에 속하는 대부분의 자산에 대한 구속력 있는 매각계약이 체결되거나 기업의 이사회나 이와 유사한 권한을 가진 의사결정기구의 특정사업에 대한 공식적이며 구체적인 중단계획의 승인 및 발표 중 먼저 발생한 시점에 중단사업으로 분류하도록 하고 있다.

표 32-1 중단영업 분류시점

구분	K-IFRS 제1105호	현행 기업회계기준서 제11호
중단영업 분류시점	·영업이 처분되거나 매각예정으로 분류되는 때(최초공시사건 개념의 삭제) (문단 32) ·비유동자산을 폐기하는 경우에 사용이 중단된 날에 중단영업으로 표시(문단13)	·최초공시사건 발생시점(문단12)

6) 매각예정분류기준을 충족하는 신규 취득 종속기업에 대한 공시 면제

기업회계기준서 제11호 '중단사업'에서는 중단사업손익의 산출내역을 공시하도록 하고 있다. 반면에 기업회계기준서 제1105호의 문단 33(2)에서는 매각예정분류기준을 충족하는 신규 취득 종속기업에 대해서는 당해 공시를 면제하고 있다.

7) 영업중단계획을 철회한 경우

기업회계기준서 제1105호의 문단 36에서는 매각예정으로 분류할 수 없게 된 구분단위의 영업성과는 모든 회계기간에 재분류하여 계속영업손익에 포함하도록 하고 있으나, 기업회계기준서 제11호에서는 전년도의 사업중단직접비용과 중단사업자산손상차손을 제외한 중단사업손익을 계속사업손익으로 재분류하도록 하고 있다.

33, 기업회계기준서 제1106호와 '현행의 기업회계기준'과의 비교

이 비교는 기업회계기준서 제1106호의 일부를 구성하는 것은 아니다. 이 비교는 기업회계기준서 제1106호 '광물자원의 탐사와 평가'와 '현행의 기업회계기준'의 모든 차이점을 기술하고 있는 것은 아니다.

1) 자산재평가

현행의 기업회계기준에서는 자산재평가를 인정하고 있지 않으나 탐사와 평가 관련 자산의 분류 형태에 따라 기업회계기준서 제1016호 '유형자산'이나 기업회계기준서 제1038호 '무형자산'에 규정된 자산재평가를 적용하는 것이 허용되어 손익과 자산의 변동가능성이 증가할 것으로 판단된다. 그러나 무형자산으로 분류된 자산의 경우는 기업회계기준서 제1038호 '무형자산' 규정상 활성거래시장이 존재할 경우에만 자산재평가가 가능하도록 하고 있다.

34. 기업회계기준서 제1107호와 '현행의 기업회계기준'과의 비교

이 비교는 기업회계기준서 제1107호의 일부를 구성하는 것은 아니다. 이 비교는 기업회계기준서 제1107호 '금융상품: 공시'와 '현행의 기업회계기준'의 모든 차이점을 기술하고 있는 것은 아니다.

1) 일반사항

현행의 기업회계기준은 금융상품을 보유하는 기업이 속한 산업별 비교가능성을 제고하기 위하여 구체적인 공시사항을 정하고 있으나, 이 기준서는 금융상품을 보유하는 기업이 속한 산업에 관계없이 재무제표 이용자에게 유용한 공시사항에 대하여 원칙중심의 규정을 정하고 있으며, 기본적으로 기업의 내부보고자료를 활용하는 접근방법을 채택하고 있다.

2) 위험의 집중

이 기준서에서는 다른 금융회사에 대한 노출정도의 집중을 포함하여 모든 기업이 관리·내부보고하고 있는 모든 위험의 집중에 관한 정보의 공시를 개괄적으로 요구하는 반면, 현행의 기업회계기준은 금융회사에 한하여 다른 금융회사에 대한 노출정도의 집중 및 의존도에 관련된 정보의 공시를 비교적 구체적인 형태로 요구하고 있다.

3) 유동성 위험

현행의 기업회계기준에서 요구하는 잔존계약만기별 분석자료의 범위는 금융자산 및 금융부채이나 이 기준서는 금융부채에 대하여만 잔존계약만기별 분석자료를 요구하는 대신, 유동성위험을 관리하는 방법에 대한 설명을 포괄적으로 공시하도록 하고 있다.

4) 금융자산의 양도

현행의 기업회계기준의 경우 차입거래 및 매각거래로 인식하는 모든 경우의 양도거래에 대하여 양도 및 차입의 내역과 조건 등 공시가 필요한 사항을 구체적으로 열거하고 있으나, 이 기준서에서는 양도의 결과로 재무상태표에서 제거되는 경우에 대하여는 명시적인 관련 규정을 두고 있지 않으며, 제거조건을 충족하지 않는 방법으로 양도되는 경우에 대한 금융자산의 분류별 정보를 공시하도록 하고 있다.

5) 파생상품

(1) 이 기준서의 경우 위험회피회계가 적용되지 않는 파생상품은 일반적인 금융상품과 동일하게 취급하고 있으나, 현행의 해석 53-70에서는 일반금융상품의 공시사항과 별도로 공시에 필요한 사항을 구체화하고 있으며, 금융회사의 경우 파생상품의 잠재적 노출위험정도를 파악하기 위한 추가정보의 공시가 필요하다.

(2) 위험회피회계가 적용되는 경우에는 이 기준서의 공시원칙에 의한 공시사항과 현행의 해석 53-70의 구체적 공시사항의 차이가 크지 않다.

6) 유가증권

이 기준서의 경우 일반적인 금융상품에 포함하여 주석공시를 요구하고 있어, 현행의 기업회계기준이 공시하도록 정하고 있는 다음과 같은 구체적인 사항을 명시하지 않고 있다.

(1) 만기보유금융상품에 대하여 분류제한규정(tainting rule)이 적용되는 경우에 공시하여야 할 사항

(2) 전환증권과 관련된 주요 사항

(3) 유가증권대차거래와 관련된 사항

표 34-1 주석공시

구분	K-IFRS 제1107호	현행 기업회계기준
주석공시	·금융상품과 관련된 별도의 기준서로 통합하여 규정 ·원칙중심으로 규정 ·내부보고자료를 활용하는 접근방법 ·모든 기업을 대상으로 적용	·기업회계기준서, 기업회계기준 및 업종별회계처리준칙 등에서 개별적으로 규정하고 있음. ·금융상품/위험별 구체적인 사항을 규정 ·기업간 비교가능성을 강조 ·산업별 적용대상이 상이하며, 금융권역별 차이도 존재

7) (투자)신탁활동

이 기준서에는 신탁활동의 수행에 따른 잠재적 손실, 신탁과의 거래 내역 등을 공시하도록 하는 명시적인 관련 문단이 없다.

35, 기업회계기준서 제1108호와 '현행의 기업회계기준'과의 비교

이 비교는 기업회계기준서 제1108호의 일부를 구성하는 것은 아니다. 이 비교는 기업회계기준서 제1108호 '영업부문'과 '현행의 기업회계기준'과의 모든 차이점을 기술하고 있는 것은 아니다.

1) 적용대상기업

현행의 기업회계기준은 상장기업이나 상장예정기업이 아닌 기업도 일부 포함될 수 있지만 이 기준서에서는 적용대상을 공개기업과 공개예정기업으로만 명시적으로 제한하고 있다.

2) 부문의 구분

현행의 기업회계기준은 사업별 부문과 지역별 부문으로 구분하도록 하고 있으나, 이 기준서에서는 내부적으로 구분하는 영업부문에 따라 부문정보를 구분할 수 있어서 반드시 사업별 부문이나 지역별 부문으로 구분하지 않을 수 있다.

표 35-1 부문의 구분

구분	K-IFRS 제1108호	해석 50-87
부문의 구분	기업의 영업부문은 다음 사항을 모두 충족하는 구성단위를 말한다. (1) 수익을 창출하고 비용을 발생시키는 사업활동을 영위한다. (2) 부문에 배분될 자원에 대한 의사결정을 하고 부문의 성과를 평가하기 위하여 최고영업의사결정자가 영업성과를 정기적으로 검토한다. (3) 구분된 재무정보의 이용이 가능하다. (문단 5)	사업별 부문과 지역별 부문으로 구분하여 각각 공시한다(2. 부문의 구분).

3) 부문별 공시 내용

이 기준서는 현행의 기업회계기준 보다 많은 공시 내용을 요구하고 있다. 예를 들어, 보고부문의 자산총액, 당기손익 등은 현행의 기업회계기준에서는 요구되지 않았으나 이 기준서에서는 요구하고 있다.

4) 부문의 측정

이 기준서에서는 최고영업의사결정자에게 보고되는 측정치의 사용을 원칙으로 하고 있어서 내부보고되는 측정방법을 사용할 수 있게 하고 있는 반면에 현행의 기업회계기준에서는 측정원칙에 대한 명문규정은 없다.

5) 기업전체 수준에서의 공시

이 기준서에서는 현행의 기업회계기준에서와 같은 사업별이나 지역별 부문의 구분이 요구되지 않고 있어서 이러한 구분으로 부문이 보고되지 않을 경우에 보완적으로 기업전체 수준에서 이들에 대한 정보를 요구하고 있다.

36. 기업회계기준해석서 제2010호와 '현행의 기업회계기준'과의 비교

이 비교는 기업회계기준해석서 제2010호의 일부를 구성하는 것은 아니다. 이 비교는 기업회계기준해석서 제2010호 '정부지원: 영업활동과 특정한 관련이 없는 경우'과 현행의 기업회계기준의 모든 차이점을 기술하고 있는 것은 아니다.

현행의 기업실무에서 기업회계기준해석서 제2010호의 내용과 유사하게 회계처리하고 있으므로 현행 기업실무나 재무제표에 미치는 영향은 없을 것으로 판단된다.

37. 기업회계기준해석서 제2012호와 '현행의 기업회계기준'과의 비교

이 비교는 기업회계기준해석서 제2012호의 일부를 구성하는 것은 아니다. 이 비교는 기업회계기준해석서 제2012호 '연결: 특수목적기업'과 '현행의 기업회계기준'과의 모든 차이점을 기술하고 있는 것은 아니다.

1) 연결범위

(1) 기업회계기준서 제25호 '연결재무제표'는 연결대상 종속회사를 외감법 시행령에 따라 결정하도록 하고 있다. 외감법 시행령에서는 의결권 있는 주식 등의 소유지분율, 이사회나 이에 준하는 의사결정기구 구성원 과반수의 임면 권한 등과 같이 의사결정능력 위주로 지배 여부를 판단하고 있다. 이 해석서는 연결대상 여부를 판단하는 지표로서 의사결정능력 뿐만 아니라 활동, 효익, 위험을 검토하도록 규정하고 있다.

(2) 외감법 시행령에서는 간접투자자산 운용업법에 따른 투자회사와 기업구조조정투자회사법에 의한 기업구조조정투자회사는 연결재무제표 작성대상 종속회사의 범위에서 제외하고 있다. 기업회계기준서 제1027호와 이 해석서에 따르면 이러한 기업에 대해서도 지배 여부를 판단하여 연결대상 여부를 결정해야 한다.

38. 기업회계기준해석서 제2013호와 '현행의 기업회계기준' 과의 비교

이 비교는 기업회계기준해석서 제2013호의 일부를 구성하는 것은 아니다. 이 비교는 기업회계기준해석서 제2013호 '공동지배기업: 참여자의 비화폐성 출자'와 현행의 기업회계기준과의 모든 차이점을 기술하고 있는 것은 아니다.

1) 공동지배기업에 대한 비화폐성자산의 출자 관련 손익인식

기업회계기준서 제18호 문단 29에 의하면, 공동지배기업에 비화폐성자산을 출자한 경우에 발생하는 손익 중 당해 참여자의 지분을 제외한 부분은 당기손익으로 인식하도록 하고 있다. 결론도출근거에서 관련된 문단 A10에 의하면 참여자가 출자 후에도 이전된 자산에 대하여 계속하여 관리적 참여를 하고 있다는 사실에 근거하여 회계처리하도록 하고 있다. 그리고 문단 A21에 의하면 비화폐성자산을 출자한 대가로 투자지분 외에 추가적으로 화폐성자산 또는 다른 비화폐성자산을 받았는지 여부에 관계없이 비화폐성자산의 출자로 발생한 손익 중 당해 참여자의 지분을 제외한 부분만을 실현된 것으로 보아 당기손익에 반영한다. 그러나 기업회계기준서 제1031호와 기업회계기준해석서 제2013호에 의하면 투자지분 외에 현금 또는 출자된 자산과 다른 비화폐성자산을 추가로 받는 경우, 추가로 받은 자산은 조인트벤처의 미래 현금흐름과 관계없으므로 실현된 것으로 보고 있다. 따라서 추가로 받은 자산에 해당되는 이익은 전액을 인식하고 투자지분에 해당되는 이익은 당해 참여자의 지분을 제외한 부분만을 인식하게 된다.

39. 기업회계기준해석서 제2015호와 '현행의 기업회계기준' 과의 비교

이 비교는 기업회계기준해석서 제2015호의 일부를 구성하는 것은 아니다. 이 비교는 기업회계기준해석서 제2015호 '운용리스: 인센티브'와 '현행의 기업회계기준'과의 모든 차이점을 기술하고 있는 것은 아니다.

이 해석서에서 규정하고 있는 '운용리스 인센티브'는 현행의 기업회계기준(기업회계기준서 제19호 '리스' 등)에서 명시적으로 규정되어 있지 않다. 그러나 해당 항목이 본질적으로 리스를 유도하기 위한 대가에 해당하므로 대가의 손익효과를 리스기간에 걸쳐 인식하는 것은 개념적으로 타당한 방법이 될 것이다.

표 39-1 운용리스 인센티브

구분	K-IFRS 제2015호	현행 기업회계기준서 제19호
운용리스 인센티브	1. 신규 또는 갱신되는 운용리스를 협상할 때 리스제공자는 리스이용자가 계약을 체결하도록 인센티브를 제공할 수 있다. 이러한 인센티브의 예로는 리스이용자의 원가(예: 재배치원가, 리스자산개량원가, 리스이용자의 기존 리스약정과 관련된 원가)를 리스이용자에게 현금으로 미리 지급해 주거나, 리스제공자가 보상하거나 부담하는 경우를 들 수 있다. 다른 예로는 리스기간 초기의 리스료를 면제하여 주거나 줄여줄 수도 있다.	명문 규정 없음.

40. 기업회계기준해석서 제2021호와 '현행의 기업회계기준'과의 비교

이 비교는 기업회계기준해석서 제2021호의 일부를 구성하는 것은 아니다. 이 비교는 기업회계기준해석서 제2021호 '법인세: 재평가된 비상각자산의 회수'와 '현행의 기업회계기준'의 모든 차이점을 기술하고 있는 것은 아니다.

1) 비상각자산의 회수 방법 및 이연법인세 인식에 대한 규정

(1) 현행의 기업회계기준서 제16호에서는 자산재평가법에 의해 재평가된 토지의 경우 문단 70의 2에 따라 당해 토지를 예측가능한 미래에 처분하지 않을 것이 거의 확실한 경우 이연법인세부채를 인식하지 않을 수 있다고 규정하고 있으나, 이 해석서는 이연법인세부채의 인식 예외를 규정하지 않았고 처분으로 회수되는 것으로 본다.

(2) 현행의 기업회계기준서 제16호에 의하여도 비상각자산은 처분을 통해 회수되는 것으로 보아야 하나, 2005년 6월 기준서 제16호의 문단 70의 2를 추가함에 따라 처분하지 않을 토지의 경우 재평가로 인한 일시적차이에 대하여 이연법인세 부채를 인식하지 않을 수 있도록 규정(과거 해석 【45-52】에 따른 규정임)하고 있으므로 실무적으로 차이가 발생한다.

그러나 이러한 차이는 이 해석서가 제정됨에 따라 나타나는 것이 아니라 국제회계기준을 수용한 기업회계기준서 제1012호를 도입함으로 인하여 나타나는 것이다.

표 40-1 비상각자산의 회수 방법 및 이연법인세 인식에 대한 규정

구분	K-IFRS 제2021호	현행 기업회계기준서 제16호
비상각자산의 회수 방법 및 이연법인세 인식에 대한 규정	기업회계기준서 제1012호에서 이연법인세 부채의 인식 예외를 규정하지 않았고, 이 해석서에 의해 처분으로 회수되는 것으로 봄.	자산재평가법에 의해 재평가된 토지의 경우 문단 70의 2에 따라 당해 토지를 예측가능한 미래에 처분하지 않을 것이 거의 확실한 경우 이연법인세부채를 인식하지 않을 수 있음.

41. 기업회계기준해석서 제2025호와 '현행의 기업회계기준'과의 비교

이 비교는 기업회계기준해석서 제2025호의 일부를 구성하는 것은 아니다. 이 비교는 기업회계기준해석서 제2025호 '법인세: 기업이나 주주의 납세지위 변동'과 '현행의 기업회계기준'의 모든 차이점을 기술하고 있는 것은 아니다.

1) 기업이나 주주의 납세지위 변동에 대한 규정

(1) 이 해석서는 기업이나 주주의 납세지위 변동을 당기손익에 포함한다. 다만, 자본 항목과 관련된 부분은 제외한다.

(2) 현행의 기업회계기준서 제16호 '법인세'는 기업이나 주주의 납세지위 변동에 대하여 별도로 규정하지 아니한다. 이 해석서에 따르면 기업이나 주주의 납세지

위 변동에 따라 당해 기업의 법인세 자산이나 부채가 변동된 경우, 이로 인한 세효과를 당기손익에 반영(세효과가 동일 기간 또는 다른 기간에 자본으로 인식된 금액의 변동과 관련된 경우에는 자본에서 직접 차감)한다.

(3) 다만, 이 해석서가 없는 경우에도 동 기준서 문단 41과 문단 42에 따라 법인세 자산이나 부채를 측정하고 측정 금액이 변경된 경우 현행의 기업회계기준서 제1호에 따라 처리하여야 할 것이다. 이 경우, 기업이나 주주의 납세지위 변동은 오류수정에 해당하지 아니하고 회계추정의 변경으로 처리하는 것이 적절하다. 이러한 해석서 제2025호의 결론은 일반원칙과 동일하다.

(4) 회계추정이 변경된 경우의 회계처리 원칙은, 인식된 법인세 금액의 변동에 대한 회계처리방법을 설명한 현행의 기업회계기준서 제16호의 문단 52에 그대로 적용되어 있다. 즉, 별도 규정이 없더라도 일반원칙에 따른 회계처리와 해석서에 따른 회계처리, 기업회계기준서 제16호 문단 52에 따른 회계처리가 모두 동일하므로 차이가 없다.

표 41-1 기업이나 주주의 납세지위 변동에 대한 규정

구분	K-IFRS 제2025호	현행 기업회계기준서 제16호
기업이나 주주의 납세지위 변동에 대한 규정	당해 기간의 순손익으로 회계처리함. 다만, 자본 항목과 관련된 부분 제외.	별도의 규정은 없음.

42. 기업회계기준해석서 제2027호 와 '현행의 기업회계기준' 과의 비교

이 비교는 기업회계기준해석서 제2027호의 일부를 구성하는 것은 아니다. 이 비교는 기업회계기준해석서 제2027호 '법적 형식상의 리스를 포함하는 거래의 실질에 대한 평가'와 '현행의 기업회계기준'과의 모든 차이점을 기술하고 있는 것은 아니다.

현행의 기업회계기준과의 주요 차이

1. 현행의 기업회계기준은 특정 목적(예: 세무상의 혜택)을 위하여 리스의 법적 형식을 가지고 있지만 기초 자산의 사용권의 이전이 실질적으로 이루어지지 않는 약정에 대하여 구체적으로 규정하지 않고 있다.

2. 기준서나 해석서에서 구체적으로 규정하지 않더라도, 이러한 약정에 대해서는 기업회계기준서와 '재무제표의 작성과 표시를 위한 개념체계'를 통하여 해결할 수 있을 것이다. 그러나 이 해석서를 통하여 리스의 법적 형식을 가지고 있는 가공의 리스거래에 대하여 일관성 있는 회계처리가 이루어질 수 있을 것이다.

3. 결론적으로 이 해석서가 현행의 기업회계기준과 본질적으로 다른 회계처리를 제시하는 것은 아니다.

43, 기업회계기준해석서 제2029호와 '현행의 기업회계기준'과의 비교

이 비교는 기업회계기준해석서 제2029호의 일부를 구성하는 것은 아니다. 이 비교는 기업회계기준해석서 제2029호 '민간투자사업: 공시'와 '현행의 기업회계기준'의 모든 차이점을 기술하고 있는 것은 아니다.

1) 일반사항

국제회계기준해석(SIC) 제29호에서 공시사항을 규정하고 있으며, 2006년 11월에 제정된 국제재무보고기준해석(IFRIC) 제12호(시행일: 2008년 1월 1일 이후)에서 인식과 측정문제를 다루고 있는 'Service Concession Arrangement'는 우리나라의 「사회기반시설에 대한 민간투자법」에 따른 '민간투자사업'에 해당한다.

2) 현행의 기업회계기준과의 주요 차이

(1) 현행의 기업회계기준에는 이 해석서에 대응하는 기준(서) 또는 해석이 없으며, 사용수익기부자산(무형자산)의 인식 등에 관한 질의회신은 있으나, 이와 관련

된 주석공시사항에 대한 질의회신은 없는 상태이므로, 현행의 기업회계기준에서 요구하는 일반적 주석사항에 따라 공시가 이루어지고 있을 것으로 추정된다.

(2) 관련 거래에 대한 공시사항을 최초로 규정하는 이 해석서의 문단 6과 7은 기업회계기준서 제21호 '재무제표의 작성과 표시 I'의 문단 96(3) 등 주석의 일반원칙에 대한 구체적인 내용으로 볼 수 있다.

44, 기업회계기준해석서 제2031호와 '현행의 기업회계기준'과의 비교

이 비교는 기업회계기준해석서 제2031호의 일부를 구성하는 것은 아니다. 이 비교는 기업회계기준해석서 제2031호 '수익: 광고용역의 교환거래'와 '현행의 기업회계기준'과의 모든 차이점을 기술하고 있는 것은 아니다.

광고용역의 교환에 대한 수익의 측정

1. 현행의 기업회계기준서 제4호에서는 성격이나 가치가 상이한 재화나 용역을 교환하는 경우, 그 수익의 측정과 관련하여 문단 9에서 규정하고 있으며 기업회계기준해석서 제2031호는 기본적으로 기업회계기준서 제4호의 내용과 상충되지 않는다. 그러나 현행의 기업회계기준에서는 광고용역의 교환에 대한 수익의 측정과 관련하여 구체적으로 규정하고 있지 아니 하다.

2. 기업회계기준해석서 제2031호는 광고용역의 교환시 그 수익의 측정과 관련하여 우선적으로 고려해야 하는 제공받은 광고용역의 공정가치를 신뢰성있게 측정할 수 없다고 간주하고 있다. 이는 광고를 제공하는 기업의 입장에서 제공받는 광고용역의 공정가치에 대한 신뢰성 있는 정보를 입수할 가능성이 현실적으로 매우 낮기 때문이다.

3. 따라서 상이한 광고용역의 교환거래에서 발생하는 수익은 비교환거래를 참조하여 제공하는 광고용역의 공정가치로 측정하도록 규정하고 있으며 참조할 비교환거래는 다음 모두를 충족하여야 한다.

(가) 교환거래의 광고와 유사한 광고의 거래이다.

(나) 자주 발생한다.

(다) 교환거래의 광고와 유사한 광고를 제공하는 모든 거래 중 발생 건수와 금액 측면에서 주된 거래이다.

(라) 현금 또는 공정가치를 신뢰성있게 측정할 수 있는 다른 형태의 대가(예: 시장성 있는 유가증권, 비화폐성 자산 및 기타 용역)를 수반한다.

(마) 거래상대방이 교환거래의 상대방과 다르다.

표 44-1 광고용역의 교환에 대한 수익의 측정

구분	K-IFRS 제2031호	현행 기업회계기준서 제4호
광고용역의 교환에 대한 수익의 측정	5. 광고용역의 교환거래로 인한 수익은 제공받는 광고용역의 공정가치로 신뢰성 있게 측정할 수 없다. 그러나 교환거래시 다음 모두를 충족하는 비교환거래를 참조하여, 판매자는 교환거래시 제공하는 광고용역의 공정가치로 수익을 신뢰성 있게 측정할 수 있다.	9. 성격과 가치가 상이한 재화나 용역간의 교환은 수익을 발생시키는 거래로 본다. 이때 수익은 교환으로 취득한 재화나 용역의 공정가치로 측정하되, 현금 또는 현금성자산의 이전이 수반되면 이를 반영하여 조정한다. 만일 취득한 재화나 용역의 공정가치를 신뢰성 있게 측정할 수 없으면 그 수익은 제공한 재화나 용역의 공정가치로 측정하고, 현금 또는 현금성자산의 이전이 수반되면 이를 반영하여 조정한다.

45. 기업회계기준해석서 제2032호와 '현행의 기업회계기준'과의 비교

이 비교는 기업회계기준해석서 제2032호의 일부를 구성하는 것은 아니다. 이 비교는 기업회계기준해석서 제2032호 '무형자산: 웹 사이트 원가'와 '현행의 기업회계기준'의 모든 차이점을 기술하고 있는 것은 아니다.

현행의 기업회계기준에서는 명시적이지 않았으나 이 해석서에서는 기업이 내부 또는 외부 접근을 위해 개발한 자체의 웹 사이트는 기업회계기준서 제1038호가 적용되는 내부적으로 창출한 무형자산으로 본다.

46. 기업회계기준해석서 제2101호와 '현행의 기업회계기준'과의 비교

이 비교는 기업회계기준해석서 제2101호의 일부를 구성하는 것은 아니다. 이 비교는 기업회계기준해석서 제2101호 '사후처리 및 복구관련 충당부채의 변경'과 '현행의 기업회계기준'의 모든 차이점을 기술하고 있는 것은 아니다.

1) 할인율 변동에 의한 사후처리 및 복구관련 충당부채의 측정 변경

(1) 기업회계기준해석서 제2101호에서는 사후처리 및 복구관련 충당부채가 변동할 수 있는 상황을 문단 3에서 열거하고 있으며, 그 중 현행 할인율의 변경을 관련 충당부채가 변경될 수 있는 상황으로 기술하고 있다.

(2) 현행의 기업회계기준서 제17호에서는 충당부채가 변경될 수 있는 구체적인 상황을 언급하고 있지 아니하나, 문단 40에서 충당부채의 현재가치계산에 사용된 할인율은 변동하지 않고 당초에 사용한 할인율을 계속 적용한다라고 언급하고 있다. 따라서 할인율 변경에 의한 충당부채의 변경이 발생할 여지가 없다.

표 46-1 할인율 변동에 의한 사후처리 및 복구관련 충당부채의 측정 변경

구분	K-IFRS 제2101호	현행 기업회계기준서 제17호
할인율 변동에 의한 사후처리 및 복구관련 충당부채의 측정 변경	문단 3 사후처리 및 복구관련 충당부채의 측정을 변경시키는 다음의 사건 -기업회계기준서 제1037호의 문단 47에서 정의한 시장에 기초한 현행 할인율의 변경 (화폐의 시간가치의 변화와 당해 부채에 특정된 위험을 포함한다)	문단 40 충당부채의 현재가치 평가에 사용한 할인율은 변동되지 않는 것으로 보고 당초에 사용한 할인율을 계속 적용한다. 충당부채를 현재가치로 평가하여 표시하는 경우에는 장부금액을 기간 경과에 따라 증가시키고 해당 증가 금액은 당기비용으로 인식한다(A53).

2) 사후처리 및 복구관련 충당부채의 변경의 회계처리 - 관련 자산을 원가법에 의하여 측정한 경우

(1) 관련 자산을 원가법으로 측정하는 경우, 기업회계기준해석서 제2101호에서는 사후처리 및 복구관련 충당부채의 측정변경을 관련 자산의 원가에서 조정하도록 하고 있다.

(2) 현행의 기업회계기준서 제5호 및 제17호에서는 미래 복구비용에 따른 충당부채는 자산의 원가에 포함하도록 하고 있으며, 시간의 경과에 따른 복구충당부채의 변화에 대하여는 회계처리가 규정되어 있으나 후속적인 측정 변경에 대하여는 구체적인 회계처리를 제시하고 있지 않다.

3) 사후처리 및 복구관련 충당부채의 변경의 회계처리 - 관련 자산을 재평가법에 의하여 측정한 경우

(1) 기업회계기준해석서 제2101호에서는 관련 자산을 재평가모형을 사용하여 측정한 경우 부채의 변경을 당해 자산에 대하여 이전에 인식한 재평가잉여금을 조정하여 회계처리하도록 규정하고 있다.

(2) 현행의 기업회계기준서 제5호에서는 유형자산의 재평가를 인정하지 않고 있다.

표 46-2 사후처리 및 복구관련 충당부채의 변경의 회계처리 - 관련 자산을 재평가법에 의하여 측정한 경우

구분	K-IFRS 제2101호	현행 기업회계기준서 제17호
사후처리 및 복구관련 충당부채의 변경의 회계처리 - 관련 자산을 재평가법에 의하여 측정한 경우	문단 6 부채의 변경은 당해 자산에 대하여 이전에 인식한 재평가잉여금이나 결손금을 변경시켜 회계처리한다.	재평가법 자체가 허용되지 아니함. ⇒ 해당사항 없음.

47. 기업회계기준해석서 제2102호와 '현행의 기업회계기준'과의 비교

이 비교는 기업회계기준해석서 제2102호의 일부를 구성하는 것은 아니다. 이 비교는 기업회계기준해석서 제2102호 '조합원 지분과 유사 지분'과 '현행의 기업회계기준'의 모든 차이점을 기술하고 있는 것은 아니다.

1) 조합 출자금의 분류

현행의 기업회계기준서 제21호에서는 자본금을 법정자본금으로 하도록 하고 있으나, 이 해석서에서는 현행의 기업회계기준에 따라 자본으로 분류되어 있는 조합 출자금을 조합이 조합원 지분의 상환을 거절할 수 있는 무조건적 권리를 보유하고 있는 경우에만 자본으로 분류한다.

표 47-1 조합 출자금의 분류

구분	K-IFRS 제2102호	현행 기업회계기준
조합 출자금의 분류	자본항목(발행자의 지분상품)으로 분류하려면 발행자가 상환을 거절할 수 있는 무조건적 권리가 있어야 함(문단 7). 법률, 규정, 정관에 따라 상환이 무조건 금지되면 구성원의 지분은 자본임(문단 8).	조합 출자금을 대차대조표 자본항목에 출자금으로 표시함.

48. 기업회계기준해석서 제2104호와 '현행의 기업회계기준'과의 비교

이 비교는 기업회계기준해석서 제2104호의 일부를 구성하는 것은 아니다. 이 비교는 기업회계기준해석서 제2104호 '약정에 리스가 포함되어 있는지의 결정'과 '현행의 기업회계기준'과의 모든 차이점을 기술하고 있는 것은 아니다.

거래의 실질상 리스인 경우의 회계처리 명확화

1. 실무상 상당수의 계약이 형식적으로는 '리스'의 법적 형식을 가지고 있지 않지만 실질적으로는 리스거래의 성격을 가지고 있는 점을 고려한다면, 이 해석서가 거래의 실질에 근거하여 회계처리하게 하는 효과가 있을 것이다.

2. 실무에서 상당수의 계약이 실질에 따르지 않고 형식에 따라 회계처리하는 측면을 고려한다면, 이 해석서의 적용으로 인하여 기업이 공급약정 및 이와 유사한 명칭을 사용하고 있는 많은 거래에 대하여 리스로 회계처리 해야 할 것이다.

3. 공급약정(supply arrangement)이 리스거래의 실질을 가지고 있어서 이 해석서의 적용범위에 포함되는 경우에, 공급자는 기업회계기준서 제1017호에 따른 리스제공자의 회계처리를 적용하여야 하고 구매자는 리스이용자의 회계처리를 적용해야 한다.

49, 기업회계기준해석서 제2106호와 '현행의 기업회계기준'과의 비교

이 비교는 기업회계기준해석서 제2106호의 일부를 구성하는 것은 아니다. 이 비교는 기업회계기준해석서 제2106호 '특정 시장에 참여함에 따라 발생하는 부채: 폐전기·전자제품'과 '현행의 기업회계기준'의 모든 차이점을 기술하고 있는 것은 아니다.

1) 폐전기·전자제품의 사후처리로 인한 폐기물 관리원가를 충당부채로 인식하여야 하는 의무발생사건

(1) 현행의 기업회계기준서 제17호에서는 충당부채의 인식과 관련하여 문단 9에서 인식요건을 규정하고 있으며 기업회계기준해석서 제2106호는 기본적으로 기업회계기준서 제17호의 내용과 상충되지 않는다. 그러나 현행의 기업회계기준에서는 폐전기·전자제품의 사후처리로 인한 폐기물 관리원가를 충당부채로 인식하여야 하는 의무발생사건과 관련하여 구체적으로 규정하고 있지 아니하다.

(2) 기업회계기준해석서 제2106호에 의하면 유럽연합지침에서는 구최종소비가전제품으로 인해 발생하는 폐기물 관리원가는 각 회원국의 관련법규에서 정하는 기

간(측정기간)에 관련시장에 참여하는 것이 기업회계기준서 제1037호 문단 14(1)에 따른 의무발생사건에 해당한다. 따라서, 구최종소비가전제품의 제조나 판매시에는 그 제품의 폐기물 관리원가에 대한 부채가 발생하지 아니한다.

50. 기업회계기준해석서 제2108호와 '현행의 기업회계기준'과의 비교

이 비교는 기업회계기준해석서 제2108호의 일부를 구성하는 것은 아니다. 이 비교는 기업회계기준해석서 제2108호 '기업회계기준서 제1102호의 적용범위'와 '현행의 기업회계기준'의 모든 차이점을 기술하고 있는 것은 아니다.

1) 지분상품을 부여하는 대가로 제공받는 재화나 용역의 전부나 일부를 특정하여 식별할 수 없는 거래

기업회계기준해석서 제2108호에 따르면, 다른 정황에 비추어 재화나 용역을 이미 제공받은(또는 앞으로 제공받을) 것으로 보인다면 기업회계기준서 제1102호를 적용한다. 반면 현행의 기업회계기준서 제22호에는 이에 관한 명문의 규정이 없다.

51. 기업회계기준해석서 제2109호와 '현행의 기업회계기준'과의 비교

이 비교는 기업회계기준해석서 제2109호의 일부를 구성하는 것은 아니다. 이 비교는 기업회계기준해석서 제2109호 '내재파생상품의 재검토'와 '현행의 기업회계기준'의 모든 차이점을 기술하고 있는 것은 아니다.

1) 주계약과의 분리여부 검토의 시점

(1) 기업회계기준해석서 제2109호는 최초 계약시 및 계약조건 변경으로 현금흐름이 중요하게 수정된 경우에 분리여부를 검토하도록 요구하고 있는데, 현행 해석[53-70] '파생상품 등의 회계처리'는 4.에서 최초 인식시 내재파생상품을 주계약과 분리하여 회계처리하는 조건만을 제시하고 있고, 그러한 분리여부에 대한 재검토 여부 등에 대하여는 명시적인 규정을 두고 있지 않다.

(2) 이와 관련하여 계약조건을 변경하는 실무관행이 없었거나 계약조건의 변경을 기존 계약의 해지와 새로운 계약의 인식으로 회계처리 하였을 것으로 본다면, 이 해석서의 적용에 따라 기존 회계처리 관행이 변경되지는 않을 것으로 예상된다.

표 51-1 주계약과의 분리여부 검토의 시점

구분	K-IFRS 제2109호	해석 53-70
주계약과의 분리여부 검토의 시점	- 최초 계약시 - 계약조건 변경으로 현금흐름이 중요하게 수정된 경우	- 최초 계약시

52. 기업회계기준해석서 제2110호와 '현행의 기업회계기준'과의 비교

이 비교는 기업회계기준해석서 제2110호의 일부를 구성하는 것은 아니다. 이 비교는 기업회계기준해석서 제2110호 '중간재무보고와 손상'과 '현행의 기업회계기준'의 모든 차이점을 기술하고 있는 것은 아니다.

1) 손상차손의 평가기준시점

실무상 모든 평가는 누적중간기간을 기준으로 수행되고 있으나 이 해석서에서는 손상차손 환입이 인정되지 않는 지분상품에 대한 투자자산과 원가를 장부금액으로 하는 금융자산에 대한 투자자산 및 영업권에 대해서는 누적중간기간기준이 적용되지 아니한다.

53. 기업회계기준해석서 제2111호와 '현행의 기업회계기준'과의 비교

이 비교는 기업회계기준해석서 제2111호의 일부를 구성하는 것은 아니다. 이 비교는 기업회계기준해석서 제2111호 '주식기준보상: 연결실체주식거래 및 자기주식거래'와 '현행의 기업회계기준'의 모든 차이점을 기술하고 있는 것은 아니다.

1) 기업의 자기지분상품을 대상으로 하는 주식기준보상약정

기업회계기준해석서 제2111호에 따르면, 기업이 자기지분상품에 대한 대가로 용역을 제공받는 주식기준보상거래는 주식결제형으로 회계처리한다는 원칙은, 기업이 종업원에 대해 의무를 이행하기 위해 제3자에게서 자기지분상품을 매입하기로 결정하는지 아니면 의무적으로 매입하여야 하는지에 관계없이 적용한다. 반면 현행의 기업회계기준서 제22호에는 이에 관한 명문의 규정이 없다.

표 53-1 자기지분상품을 대상으로 하는 주식기준 보상약정

구분	K-IFRS 제2111호	현행 기업회계준서 제22호
자기지분 상품을 대상으로 하는 주식기준 보상약정	기업이 자기지분상품에 대한 대가로 용역을 제공받는 주식기준 보상거래는 주식결제형으로 회계처리(문단 7)	명문 규정 없음. 다만 해석상 동일한 회계처리가 요구될 것으로 보임.

2) 종속기업이 자신의 종업원에게 지배기업 지분상품에 대한 권리를 부여하는 경우

기업회계기준해석서 제2111호에 따르면, 종속기업은 종업원과의 거래를 현금결제형으로 회계처리한다. 이 원칙은 종속기업이 종업원에 대한 의무를 이행하는데 필요한 지분상품을 어떻게 획득하는지에 관계없이 적용한다. 반면 현행의 기업회계기준서 제22호에는 이에 관한 명문의 규정이 없다.

표 53-2 종속기업이 지배기업 지분상품에 대한 권리를 부여하는 경우

구분	K-IFRS 제2111호	현행 기업회계준서 제22호
	기업이 자기지분상품에 대한 대가로 용역을 제공받는 주식기준보상거래는 주식결제형으로 회계처리(문단 7)	명문 규정 없음. 다만 해석상 동일한 회계처리가 요구될 것으로 보임.

54. 기업회계기준해석서 제2112호와 '현행의 기업회계기준'과의 비교

이 비교는 기업회계기준해석서 제2112호의 일부를 구성하는 것은 아니다. 이 비교는 기업회계기준해석서 제2112호 '민간투자사업'과 '현행의 기업회계기준'의 모든 차이점을 기술하고 있는 것은 아니다.

1) 명시적 기준의 존재여부

현행의 기업회계기준에는 민간투자사업과 관련된 명시적 회계기준이 없다.

2) 건설기간중의 회계처리

기업회계기준해석서 제2112호에서는 사업시행자가 건설기간동안 건설활동에 따른 수익과 비용을 인식하고, 시행대가의 성격에 따라 금융자산 또는 무형자산을 인식하지만, 그동안 현행 실무는 건설기간동안에는 아무런 수익과 비용을 인식하지 않으며, 건설기간동안에는 건설중인자산을 인식하고 기부채납시점에 무형자산을 인식하였다(다만 KQA 07-023에서 BTL의 사업시행자가 건설활동에 따른 수익 및 금융자산을 인식하도록 회신한 바 있음).

표 54-1 건설기간중의 회계처리

구분	K-IFRS 제2112호	현행 기업회계준
건설기간중의 회계처리	사업시행자는 기준서 제1011호(건설계약)와 제1018호(수익인식)에 따라 수익을 인식하고 측정한다. ⇒ 건설기간 중에 진행기준에 따라 수익과 비용을 인식함. [문단 13] 등	사업시행자가 건설과 운영을 담당하는 경우 건설기간에는 수익과 비용을 인식하지 않음. ⇒ '건설중인자산'으로 회계처리함.

3) 사업시행자에게 제공하는 재화

기업회계기준해석서 제2112호에서는 공공부문이 사업시행자에게 제공하는 항목이 서비스와 관련하여 공공부문이 지급할 대가의 일부에 해당한다면, 해당 자산들은 정부보조금이 아니라고 규정하고 있다. 그러나 그동안 현행 실무는 이를 정부보조금으로 회계처리하고 있었다.

표 54-2 사업시행자에게 제공하는 재화

구분	K-IFRS 제2112호	현행 기업회계준
사업시행자에게 제공하는 재화	공공부문이 사업시행자의 의도대로 보관하거나 처리할 수 있는 기타항목을 제공할 수도 있다. 만일 해당 자산들이 서비스와 관련하여 공공부문이 지급할 대가의 일부에 해당한다면, 해당 자산들은 기업회계기준서 제1020호에서 정의하고 있는 국고보조금이 아니다. [문단 27]	실시협약에 따라 사업허가자가 사업시행자의 Financing을 돕기 위하여 일정금액을 지급하는 경우, 해당 금액을 건설 중인 자산의 국고보조금으로 처리 후, 향후 무형자산을 인식할 때 국고보조금이 무형자산의 차감항목으로 회계처리됨.

[참고문헌]

1. 고승익 외 2명, "현대호텔경영론", 형설출판사, 2005.
2. 고석면, "호텔경영론", 기문사, 2000.
3. 김경자, "회계원리", 비즈프레스, 2007.
4, 김대근 외, "K-IFRS 친절한 회계원리. 신문출판, 2010.
5. 김문수, "관광호텔의 전략경영. ERP만족, 혁신성과간의 관계연구" 동아대학교 대학 원 박사학위 논문, 2004.
6. 김문수, "호텔정보시스템(ERP와 HIS)", 문창사, 2004.
7. 김문수, "현대호텔 경영의 이해", 비즈프레스, 2008.
8. 김문수, "호텔회계원리, 비즈프레스, 2009.
9. 김문수. 김명희, "호텔회계정보", 한올출판사, 2004.
10. 김영규. 최영준. 오홍철, "현대호텔경영의 이해", 대왕사, 2006.
11. 발레리 줄레조. 티에리 상쥐앙 외, "도시의 창", 고급호텔, 2007.
12. 송석규, "호텔정보시스템", 대명, 2006.
13. 신혜숙, "호텔. 관광마케팅", 대왕사, 2004.
14. 이순구. 박미선, "호텔경영의 이해", 대왕사, 2008.
15. 이순구. 서원석, "호텔인사관리론", 대왕사, 2004.
16. 이선희. 송대근, "호텔객실실무론", 대왕사, 2007.
17. 이장규 외, "IFRS 회계국경이 사라진다. 교보문고, 2008.
18. 조동훈, "호텔회계원리", 한올출판사, 2005.
19. 서강관리회계연구회, "디지털시대의 경영관리기법", 박영사, 2001.
20. 최인섭. 김성대, "호텔경영학", 대왕사, 2006.
21. 최정길, "호텔경영학", 21세기사, 2005.
22. 최정길, "호텔회계학입문", 21세기사, 2006.
23. 최정길, "호텔경영분석과 M&A", 무역경영사, 2007

24. 한진수 외, IFRS 회계원리, 경문사, 2009.
25. 허정봉. 송대근, "호텔리어를 위한 호텔경영학의 만남", 대왕사, 2007.
26. 황하진, "e-비즈니스시대의 경영정보시스템", 학문사, 2001.
27. http://www.busanlottehotel.co.kr/ 롯데호텔부산
28. http://www.chosunbeach.co.kr/ 부산 조선비치호텔
29. http://www.google.com
30. http://www.hankooki.com
31. http://ifrs.fss.or.kr
32. http://www.mk.co.kr
33. http://www.orchidhotel.com
34. http://www.scandic-hotels.com

INDEX

ㅂ

ㅅ

■ 저자소개

김문수
-동아대학교 대학원 석사 경영학 석사(경영학 전공)
-동아대학교 대학원 박사 경영학 박사(관광경영학 전공)
-부산 서라벌호텔 기획심사부장
-부산호텔리어 아카데미 원장
-한국관광식음료학회 이사 및 감사
-교과부 중등교과서 편집위원
-경희대학교 대학원 및 호텔경영대학 강사
-남서울대학교 호텔경영학과 강사
-동아대학교 관광경영학부 강사
-부경대학교 대학원 강사
-현)백석문화대학 관광학부 교수
-논문 : 관광호텔의 전략경영. ERP만족. 혁신성과간의 관계연구(박사학위)
-저서 : 호텔정보시스템(ERP와 HIS), 호텔실무영업회계, 회계원리, 현대호텔경영의 이해, 호텔회계원리 등

K-IFRS에 의한 호텔회계실무 및 원리

2010년 9월 1일 초판 인쇄
2010년 9월 5일 초판 발행

저 자 김문수
발행인 추일재
발행처 비즈프레스

저자와의 협의하에 인지생략

서울시 강동구 천호 359-23
TEL: (02)309-5356
E-mail: bizpress@hanmail.net
등록: 2006년 11월 27일 제324-2006-0044호

정가 23,000원
ISBN 978-89-92730-47-1 (92320)